致力于社会和谐的
江苏博物馆事业

——江苏省博物馆学会2012学术年会论文集

江苏省博物馆学会　编

文物出版社

封面设计：程星涛
责任印制：张道奇
责任编辑：王　媛

图书在版编目(CIP)数据

致力于社会和谐的江苏博物馆事业：江苏省博物馆学会2012学术年会论文集 / 江苏省博物馆学会编. —北京：文物出版社，2013.12

ISBN 978-7-5010-3923-4

Ⅰ.①致… Ⅱ.①江… Ⅲ.①博物馆事业-江苏省-文集 Ⅳ.①G269.275.3-53

中国版本图书馆CIP数据核字（2013）第295373号

致力于社会和谐的江苏博物馆事业

——江苏省博物馆学会2012学术年会论文集

江苏省博物馆学会　编

*

文物出版社出版发行
北京市东直门内北小街2号楼
（邮政编码　100007）
http://www.wenwu.com
E-mail：web@wenwu.com
北京盛天行健艺术印刷有限责任公司印刷
新华书店经销
787×1092　1/16　印张：18
2013年12月第1版　2013年12月第1次印刷
ISBN 978-7-5010-3923-4　定价：90.00元

《致力于社会和谐的江苏博物馆事业——江苏省博物馆学会2012学术年会论文集》

编 辑 委 员 会

目　　录

博物馆管理与发展

文化遗产保护与利用

博物馆展览与新技术

博物馆服务与宣教

序　言

100 多年前，张謇先生创办了南通博物苑；70 多年前，蔡元培先生倡议建立了中国第一个国立博物馆——中央博物院（南京博物院的前身）。这是江苏文博事业的开始，中国博物馆事业的开始，也是构建协调发展的人文江苏的开始。今天，江苏文博事业蓬勃发展，满足人们的精神文化需求，促进社会经济快速发展，是构建和谐社会的重要内容。

文化遗产保护和博物馆建设发展，能够提升人的素质和城市的素质，提升整个地区的文化内涵；能让人们享受文化服务，改善生活环境和质量；能弘扬城市特色、提高城市品位、改善城市环境、发展旅游经济。因此，要从发展生产力的角度认识到发展文博事业的重要性，认识到利用“古代文明”来推动和促进当地经济社会的发展，使历史文化资源的保护与社会的发展相得益彰。

博物馆是一个国家或地区文明发展程度的重要标志，是青少年教育的第二课堂，是成年人的终生学校。为和谐社会服务，首重的应是教育功能和服务功能，要发展“以人为本”的博物馆文化。从服务观众的理念出发，首先要考虑的是人性化的展览，然后考虑研究、保管、征集。从重“物”（藏品）到重“人”（服务）的变化，是发展博物馆文化最重要、最突出的内容。为和谐社会服务，还必须坚持可持续发展的原则，科学管理和完善全省文博事业基础性工作；坚持精品化带动原则，加强博物馆、纪念馆软件建设。

2012 年初，江苏省文物局和江苏省发改委联合印发了《江苏省文物事业发展“十二五”规划》，明确了“十二五”期间江苏文物博物馆事业发展的指导思想、基本原则和目标任务。江苏省政府下发了《关于进一步加强文物工作的若干意见》，对我省文博工作提出了总体思路，要求到“十二五”末，全省要形成覆盖城乡、惠及全民的博物馆公共文化服务体系；“县县有博物馆”达标率、国有博物馆一级文物的建账建档率均要达到100%。这是我省进一步推进博物馆建设，合理配置城乡文化资源，完善覆盖城乡的公共文化服务体系的重大举措。

各级文博单位应在文物工作方针的指导下，进一步开拓管理者的视野，探索全省文博事业发展的宏观要求；明确博物馆建设管理和文物保护维修的准则要求；重视博物馆的文物陈列环境和讲解服务质量；关注民间收藏的需求和正确引导合法收藏；维护博物馆的公益性特性；理顺思路，强化责任，落实任务，提升服务；充分发挥民间的力量和行业组织的作用，充分发挥专家学者的知识优势，充分发挥社会力量的资源优势，共同为江苏文博事业的发展做出应有的贡献。

江苏省博物馆学会理事长、南京博物院院长 龚良

2013 年 11 月

博物馆的“大众”与“小众”

白　宁

（南京市博物馆　江苏南京　210004）

内容提要：博物馆是为大众服务的场所，围绕为观众服务的核心问题，将“被观众”的形式转化为“为观众”的形式，以“博”取“众”。博物馆应改进工作方法，寻找博物馆文化与大众的结合点；要重视教育的普及化，使博物馆更亲和于大众。

关键词：博物馆　大众

免费开放拆除了博物馆与公众之间的围墙，没有了门票的限制，人们可以更为自由地进入博物馆享受人类共同的文化遗产。作为为社会服务的公益性文化场馆，博物馆免费开放以来，经历了观众爆棚的局面，也出现了依旧门庭冷落的景象，对此我们有必要深入探讨，使博物馆真正成为公众喜爱的文化场所。

一　博物馆是为大众服务的文化场所

所谓“大众”，百度百科这样解释：“众多的人，泛指民众、群众。”与大众相对的是“小众”，就是目前特指只被少数人接受的事情或爱好，或满足某一特定群体的需求。在媒体宣传、商品设计中就有大众与小众问题的纠结，在文学作品、音乐创作中也常有大众与小众的讨论，是适合大众还是满足小众，这是“受众面”的问题。其实作为公益性文化场所的博物馆，也有“受众面”的问题。

据统计，目前全国公共博物馆已达3415座，其中，北京、上海等城市已达到每10万人一座博物馆的国际平均水平，而2011年，中央用于博物馆免费开放的财政补助总额也从2008年的12亿增加到30亿[1]。中央投资博物馆建设是以服务大众为目标，意图通过藏品展出、主题活动、专题展览、节日活动等方式让普通民众走进博物馆，体验中国的历史文化精髓，享受精神文化生活。

现代博物馆是代表公众利益并致力于为公众服务的公共机构，大众不仅是博物馆的服务对象，也是博物馆发展的根本所在。博物馆馆长常常感言，博物馆就担心没有观众来看。也有不少馆长时常困惑，为何花了很大精力做出的展览留不住观众。

既然博物馆是为大众服务的场所，在博物馆建设中就要建立为大众服务的标准，把博物馆的“博”与受众的“众”结合起来，围绕这个标准策划举办博物馆的展览，开展社会活动，使之真正成为大众的文化场所。

我们曾经听观众说，别把国宝压箱底。一个普通市民不知道所在城市博物馆的国宝是什么，是因为他没有机会接触国宝。笔者曾经看过一个微博，说有些博物馆主要展出仿制品，而将原件常年束之高阁。造成这一现象的主要原因是我国博物馆的展出安全环保条件有限，一些国宝尚不能长期公开展出。我本人看过的中国古画，特别是宋元明的古画，绝大多数是在西方国家的博物馆看到的。文物的保护标准和目前展出条件的巨大差距，影响了这些古书画的公开展出。国内的一位朋友告诉我，他有钱后打算到美国博物馆去看看中国的古画，听起来让人颇为感慨。今天，博物馆已经被定位为大众文化场所，更进一步说，博物馆是弘扬中华历史文化的载体，是进行爱国主义教育的基地，那么，没有理由把观众需要看到、需要欣赏的文物珍藏于库房或仅供少数人把玩。政府投巨资建设博物馆，主要也是为这些国宝名画的展出（即使是短期、阶段性展出）环境创造条件。

曾经有观众说："展览越来越多了，但博物馆离我们还是遥远。"究其原因，在于展览的内容和形式不被观众所需要，甚至在展陈中专门为观众设计的互动装置，对观众来说也是一种"被互动"的行为，经营惨淡。纵观博物馆近年的发展状况，一个博物馆虽然每年会举办几个乃至几十个展览，但是展览没有主题，只能单纯罗列展品，形式虽追求先进，内容却八股陈旧。说城市的历史，平铺直叙，没有重点；谈艺术审美，曲高和寡，掉"书袋子"。博物馆展陈与宣传教育仅仅满足于定向思维模式，而没有充分考虑观众发散思维的需要。也就是说，博物馆希望观众沿着展陈设计人员的思路看完展览，得到设计人员给予的定向思维的收获，而不能让观众在参观时通过想象和发散思维得到自己的收获。看到一件藏品，一百个人看了有一百种不同的想法与一百个人只有一种想法，显然前者更符合大众参观的兴趣。在信息化社会的今天，按照博物馆常规做法，固守陈旧的工作经验，而不寻求创新之路，是无法满足大众的需求的。

中国的博物馆历经了百年发展的历史，博物馆工作者不断探索、开拓发展之路，时至今日，如何招揽大众，服务大众是不可忽视的主题。不少人把博物馆看做寻找历史记忆的场所，殊不知寻找记忆多为中老年观众的行为，年轻人忙着工作和生活，顾着眼前的事，还来不及寻找记忆。其实，在博物馆里不仅有历史的记忆，更有艺术的欣赏。它既是学生的第二课堂，又是收藏爱好者认识宝物的实物教材，也是美学爱好者欣赏艺术的窗口，还是摄影爱好者聚焦的对象，简而言之，博物馆是个多元化的文化场所，以其文物的"博"、参观形式的"博"、活动形式的"博"，为各种人走进博物馆创造条件。大众是由各种身份的人组成的集合体，有市民，有学者，有兴趣爱好者，有艺术家，有来寻找历史记忆者，也有来放松休闲者。也许有人走进博物馆有所求，也许有人无所求，当我们对来博物馆参观的"众者"有所了解后，就不会再让观众处于被参观、被活动的状态中，观众也不会来一次博物馆就没有再来的欲望了。因此，为大众服务，就要在办馆理念上有所改变，将单一形式的博物馆转化为多元化形式，将"被观众"的形式转化为"为观众"的形式，从满足观众需求的角度去创新思路，去探索新的形式，以"博"取"众"，使博物馆真正成为大众的文化场所。

说起中国博物馆的"博"，上海博物馆馆长陈燮君说："它不是就文物谈文物，而是就文物谈文化，就文物谈文明。这些艺术展览，将民族文化、民族艺术与民族精神紧密结合在一起，通过大时空的叙事手段迸发出文化伟力，托起历史文脉，从而使历史更为庄严，使文化更为深邃。"[2]最熟悉、最了解文物的人是博物馆人，我们理应把博物馆收藏的文物通过展陈、社会活动等形式进行推广，引起大众对历史艺术审美情趣的关注，引起大众对中华优秀传统文化的关注，引起大众从历史文明到当代文明的过程的关注。当博物馆人热衷于做历史知识普及者、艺术欣赏的引导者、探究文明的开启者时，大众会更为欣赏博物馆人，会更容易与博物馆人成为朋友，会逐渐把参观博物馆作为其文化生活的一部分。

二 为大众服务是博物馆的工作重点

有专家说，公众与博物馆藏品一样，是构成博物馆的不可或缺的基本要素。公众既是博物馆的服务对象，也是博物馆赖以生存的基础。忽略对公众的关心，削弱或割断博物馆与公众的联系，公众对博物馆重要性的认识就将大打折扣，博物馆在公众心目中的位置也将大幅下降[3]。励小捷局长在2012年“5·18国际博物馆日”活动时要求：“让大众走进博物馆，让博物馆融入大众。”[4]为大众服务是博物馆的职责，为大众做好服务工作是博物馆工作的重点。

我们要研究大众走进博物馆的需求，要转变工作作风。自博物馆免费开放以来，尽管博物馆人明白为大众服务的重要性，但是往往在操作展陈设计、策划社会活动时循规蹈矩，摆脱不了多年的习惯，跳不出陈旧的模式。既然博物馆的服务对象是大众，那就要在展览内容乃至陈列语言、陈列形式、解说词、宣传品、纪念品等的设计制作上站在为大众服务的角度。从某种意义上说，文物是历史的见证物，反映了一个时代的印记，这是客观的；而博物馆人策划展览，将文物或单独展示、或集群组合，是带有主观意志的。在陈列大纲的撰写中，在展品的编排中，无不显示着博物馆人的研究能力与水平。展览的文本应该主题鲜明、重点突出、言之有物、逻辑清楚、语言通俗，要像好的小说、剧本一样很快能够抓住人，要让观众读了开头就想知道结果，从而顺着作品的结构起伏展开思路，体会作品的魅力。然而目前的展览多是文物的罗列，抓不住重心，没有逻辑线贯穿，观众看完展览留不下深刻的印象，这样的展览没有融入大众，观众自然不会青睐。

我们要研究大众走进博物馆的需求，要创新工作思路。博物馆策展应当强调观众与文物的互动，使观众多角度的赏析文物，而不是单纯使用各种多媒体营造简单的互动。美国有一家博物馆，馆长会在双休日举着写有“跟我走”的牌子等候在大厅，亲自给观众介绍他最喜欢的展品，引起观众的共鸣，很多人会专门选择这个日子来博物馆跟着馆长看文物，这是馆长与观众的互动。上海博物馆每周都有专家在展厅讲解，专家可以就一件文物讲上一个小时，甚至更长的时间，既讲述对文物的解读，也回答观众的提问，其间还有观众述说自己的看法，这是专家与观众的互动。如上这些互动的意义远远超过了多媒体游戏，它们从大众的需求出发，将“机器互动”的形式转向“人工互动”的形式，缩短了博物馆与观众的距离。

我们要研究大众走进博物馆的需求，要让大众将走进博物馆作为文化生活的一部分。走进博物馆不仅仅能看展览、欣赏文物，还能陶冶情操、放松心情、减轻压力，参观就是一种生活方式。为此，博物馆必须从各个角度、各个方面为观众着想，为观众提供方便。以博物馆纪念品为例，既要有珍藏版的，也要有生活版的；既要有中老年人喜爱的，也要有年轻人爱不释手的；既要有高档的，也要有普通人愿意消费的。开发纪念品不应为了开发而开发，而应按照大众的需求，更多地发掘文物元素，创造出兼具特色与市场的博物馆纪念品，甚至是日用品，使观众乐于把“博物馆带回家”。

笔者偶尔在《南京日报》“记者观察”栏目看到一篇文章，题目是《“听听、看看、背背”的历史课学生不爱上》[5]。文章说到几十年的教育模式已经不能再适应当今的时代，学生喜欢读历史书、喜欢看历史剧，就是不喜欢上历史课，很多中学历史老师都遇到这个令人沮丧的现象。文章呼吁对教育方法应多一些探究和思考，要适应学生的特点，提高育人的效率。由此得到的启示是博物馆也要改进工作方法，潜心研究，不断探索，寻找博物馆文化与大众的结合点，贴近大众，将博物馆办成大众的文化场所。

三 博物馆的小众与大众

博物馆是否也是小众艺术？当我们看到博物馆门庭冷落时就在反思这个问题。每个人的兴趣不同、文化程度不同、需求不同，所谓众口难调，博物馆自以为做出的视觉盛宴，却往往无人青睐。究其原因，根本问题在于我们一厢情愿，没有在普及与提高大众文化需求上积极地做好文章。

以被称为“百戏之祖”的昆曲的发展为例。昆曲历来被视为小众艺术，是文人欣赏的艺术。十多年前的昆曲由于严格的程式化表演、缓慢的板腔体节奏、过于文雅的唱词、陈旧的故事情节，丧失了时尚性和大部分娱乐功能，与当代人的审美需求相距甚远，因而难以争得观众，演出普遍陷入困境。但是昆曲人说，想要振兴昆曲，不仅要发掘整理遗产，更要观众不断档并日趋年轻化，就要“打青春牌，用年轻演员吸引年轻人，做一出为年轻观众制作的戏”[6]。白先勇的青春版《牡丹亭》由此让更多的人特别是年轻人重新审视“老古董”的昆曲，发现它的魅力。苏州昆剧传习所兰芽昆剧团团长冷桂军说，传播昆曲不能强加于人，需要进行多种形式的创新使昆曲更容易让人接受[7]。创新使得舞台下黑头发的观众多了，使得昆曲找回了市场。从昆曲的“复兴”可以看出，改革让昆曲的小众艺术抓住了大众的欣赏需求，让昆曲行走在了小众与大众之间。

英国第一任皇家艺术学院院长雷诺磁在他的《艺术演讲集》的最后一讲中说过，接受粗俗的东西很容易，而欣赏高雅艺术很艰难，所以要像给小孩喂饭一样，一点点地喂。西方博物馆的美术教育，确实令人难忘。从纽约大都会博物馆到大英博物馆到卢浮宫，常常可以看到精美的艺术原作面前，席地坐着一群年龄各异的观众，仔细听讲解员的解说，还不时有几位画家，在某幅名画前面架起画架模仿名画。将艺术品的内涵向大众普及，才能让更多的人体会、理解艺术品的乐趣，从而走进艺术之门。

美国纽约现代艺术馆，教育部门有工作人员35人，其中全职人员约占三分之二。教育部下设四个分部：学校项目部、家庭项目部、成人与学术项目部、社区与特殊需求人群项目部。四个部门针对不同年龄和背景的人群开发不同的教育项目，力求使各个阶层的人群都能从美术馆的展品和服务中获益。“展厅对话”是每天上午11点半和下午1点半由美术馆的讲师、教育者和艺术专业博士生在美术馆的展厅里主持的小型讨论会，可以是某个或某类藏品的深度介绍，也可以是关于正在举办的某个特展的背景介绍，观众可以报名参加。“牛皮纸袋午餐会”则是一种美术馆策展人、教育者和研究人员之间的非正式午餐会，会上讨论一些跟现当代艺术或正在举办的展览有关的问题，艺术专业的学生可以自带午餐参加。再如“与当代艺术家对话”活动，会邀请著名的或正在崛起的当代艺术家来到美术馆与观众交流[8]。

博物馆被誉为高雅艺术圣殿，这里有古往今来历史的见证物，有中外优秀的文化艺术精品。对于普通人来说，走进博物馆看文物、看展览，是由浅及深循序渐进的过程。我们应当把培养大众了解历史文化的兴趣作为工作的切入点，向观众普及历史、艺术知识，要把自己对文物的理解与观众进行沟通，以启发式的引导获得观众的共鸣。在展厅可以是讲解，也可以是现场讨论，可以是讲解员讲文物，也可以是志愿者讲文物，形式多样，为观众选择，形成教学相长之风，使我们周围有更多的“博物馆之友”，有更多的“老观众”、“老朋友”。

志愿者即博物馆“义工”，是博物馆与大众之间沟通的纽带。他们来自大众，来自社会的某一阶层，在博物馆热心地为观众服务。他们可以将大众的需求的信息转达给博物馆人，也可以将自己在博物馆学到的知识、对文物的认识传播给观众，把自己的兴趣传播给周围人群，增进大众对博物馆的吸引力。

综上所述，博物馆拥有国家的历史文化资源，就要充分利用这些资源为大众服务，形成社会效益。博物馆做好展陈的同时还要重视教育的普及，要更亲和于大众，要能起到提高大众文化素养的作用。

注释：

[1] 宋新潮:《公共文化服务体系与博物馆免费开放》,《文博之窗》2012 年第 3 期。

[2]《我国博物馆已达 3020 座 北京排名世界第二》,《人民日报》(海外版)2011 年 10 月 10 日。

[3] 龚良、蔡琴:《博物馆与公众》,《东南文化》2010 年第 2 期。

[4] 励小捷:《让大众走进博物馆,让博物馆融入大众》,人民网。

[5]《“听听、看看、背背”的历史课学生不爱上》,《南京日报》2012 年 7 月 16 日。

[6]《昆曲:行走在“小众”与大众之间》,《人民日报》(海外版)2008 年 5 月 6 日。

[7] 王立元:《“小众”昆曲能否走赢市场》,《中国文化报》2011 年 6 月 9 日。

[8]《美国博物馆的公众定位与筹资模式》,百度文库。

革命纪念馆发展热的冷思考

孙国栋

（新四军纪念馆　江苏盐城　224000）

内容提要：近些年，党和国家高度重视红色旅游，革命纪念馆纷纷抢抓机遇，加快发展，积极实施改扩建工程和基本陈列改造，进一步发挥了爱国主义教育基地的重要作用。然而，革命性纪念馆的发展客观上还受其体制、机制等诸多因素的限制，深入分析、查找发展中存在的问题，进一步探索新形势下的新对策，是我们必须面对和思考的问题。

关键词：纪念馆　发展　思考

一　纪念馆发展中存在的主要问题

2004 年 12 月，中共中央办公厅、国务院办公厅印发《2004～2010 年全国红色旅游发展规划纲要》（以下简称《纲要》），全国的红色旅游进入了一个高速发展时期。各地党委、政府和纪念馆按照《纲要》要求，抢抓机遇，加快发展，积极实施改扩建工程和展览陈列改造。2008 年，为了进一步发挥博物馆、纪念馆公共文化服务水平，加强革命纪念馆在社会主义核心价值体系建设和公民思想道德建设中的作用，中共中央宣传部等部门又下发通知，宣布部分博物馆、纪念馆对社会公众免费开放。上述政策措施大力促进了纪念馆的发展，全国呈现出“场馆建设热、改陈布展热、红色旅游热”等现象。我们在欣喜的同时，也清醒的认识到，在革命纪念馆发展热中，需客观分析认识上存在的误区以及体制、机制上存在的问题。笔者担任新四军纪念馆馆长的九年，正是红色旅游大发展之年，我们既有发展所带来喜悦和成功，也有自身难以克服和避免的问题所带来的困扰和矛盾，细加分析共性问题，我认为主要体现在以下几个方面：

1. 思想观念滞后，创新意识不足

革命纪念馆的工作环境相对封闭，工作内容单一，人员流动和对外交流较少，易造成思想观念上的陈旧。主要表现为：

（1）积极进取意识不强，工作依赖性大，一个展陈管十年

从馆领导来讲，不做对不起社会公众，做了又苦了自己，从职工来说，纪念馆工作的特殊性决定了岗位分工较细，技能单一，相互间的协作能力弱化，不少人面对全国纪念馆的迅猛发展，思想上应对不够。

(2) 工作上创新意识不够，“等、靠、要”的思想根深蒂固

所谓“等”就是等资金、等任务，“靠”就是靠政府财力和支持，“要”是指要钱、要项目，资金上跑部跑省要一点，本级财政给一点，社会各界捐一点。

2. 依赖财政拨款，竞争能力较弱

全国重点纪念馆率先实行了对社会公众的免费开放，现行的工资、业务经费等，依靠中央和地方政府财政拨款。财政拨款在一定程度上解决了纪念馆运行发展的后顾之忧，但也有少数人认为，自己吃上了“皇粮”，产生了惰性。不少纪念馆为了抢抓发展机遇，不顾自身财力，盲目扩大展陈面积，运行经费严重不足等问题逐步显现。纪念馆少量事业经费难以满足大量支出的要求，不少纪念馆为了确保开门而挤占事业经费。

3. 机制缺乏活力，积极性难以调动

从领导体制和人事管理来看，绝大多数馆领导是组织任命制，单位职工身份是终身制。这一方面造成部分领导者不懂业务，外行领导内行；另一方面管理人员流动困难，急需的人才难以引进。绩效工资考核用完全相同的办法，套用不同事业单位，没有针对性和差别性，纪念馆缺乏分配和调控机制，年终绩效考核分配从表面上看是纪念馆自己协调，但事业单位平均主义的传统观念难以根除，奖勤罚懒没有得到真正落实。人事上严格执行编制制度和录用制度，想进的进不来，想出的出不去。

4. 管理方式陈旧，忽视观众实际需求

过去纪念馆建设的目的是为了应付老同志、老领导的寻访，因此日常接待工作中只重视政府接待，而轻一般游客的服务。官办色彩浓厚，服务意识不强，服务水平不够。管理人员素质不高，管理理念较为陈旧，往往是办法不多，创新不够，游客的满意度不高。

二　纪念馆存在问题的主要原因

1. 主观原因

馆领导行政任命，重职务待遇，轻业务研究，重领导意图，轻群众愿望，在纪念馆工作首先确保不出事，然后才考虑干点事。有些人认为自己是事业单位，经济上有中央和地方财政作后盾，工作上只求安逸，效率不高，丧失了市场竞争能力。由于建馆早，职工队伍多为富余人员安排，总体上文化专业素质不高，思想上较为保守，职工身份的终身制，客观造成了平均主义；陈旧的人才体制，定编定员制度导致人员流动困难，富余和转岗人员无法消化，急需人才进不来。同时，职务上的终身制，职称上的聘任制，特别是对事业单位领导的考核和激励机制，机关化、行政化现象严重，挫伤了干部职工的积极性。

2. 客观原因

社会轻视纪念馆，认为无职无权，清水衙门。经费上受政府财力影响，纪念馆想做事，完全取决于政府的投资、领导的态度。由于有限的事业经费难以支撑大规模的活动，馆领导的精力大部分用在找钱、求生存上，难以集中精力抓发展。寻找发展资金需要大量的人力、物力和财力支撑，纪念馆环境相对较为复杂，不少馆长宁可坐在家里等“馅饼”，也不

愿主动出去寻找机会。另一个重要原因是物欲横流的今天，个别人信仰上出现危机，往往宁可关注慈善甚至教会活动，而不愿关注红色事业。

三　革命纪念馆未来发展的思考

1. 不断创新是纪念馆发展的重要前提

革命纪念馆也应当积极倡导与时俱进，努力创新，以适应时代发展的要求。纪念馆的创新主要有以下几点：

（1）创新理念，推动纪念馆的发展

充分认识国家大力发展红色旅游、不断推进爱国主义教育基地的重要意义，充分认识到纪念馆人所肩负的重任。

（2）创新资金来源，解决纪念馆发展的制约因素

如果说思想保守是制约纪念馆发展的第一因素的话，那么资金问题则是困扰纪念馆发展的又一重要因素。打破政府单一投资、倡导社会办馆是纪念馆共同努力的目标。要通过各种形式争取外来资金，提高自身实力，重视市场化运作，不断增强自身造血功能。在不改变展览性质和所属权的基础上，充分调动投资人的积极性，探索投资有偿回报的方法，做到谁投资谁收益。

（3）创新工作内容

除了做好基础工作外，还要加强宣教、文史和文物征集研究，加强纪念馆相互之间的交流，实现文物、史料、临时展览内容和研究成果等的资源共享，优势互补，取长补短。努力做到：

①同题材的资源共享。比如八路军、新四军同为抗战题材，可以相互借鉴。

②同类馆的合作交流。全国新四军题材的纪念馆有几十家，可以共享文物馆藏和研究成果。

③纪念馆、博物馆相互间的交流合作。今年6月5日，我们在江苏省文物局的大力支持下，举办了《喋血雄风——新四军在江苏抗战文物展》巡展活动，共拿出168件国家一、二、三级文物，先后在江苏五个市区巡展，引进该展览的就有不少博物馆。

（4）创新工作体制机制

彻底解决革命纪念馆分属党委、政府、宣传、文化、文物、民政、旅游等多个部门和交叉管理的现状，努力探索适应新形势下纪念馆发展的新模式、新体制。

2. 善抓重点是纪念馆发展的重要环节

纪念馆发展的重点是建设、管理和服务，重中之重是管理。近几年，全国各地的纪念馆无论是展陈手段还是基础设施都有了很大的改善。但爱国主义教育基地能不能发挥应有作用，能不能产生更大影响，重要的是管理工作能否跟得上。如果管理落后，即使投入再多，条件再好，设施再完善，也难以收到好的效果。在管理上，要根据本单位的实际情况和不断出现的新问题，制定有利于拓宽服务领域、改进服务方式、提高服务质量的工作制度，落实各项保障措施。要进一步推行规范化服务，引进先进的管理理念、科学的管理方式，因地制宜、因时制宜，提供更加周到、人性化的服务。要认真研究免

费开放遇到的新情况、新问题，及时采取对策，保证免费开放这件得人心、顺民意的好事长期坚持下去。

纪念馆发展中业务工作的重要抓手是展示、收藏和研究。展示、收藏和研究要有所突破，需制定“展示手段现代化，文物征集多元化，史料研究专业化”的工作目标。

展示手段现代化就是纪念馆的一切工作要紧紧围绕增强教育效果来进行，现代化不仅指展示手段的现代，更要理念上的现代。随着高新科技的迅猛发展，广大观众特别是青少年的知识背景、心理状态、思维方式以及接受信息的渠道都发生了很大变化，这些都给我们的工作提出了新的要求。因此，我们要从改进陈列方式、创新展示手段等多方面入手，切实提高基本陈列的水平。要综合运用文物、图片、模型、雕塑、景观等多种形式，运用声、光、电等现代科技手段，解决基本陈列内容陈旧、手段方式落后的状况。从大纲撰写、形式设计到实物制作、展品布置等各个环节，都要加强研究，大胆改进创新。要根据不同时期的需要，精心组织一些高水平的专题性展览，打造陈列精品，形成展览亮点，在此基础上充分发挥互联网的优势，进一步扩大影响。

文物征集多元化，一是指对象的多元，二是指方式的多元。对象的多元主要是随着时间的推移，老同志所存的文物会越来越少，因此在征集对象上，由过去的重要人物征集扩大到所有人物，单一对象扩大到其配偶子女。方式的多元主要是指征集形式的多样，除了传统的电话联系、上门征集以外，还可采用网上征集、借助于重要活动重点征集、在全国各地聘请信息员上门跟踪征集等，对一些非常重要但又无法征集的文物采取复制的手段，必要时可采取市场化运作方式进行购买。

史料研究专业化的要求主要是因为革命性纪念馆重展览、轻研究的现象较为普遍，给纪念馆的发展带来了不可忽视的问题。纪念馆依附于个别专家学者，缺少话语权。新的研究成果的运用和普及，在纪念馆得不到更好的落实。为此，为了尽快适应新形势的要求，扭转纪念馆重展览、轻研究的不利局面，我们必须加强研究阵地和人才队伍建设，特别要注重把纷繁复杂的历史简单化和普及化，以适应普通观众的参观需求。加强对纪念馆陈展规律的研究，以新颖独到的手法吸引观众，扩大自身的影响。要加强观众心理需求的研究，以适应不同年龄、不同身份观众的需求。要注重对馆藏文物的研究，充分发挥“文物说话”的重要作用。

3. 人才队伍建设是纪念馆发展的重要保证

人才是纪念馆事业发展的重要保证。由于传统模式和体制问题，人才已成为纪念馆发展最大的制约因素。纪念馆在激励机制、利益分配、人员进出等方面，存在着不可逾越的障碍。在人事制度改革中，馆长炒不了职工的鱿鱼，强行改革，则要承担被职工炒的风险。纪念馆当务之急是要在提高员工的综合素质上下工夫，加强思想素质建设和专业技能培训，以适应纪念馆未来发展的需要。首先要增强忧患意识，认识到人才对博物馆发展的重要作用。其次要加大培训力度，努力培养懂业务、懂管理、善经营的复合型人才。第三是营造有利于人才成长的良好氛围和激励机制，建立健全管理制度。第四是建立严格的准入机制，采取竞争和公选的方式，择优选用。

四　结语

随着事业单位改革的逐步深入，纪念馆发展的外部环境愈来愈好，关注红色事业的人愈来愈多。纪念馆这个“冷”单位要加大改革力度，健全管理机制，破除陈旧观念，更好地发挥爱国主义教育基地的职能和作用，使红色事业、红色江山永远“热”下去。

参考文献：

1. 2004 年 7 月 14 日刘云山在全国爱国教育示范基地工作会议上的讲话。
2. 中共中央办公厅、国务院办公厅：《2004 ~ 2010 年全国红色旅游发展规划纲要》。
3. 文丰义：《锐意改革创新求变——新时期革命纪念馆发展途径的思考》，918 网动态。

革命纪念馆文化功能浅析

於剑山

（苏皖边区政府旧址纪念馆　江苏淮安　223002）

内容提要：作为我国公共文化事业的重要组成部分，革命纪念馆在革命史迹、史料等遗存的保护、保存和革命历史文化的研究等方面发挥着重要作用。同时，革命纪念馆也是爱国主义教育和革命传统教育的重要阵地，在一定程度上为文化产业的发展和繁荣提供了独特的文化源泉。

关键词：革命纪念馆　革命文化　繁荣文化

1948年10月10日，我国第一座革命纪念馆——东北烈士纪念馆开馆，标志着我国革命纪念馆事业的开始。中华人民共和国成立以后，特别是改革开放以来，国家大力推动革命纪念馆的建设和发展。据新华社报道，截至2008年8月，全国各类革命博物馆、纪念馆已达400多个，占全国博物馆总数的六分之一[1]。

1985年1月9日，文化部颁布了《革命纪念馆工作试行条例》，对革命纪念馆作出定义，并界定其基本职能为："为纪念近、现代革命史上重大事件或杰出人物并依托于有关的革命遗址、纪念建筑而建立的纪念性博物馆，是有关的革命遗址、纪念建筑和文物资料的保护收藏机构、宣传教育机构和科学研究机构，是我国博物馆事业的重要组成部分。"随着经济的发展与社会的进步，作为公共文化设施的一种，革命纪念馆在发挥原有职能的同时，在为公众提供公共文化服务方面也发挥着越来越大的作用。依托革命文化特质，革命纪念馆在当代文化事业的发展和繁荣中发挥着不可替代的作用。

一　革命文化史迹的保存基地

1840年被迫开启的中国近代史，其实质是中华民族的革命史，是用鲜血和汗水写就的民族奋斗史，这段历史作为民族记忆的一部分融进了民族文化的血脉。革命纪念馆作为革命遗址、遗迹的重要保存地，是这段革命史的见证，具有极为重要的文化意义。

从1961年国务院公布第一批全国重点文物保护单位名单至今，共有六批合计2351处全国重点文物保护单位，其中革命遗址和纪念建筑物占有相当大的比例。第一批至第三批名单中革命遗址及革命纪念建筑物共84处，占总数的16.8%；第四至第六批名单中近现代重要史迹及代表性建筑（大部分为革命遗址及纪念建筑）共296处，占总数的16%（未统计合并项目）。此外，在省、市、县等各级文物保护单位中，革命纪念馆也占有十分重要的地位。

革命纪念馆作为文博单位，还具有保存革命历史文物的功能。许多革命纪念馆都拥有堪称“国宝”的重要文物。2011 年底，江苏省文物局开展了全省馆藏近现代珍贵文物定级工作，共定级一级文物 100 余件（套），二级文物 400 余件（套），三级文物 2000 余件（套）[2]。这次定级入选的文物大多保存于革命纪念馆等单位，其中徐州淮海战役纪念馆入选一级文物 24 件（套），南京渡江战役胜利纪念馆入选一级文物 15 件（套），是入选一级文物最多的两家单位。保护好革命遗址、遗迹、文物，发展革命纪念馆，是对历史的尊重，也是对民族文化的尊重。

二　革命历史文化的研究中心

出于建设和发展的需要，许多革命纪念馆都搜集了丰富的革命历史资料，就专业性和专题的丰富性而言，一些甚至可与大型图书馆、档案馆相媲美。如苏皖边区政府旧址纪念馆自 1985 年建馆以来，就十分重视苏皖边区史料的搜集和整理，目前馆藏苏皖边区相关图书 1200 余册，苏皖边区政府时期的重要资料原件（文物）约 350 册（种），另外，还保存了《新华日报》（华中版）等重要资料的复印件。这使得苏皖边区政府旧址纪念馆成为苏皖边区史料的收藏中心，同时，该馆还出版了《苏皖边区史略》、《苏皖边区画史》、《苏皖边区研究文集》、《苏皖边区研究》等图书和资料，建成了纪念馆网站，并与淮阴师范学院、淮阴工学院等高校合作，共同开展苏皖边区革命历史的研究工作。

因为研究工作有较强的针对性，所以许多革命纪念馆对革命历史、革命文物等的研究做得特别细致和深入。如八路军太行纪念馆经过二十多年的发展，培养了一批优秀的研究人员，精心创办了《八路军纪念馆馆刊》，出版了《我们在太行山上》、《八路军抗战简史》、《八路军将领传略》等图书，并积极筹备成立“中国八路军研究会”，组建国内最具权威的“八路军研究基地”，按八路军政治、经济、军事、文化、新闻、统战、外交等不同选题，组织国内外专家编研出版了一批具有权威性的八路军研究经典著作[3]。丰富的革命史研究成果，为革命纪念馆更新展陈、提升环境面貌提供了史料支持和实际指导。

三　爱国主义和革命传统文化的教育阵地

革命纪念馆所保存的珍贵民族记忆，不应也不会尘封于历史，作为革命纪念馆人，我们有责任将其传播于社会，使更多人熟知。自 1997 年起，中宣部陆续向社会公布了四批共 356 个全国爱国主义教育示范基地，其中革命遗址、烈士陵园、革命人物故居等革命纪念馆系列的点占主体，即便是在革命纪念馆占比重最少的第四批名单中，反映红军长征、抗战及解放战争等内容的入选示范基地仍达 41 家，而各省、市、县的爱国主义教育基地中革命纪念馆的数量就更多了。因此，在对全民尤其是青少年进行爱国主义教育和革命传统文化教育的过程中，革命纪念馆发挥着中坚作用。革命纪念馆已成为许多大、中、小学校的第二课堂，到革命纪念馆参观学习也已成为各地党政团体开展组织生活的重要组成部分。

各地的党团组织也经常将到革命纪念馆参观学习作为组织生活的一个重要组成部分，而像井冈山革命博物馆、延安革命纪念馆等革命场馆则已经成为全国各地党员干部及普通群众了解党的历史、接受革命传统教育的必去之地。据统计，截至2011年10月，井冈山革命博物馆新馆开馆4年，共接待游客500余万人次；延安革命纪念馆新馆开馆仅两年多，已接待游客700多万人次[4]。与此同时，不少场馆还采取走出去、请进来的方式，加强与社会的互动，将影响大大拓展。2007年1月19日，重庆市在红岩革命纪念馆的基础上成立重庆红岩联线文化发展管理中心，整合资源，将全市多处革命历史遗址连点成线，组织“红岩”宣讲团、文艺演出，成立“红岩”文化室，出版“红岩”系列图书及音像制品，到浙江、江苏等地举办“红岩魂”专题展览，以极为丰富多彩的宣传教育方式弘扬红岩精神，充分发挥了教育阵地的作用。

四　文化产业发展的活力源泉

重要的革命纪念馆常常是所在地区的文化名片，在发挥革命文化基地教育作用的同时，也成为人们旅游休闲的最佳场所。虽然革命纪念馆已全面免费开放，但其带动了相关文化服务业的发展，产生了很好的经济效益。如湖南湘潭、江苏淮安、四川广安三地因毛泽东、周恩来、邓小平三位伟人而知名，相关的纪念场馆也是当地最为重要的旅游景区。2010年湖南湘潭旅游总收入94.8亿元，占当地全年GDP的比重达到了10.6%[5]。就全国范围来看，2010年红色旅游景区全年接待游客总人数达4.3亿人次，占国内旅游人数的20%。红色旅游已成为我国旅游业的重要组成部分和生力军，取得了良好的政治效益、社会效益和经济效益[6]。2011年3月，中办、国办印发的《2011～2015年全国红色旅游发展规划纲要》提出，到2015年，全国红色旅游年出行人数有望突破8亿人次，综合收入突破2000亿元。

在发展相关文化服务产业方面，不少革命纪念馆做出了很多有益的尝试。贵州遵义会议纪念馆在贵州省和遵义市的支持下，以遵义会议纪念馆为基础，成立遵义红色旅游（集团）有限公司，经营旅行社、遵义宾馆及文化旅游相关产品，建遵义纪念公园，开发红军街，打造“中国红色旅游第一街”。这一文化产业发展蓝图成功实施后，遵义红色旅游（集团）有限公司将会成为遵义市乃至贵州省最大的文化产业集团之一，遵义市将成为全国最大的红色旅游精品景区[7]。

文化产业以无形的文化内容为核心，其成功发展的根本在于创意和创新。革命纪念馆丰富的革命文化资源正是大力发展文化产业的独特源泉。除文化服务产业、文化旅游产业等传统的开发方式外，利用多媒体、数字化、互联网等先进的科技手段，开发革命纪念馆所蕴含的丰富革命文化内容，使以革命文化为核心的文化产业能够更加顺应时代发展的需求，是包括革命纪念馆工作者在内的文化行业从业人员努力追求的目标。

注释：

[1] 蓝天蔚：《我国各类革命博物馆数量达400多个》，《经济日报》2008年8月2日。

[2] 金凤、胡玉梅：《江苏首次大规模馆藏近现代文物定级工作已近尾声》，《现代快报》2012年2月3日。

[3] 李东光：《论历史研究在挖掘与弘扬博物馆文化中的重要作用——八路军纪念馆历史研

究工作的实践与体会》,《秦晋豫三省博物馆理论与实践研讨会会议交流论文集》,2008 年。

[4] 侯琳良、吴齐强、王乐文:《思想的熔炉 旅游的胜地——“一号工程”给韶山井冈山延安爱国主义教育示范基地带来巨大变化》,《人民日报》2011 年 10 月 11 日。

[5] 湘潭市统计局:《做大做强湘潭文化旅游产业的研究》,湖南统计信息网。

[6] 崔鹏:《红色旅游深入人心》,《人民日报》2011 年 6 月 15 日。

[7] 贵州遵义会议纪念馆:《坚持文化事业产业“两手抓”,实现文物保护利用“双丰收”》,《中国革命纪念馆专业委员会第 18 次学术年会论文集》, 2011 年。

专题性博物馆必须适应变革的大趋势

梁　勇

（徐州汉画像石艺术馆　江苏徐州　221006）

内容提要：专门化、规模小、经费少、总量大、潜力大、没有免费开放及发展状态不理想是现阶段中国专题性博物馆的基本情况与特点。专题博物馆要明确性质、宗旨、目标与任务，了解世界和中国以及本地区的变革发展趋势，了解同行动态，因地制宜、因事而异，服务社会。要认识变革方向，推进结构调整，合理定位，强化特色，克服同质化倾向。

关键词：专题性博物馆　变革　发展

中国处于变革之中毋庸置疑。许多学者以变革为切入点来观察世界、观察中国、观察中国与世界的关系[1]，澳大利亚前总统陆克文撰文的题目就叫《变革中的中国与世界》[2]。更多的学者则从本专业的角度来观察变革对行业的影响，观察变革中的各种关系。世界在变革，中国在变革，专题性博物馆怎样在变革中办得更好，是博物馆界不得不考虑的问题。

一　中国专题性博物馆的界定

中国博物馆在1988年前被划分为专题性（专门性）博物馆、纪念性博物馆和综合性博物馆三类，国家统计局也是按照这三类博物馆来分别统计公布发展数字的。现阶段，参照国际一般使用的分类法，根据中国的实际情况，将中国博物馆划分为历史类、艺术类、科学与技术类、综合类这四种类型。其实这两种分法都存在问题，根据藏品与展示内容是单一还是综合，1988年以前可以把纪念性博物馆纳入专题性（专门性）博物馆之中，而现在的历史类、艺术类、科学与技术类博物馆合并后也可称之为专题性（专门性）博物馆。分类学上可以分层，但讲究同类相聚、标准唯一与实用性。因此，综合展示地方自然、历史、艺术的博物馆是综合性博物馆，专门展示某一专题藏品的博物馆是专题性博物馆。

二　中国专题性博物馆的特点

1. 文物收藏和展陈专题性强

专门性、相对单一性是目前中国专题性博物馆最根本的特征，这是由其性质、宗旨、任务、目标、经费等因素决定的。专题性博物馆是全国博物馆发展总体目标的重要组成部分，是博物馆类型、层次与社会发展相协调的必然要求，专题性博物馆的充分发展，使得博物馆门类更加齐全，类型结构趋于合理。

2. 相对规模小，经费少

相对于同级综合性博物馆而言，大多数专题性博物馆规模较小，经费较少。根据考察，同级综合性博物馆的规模、人员、经费以及业务范围都是专题性博物馆的两倍以上，这在我国东中部地区尤为明显。

3. 发展潜力大

总体而言，一个大的行政区多数只有一个综合性博物馆，但可以发展科技、艺术、自然、民族、民俗等多个专题博物馆。专题性博物馆是根据现有条件和本地特点发展起来的，所以生命力强，机遇多，同时也符合国家总体发展规划。

4. 目前多数没有免费开放

2008 年中宣部、文化部、财政部等九部委发出《关于全国博物馆、纪念馆免费开放的通知》："2008 年，中央级文化文物部门归口管理的博物馆全部向社会免费开放；各省级综合博物馆全部向社会免费开放；各级宣传和文化文物部门归口管理的列入全国爱国主义教育示范基地的博物馆、纪念馆全部向社会免费开放；浙江、福建、湖北、江西、安徽、甘肃和新疆等 7 省（区）文化文物系统归口管理的省、市、县级博物馆全部向社会免费开放。鼓励有条件的省（区、市）探索全面实行免费开放。……2009 年，除文物建筑及遗址类博物馆外，全国各级文化文物部门归口管理的公共博物馆、纪念馆，全国爱国主义教育示范基地全部向社会免费开放。"[3] 目前为止，仅有综合性博物馆和全国爱国主义教育基地实行了免费开放，其他大多数专题性博物馆尚未免费开放。

5. 发展状态不理想

现阶段，对于地市级以上行政区域而言，综合性博物馆建设已经成为常态，而专题性博物馆由于内容单一，经费较少，发展往往与领导的眼力、认识水平与爱好有很高的关联度。因此，冷热不均、缺少规划就成了专题性博物馆的常态，容易出现建设初期重视，热度过去忽视的情况，由于缺少长期规划以及人员结构不合理等原因，多数专题性博物馆处于守摊子的状态。

三　专题性博物馆必须适应变革的大趋势

世界在变革，中国在变革，各行各业都在变，以至于有人感叹："不是我不明白，是世界变化太快。"在此背景下，博物馆也要变，以适应新的发展形势，这一点博物馆界要统一认识。在此背景下专题性博物馆要考虑哪些变革因素呢？

一是要明确性质、宗旨、目标与任务。国家文物局《博物馆事业中长期发展规划纲要（2011 ~ 2020 年）》对此有明确的要求："总体目标——科技、（当代）艺术、自然、民族、民俗、工业遗产、二十世纪遗产、非物质文化遗产等专题性博物馆和生态、社区、数字博物馆等新形态博物馆得到充分发展，博物馆门类更加齐全，类型结构趋于合理。"[4] 这里"专题性博物馆"概念的外延也与前述概念相吻合，相关单位应认真学习并作为行动指导，大力发展专题博物馆。各专题性博物馆更应根据《博物馆事业中长期发展规划纲要（2011 ~ 2020 年）》制定本单位的发展规划。

二是要了解世界和中国以及本地区的变革发展趋势，要了解国内外专题性博物馆发展的动态，了解社会需求。

三是要因地制宜、因事而异，服务社会。专题性博物馆最大的特点是建筑利用比例大，馆址复杂。专题性博物馆藏品特色鲜明，征集、保管、研究、陈列以及专业人员的知识结构都与专题内容相配套。已经建馆的想要适应形势、根据专题内容和现有条件做出特色，不是一件容易的事情。这就要求因地制宜，要看到专、特、稀优势，而不能作为无所作为的借口，政界常讲的“有作为才有地位”对于文博界同样是适用的。

四　当前专题性博物馆急需解决的变革问题

当前，制约专题性博物馆发展的因素很多，包括社会认识水平、文明程度、机制变革、经费投入、队伍建设等。

从变革角度考量，首先要认识专题性博物馆变革的方向，推进结构调整。以往专题性博物馆在文博界相对比例不小，但自身门类不全，多数集中在古建遗址与科技、自然、民俗方面，而工业遗产、二十世纪遗产、非物质文化遗产等专题性博物馆和生态、社区、数字博物馆等新形态博物馆较少。有鉴于此，应该加强薄弱环节建设，强化门类意识与机遇意识。

其次，合理定位，强化特色。需要加强的类别要个性突出，特色明显，要在抢救和做强上下功夫，不可追求大而全，要克服同质化倾向，强化特色，增强发展创新能力。

第三，创造专题性博物馆免费开放的条件与机制。要有全国统一的免费开放机制，又要有专题性博物馆自身发展的内部机制，要在服务内容、文化产品及科学研究上下功夫，立足行业特点和地域文化特色，服务社会。

最后，要适应专业特点，变革人事制度。由于历史原因博物馆领导多出身考古与行政系统，多数为两栖、兼职，既是专家又是管理者。如果是博物馆管理专家，他们的精力与时间会用在博物馆的发展上；但如果是考古等其他领域的专家，他们的精力与时间则多数会用在考古和其他研究领域。学术上，考古类的期刊地位也远高于博物馆类，以至于真正的博物馆管理专家屈指可数。看看领导们的主要研究领域与研究成果便能够发现上述问题，连精力都不在博物馆本身，就更不要说观察变化，发现抓住机遇，寻求发展了。对此，办馆者、管理者、普通职员都要提高认识，办馆者、管理者在对变革形式充分认识后就要在机制改革上下功夫，建立适应形势发展的博物馆发展机制；职员则要努力使自己成为适应新形势的员工，不随机制改变，跟不上形势的发展，就会被淘汰。

注释：

[1] 陆立军:《变革中的中国》,中国经济出版社,2004 年。

[2] (澳)陆克文:《变革中的中国与世界》,《中国改革》2011 年第 1、2 期合刊。

[3]《关于全国博物馆、纪念馆免费开放的通知》,中宣发[2008]2 号。

[4]《博物馆事业中长期发展规划纲要(2011～2020 年)》,文物博函[2011]1929 号。

时代的新需求和基层博物馆的价值体现

——以吴江博物馆为例

崔　瑛

（吴江博物馆　江苏吴江　215200）

内容提要：经济全球化和文化多元化对博物馆的社会价值和社会责任提出了更广、更高的要求。本文论述了处于变革时代的基层小型博物馆怎样顺应时代要求，面对新挑战，积累和提升自身社会价值和地位，满足经济社会需求，成为推动当地社会发展的重要力量。

关键词：基层博物馆　价值体现

2012年5月18日国际博物馆日的主题是："处于变化世界中的博物馆：新挑战，新启示"。怎样顺应时代的变革迎接新的挑战，新时期人们需要什么样的博物馆，博物馆又如何充分体现自身的价值和特色去满足时代的新要求？这是博物馆从业者特别是领导者必须思考的问题，这些问题决定着博物馆未来运行和发展的方向。

一　时代对博物馆价值的新需求

当今世界，经济全球化、政治多极化、文化多元化已成为发展的大趋势，时代的主旋律是和谐、共享、发展，这对博物馆的社会价值和社会责任提出了更广、更高的要求，也深深影响着博物馆发展的主题转向。

首先，时代要求博物馆的社会价值从单纯地收藏可移动文物和展示藏品，延伸到保护遗产、挖掘地方历史资源上来。以前我们只关注馆内藏品的保护、研究、展示，如今则需要我们关注遗产保护和研究（包括可移动文物、不可移动文物、有形遗产与无形遗产、文化遗产和自然遗产等）。这一新需求为我们的工作打开了新视野，面对多样化的资源，我们可以举办文化遗产与当地人文历史相结合的展览，也可进行艺术、生态、科技等方面的研究和展示。要挖掘文化遗产的历史并关注文化遗产的保护，展示空间要从博物馆走向社会，展览内容要从本地区转向其他地区，要逐渐进入博物馆资源共享时代。

其次，时代要求博物馆社会责任从保护遗产延伸到社会服务，并努力为社会和谐贡献力量，这是一个新挑战。每年的博物馆日主题都充分反映了时代对博物馆参与社会服务、承担社会责任、体现社会价值的要求：要成为构建和谐、多元社会文化的重要力量；要促进地区间、国际间的文化交流；要充分发动全民参与文化遗产的保护；要加强联合，服务社会和经济发展。博物馆的研究方向也要跳出“从物到物”，转向“从物到人”、“从物到社会”，揭示遗产和社会的关系，使博物馆成为维系中华民族团结的精神纽带，从而促进人们观念的更新。

再次，时代需要博物馆从单一的遗产保护和展示上升到为社会共享遗产成果服务。文化遗产的创造者是人民群众，保护文化遗产是为了延续历史文化脉络、凝聚民族精神、助力民族复兴，人民群众应成为文化遗产的传承者和守望者，而任何一座博物馆都是公众共同享有的文化资产。博物馆人从领导到普通员工都是受国家、团体或公民委托，遵照国家、团体、公民的意愿管理博物馆，基本目标是促使博物馆公益性核心价值的最大化实现，要树立起国家所有、全民所有的主体意识。因此必须积极动员和依靠人民群众保护文化遗产，让更多百姓走近文物、了解文物、共享文物保护的成果。博物馆免费政策的推出正是顺应时代需要，让文物保护成果更好地惠及市民，以共享来激发全民对文化遗产的保护，使他们成为博物馆活动的积极参与者和支持者，同时使博物馆的影响力辐射到社会每个角落。

二　时代对博物馆从业者的新要求

博物馆在人们心目中的地位如何，博物馆是否能顺应时代要求满足人们日益增长的精神文化需求，是否能做大、做强、做精？这些都必须依靠博物馆从业者来实现。

博物馆从业者素质的高低决定着博物馆的工作状况、研究能力、服务水平的高低。博物馆是保护和传承祖国历史文化的重要窗口，作为从业者应该对自己的职业有无比的自豪感、高度的责任感和主动的使命感及奉献精神，时代需要博物馆从业者必须有较高的政治和思想素质。当今社会是改革的社会，是充满竞争的社会，从业者要有改革、开拓、创新、竞争的意识，博物馆藏品的研究、陈列、设计、使用、传播、文化遗产的保护挖掘等都要靠博物馆从业者来实现，所以需要博物馆从业者有较高的专业素质和技能。免费开放后，博物馆要融入社会将“共享”和“共建”的理念传播于民众，必须要得到政府、企业、社团、民间等多方面的关心和支持，因此博物馆从业者又应该是社会活动家。

三　基层博物馆新价值的体现

我馆近年来除重视馆内专业人才的引进、培养外，还非常重视馆外人才的挖掘、培养和利用。作为小型博物馆，无论是人力、物力、财力资源都非常有限，但为社会服务的工作量又大，所以要招揽各方面有用之才为我所用，如：聘请当地有影响力的顾问和专家配合我馆对地方人文历史进行挖掘、保护和宣传；顺应公众的需求邀请国内和省市知名专家前来授课，答疑解惑；引导当地喜爱文物、热心公益事业的市民组成博物馆志愿者，从事地方文物的保护和宣传，以及组织捐赠文物、提供文物信息等。博物馆“共建”、“共享”的理念深入到社会，极大地提高了博物馆在公众中的影响力，充分体现了博物馆的亲和力和凝聚力。我们征集文物也从单纯关注收藏地方历史文物转向历史和当下并举。现代的见证物就是以后能反映地方风土人情的历史文物，因此，我们收藏当代地方有一定影响力的书画家的作品，收藏反映时代特征的民俗物品，收藏非物质文化遗产方面的艺术品、影音资料等，担当起历史的见证者和为后代保存人类宝藏的守卫者的角色。

博物馆的首要社会责任就是为公众不断提供高质量的精品展览，这也是传播多元文明的需要。县级博物馆普遍存在藏品数量有限、品种单一的问题，因此我们积极探索各方面社会资源，整合共享，为我所用，取其之长补己之短。我们站在观众的角度考虑展览的内容和形式，采用了以下措施：利用馆藏品举办文物展览；引进兄弟馆的精品文物展览；举办本地和外地收藏家珍藏精品展；推出本地书画家、民间艺术家专题展览，为他们提供宣传平台；与政府部门合作，适时推出讴歌时代的时政专题展览等等。如最近举行的“时代印记——吴江职工珍藏展”就得到了民众的较大反响。展览由我馆和总工会总策划、多部门参与组织、全民征集提供物品，充分反映了吴江市民60多年的生活历程，由于贴近群众而大受好评，也为我馆收集了一批极具时代特征的民俗文物。我馆每年都会策划举办30多个展览，不仅极大地丰富了市民的精神文化生活，也体现了博物馆为应对社会变革和满足参观者期望的创新能力。

博物馆社会教育服务手段需要创新和拓展，我馆精心打造了“小小博物馆，社会大舞台”的文化惠民品牌活动。虽然吴江博物馆受场馆的限制被戏称为“袖珍博物馆”，但我们可以把社会看作是一个大舞台，尽情地展示博物馆的文化产品，让博物馆进入更广阔的发展空间。我们走出博物馆，把展览送到乡村、社区、企业、学校、部队等地；开设地方历史和文物鉴赏讲座；开展馆校共建、馆警共建活动；帮助创办民间博物馆；开发博物馆衍生产品等，让博物馆为民服务的社会价值渗透到各个角落，充分体现了吴江博物馆社会责任的担当。

总之，处于变化世界中的基层小型博物馆，要顺应时代要求、面对新挑战，要与时俱进，积累和提升自身社会价值和地位，满足经济社会需要，成为推动当地社会发展的重要力量。

纪念馆和谐文化建设的思考

王卫清　张冠中

（苏皖边区政府旧址纪念馆　江苏淮安　223002）

内容提要：在和谐文化的建设中，纪念馆是巩固思想道德基础的阵地，是弘扬民族先进文化的载体，是创建学习型社会的课堂，是营造和谐人文环境的重要平台。纪念馆要通过增加陈列展览的科学性、趣味性，增强教育的针对性、实效性，来扩大纪念馆教育的传播度和影响力。在构建和谐社会中，纪念馆要肩负起提高全民文化素质，推动公共文化服务体系建设，促进地方文化建设的文化责任。

关键词：和谐文化建设　纪念馆　思考

党的十七届六中全会关于《推动文化大发展大繁荣的决定》中明确指出："必须全面贯彻为人民服务、为社会主义服务的方向和百花齐放、百家争鸣的方针，立足发展先进文化、建设和谐文化，发挥文化引领风尚、教育人民、服务社会、推动发展的作用。"和谐文化是以崇尚和谐、追求和谐为基本价值取向的思想文化，它融思想观念、思维方式、行为规范、社会风尚为一体，反映着人们对和谐社会的总体认识、基本理念和理想追求。建设和谐文化，对于构建社会主义和谐社会、推动形成文明社会风尚具有重要意义。纪念馆作为不以营利为目的的公共文化机构，传承和蕴含着优秀的传统文化和精神火种。科学地发展纪念馆文化，加强纪念馆和谐文化建设，对于我们打牢构建社会主义和谐社会的思想道德基础具有重要的现实意义。

一　纪念馆在和谐文化建设中的作用

1. 纪念馆是巩固思想道德基础的阵地

纪念馆是为纪念有卓越贡献的人物或重大历史事件而建立的陈设实物、图片等的一种文化教育机构。长期以来，在爱国主义教育、革命传统教育、弘扬民族精神、树立理想信念等方面发挥了独特的作用。众所周知，纪念馆丰富的馆藏文物和科学的研究成果，使之成为提高全社会公民思想道德素质的主要阵地。在构建和谐社会的今天，纪念馆不仅要继续以弘扬爱国主义精神、坚定共产主义理想信念、保持优良革命传统为主旋律开展思想道德教育，而且还要充分利用民族传统文化中有利于社会和谐的内容，通过专题展览以及"七一"、"八一"等纪念日的形式，加强和谐文化建设，将中华民族的传统美德同社会主义思想道德有机的融合起来，共同培育出具有时代精神的文明道德新风尚。

2. 纪念馆是弘扬民族先进文化的载体

继承民族文化、弘扬民族精神是纪念馆在和谐文化建设中的崇高任务和历史使命。面对经济全球化、信息一体化以及各种“洋文化”的侵袭，社会上出现了对传统文化不感兴趣的现象，带来的是民族文化的传承危机。纪念馆作为弘扬民族先进文化的重要载体，收藏有大量丰富多彩的民族文化遗产，这些文化遗产是民族先进文化的精髓，是弘扬民族先进文化的最生动教材。透过这些文化遗产，以文物“说话”的生动形式，使全社会尤其是广大青少年和党员干部，深刻感受中华民族灿烂悠久的历史文化具有的生命力、凝聚力、创造力以及在历史发展中所形成的以爱国主义为核心的民族精神。

3. 纪念馆是创建学习型社会的课堂

建设学习型社会，提高全民的科学文化素质，是和谐文化建设的一项重要内容。只有提高了全民的科学文化素质，才能为构建社会主义和谐社会提供智力支持。要在全社会形成全民学习、终身学习的良好氛围，纪念馆教育具有其他教育所不可比拟的优势。纪念馆的特殊职能决定了纪念馆无论是在教育对象，还是教育内容，甚至教育形式上都具有广泛性。在教育对象上，2008 年起全国的纪念馆陆续向社会免费开放，从未成年人到老年人，从普通公民到党员干部，都可以通过参观纪念馆陈列展览、参与纪念馆实践活动的方式增长知识；在教育内容上，纪念馆极具优势，从古代文明到现代文明，从社会历史到生态自然，从艺术到科学，纪念馆里都有体现，是全民补充知识、开展研究的重要场所；在教育形式上，纪念馆既可以采用常规展览作为教育阵地，也可以适时深入到学校、工厂、乡村举办流动展览，把知识传播到人民中去。

4. 纪念馆是营造和谐人文环境的重要平台

纪念馆是国家确立的公益性文化事业单位，是研究历史的机构。每一个纪念馆都有自己的历史，有的是记载一个伟大的历史事件，有的是记载一位伟大的历史人物，他们所反映的是伟大的历史时代的一个侧面[1]。纪念馆具有教育群众、引导社会意识形态、突出文化主旨的功能，在发挥文化陶冶情操、凝聚力量、鼓舞士气方面具有重要作用。在构建社会主义和谐文化过程中，纪念馆作为宣传教育机构，要充分体现革命文物和革命历史文化资源的社会教育和服务作用，深入挖掘文化资源，与当代社会相适应，与现代文明相协调，形成全民族奋发向上的精神力量和团结和睦的精神纽带，不断推进和谐文化建设。

二 纪念馆的教育功能与和谐文化的构建

1. 精心设计，增加陈列展览的科学性和趣味性

纪念馆具有文物典藏、宣传教育和科学研究三大职能，有着广泛的群众性和很强的专业性。当前，我国正在进行社会主义和谐文化建设，纪念馆要认清形势，在展览中引入和谐文化因素，使游客在参观展览中认识到和谐文化是中国先进文化的重要内容。游客之所以喜欢到苏皖边区政府旧址纪念馆参观，主要原因是展览新且贴近生活，展示手段互动性强，能让观众参与的项目多。其中苏皖边区革命史陈列有 7 个展厅，攻打淮阴城、豆选领导、苏皖实验剧团演出、送子参军、部队南下等场景鲜活生动，对青少年和成年人都有很大的吸引力，游客在用现代手段打造的展览中增长了知识，受到了教育。

2. 更新观念，增强纪念馆教育的针对性和实效性

随着物质生活水平的提高，公众对文化的需求更加迫切，感悟人文，拓展视野，增长

见识成为社会时尚。纪念馆作为文化传承的重要载体，既要满足大众需求，又要紧跟时代形势，通过各种内容丰富、形式多样的展览来增强教育的针对性和实效性，发挥好纪念馆的社会服务功能。1997 年国家文物局实施陈列展览精品工程以来，涌现出了一大批引起社会广泛关注的精品展览，如中国人民抗日战争纪念馆的“伟大胜利——纪念中国人民抗日战争暨世界反法西斯战争胜利 60 周年大型主题展览”、朱德同志故居纪念馆的“人民的光荣——朱德生平事迹陈列展览”、八路军太行纪念馆的“八路军抗战史基本陈列”等，受到了人民群众的热烈欢迎，充分发挥了纪念馆社会宣传、传播知识的功能。

3. 创新手段，扩大纪念馆教育的传播度和影响力

“一个国家的纪念馆的现代化是随着这个国家的现代化的发展而发展的；一个纪念馆的现代化是这个纪念馆的观念、思想和科学技术现代化的综合体现。”[2] 网上纪念馆的出现就体现了这一点。网上纪念馆改变了纪念馆传统的信息保存、管理、使用、传播的方式和手段。苏皖边区政府旧址纪念馆在这方面进行了有益的尝试，该馆通过开通门户网站、建设网上纪念馆的方式，迅速而全面地展示纪念馆的发展轨迹、馆藏文物、展览方式、学术研究、宣传接待等。运用现代信息技术，将文字、图片、声音、影像等有机组合，让游客在丰富的感官刺激下，主动参观，增长知识。网络强大的交互功能，不仅建立起了纪念馆和游客间的一对一、一对多、多对多的联系，使游客通过 web 浏览器、E－mail 电子邮件、苏皖论坛等渠道与纪念馆交流，激发了游客的积极性和求知欲，而且在使游客受到教育的同时也扩大了纪念馆的影响力。

三　纪念馆在构建和谐社会中的文化责任

1. 推进先进文化建设，提高全民文化素质

纪念馆作为人类生存发展的“见证”，以客观、真实的方式传达人类社会历史信息，解读传统文化内涵。每一次参观纪念馆都是对人内心的洗礼，都是一次情感的撞击。纪念馆的展览具有历史和艺术价值，人们在形形色色生动直观的文物面前，得到的不仅是历史知识，更多的是内心与文物背后丰富内涵的交流，是一种潜移默化的熏陶。通过一件件文物，一个个历史事件，可以看到祖国浩瀚的文化、悠久的历史，可以找寻到当今先进文化发展所要遵循的方向以及建设社会主义和谐文化的必由之路。纪念馆作为重要的社会教育机构，有着优良的教育资源、优质的社会教育传统，必将一如既往地承担起提高全民文化素质的责任。全国各地的纪念馆基本上都被各级政府命名为“爱国主义教育基地”和“思想道德教育基地”，它们对于满足全社会对高尚精神文化的需求、提高全民文化素质、建设和谐社会先进文化具有不可估量的作用。

2. 彰显纪念馆公益性，推动公共文化服务体系建设

纪念馆作为走在社会前沿的文化机构，作为以人为本的公益机构，作为服务全社会的公益机构，应让公益性落在实处，通过开放陈列展览、开办公益讲座、开展培训活动、出版文化书籍等形式倡导民族文化。苏皖边区政府旧址纪念馆的公益性文化服务工作一直开展得有声有色，2005 年以来，该馆先后举办了《苏皖边区史略》、《苏皖边区历史画册——人物篇》首发式暨苏皖边区政府成立 60 周年研讨会等系列活动；出版了《苏皖边区史略》、

《苏皖边区历史画册——人物篇》、《苏皖边区研究》杂志等；主动到厂矿企业、大中小院校“上门办展”，开展“苏皖历史”进校园、进军营、进社区活动，并在全省首创了“夜游纪念馆”活动。一系列的活动扩大了纪念馆的观众层面，提高了纪念馆的影响力和社会美誉度，使其成为了本地区的文化中心、大众追求精神文化的殿堂以及社会主义和谐社会公共文化服务体系的重要组成部分。

3. 发挥纪念馆文化优势，促进地方文化建设

地方文化建设是和谐社会先进文化建设的重要组成部分。淮安是一座历史文化名城，纪念馆作为一个城市文化积淀最为深厚的机构，必然要在地方经济发展和文化建设中发挥重要作用。2007 年，苏皖边区政府旧址纪念馆新陈列馆开馆，老一辈革命家、老领导的后代应邀出席，引起广泛关注；2008 年，由周恩来纪念馆组织的“纪念周恩来同志诞辰 110 周年”系列活动反响强烈；2010 年，盱眙黄花塘新四军军部旧址纪念馆主办的“颂歌献给党：战地黄花分外香”大型文艺演出影响广泛。2012 年，淮安提出了创建“博物馆城市”的设想，以运河博物馆群建设为基础，推动了新一轮博物馆、纪念馆、展览馆建设，已经建成的纪念馆则与淮安的文化、艺术活动相结合，给当地老百姓带来了一场场文化盛宴，收到了非常好的社会效果。纪念馆作为城市文化的个性体现，扎根本土，在城市文化发展中起到了其他公益性机构无法代替的作用，也为社会主义和谐文化建设做出了重要贡献。

四　结语

纪念馆的和谐文化建设必须立足发展先进文化、建设和谐文化，要发挥文化引领风尚、教育人民、服务社会、推动发展的作用，通过增加陈列展览的科学性和趣味性、增强纪念馆教育的针对性和实效性、扩大纪念馆教育的传播度和影响力，把纪念馆打造成巩固思想道德基础的阵地、弘扬民族先进文化的载体、创建学习型社会的课堂、营造和谐人文环境的重要平台，使纪念馆确实担当起在构建和谐社会中的文化责任。

注释：

[1] 马洪武:《革命纪念馆建设的基本要素》,《革命纪念馆建设研究》,第 1 ~ 7 页,中共党史出版社,2012 年。

[2] 王海燕:《博物馆的教育功能与和谐文化建设》,《革命纪念馆建设研究》,第 236 ~ 244 页,中共党史出版社,2012 年。

提升免费开放水平　推进和谐社会建设

——以淮安周恩来纪念馆免费开放实践为例

张　谨

（周恩来纪念地管理局　江苏淮安　223200）

内容提要：革命纪念馆免费开放是推进和谐社会建设的重要举措。周恩来纪念馆的成功实践和有益探索给人们以引导和启示。削平开放门槛，放大资源效应，可以体现公平原则；传播红色文化，弘扬核心价值，可以增强凝聚力量；坚持以人为本，完善配套设施，可以彰显人文关怀；优化员工素质，改善服务水平，可以提高温馨指数；适应多元需求，开辟特色项目，可以满足休闲意愿。

关键词：免费开放　和谐社会　革命纪念馆

和谐社会是中国古代先哲孜孜以求的一种社会理想。孔子说过“和为贵”，墨子提出“兼相爱”，孟子讲“老吾老以及人之老，幼吾幼以及人之幼”，康有为的《大同书》提出要建立一个“人人相亲，人人平等，天下为公”的理想社会。马克思、恩格斯在《共产党宣言》中也认为，“提倡社会和谐”是“关于未来社会的积极主张”。胡锦涛同志指出，实现社会和谐，建设美好社会，是包括中国共产党在内的马克思主义政党不懈追求的一个社会理想。社会主义和谐社会，应该是民主法治、公平正义、诚信友爱、充满活力、安定有序、人与自然和谐相处的社会。社会主义和谐社会的这些基本特征是相互联系、相互作用的，需要在构建社会主义和谐社会的进程中全面把握和体现。实践表明，革命纪念馆的免费开放是党中央在建设和谐社会，实现和保障人民群众基本文化权益的执政理念下，提高公共文化服务水平的务实举措。通过发挥公益性文化机构的辐射功能，推进文化软实力建设，实现人的全面发展，提升中华民族的凝聚力和创造力。

一　削平开放门槛，放大资源效应，体现公平原则

党的十六届六中全会提出了构建社会主义和谐社会的目标之后，社会公平正义的问题就提到了极其重要的位置。公平正义是社会主义和谐社会的基本特征之一，确立一个辩证的公平正义观，并将公平正义的原则贯彻到社会的制度与政策领域，是构建社会主义和谐社会的重要基础。

革命纪念馆作为特殊的文化场所率先对公众免费开放，实行了具有教育意义的红色文化资源由面向少数人向面向大众的转变，人人均可共享丰富的精神成果，纪念馆公益性的

本质特征得到了充分体现，赢得了社会的广泛赞许。打破收费门槛，其实不仅仅是取消了门票，它传递的是一个重要信号，给出的是一个鲜明的导向，就是对大众文化权益的尊重，对社会资源人人均等享受的引领，是推进社会和谐建设的重要举措。周恩来纪念馆自2008年5月免费开放后，全国各地的观众纷至沓来，参观人数不断飙升，目前年接待量已突破一百万，日接待量最高达5万人次。在团体参观与日俱增的同时，亲友结伴的自驾游渐成趋势，文化资源的利用愈来愈充分，社会效益愈来愈明显。习近平同志在参观视察时，听得专注，看得仔细，临行前在现场发表了重要讲话，他认为纪念馆的建设很有特色，也符合人民的意愿，纪念馆的工作很有意义，勉励在场的同志要更加努力，进一步发挥基地的教育作用。新加坡昂国集团总裁陈精毅先生在参观回国后专门致信纪念馆，抒发难以忘怀的参观感受，表达一直不能平复的激动心情，希望有机会故地重游。周恩来原身边工作人员赵炜同志几年后重访纪念馆，感触颇深，留言时写道："看到这里的变化很感动，周总理的家乡就是不一样。谢谢你们付出的辛勤劳动！"山东的一位普通观众在留言簿上写道："周恩来纪念馆景观独特，环境优美，展览精致，看了令人流连忘返，精神为之一振。"周恩来纪念馆也因此得到了上级部门的肯定，获得了许多殊荣，2011年被中宣部、国家发改委、国家文化部等13个部门表彰为全国红色旅游先进单位，2012年4月又被国家人力资源与社会保障部、国家旅游局表彰为全国旅游工作先进集体。

二　传播红色文化，弘扬核心价值，增强凝聚力量

作为我国主导文化的社会主义核心价值体系，代表着社会主义和谐社会的发展方向，提供了和谐社会所需要的文化认同和价值追求，对加强和创新社会管理、化解社会矛盾、维护社会稳定具有重要作用。要加强和创新社会管理，必须坚持社会主义核心价值观。

革命纪念馆是以中国共产党领导人民在革命和战争时期建树丰功伟绩为基础所形成的纪念场所，它承载着丰富的革命历史、革命事迹和革命精神。作为爱国主义教育基地，传播红色文化、弘扬核心价值是其重要职责。红色文化蕴含着无数可歌可泣的传奇故事，彰显着厚重的历史传统和民族精神，充满丰富的社会主义核心价值元素。它的广泛传播和积极渗透，有助于丰富人的精神世界，引领全社会的价值取向，营造积极向上的社会风气，达到凝聚人心、和衷共济的目的。这是推进社会和谐建设的有效手段。周恩来纪念馆自免费开放后，及时转变工作方式，加大宣传教育力度，坚持"三贴近"的原则，通过丰富多彩的创新活动努力使周恩来精神深入人心：纪念馆聘请扮演周恩来的特型演员刘劲为景区形象大使，开创当红明星与红色景点合作之先河（图一）；首开全国周恩来纪念地"同铸丰碑、共创辉煌"论坛，发挥了引领作用，加强了同行的交流；开辟"翔宇讲堂"，邀请知名专家定期来馆，面向观众和单位职工举行专题报告会，深入讲解周恩来精神；创新开展"读物进课堂、格言进教室、辅导员进班级、宣讲团进校园"的"四进周恩来班"活动，有力地推进了"周恩来班"的创建工作；在景区与机关党组织共同营建党建林，拓展了基地共建的新模式。同时，还赴日本冈山、美国夏威夷举办有关专题展览，将周恩来的事迹向海外传播。《人民日报》、《新华日报》、《中国文物报》和江苏电视台以及许多网络媒体都先后报道了周恩来纪念馆的有关活动，引起了非常好的反响。

图一　周恩来纪念馆聘请刘劲为景区形象大使活动现场

三　坚持以人为本，完善配套设施，彰显人文关怀

以人为本是和谐社会的本质要求，人是构建和谐社会的主体。不同民族之间、阶层之间、群众之间的和谐，都要靠人去推动和维护，政治、经济、文化、社会内部要素之间的和谐也要靠人去协调和实现。而和谐社会所要达到的人与人之间、人与自然之间、人与社会之间的和谐，包括发展目的、发展道路、发展手段的和谐，正是以人为本所要追求的最高目标。

从人性化的角度出发，从观众的基本需求出发，以方便、舒适为基点，完善配套设施，优化景区环境，这是人文关怀的具体体现，是用无形之手对人心灵的抚慰，是拉近人与自然距离的媒介与杠杆。这是推进和谐社会建设的一个有形支点。免费开放后，周恩来纪念馆在保持景区基本风貌的前提下，以建设人民公园为主旨，着力寻找人文关怀切入点，精心策划项目，不断加大投入，从细节做起，以精致为标尺，努力使景区环境充满亲和力。纪念馆除健全了无障碍设施，增加了公众休闲空间，配备了轮椅、雨伞、旅游指南、语音导览系统、日常急救药品，升级了广场路面外，还在湖畔、楼道口、假山旁设置了安全警示牌，在近水平台上安装了坚固的护栏，在旅游高峰开通两个备用通道，提高了景区的安全性和通畅度。同时，通过名家设计，正着手改扩建游客服务中心，调顺窗口位置，方便观众咨询、联络；扩大面积，增加休息空间；完善服务功能，增添免费茶水供应、手机充电、电脑上网等服务项目。另外，在入口与主馆之间修建具有文化品位的遮阳避雨观光曲廊，让观众能全天候在景区漫步徜徉（图二）；在湖边修建观光平台，湖中设置音乐喷泉，凸显水文化特色；实施三湖活水工程，净化水质，补植荷花等水生观赏植物，优化景观；扩种树木、草坪，增加绿荫和绿色，进一步改善生态环境；在要道口增建标准化厕所，扩大覆盖范围，让观众“方便”更方便，无“内急”之忧。

图二　周恩来纪念馆观光曲廊

四　优化员工素质，改善服务水平，提高温馨指数

纪念馆等社会公共服务行业在构建社会主义和谐社会的宏伟框架中处于重要的位置，其工作不仅是一个部门的事情，它是政府行政的特殊窗口，关系到老百姓对政府工作的评价，在一定程度上关系到社会的稳定和发展。如何在时代大潮中承担自己光荣的责任，如何在构建和谐社会这个大舞台上扮演好自己的角色，如何搞好服务工作是包括纪念馆在内的公共服务行业工作人员都面临着的新课题。

服务是软环境，是人与人、面对面、心贴心的交流与沟通。革命纪念馆虽然有突出的教育功能，但教育并不意味着刻板、生硬和冷漠。高水平的服务可以让观众体味温情，感受友善，压力得到舒缓，情绪得到放松，可以克服一般说教所引发的厌倦感和抵触性，达到春风化雨、润物无声的效果。这是推进和谐社会建设的一个润滑因素。周恩来纪念馆坚持免费不免票，设立专门的领票处，印制精致的门票既是入馆通行证明，又可以作为参观纪念收藏。周恩来纪念馆十分重视对一线工作人员服务素质和业务技能的培训，先后邀请全国劳动模范、扬州瘦西湖管理处徐顺美，全国博物馆界著名宣教专家王继红，全国周恩来研究资深学者刘武生等来讲学，还组织职工赴韶山毛泽东纪念馆、井冈山革命纪念馆等地现场考察、实地取经，开拓视野，汲取经验，接受新理念、新知识、新技能，提高全员综合素质。现在纪念馆所有人员普遍具有良好的职业操守，在岗位上坚持微笑服务，注重礼仪，讲求规范，涌现了一批在省内外有一定影响的行业明星和服务示范岗。讲解员除了能熟练掌握讲解技能外，大都还能与聋哑人正常交流，运用哑语进行常规讲解，同时针对各自特长培养一项表演才艺，在讲解过程中适时展示，在全国、省市历次讲解大赛中屡获大奖。保安、保洁和纪念品销售等与观众经常接触的人员在形象衣着、举止谈吐、品行道德等方面也有明确要求，他们坚持观众至上、友善为先的原则，在各自的岗位上以实际行动传播文明、传达温暖，使纪念馆真正成为广大观众的温馨家园。近几年，景区职工关心观众、扶老携幼的事迹不断发生，拣到相机、钱包及时交还失主的情况经常出现，赢得了社会的好评。

五 适应多元需求，开辟特色项目，满足休闲意愿

和谐社会是多元文化社会，博物馆、旅游景区要想方设法为公众提供多元服务。周恩来纪念景区建立多种制度，配置各类资源，既满足观众接受教育的需求，又满足游客游览的需求。

现代社会是个五彩斑斓的时代，人的个性各异，消费能力各异，生活需求也不再像计划经济时候那样整齐划一。所有人在革命纪念馆所接受的教育主题、引导方向是一致的，所享受的基本公共服务是均等的，但过程及途径则不尽相同。休闲是旅游的原动力，红色旅游也不排斥这一属性。越来越多的人希望在轻松、悠然的状态下慢生活，在人文与自然融合的环境中感悟历史、净化心灵。因此，在这样的背景下，满足观众的休闲意愿，尽可能多地开辟特色项目，提供便捷化、差异化、多元化的服务，就成了革命纪念馆当下创新工作的一项新要求。这是推进和谐社会建设的一个不可忽视的环节。周恩来纪念馆免费开放后及时推出游览车观光、淮扬美食餐饮服务，让观众在35万平方米的景区内轻松游览，就近品尝美食佳肴；利用水面开阔的优势开辟东湖游船项目，让观众悠然荡舟，水上观景，湖中赏荷，放松陶冶心情；加大纪念品开发力度，先后开发10多个系列、60多种新产品，凸显景点特色和文化内涵，高中低档结合，收藏与实用功能兼备，较好地满足了观众不同层次、不同类型的需求；景区还不定时播放主题歌曲和轻音乐，让观众在悠扬乐曲的熏陶下完成难忘的红色之旅。

和谐社会重在建设，贵在合力。在和谐社会的建设中，社会的每一个分子扮演着不同的角色，承担着相应的责任。革命纪念馆作为不可替代的公众角色，使命更加神圣，责任更加重大，必须以责无旁贷、时不我待的精神，进一步扬长展优、探索创新，以更加有力的工作措施积极助推和谐社会的建设。

人才是博物馆可持续发展的核心动力

袁　瑛

（镇江博物馆　江苏镇江　212002）

内容提要： 免费开放为博物馆事业的发展带来了新机遇。博物馆作为文化传承的载体，陈列展览、社会教育、科学研究、文化营销等水平的提高都需要有高素质专业人才的支撑，本文将对当今博物馆人才工作的重要性及人才工作发展的现状和对策作一探讨。

关键词： 博物馆　人才　可持续发展　应对策略

2008年至今，博物馆已免费开放五年多。在这五年里，众多博物馆的免费开放扶持资金、展示设备、文物保护设备、安防设备等均得到了明显改善，大部分博物馆正处在同一起跑线上。今后博物馆的可持续发展，除了相应的硬件外，必然需要一支素质好、专业精、水平高的专业人才队伍的支撑。可以说，新时期博物馆的命运决定于博物馆的人才队伍。拥有一支高素质的人才队伍，并且能高效、合理地培养利用，博物馆事业就能得到积极、稳步的发展。

一　博物馆专业人才的重要性

2008年博物馆免费开放后，观众数量普遍增加了5至15倍。博物馆事业正如火如荼地发展，各地纷纷新建扩建博物馆，面积更大，场馆更新，科技水平更高。很多报告显示，观众在节假日参观博物馆已成为十分普遍的现象，许多喜爱博物馆的人更是把博物馆当成高档休闲场所而经常光顾。时间长了，陈列展览手段缺乏新意、文物展品长时间不更换、一些可以展出的文物因为残缺的缘故而不得不静静地躺在库房一角等问题，使得观众的期待值与博物馆实际服务水平之间的矛盾逐渐凸显。此外，新技术引入慢，科研水平停滞等犹如博物馆发展的瓶颈，相当程度上制约了博物馆的发展。笔者曾发现多个博物馆的展示方式陈旧，高科技展示设备成为摆设，文创产品屈指可数。博物馆要想提升社会服务水平，专业人才是关键。当前博物馆迫切需要大量优秀的信息技术、美术设计、展览策划、文化产品设计、销售以及其他复合型人才。

二　博物馆专业技术人才队伍的现状

1. 博物馆专业人员队伍年龄结构

20世纪五六十年代的一批专业功底强的同志，奠定了文博行业的基石，但这些老同志目前已经退休。70年代后期，大批下乡返城的知识青年进入博物馆，多数从事文物保管、修复等工作，由于受原有文化程度的局限，业务水平很难再有新的提高，目前这些同志也大都临近退休或已经退休。90年代开始，一批从国内大学走出来的具有考古技术、博物馆学理论的专业人才相继进入博物馆，并且在相关岗位担任职务，提高了博物馆的专业能力，已成为博物馆的中坚力量，但与已退休的老专家们相比，业务能力仍有一定的差距。

2. 人事制度改革机制尚待健全

20世纪，国有博物馆用人体制开始发生变化，人事制度改革势在必行。博物馆需要引进相关专业的大学专业人才，以提高工作人员的整体素质。人事制度改革的初衷是好的，但随后的发展有些矫枉过正，反而使博物馆人才引进通道变得狭窄，出现了博物馆想要的人才进不来的现象。以镇江博物馆为例，人事制度规定博物馆所进人员必须由人事部门先把关，经过类似公务员考试的笔试及面试方能录取，即使博物馆有再多空编，有再中意的人才，当年招聘人数都是人事部门说了算，博物馆没有自主权。由于招聘时有年龄要求，致使2011年镇江博物馆在向社会公开招录时，与一位具有博士学位的人才失之交臂，这不能不说是博物馆的一大损失。因此笔者认为现今的人事制度还有待进一步健全。

3. 缺乏科学的人才资源管理方式

目前大多数博物馆的人力资源管理制度还存在种种弊端，这是在长期发展过程累积形成的。由于国有博物馆都是事业单位，财政拨款，工作人员一般是终身制，能进不能出，能上不能下，干好干坏一个样，博物馆在人员管理上缺乏独立性和自主权。2011年，事业单位岗位设置工作开始启动，这项工作的宗旨是深化事业单位人事制度改革，建立健全聘用制度和岗位管理制度，实现单位人事管理的科学化、规范化和制度化，通过建立岗位管理制度和人员聘用制度，创新管理体制，转换用人机制，整合人才资源。但由于事业单位人员的固定身份，聘用制度目前仍流于形式，定岗以后反而使一小部分人员安于现状，平时工作不出差错，年终考核拿个合格就好。一旦工作中发生差池，处罚措施也只能扣扣工资、奖金，在人员的处理上可谓有心无力，致使部分工作人员满足在一个岗位上混日子，不思进取，呈现出工作人员多，业务骨干少的局面，因此也就无法真正实现人事管理制度的深化。博物馆在人员管理上迈不开大步，一定程度上抑制了部分员工积极性、创造性和主动性的发挥。

从以上现象可以看出，一个博物馆要在竞争中立于不败之地，就要认识到人才是第一要素。人才队伍建设对于博物馆事业的发展是至关重要的，因为人才是博物馆事业发展的基础和中坚力量，人才能提高博物馆的学术水平，提高博物馆的知名度，决定一个馆的实力和发展方向。拥有一批优秀的专业人才，博物馆事业就能蓬勃发展，反之，人才队伍薄弱，其研究能力势必低下，综合实力也将随之削弱。当前很多博物馆的领导都已意识到这个问题，即博物馆必须加强人才建设。

三　博物馆人才工作的应对策略

原国家文物局局长单霁翔曾指出：“博物馆免费开放后，馆舍标准提高了，硬件达到要求了，资金到位了，在博物馆的基本条件达到一定高度后，我们的人才队伍及其知识结构、管理和服务手段等软件配备还无法满足免费开放的需要。”由此看出国家文物局的领导层也已经意识到基层博物馆的人才队伍问题。人才无疑已成为各博物馆的立馆之本。

1. 坚持以人为本的管理理念，加强认同感、归属感和使命感，提高整体素质

以人为本的管理思想，是建立现代管理制度的基础，是科学发展观的核心。以人为本的管理基本原则是以激励员工为主，培养员工的认同感、归属感和使命感。以人为本就是以单位为一个团队，在这个团队中，每个人都肩负着各自的使命，为了完成同一个工作任务而产生自觉的工作动力。从博物馆的发展角度出发，管理者要利用一切可以培训员工的机会，激发出每一个人最大的潜能，使员工参与管理、参与竞争，提高他们的工作热情，激发他们的学习兴趣，从而提高员工的综合素质。

2. 建立科学的用人机制，充分发挥每一位员工的积极性

在用人体制无法改变的情况下，博物馆应转变观念，根据自身特点强化人事制度改革。要通过改革转变观念，激发活力，以改革为突破口，积极推进人事管理体制改革，建立和完善用人激励与约束机制，对现行不适应人才管理的政策做出调整，逐步消除年龄、职称、资历、身份等约束，提供员工发挥和提高自身才能的机会和条件。建立健全博物馆人才选拔任用和管理监督机制，推动人员聘任制度和岗位工资制度，加大绩效工资改革力度，充分调动广大干部职工的积极性，全面实行考核聘任制，实行岗位结构工资制度，逐步建立重实绩、重贡献、向优秀人才倾斜的竞争激励机制。

讲解工作在博物馆中占有十分突出、重要的地位，可借鉴社会企业单位实行招聘制，通过提高标准、公平竞争、择优录用的原则，面向社会公开招聘，选拔优秀人才，加强培训，不断进行岗位练兵或考试。镇江博物馆于 2011 年首次在社教部和考古部采用首席制度，半年一次考核，实行动态管理，激发了员工的工作热情，提高了人才队伍的整体水平，塑造了良好的对外形象。

3. 建立良好的激励机制，提高专业技术人员学习热情

提高员工专业素质最有效、最直接的方法是全员培训，即对全馆的专业技术人才进行分类分级别的专业技术培训。一是每年进行综合性的专业知识培训，这是大多数博物馆都能做到的；其次是邀请国内文博界专家、学者来馆讲学；第三是针对专业把人才送出去，参加国家文物局或省文物局举办的各类专业技术培训班；第四是在有条件的情况下，派出专业技术人才进行定向培训。本馆的专业技术人员委派到具有较高资质的博物馆学习文物修复保护技术，籍此提高本馆的文物保护水平。同时采取不同方法鼓励、激发专业技术人员充电，鼓励他们根据自身特点制订并实施自己的专业培训提升计划，使专业技术人才得以充分成长，专业技能得到不断提高。

4. 拓宽博物馆人才引进渠道，积极引进复合型人才

所谓复合型人才，是指具备多方面才智、学识和能力的人才，其特点是多才多艺，学习、领悟能力强，善于沟通协调，有妥善处置突发事件的清晰思路和勇气能力，能够在多领域大显身手。对于以科学研究、文物展示、文物保护、考古发掘等职能为主体的博物馆来说，培养、引进复合型人才具有重要的意义。由于博物馆不同于其他行业，有其专业特殊性，所以对技术人才也有特殊的要求，如：博物馆的部门主管，既要懂行政管理，又要掌握相应的文博知识；博物馆的经营人才在精通市场的同时，也必须具有相应的文物知识，

并懂得分析观众心理；优秀的展览策划人才不仅要了解所展示文物的历史内涵，也要熟悉观众需求，掌握展览能够成功吸引观众的亮点。数字时代，任何一行都离不开电脑、互联网、数据库，而既懂文物，又懂数据库建设的人才却很少。在国际文化交流日益发达的今天，外国友人参观博物馆已成为平常事，作为博物馆对外接待的一线讲解员，在普通话讲解的基础上，如果能熟练掌握一门外语，则更能体现博物馆的国际化和现代化水平。作为人才引进第一道关卡的上级人事主管部门，应当为博物馆的人才引进开启绿色通道，让真正适合在博物馆发挥自身特长的复合型人才进入博物馆，从而提高博物馆专业人才队伍的整体水平，使博物馆的发展始终充满活力和动力。

博物馆事业要获得发展，人才至关重要。博物馆的专业基础工作、时代的发展、文化体制的改革要求博物馆配备高素质的专业人才，现代管理要求博物馆引进新型的专家型和管理型人才。只有形成人才建设与博物馆发展相互促进的良性循环，才能进一步促进博物馆事业全面快速稳步发展。

参考文献：

1. 黄光南：《博物馆企业》，文化艺术出版社，2011 年。

2. 黄光南：《博物馆新视觉》，文化艺术出版社，2011 年。

3. 陈文、赵晨：《对博物馆人才资源的探讨》，《博物馆研究》2006 年第 3 期。

4. 陈国宁：《博物馆角色的转变与专业人才培养》，2006 北京国际博物馆馆长论坛。

5. 刘军、侯雁、任拓：《浅谈我国博物馆中的人力资源管理》，《青年文学家》2010 年第 1 期。

6. 李桂芝：《浅析复合型人才对博物馆发展建设的重要性》，《丝绸之路》2012 年第 10 期。

博物馆应充分重视科研事业的发展

赵启斌

（南京博物院　江苏南京　210016）

内容提要：和谐的社会需要社会、经济、文化的和谐发展。致力于和谐的江苏博物馆事业的发展，必须将江苏博物馆的藏品资源优势、文化资源优势和人才资源优势合理配置。科学研究工作的充分展开，对于充分发挥江苏博物馆的资源优势，具有特别重要的意义。本文试从博物馆科学研究的有关状况、科研性质以及作用等方面，对致力于和谐发展江苏博物馆事业的战略意义和价值略作论述。

关键词：博物馆　科研　可持续发展

一　科学研究是江苏博物馆事业持续发展的重要学术支撑

在致力于和谐江苏博物馆事业发展的过程中，应积极发挥科学研究工作的学术支撑作用，带动各方面工作的有效展开。科学研究是江苏博物馆事业和谐发展的重要保证和深刻体现，在现有的基础上加大对博物馆科学研究的支持力度，积极推动博物馆科研事业的发展，尤其必要。

博物馆是我国科学研究事业的重要支撑平台，各级博物馆不仅具有保管、收藏我国物质文化遗产、非物质文化遗产的重要职能，而且也具有展示、研究、传承我国优秀文化、中华悠久文明、发展文化事业的重要职责。在博物馆相关业务工作中，科学研究尤其应该处于核心的地位。博物馆科研工作的进展如何，将直接影响、决定其他相关业务工作的展开。改革开放三十多年来，江苏社会各方面取得的重大进展，为江苏博物馆事业的发展无疑提供了极为坚实的基础，使江苏有能力为江苏博物馆科研事业的发展提供较为充裕的经济支持和强力的社会支持，这也是江苏博物馆事业发展最为得天独厚的基础条件之一。

据不完全统计，江苏省博物馆共藏有文物八九十万件，如何充分发挥这批藏品服务社会、服务公众的功能，将蕴含其中的各种文化、历史信息进行有效释放，发挥其应有的文化影响力和学术影响力，确实需要统筹安排、合理布局。从江苏省目前的现实条件看，在科学研究上不断加大投入的力度和规模，应该切实可行。通过有计划地举办具有地域文化特色的专题系列展览，系统出版江苏博物馆文物考古专集、江苏博物馆藏文物精品集以及江苏博物馆藏书画专集、江苏博物馆学人丛书，发起举办学术研讨会以促进国际、国内学术交流等，都可进一步促使江苏博物馆科学研究迈上新台阶，从而凸显出江苏博物馆雄强的藏品资源优势、文化资源优势和人才资源优势。目前江苏博物馆事业的和谐发展，除继续充实基础工作带动科学研究加速发挥积极作用外（如继续举办、策划专题性巡回展和各种形式的中、小型展览），还应积极解放思想，集中精力在具有一定规模的项目上，寻求战略突破。这是值得考虑的跨越式发展的新思路，但更需要博物馆科学研究能力的大幅度提升来应对，毕竟新思路、大作为需要依靠强大的学术能力来加以支撑。只有具有深厚的学术支撑，大项目运作才具有可能性和可操作性。

由于各种客观原因和现实条件的限制，我国博物馆的科研能力还有待大力提高、加强，科研方面的某些不足目前仍是制约博物馆事业发展的瓶颈，亟须获得突破。从国家文物局发布的国家一级博物馆运行评估报告中的数据，也可看到科研工作方面的某些不足和有待解决的一些问题。2011 年 6 月 22 日，国家文物局在《中国文物报》博物馆周刊发布了 2008 年度、2009 年度国家一级博物馆运行评估报告，在各项评估中，科研得分率最低，仅为 43%，代表性科研成果更低，为 27%。由于科研工作短板，制约了我国博物馆事业的整体发展水平。从整体形势看，江苏博物馆的学术状况显然也不容乐观，科学研究也面临相当的现实压力。科学研究是博物馆所有工作的基础和灵魂，直接决定着博物馆事业的前途和命运。在科学研究上积极寻求战略突破，充分发挥其应有的学术支撑力，应当成为博物馆工作中的重中之重。只有科学研究能力提高了，才能为博物馆事业的整体发展提供最为有力的支持，也才能够为博物馆事业的和谐发展提供源源不断的内在驱动力量。

二　科学研究是江苏博物馆事业发展的纽带和桥梁

科学研究是博物馆相关业务积极展开的发动机和精神支撑，是博物馆文化软实力、学术研究能力得以凸显的重要体现。所以说，科学研究是江苏博物馆事业持续发展的不可或缺的精神纽带和桥梁。

博物馆作为具有特殊性质和任务的社会文化机构，它的社会定位不同于其他的文化机构，如群艺馆、美术馆等文化机构的创设和运营显然倾向于与当代有关的文化活动，与博物馆提倡科学研究和辅助社会教育的性质和功能具有一定的区别。博物馆作为综合性科研机构和文化机构，具有高校和科研院所的基本研究职能，有较为明晰的学科体系作为业务工作的基础、依据、目标和宗旨，考古学、博物馆学、建筑学、文物鉴定学、金石学、美术学、艺术学、文保科学、历史学、文献学、图书馆学等在博物馆各项业务工作中都能找到其合适的位置。博物馆不仅具有传承文明、保存历史、发现历史的职能，而且具有保存文化、传播文化、研究文化和教育大众的重要职责。博物馆作为学术研究和展示历史文化、文明成果和智慧的殿堂，先天具有学术研究的职能，具有延揽一流学者从事文化研究的职能。进一步强化博物馆的科学研究职能，不断提升博物馆服务社会的研究功能，是博物馆事业可持续发展的根本要求。博物馆从业人员应有明确的学术宗旨和追求，博物馆越来越专业化、学术化的倾向，以及越来越注重精神性内涵的职业定位，也不断促使博物馆从业人员充分重视博物馆系统的科学研究工作，依靠坚实的科研能力，打开自身工作局面。

江苏省博物馆事业的和谐发展，离不开科学研究的充分展开，而且江苏博物馆事业的发展本身就得益于博物馆科学研究上的不断进步。我国上世纪前叶大力提倡发展中国博物馆事业的许多著名人士都与江苏有着千丝万缕的关系，他们本人或者他们的学术事业就起步、成长、立命于江苏地区，如张謇、蔡元培、李济、曾昭燏、谢稚柳等都是最为杰出的代表。20世纪50年代以来，江苏博物馆事业的发展与江苏博物馆科学研究的进展更是有着极为密切的关系，其发展离不开科研工作的大力支持。科学研究作为博物馆工作的精神纽带和桥梁，一直贯穿于江苏博物馆事业发展的进程当中。

三 科学研究是江苏博物馆事业可持续发展的“蓄水池”

博物馆事业的创建、发展是一个逐渐推进的动态过程，当代江苏博物馆事业的发展显然得力于前代数辈学者不断的辛勤努力。江苏博物馆前辈学人将他们的智慧、才华、科学研究成果“蓄水于池”，打造出了我们从事博物馆科学研究的基础，也才有江苏博物馆事业的今天。所以说，科学研究固然可以成就大量的专家学者，培养出一代考古学专家、收藏研究专家、书画鉴定家、博物馆学家、图书馆学家，甚至培养出国际一流水准的考古学大师、学术宗师，但这仅仅是其中的一部分，更重要的是这些专家学者在成就自己的同时，他们营造出来的良好的学术氛围、学术素养、学术传统和学术成果，都已经作为一份珍贵的精神遗产留给了后辈学人，成为下一代学人的学术“蓄水池”。江苏博物馆事业要保持可持续发展的积极态势，就必须重视每一代学人的学术“蓄水池”效能，不仅包括前辈学人，也包括正活跃在第一线的科研工作人员。一切都会过去，成为过眼云烟、历史的陈迹，唯精神创造、文化创造力具有永恒的传承性和再生性。要高度重视科学研究这一“蓄水池”的作用，以保持博物馆事业持续性发展的链条不至于断裂，后继有人，血脉不断。也只有高度重视博物馆科学研究，高度重视博物馆科学研究社会效能的充分挥发，才能不断推动江苏博物馆事业更加和谐地向前发展。

当然，“蓄水池”亦有日积月累、蓄势待发之意。无论一个人的成长进步，还是一个单位的工作进展、一个城市的发展，一个地域的崛起，都离不开长期的艰苦探索和精神能量、物质能量的积累。江苏省博物馆事业的长足发展，离不开科研工作的长期积累，只有长期积累学术能量，积累到一定的程度，才能最终完成从量变到质变的转化，促进文化创造辉煌局面的不断出现。如果每一位博物馆科研工作者都有这样的心态，都能从前辈学者、后来学人和自身的关联上意识到自己从事工作的重要意义，“蓄能而成势”，努力探索，必将助益于江苏博物馆事业的勃勃发展。我们个人的价值、理想和信念也就能得到最大程度的释放和发挥，从而成就自我。心海无量，其他又何不如此！

四 科学研究是江苏博物馆事业可持续发展的重大举措

任何事业的持续性发展，其巨大的推动力量都主要来自于思想观念的不断更新和变化。对于博物馆事业来说，如果没有博物馆收藏、展览、研究概念的转变，没有从重

“物”到重“人”理念的转化，没有物质遗产、非物质遗产观念的转化，没有从重“收藏”到重“服务”认识的转化，也就很难有当代博物馆事业的重大发展。事业的进步、文化观念的变化更新、文化创意的确立和形成，都来自于人们认识上、思想上的重大飞跃，而这一系列思想观念飞跃的形成，则是长期科学研究、不断思想解放的结果。江苏博物馆事业要保持可持续发展，就要意识到科学研究在全局中的重要意义、引领意义和学术规范意义，意识到正是一系列科学研究成果的不断推动，才不断促使江苏博物馆事业向纵深加速发展。

博物馆科学研究的对象，主要包括历史学、考古学、艺术学、文物鉴定、文物保护等诸多领域的内容，其研究成果对于认识、发现历史，对于推动社会观念、人文观念的变化，都具有非常重要的意义，一些学术思想观念甚至直接参与到了社会的进展与变革之中。江苏省博物馆事业已有百余年的历史了，长期以来在科学研究上形成了自己的优势和发展方向，历代学人卓越的开放精神和精湛的学识素养，对于现代中国博物馆事业的发展起到了重要的作用。张謇、蔡元培、李济、傅斯年、曾昭燏等老一代学人对博物馆科学研究的重视，既得力于他们所受的传统教育，也得力于他们长期形成的专业人文素养，尤其现代学科理念的影响，使他们对科学研究工作的重要性始终有着相当清醒的认识，甚至将博物馆科研工作提升到开发民智的高度来理解和把握。正因为具有这样的认识水准，所以他们才能在当时各种客观条件都相当不利于博物馆事业发展的情况下，仍能积极进取，为江苏博物馆事业乃至中国博物馆事业的发展作出了重大贡献。如果整理他们的精神遗产，毫无疑问，其科学研究精神、人文理念是留给博物馆后代学人最为重要的部分。

新中国成立以后，江苏博物馆事业的发展进入了新的历史阶段，博物馆科学研究工作也进一步受到重视。江苏考古学上一系列成就的获得，博物馆征集、收藏、展览、研究业务的大踏步发展，都留下了科研工作人员辛勤工作的汗水。以绘画为例，如果没有对“扬州画派”的充分挖掘、提炼、研究和展示，是不可能将影响不出百里的地方性画派提升到全国皆知、国际都有所闻名的重要绘画流派的。同样，对于“金陵画派”的研究工作的推进，也是如此。经过数代学者努力，“金陵画派”的艺术成就已经为中国美术史和其他领域的人文学者所重视，“金陵画派”作为最为重要的绘画流派也已经为人们所深知。如果没有有关专家深入、扎实的学术研究，这一状况的形成显然也是不可能的。

相对于前辈学人对博物馆科学研究的理解和认识，当代江苏博物馆事业的持续进展，毫无疑问更要依赖科学研究工作的大力推进。除文保领域、考古领域、文物鉴定领域具有物质文化意义的专业研究需要不断不断加大投入力度外，与博物馆事业相关的具有精神性、思想性、艺术性、历史性等文化艺术意义的专题研究工作，也要给予高度重视，要力争在人文科学研究领域占据制高点，使科学研究进一步获得战略展开。在书画藏品研究方面，尤其需要引起进一步的重视。江苏鲜明文化特色的形成是历史文化长期不断发展的必然结果，其最为重要的文化特色就表现在书画艺术的高度发达上。江苏地区自古就是中国书画艺术发展中心，这一特色文化遗产尤其应该得到充分的重视。科技、思想和艺术三大主轴是人类文明的核心组成部分，而艺术行为和艺术遗产在文化遗产中显然具有不容低估的重大价值，一个民族的文化地位、历史地位，甚至要依靠这些遗产体现出来。保持江苏博物馆事业的和谐发展，应在江苏博物馆书画藏品方面加大发掘、整理、研究、展示的力度。只有积极强化江苏博物馆的书画藏品研究能力，以有鲜明地域文化特色的一流书画展览和书画研究成果服务社会，才能不断提升江苏博物馆的科研特色、文化特色和服务社会的业务水平。

江苏具有雄厚的经济实力、悠久的人文历史和一流的科研能力，理应创造出更多足以传世的文化精品和让同行刮目相看的具有深度的科研巨作，这也是当代江苏博物馆学人精神风貌的具体体现。

五 科学研究是江苏博物馆人才崛起的重要体现

自古得人才者得天下，获得一流的杰出人才以保持人才优势，是事业获得重大发展最为关键的因素之一。因而，大力推进人才队伍建设，使文博人才得以崛起，是江苏博物馆事业和谐发展必然要面对的核心问题之一。但人才队伍建设、文博人才崛起需要相关科学研究领域的学术成果才能充分体现出来。从这一角度看，科学研究是人才队伍建设、文博人才得以持续崛起的最为重要的体现和载体。

江苏博物馆事业的重大进步如何体现出来，江苏博物馆人才队伍建设、具有卓越研究能力的人才究竟如何，江苏博物馆学人的学术能力、学术素养、精神风貌究竟如何，都要依靠科研能力、科研成果来体现。从人才成长的角度看，也应高度重视博物馆科研工作的积极展开。只有科学研究有条不紊地加以展开了，才能为人才队伍建设、人才崛起提供充分的学力保障，才能为博物馆各项业务工作的展开提供强有力的学术支撑。同样的道理，只有提高了思想认识，加强了业务能力，具备了一流的科学研究能力，才能不断推出具有文化内涵的服务社会的精品，为江苏博物馆事业确立出一流的精神文化氛围和科学研究的高度，在博物馆同行中自领风骚。

经过近百年、尤其最近十年来的大力建设，江苏博物馆事业无论在硬件建设还是软件建设方面，都取得了长足的进展。研究中心、研究院所等各种研究机构的设置，馆级科研项目的制定以及制度创新、大规模改扩建工程的立项开工等，都为江苏博物馆科学研究事业的大幅度进展提供了雄厚的基础设施、制度保障和财力支持，为江苏博物馆发展科学研究事业提供了坚实的外在依托。科学研究作为江苏博物馆事业人才队伍建设、文博人才持续崛起的重要体现和载体，也由之获得了进一步的保证。大浪淘沙，但愿一流的科研人才、人文学者在这一巨大的人才“孵化器”中不断诞生，成为二十一世纪的人文精英。

六 结论

科学研究不仅是江苏博物馆事业持续发展的重要体现和保障，也是江苏大文化、大经济格局调控中不应忽视的一支重要力量。应积极发挥江苏博物馆科研事业服务江苏社会经济发展的大局，和谐发展，为江苏创建文化大省、文化强省、美术巨省提供新思路、新作为。科学研究事业作为江苏博物馆事业各项工作的重中之重，在和谐发展江苏省博物馆事业的发展过程中具有不可替代的地位，文化的威力、科学的精神、文化的理念，都要在科学研究中才能充分体现出来。江苏博物馆前代学人提出的“提倡科学研究，辅助公众交予，以适当之陈列展览，图智识之精进”这一和谐发展博物馆事业的宗旨和办馆理念，将永远激励江苏博物馆事业不断取得新的进步。

地方博物馆文化产业发展的思考

张美英　顾海燕

（南通博物苑　江苏南通　226001）

内容提要：博物馆发展文化产业应该以保障人们的文化权益、丰富人们的精神文化生活为目的，并努力追求社会效益和经济效益相统一；地方博物馆应通过确立围绕主业的博物馆文化产业发展思路，多措并举努力开发博物馆文化创意产品，探索与大众传播平台的交流融合、开发现代科技文化产品等一系列措施，来推动地方博物馆发展自己的文化产业。

关键词：博物馆　文化产业　发展

文化产业是一种适应新的经济发展形势而出现的，为满足人们日益增长的文化消费需求，促进文化繁荣发展而产生的新兴行业。作为公益性文化事业单位，博物馆发展文化产业更应该以保障人民的文化权益，丰富人们的精神文化生活为目的，并努力追求社会效益与经济效益的统一。地方博物馆如何发展文化产业，笔者发表浅见以求教于方家。

一　要确立围绕主业的博物馆文化产业发展思路

博物馆是"为研究、教育、欣赏之目的而征集、收藏、研究、传播和展示人类及人类环境的见证物，为社会及社会发展服务的面向公众的非盈利的永久开放的机构"。博物馆的定义揭示了博物馆的基本功能，即利用其收藏的丰富文物标本资源，举办陈列展览，策划主题文化服务活动，传播历史文化、自然科学知识，提供艺术鉴赏等，以满足人们不断增长的精神文化需求。博物馆履行社会功能的过程，在某种意义上就是一种文化产业活动。博物馆应确立围绕主业发展文化产业的基本思路，这样既能改变博物馆产业工作者的思维方式，不断促进文化服务和文化活动的水平提高，使博物馆功能得以充分发挥，又能使藏品资源、人才资源得到充分利用，获得社会、经济效益双丰收。

围绕主业开发陈列展览或专题活动，将其作为文化项目向社会推广并获得成功的事例屡见报端。21世纪初，天津自然博物馆在博物馆文化产品开发方面"一马当先"，他们对外以"巡展超市"的形式，一气推出37个科普教育系列特色专题展览，"畅销"全国23个省市；在本馆内部也制作如"敦煌艺术"、"金色宝藏"等特色专题文物展览，在社会上引起强烈反响，观众量大增，实现了社会效益与经济效益的同步增长。近年，随着全国博物馆免费开放，各博物馆努力转变思维方式，结合主业，为观众提供小型多样化展教产品，以满足不同层次观众群体个性化的文化需求。国家博物馆以构建新型宣教服务体系为契机，以绝对丰富的藏品资源、人才资源、场馆优势为后盾，针对不同年龄阶段的观众设计了专题课程服务项目，如以网络为平台，通过预约为一个家庭或小团队有偿提供个性化展品鉴赏服务，在业内受到广泛好评。南通博物苑近年来在假期推出“小小科普员”培训活动项目，学生报名踊跃，深受家长欢迎。

除了展览外，还可围绕主业发展文化产业项目，根据博物馆的特长和优势开展各种社会性服务活动，如文物鉴定、文物修复和文物复制等；开展公共性社会服务项目，如餐饮、游乐等等。博物馆围绕主业发展文化产业，有利于将博物馆资源转化为经济发展新的增长点，也有利于调整文化产业结构、丰富旅游文化产品，对于促进博物馆文博事业发展，传承和弘扬中华民族优秀传统文化，参与文化建设都将产生积极作用。

二 要多措并举努力开发博物馆文化创意产品

随着经济的发展，物质生活越来越丰富的人们，越发关注精神文化生活。越来越多的观众走进博物馆，他们不再满足于一般参观，仅仅拍些照片作为回忆，而更希望能带些纪念品自己收藏或赠送亲朋，以分享学习的收获、发现的快乐等美好体验。观众新的消费需求，为博物馆文化产业发展带来了新的契机。博物馆利用文化资源组织开发文化创意产品以满足观众需要，是博物馆文化产业发展的重要组成部分。

博物馆文化创意产品开发制作需要资金、生产技术等生产要素。博物馆作为公益性文化事业单位，虽然可以提供文化资源等知识产权，但本身并不具备产品生产能力，博物馆要完成文创产品的开发，要多措并举，才能取得成功。

1. 与文化企业合作开发制作馆藏高仿书画作品

众所周知，博物馆收藏有大量的书画绘绣作品，这些作品无论是时代背景、作者，还是画作内容、艺术技艺等信息，都是现代观众，尤其是美术爱好者所关注并迫切想要了解的。现在有许多文物收藏爱好者希望能拥有一幅名家字画，以研究、临摹或欣赏，这种高层次的文化需求，使得高仿书画作品成为文化市场中的新宠。笔者曾经听过一位热爱书画者谈他对于高仿书画的感受：“虽然是印刷品，但纸质特殊，印制精美，最大程度地再现了原作的风采与神韵。甚至在放大镜显示下，绢丝清晰，墨迹宛然。当我的手指轻轻拂过那些字画时，虽然明知是高仿品，却依然有种难以言喻的感动。亲自抚摸那些字画时的感悟，是任何老师都无法传授的心得。”

高仿书画类产品，是建立在高科技基础上的。为了满足人们的文化需求，近年来，南通博物苑与文化企业合作，在开发高仿书画作品方面做了有益的探索。如对苑藏的历代观音像绘绣作品进行了高仿。这些作品是明、清时期知名画家的作品，系该馆的创办人张謇所藏，其中刺绣作品是由著名刺绣大师沈寿领衔的女工传习所师生特制的观音绣品。这批藏品历经战争年代，被数代人珍惜呵护，才得以完好保存，所以非常珍贵。为了让珍品能让广大百姓所认识、欣赏，南通博物苑与本地一家文化科技公司联合开发了苑藏绘绣观音像丝绸版产品。由于作品仿真度高，颜料分子与丝绸的蛋白分子在高温高压状态下充分融合，因而这种丝绸版可永久保存。

博物馆与企业合作以获得开发平台或文创产品研发资金，取得有效成果的也不乏事例。

如浙江良渚博物院与当地国资企业合作成立了一家文化公司，开发制作了系列文化创意产品，其利用典型的出土器物玉琮为元素设计制作的几款文化产品就很具有特色：琮式杯、以玉琮独特纹样制成的茶具等都很精巧，别致；以琮的文化元素与宋代抄手砚相结合，设计成琮式抄手砚，设计巧妙，制作精良，独具特色，曾获得浙江省文创产品大奖等奖项。此外，制作书画高仿品也是他们的长项，良渚博物院的文化产业发展令人瞩目。

2. 挖掘文化元素自主开发文创产品

每个博物馆都有自己的历史与藏品，都拥有独特的文化个性及文化元素。依托自身的文化资源和人才资源，研发文创产品，是文创产品开发的重要途径。这在许多大博物馆都有非常成功的先例，上海博物馆就是一个典范。据资料载，从1996年至今十几年的时间里，上博成功开发了1600多种文化商品，年销售额2500万元。而北京恭王府，主打的是那幅举世无双的康熙皇帝御笔亲题的“福”字牌。围绕这个有着“多子多财多田多福多寿”寓意的“福”字元素，恭王府博物馆研发了许多文创产品，做足了“福”字产品文章，不仅让观众游客十分满意，也让恭王府博物馆名气更旺。

南通博物苑作为地方馆，近年在自主开发文创产品方面也进行了许多尝试，如2012年完成的“张府茶园牌国秀绿茶”茶文化礼盒产品，就是一件蕴含了南通名人及南通博物苑文化综合信息的文创产品。在“国秀绿茶”茶文化礼盒中配置了一件精美茶具纪念品，这是博物苑藏的清代乾隆年间制作的珍贵文物粉绿锦地开光婴戏提梁壶的高仿品。“国秀”二字源于张謇先生在博物苑内精心创设的，集全国名石、名竹等自然精华于一体的园林“国秀坛”。礼盒取“国秀”二字，意指其中的茶叶产品、茶具纪念品均为精品。包装上“国秀”二字，用的则是南通籍著名画家范曾先生的书法字体。因此可以说，这一茶文化礼盒是集博物苑及南通文化元素的综合体，是宣传南通、宣传张謇、宣传南通博物苑的一件可移动名片。

苹果公司创始者乔布斯曾说过：“有些人说消费者想要什么就给他们什么，但那不是我的方式。我们的责任是提前一步搞清楚他们将来想要什么。……人们不知道想要什么，直到你把它摆在他们面前。我们的任务是读懂还没落到纸面上的东西。”笔者认为，乔布斯的这段话也非常适合成为博物馆文化创意产品开发设计的理念。博物馆要依托所藏的特有文化资源，充分发挥在文化遗产领域的主导、引领作用，同时结合宣传教育的需要，超前设计独具特色又具有一定实用性、为人喜爱的文创产品。在新时期，博物馆要多措并举开发文创产品，让博物馆文化随着文创产品逐渐走入千家万户，为宣传社会主义核心价值体系、丰富人们精神文化生活贡献更大力量。

三 要加强与大众文化传播平台的融合

博物馆文化属精英文化，接受博物馆文化需要一定的知识积累。有种观点认为，博物馆的这种属性决定了博物馆文化产业属于最高端的文化产业，因而在一定程度上也远离了大众。博物馆要走近大众，走向更为广阔的市场，创造出更大的经济价值和社会价值，就必须克服传统博物馆文化产业在宣传方式、物理空间方面的局限，积极延伸与扩展宣传形式，努力实现与文化产业其他领域更多的融合，利用多元化的传播介质和传播载体传播博物馆的历史文化，开发更多面向大众的文化产品，满足大众对文化消费的需求。

有专家指出，当今大众是通过电影、电视、动漫、舞台剧、旅游演艺等形式接触各种文化的，大众文化消费的核心也是电影、电视等文化产品。借助大众传播文化平台宣传博物馆，是近年博物馆努力探索的方向。如2006年美国著名电影《博物馆奇妙夜》。该电影曾是全美新年圣诞档期最受欢迎的影片，被称为“想象力的盛宴”，在取得票房佳绩的同时，也给美国自然历史博物馆做足了宣传。据资料载，该片上演后，该馆的观众比上年同期增加了6万人。无独有偶，2011年湖南卫视打造了大型文博类节目《博物馆奇妙夜》，该节目以本地各博物馆珍贵文物故事为线索，用揭秘推理的形式，戏剧性地呈现历史谜案，引人入胜，取得了较好的收视与传播效果。国家文物局一位领导认为“这是一档娱乐性和严肃性兼备的节目”，他还表示国家文物局将大力支持这档节目，让更多的青少年通过收看这档节目，去了解、热爱中华文化遗产，更主动地走进博物馆，使中华五千年悠久历史文化得以不断传承和延续。有网民表示：“《博物馆奇妙夜》很好看，这种节目形态使自己对博物馆里的文物有了兴趣，以后要多去博物馆。”据了解，这档文博节目是来自电视制作企业的主动策划。博物馆文化产业要努力发展与大众文化传播平台相结合的方式，主动寻找文化企业，努力制作更多被大众接受喜欢的文化产品，博物馆的传播功能将进一步发挥，其文化影响力也才能进一步扩大。

博物馆通过运用软件技术，也可以延展文化服务的领域与范畴，同时为观众提供更为现代化的服务。2012年博博会期间，苏州博物馆展示了该馆开发的导览软件，该软件可供智能手机免费下载。使用此款软件，观众可以虚拟参观苏州博物馆，还可以进行资料查阅，了解苏州博物馆全年的展览、活动信息。这种文化产品，不仅为观众提供便捷的即时导览、展品讲解、资料查询等文化服务，而且还因为手机载体的存在而使观众可以一直享受苏州博物馆的文化信息服务。另外，苏博还将馆藏书画珍品数字化，开发了一款智能手机软件，用户使用软件可以随时查看藏品图片、查阅相关资料。此产品放在苹果手机专卖店销售，可以取得社会与经济双重效益。

南通环濠河博物馆群于2011年5月被国家文化部公布为首批创建国家公共文化服务体系示范项目，南通博物苑作为南通环濠河博物馆群的龙头单位，2012年负责完成了“掌上博物馆”项目。这个项目意在通过手机这种大众文化传播介质，使更大范围内的观众快速便捷地享受南通环濠河博物馆群的文化信息、接受博物馆的个性化服务。博物馆数字化使博物馆文化的传播方式呈现出跨域式发展的趋势。

科技的发展，为博物馆文化产业发展提供了更多机会，除了上述与电影、电视、手机平台的融合外，博物馆还可以尝试运用动漫、游戏、网络等现代载体，发展更多具有博物馆特色的现代科技文化产品。笔者相信，博物馆文化在科技的支撑下，通过多种传播方式，将在爱国主义、社会主义教育领域，增强人民精神力量方面发挥巨大的作用。

党的十七届六中全会报告中指出：“发展文化产业是市场经济条件下繁荣社会主义文化、满足人民群众精神文化需求的重要途径。”党的十八大报告又进一步论述：“丰富群众的精神文化生活，是全面建设小康社会的重要内容。”作为人类文明进步标志的博物馆发展文化产业，最终目的是为了丰富群众的精神文化生活。博物馆必须依托自身资源发展文化产业，在做好博物馆传统产业、提炼文化元素的基础上，发展文创产品；除此之外还要努力加强与大众科技平台的融合，以此促进博物馆产业快速健康地发展，为传播民族文化，提高人们的文化自觉和文化自信谱写新的篇章。

参考文献：

1. 陈少峰：《文化产业读本》，金城出版社，2009 年。

2. 叶俊之：《关于我国博物馆文化产业开发若干问题的探讨》，《中国博物馆》2003 年第 4 期。

3. 刘德良：《博物馆产业在文化产业的价值链与创新经营模式》，《2011 博物馆发展论坛特刊》。

新时期江苏博物馆事业发展的思考

沈承宁

（南京明城垣史博物馆　江苏南京　210008）

内容提要：江苏博物馆的数量和质量在全国名列前茅，新时期江苏博物馆以展示地域特色、贴近群众生活为己任，致力于社会和谐、服务大众的目标，努力探寻江苏博物馆发展的新路子，为文化大繁荣和博物馆事业振兴，做出了自己应有的贡献。

关键词：新时期　江苏　博物馆　发展

江苏文化底蕴深厚，是中国近代博物馆的发源地。目前，全省拥有各类博物馆、纪念馆300余座，馆藏文物90余万件，其中三级以上珍贵文物有23万余件。为了更好地利用馆藏文物优势，丰富博物馆的展览活动，深化博物馆在公共文化服务体系中的作用，江苏省文物局积极探索，努力创新，整合全省馆藏文物资源，策划组织全省馆藏文物系列巡展项目。自2007年起，每年组织不少于5个展览在省内巡回展出，合计近百场，接待观众约100万人，获得了基层博物馆和社会大众的广泛好评[1]。事实证明，整合资源送展下乡是博物馆在新时期服务大众的一项有效举措。

新时期博物馆事业的发展，必须进一步解放思想，树立创新理念，探索创新之路，在创新中求发展，在创新中建立和谐精神环境。在新的历史时期，博物馆的首要任务是创新办馆理念，确定办馆指导思想，树立发展意识，开阔发展思路，拓宽发展路径，使博物馆发展符合国家的发展，符合博物馆自身发展的规律和时代的要求，真正起到引领发展方向的作用，为构建和谐社会做出贡献。

一　博物馆要根植于城市文化发展中

判断一个城市是否实现了现代化，不仅要看城市的国内生产总值、经济增长速度，还要看它的文化发展水平、文化张力及文化凝聚力。在城市综合竞争力的诸多指标中，文化竞争力占有重要位置。事实表明，博物馆作为城市文化的一个重要组成部分，是城市历史文化的载体和缩影，博物馆在城市文化中的角色愈加重要。

为了增强城市文化的软实力，各级政府均拨专款建设了博物馆，作为博物馆应当抓住发展机遇，配合城市文化建设，做出实在的工作，切实把博物馆的发展事业搞上去。这就需要开动脑筋，搞好管理，真正体现博物馆的独特性，充分调动博物馆工作人员的积极性，运用绩与效挂钩考核，打破大锅饭的传统观念，使广大文博人热爱自己的事业，提高自身的专业水平，更加有效的投入新时期博物馆事业的建设中。同时针对免费开放、经费不足等实际困难，可以开动脑筋发展旅游业，提高服务质量，使博物馆的受众体不断扩大。针对观众多、讲解员不足等情况，可以与高校合作，培训义务讲解员队伍。

多年来，我馆先后与南京大学、南京师范大学、南京邮电大学、药科大学等多家大学开展讲解员互动活动，既培养了义务讲解员，又锻炼了大学生的能力，使他们在社会实践中得到了锻炼和提高。另外，我馆还与南师大文博班的学生和老师开展学术互动交流，活跃了学术气氛。多年来，我馆依托馆藏文物送展下乡、送展出国，将南京城墙展览办到了意大利，又将意大利的展览引入本馆，真正做到了“走出去、请进来”。最近又两次在德国举办“南京城墙”图片展，扩大了影响，为“明清城墙”组合申遗做了宣传和铺垫。

我们在实践中体会到，博物馆要发展，软件硬件都要发展，关键是人的思想要跟上时代的脚步。只有充分展示城市历史文化，博物馆才能在不同的地域找到自己的地位。

二 博物馆必须根植于公众之中

博物馆社会职能之一体现在为公众提供历史文化知识，弘扬科学精神和人文精神，陶冶情操，提高人的综合素质。博物馆是一座敞开大门的社会大学，它的教育对象具有广泛性，从儿童到老人，从国内游客到国外来宾，大家都可以进出博物馆的各个展厅，在博物馆里汲取自己的所需。博物馆可以为学生提供校外教育服务，成为学校的教育实践基地，成为学生的第二课堂；它可以为成年人终身教育服务，不断补充人们的知识，提供自我学习的场所；它可以为旅游观光者服务，使匆匆而过的游客对城市的历史留下印象；它可以为老人提供休闲之地，为他们唤起往事的回忆。因此不同文化层次，不同经历，不同年龄，不同肤色的人都是博物馆的服务对象。

众所周知，博物馆是公共文化服务体系的重要组成部分，是政府举办的、非营利性的、传播先进文化和保障公众基本文化需求的文化机构之一。构建公共文化服务体系，是繁荣发展社会主义先进文化、构建社会主义和谐社会的必然要求，是有效保障人民群众的基本文化权益、不断增强文化竞争力的重要举措。这就确定了博物馆必须要为社会服务，为公众服务。博物馆必须根植于公众之中，这是博物馆发展的方向。一个不受公众喜爱，不能引起公众关注和共鸣的博物馆，不是一个成功的博物馆[2]。

博物馆的受众首先是城市居民，其次是异地的旅游观光者、投资者，要让他们走进博物馆，就要了解他们的需求：他们需要到博物馆得到什么，他们的文化生活中对博物馆的需求占了多少，不同年龄的人怎样看待博物馆……诸如此类的问题必须作深入的调研。以举办博物馆的展览为例，无论是基本陈列还是专题陈列、临时陈列，我们在确定展览的主题之后，在编制陈列大纲时都要把公众需求的因素考虑进去，在举办展览的开始就要明确展览是为公众而办，要改变以往办展的老套路，以深入浅出的陈列语言和丰富多彩的展示方法来满足观众的需求。

我们看到，我们的博物馆在以人为本方面还有所欠缺。在我们的一些展览中，文物虽然很精美，但说明牌的文字却十分简洁，似乎是担心文字太多会使观众疲劳。结果事与愿违，观众往往不能通过简短的说明词对展览的文物全面了解，加上说明词过于专业，使得观众对博物馆的展览产生距离感。这些例子提醒博物馆展陈工作者，展览不只是给同行、专家看的，更是给公众看的。在办展过程中应当牢牢把握展览的主题，把文物的知识用适当的形式展示出来，展览中的陈列语言应当是适合公众的通俗语言。好的博物馆展览，观众会在参观中找到共鸣，他们会驻足观看文字介绍，甚至会拿出纸笔抄录一些图表，也会饶有兴趣地操作展馆中的多媒体设施。展览与公众互动的因素很多，需要我们去调研、去发掘、去实践，一句话，要把公众放在第一位。

三　博物馆必须根植于文化遗产保护中

博物馆是指收藏、保护、研究、展示人类活动和自然环境的见证物，经过文物行政部门审核、相关行政部门批准许可取得法人资格，向公众开放的非营利性社会服务机构。博物馆的中心任务与文化遗产密不可分。每个博物馆集中收藏了自古至今的文物，其中不乏精品，这些文物都是中华文化的精华。博物馆拥有的丰富收藏是任何一个文化机构不能比拟的，其展示藏品、向公众叙说历史的职能也是任何一个文化机构不能替代的。因此，博物馆的工作要紧紧围绕文化遗产保护这个中心开展，博物馆应当成为政府宣传文化遗产保护的窗口，为增进全民文化遗产保护意识而努力。

可移动文物收藏于博物馆，可以通过传统的、科学的保护方法进行保护。博物馆通过展览向人们介绍祖国和家乡的历史文化，通过精美的文物介绍古代工艺技术水平的高超，通过历史人物、历史事件介绍中国历史的发展，表现物华天宝，人杰地灵，博大精深的华夏文化。由此引发人们对历史文化遗产的关注，从而自觉增强保护意识。这是无形的保护，从某种意义上讲也是更重要的、更有效的保护。据此，博物馆应当在文化遗产的保护宣传中起到领军作用，博物馆必须根植于文化遗产保护之中。

博物馆不能游离于文化遗产保护之外，陈列展览、宣传教育工作不能离开文化遗产保护，地方博物馆作为政府在城市文化遗产保护宣传教育的载体，更要为城市中留存的文化遗产保护呐喊。让居民知道这座城市有哪些极为珍贵的历史文化遗存，且这些不可再生的文物既属于国家，也属于每一位居民，号召每一个人参与文物保护，是博物馆不可推卸的历史责任。

博物馆、文化馆、美术馆等都是城市的文化机构，都是公众文化服务体系的组成部分，它们文化功能各有侧重，工作重心不尽相同。而博物馆应当在保护城市文化遗产，弘扬中华民族优秀传统文化方面多做工作，发掘藏品内涵，利用资源优势，尽其所长打造城市博物馆文化。

简而言之，当今社会为博物馆发展提供了良好的空间，博物馆要根据自身的特点，发挥自身的优势，融入到城市文化建设中去，融入到历史文化遗产保护中去，提高在城市公众中的知名度，博物馆的发展有着广阔的前景。

和谐的博物馆事业需要制度环境的支撑，要重点抓好两个环节：

一是规章制度的建立。充分发扬民主，广泛征求意见，认真总结相关领域的实践成果，体现管理为基层服务、为科研服务的思想，确保制度的科学化。

二是规章制度的执行。强调按制度规定的权限办事，按制度规定的要求办事。通过制度环境的建设，把和谐博物馆的理念和精神物化为全体博物馆人的理想追求和行为实践，将有效地保障员工的民主权利，平衡调解馆内各利益群体的利益关系，形成规范有序、高效运转的管理机制，维护博物馆的安全稳定，促进博物馆事业的持续发展。

博物馆是展示城市历史文化的重要窗口，博物馆的硬件建设尤为重要。近年来，各城市新建、改扩建博物馆的馆舍场所，推动了博物馆的发展。全国两年一度的“十大精品陈列”评选，促进了博物馆陈列展览水平的提高，带动了陈列展览的设施改善。硬件设施是博物馆发展的基础和前提，无论是举办展览、开展科研，还是日常工作都需硬件条件的支撑，同时也是一个馆形象和实力的表现。因此要加强硬件设施建设，把不断改善办馆条件作为和谐博物馆建设的重要内容，积极筹措资金，科学管理安排使用。只有建成与博物馆根本职能相适应的、完善配套的基础设施体系和公共服务体系，才能为和谐博物馆建设奠定坚实的物质基础。

博物馆事业要发展，要在未来的文化市场的竞争中立于不败之地，关键在于人才的培养。博物馆需要的人才是多方面的，有文物保护人才、展览策划人才、宣传教育人才、行政管理人才、安全保卫人才，等等。这就要求我们要面向社会，广纳贤才。博物馆工作的性质和特点又要求人才具备较高的思想道德素质和科学文化素质，这就要求博物馆既要严把“进人关”，又要注重员工的学习和培训，培养一批既懂管理又懂业务的复合型人才和既懂文博业务又掌握现代科学技术的新型专业人才，形成自己的人才品牌、人才效应，推动博物馆事业的发展[3]。

江苏的博物馆事业要发展，关键要坚决落实党中央的战略部署，充分运用博物馆的整体优势，把建设和谐社会作为博物馆的社会责任，优化博物馆体系，实现“县县有博物馆”的目标。鼓励和支持各市县建设地方重点博物馆，积极扶持民办博物馆建设，倡导专题博物馆发展，建立健全以文物系统国有博物馆为主体，非文物系统国有博物馆、行业博物馆、民办博物馆等多种形式博物馆为辅助的全省博物馆事业发展格局。坚持博物馆的公益属性，充分发挥博物馆公共文化服务功能，完善免费开放机制，提升免费开放工作水平，使博物馆、纪念馆免费开放进入可持续发展的良性循环，推进博物馆、纪念馆服务能力，提高博物馆服务社会的能力。唯如此，我们才能无愧于这个伟大的时代，无愧于新时期赋予博物馆人的使命。

我们要不断学习、努力工作，以实际行动推动博物馆事业的发展，以优异成绩报效党和人民。

注释：

［1］陈宁欣:《展示地域特色贴近群众服务》,中国文物报 2012 年 2 月 8 日。

［2］白宁:《学耕文获集》,《博物馆发展方向探讨》,第 255 页,江苏出版社,2007 年。

［3］沈承宁:《论中国博物馆事业的发展方向》,《长江论丛》第五辑,第 348 页,中国文史出版社,2007 年。

参考文献：

1. 王宏钧：《中国博物馆学基础》，上海古籍出版社，2001 年。
2. 曹兵武、李文昌：《博物馆观察》，学苑出版社，2005 年。

论博物馆在构建和谐社会中的作用

桑世波

（淮海战役烈士纪念塔管理局　江苏徐州　221009）

内容提要：本文在分析博物馆出现、发展到繁荣历程的基础上，梳理出博物馆之所以在构建和谐社会中发挥重要作用的原因，以及博物馆构建和谐社会作用的发展趋势，肯定博物馆为社会服务所做出的贡献。概括博物馆在社会服务方面做出的努力，并以江苏博物馆事业为例，论证博物馆在构建和谐社会中的不可替代性。

关键词：博物馆　构建和谐社会　作用　表现

中国共产党第十六届中央委员会第六次全体会议审议通过了《中共中央关于构建社会主义和谐社会若干重大问题的决定》（以下简称《决定》），《决定》指出：建设和谐文化是构建社会主义和谐社会的重要任务，必须牢牢把握社会主义先进文化的前进方向，弘扬民族优秀文化传统，借鉴人类有益文明成果，倡导和谐理念，培育和谐精神，进一步形成全社会共同的理想信念和道德规范，在全国各族人民中建立团结奋斗的思想道德基础。显然，社会的发展以及构建和谐社会都需要和谐文化的支撑，需要文化产业、文化事业、文化力量的参与和辅助。博物馆作为我国文化产业链中的重要环节、先进文化的代表之一、文化遗产的保护场所、和谐精神的培育基地以及传承中华民族传统美德、塑造国之“意象”的最佳媒介，在构建和谐文化乃至在构建和谐社会的任务面前，自然要担起责任。但是，在我国，博物馆是舶来品，且仅有百余年的发展史，博物馆的这份责任与义务来源何处，博物馆又将以怎样的方式完成这份使命？这需要我们对博物馆的发展进行探索、梳理，对博物馆功能发挥的方式以及产生的效果进行分析。掌握博物馆在社会发展中的规律，不仅有助于我们在构建和谐社会中更好地发挥博物馆的社会服务功能，还对博物馆的实践工作具有深远的指导意义。

一　博物馆构建和谐社会作用的缘起

博物馆是不以营利为目的的为社会和社会发展服务的开放性机构，为研究、教育和欣赏的需要搜集、保存、研究、传播和展览人类和人类环境的见证物。其中“为社会和社会发展服务”是博物馆的基本任务，是博物馆发展的前提条件。然而，博物馆“为社会和社会发展服务”的作用并不是与生俱来的，而是与社会的发展休戚相关。

博物馆最早出现于西方，博物馆现象萌芽于人们的收藏意识和纪念意识。古埃及亚历山大时代就对侵略别国的战利品进行整理和研究，并创办了“亚里士多德园”，被后人称为“博物馆的萌芽期”，此时期的博物馆并不具有“为社会和社会发展服务”的性质，只能说它是社会发展的产物。托勒密一世时期（公元前290年）又将“亚里士多德园”建设成为亚历山大博物馆，这被西方称为第一座博物馆。当时“各地的学者、作家聚集在这里，从事研究工作，大批来自各地的青年跟随他们学习。亚历山大博物馆是世界当时最大的科学和艺术中心。”[1]此时的博物馆传承人类文化为社会发展服务的属性初露端倪。

受文艺复兴与启蒙运动的影响，西方对人类学、解剖学、生物学等学科认识逐渐提高与深入，博物馆的实证性、物证性受到重视，博物馆被看成是一种进步的反封建、反愚昧的文化形式。1683年，由英国贵族收藏家伊莱亚斯·阿什莫尔创办的具有近代博物馆特征的阿什莫尔艺术和考古博物馆面向公众开放。此阶段博物馆为社会发展服务的特征已经显现，人们对博物馆的收藏进行研究、欣赏和学习，可以通古鉴今、陶冶情操和增长学识。

18、19世纪，随着欧洲资产阶级革命的深入进行，资本市场进一步扩张，殖民地广泛出现。殖民国奴役殖民地文化与资源的重要手段之一便是在殖民地国家创办博物馆，此时期的博物馆已经表现出为国家、阶级、政治服务。另外，一些殖民地国家在获得自由与解放后，所做出的各种标志性的证明自己独立的“宣言”中的重要举措之一便是在自己的主权国兴建博物馆，以期通过精神文化产品占领思想阵地，通过博物馆的“承载”弘扬宣传本土文化。显然，此时期博物馆为社会服务的功能发生了巨大变化，社会化教育程度明显提高，博物馆已经成为为社会发展服务的重要工具和引导国人意识形态的一个重要平台。“1873年英国皇家艺术学会提出‘使所有的公共博物馆，皆具有教育及科学的目标’。1880年美国博物馆学者鲁金斯著《博物馆之功能》明确提出‘博物馆应成为一般人的教育场所的观点’。”[2]博物馆社会教育价值的重要作用在社会上得到了认可，地位得以确立，博物馆通过教育而达到的为社会发展服务的目的成为国外博物馆存在与繁荣发展的理由。而这一切也成为催生我国博物馆产生、发展的背景与参考，基于此，我国博物馆从建立之初便带有浓厚的为社会和社会发展服务的性质。

中国人创办博物馆启蒙于“师夷长技”为目的的洋务运动，始于19世纪70年代，一些进步人士看到了西方博物馆是“教育救国”、“富国图强”的重要工具，便积极倡导在国内创办博物馆。1905年，实业家张謇在南通通州师范学校建成中国第一座近代博物馆——南通博物苑，其宗旨是为本校师范学生备物理上之实验，为地方人民广农业上之知识。而后的1933年，蔡元培先生提议建设中央博物院（现在的南京博物院），宗旨是为提倡科学研究、辅助公众教育、以适当之陈列展览图智识之增进，目的同样是想利用博物馆教育民众，培养民众爱国精神和传承先进文化的理念。1956年5月，文化部在北京召开的全国博物馆工作会议中，提出的著名的“三性两务”论，其中把博物馆的基本任务规定为“为科学研究服务、为广大人民服务”。如今，经过百余年的建设，我国已经建成各类开放博物馆3415座[3]。而为社会和社会发展服务也一直是我国博物馆发展的主要任务和主要动力。

二　博物馆构建和谐社会作用的表现方式

“博物馆的基本功能是收藏、研究、教育……其中，藏品是博物馆全部活动的物质基础，科学研究是博物馆一切活动的工作基础，一个博物馆存在的价值就在于有效地使收藏品及其研究成果为社会公众服务。”[4]随着我国经济的快速发展，人们精神、文化、休闲生活水平的进一步提高，以及构建和谐社会目标的确立，社会对博物馆又提出了新的更高的要求，博物馆在利用文物展品对公众进行教育的同时，也要做好各种服务。

1. 博物馆的文化休闲功能得到进一步拓展

博物馆不仅是收藏机构，也是文化殿堂，现在，有越来越多的人选择把博物馆作为假日休闲放松的去处，参观博物馆已经成为人们生活品质与品位的象征。博物馆在为民服务中，通过增加文化休闲、参与功能，增设艺术欣赏区、休息区，举办假日休闲演奏会、歌剧和舞台剧表演、科普知识讲座等，一改往日一成不变的面孔，以极具特色的文化服务为构建和谐社会做出贡献。

2. 发挥便民服务功能成为追求

面对当下社会上流行的收藏热，博物馆以发挥自身优势、特长为己任，在为民服务中增加诸如免费寄存、保管文物字画、定期组织专家对民间的收藏品进行义务鉴定、代修复、养护咨询等业务，增进民众对博物馆的信赖与信任，进一步推动博物馆社会教育功能的发挥。

3. 博物馆之友、志愿者建设工作得到前所未有的重视

不容置否，公共性的缺失目前仍然是我国博物馆的一个致命问题，博物馆与公众间还有距离，而博物馆之友、志愿者工作是缩小这个距离的较好方法。通过让更多的人参与到博物馆的实践工作中，通过培养人们的博物馆情结，可以扩大博物馆的影响力，为构建和谐社会增添力量。

4. 博物馆对青少年的教育方式呈丰富多彩之势

博物馆已经意识到，应该针对少年儿童“听过就忘记了，看过就记住了，做过就理解了”的特点，改变以往对青少年所进行的填鸭式教育。许多博物馆通过举办亲子园、儿童园地、博物馆课外班，博物馆训练营、博物馆野外考古模拟等活动，把博物馆变成学生们的第二课堂，让孩子们真正爱上博物馆。

另外，博物馆还通过文物衍生品、虚拟博物馆等丰富着博物馆教育的方式，如今都取得了很好的社会效益。

三　江苏博物馆事业发展现状及在构建和谐社会中的作用

江苏博物馆事业的发展一直位于全国前列，目前，全省有各级、各类博物馆、纪念馆220余家，而我国第一座近现代博物馆、高校博物馆、民营博物馆的集大成者——南通博物苑就出现在江苏。可以说，江苏省有着深厚的博物馆文化的积淀，有浓厚的博物馆人文情节，有积极利用博物馆为社会发展服务的优良传统与表现。近些年，江苏省博物馆事业在

省文物局的带领下，取得了丰硕的成果，为构建和谐社会做出了突出贡献。

1. 宏观决策，微观实践，江苏博物馆事业为构建和谐社会源源不断提供精神食粮

“目前我省平均20万人拥有一座博物馆，处于全国领先水平，十二五期间，我省将在全国率先实现县县有博物馆，所有县级行政区都要有一座以上对公众免费开放的博物馆。”[5]江苏省博物馆事业从宏观上力争以博物馆的数量和质量去平衡、覆盖受众面，源源不断地为构建和谐社会提供精神食粮。由省文物局策划组织的“江苏省馆藏文物巡回展览”，已经摸索出了一套适合江苏地方特色的运作思路。同时，全省各级各类博物馆也在利用自身优势，利用重大节日举办一系列的纪念活动，受到民众高度评价。

2. 相关规章制度的出台在国内产生了深远影响，对规范博物馆事业的开展以及最大限度地发挥博物馆的功能提供了制度保障

博物馆对社会的教育作用也主要依赖于文物，文物的多寡、质量的高低，涉及的年代跨度的长短都与博物馆教育功能的发挥密切相关。而考古是博物馆获取文物的重要途径之一。为了更好地促进江苏省的考古工作，推进江苏博物馆事业进一步为社会服务，2012年江苏省文物部门牵头联合颁布了《江苏省考古调查、勘探、发掘经费预算办法》，这是在江苏省乃至全国就考古事项出台的第一个规范性文件，此文件不仅对如何做好江苏考古及考古经费管理工作意义重大，影响深远，而且对于兄弟省市也有一定的借鉴意义。它一方面为江苏省博物馆事业未来的发展提供了动力与积极性，另一方面也为江苏省博物馆事业可以持续性地、为社会提供更高尚的精神产品提供了制度保证。

3. 对于大遗址的保护与利用工作也有新的思考与举措，为构建和谐社会工作提供了新的教育方式

为了丰富博物馆事业在构建和谐社会中的作用，根据江苏省文物部门的相关资料显示，江苏省在“十二五”期间，将采取休闲绿地和考古遗迹相结合的方式，鼓励建设考古遗址公园，使博物馆、遗址公园形成互相辉映的文化景观，把人类及人类生存的物证形成体系，零距离地展现在人们面前，为构建和谐社会提供新的教育方式。

4. 精心编撰的出版物为构建和谐社会提供了动力

在江苏省文物局主持下，连续多年在全省行业内举行优秀论文竞赛活动，及时把每一年中研究的新思想和新动态进行收集、评比并集结成《江苏省文博论文集》。而由南京博物院主办的《东南文化》，现已发展成为中文核心期刊、中国人文社会科学核心期刊和中文社会科学引文索引来源期刊。另外，还有一些刊物，如《南京大屠杀史研究》、《博物苑》等，均从专业角度丰富着人们的精神文化生活，引领着人们的思想形态。

5. 南通濠河博物馆群为公共文化服务体系注入了新活力

江苏南通市以南通博物苑为龙头的环濠河博物馆群入选第一批创建国家公共文化服务体系示范项目名单，将在大力弘扬优秀历史文化，进行爱国主义和革命传统教育，普及科学知识，服务社会，服务公众，为广大人民群众提供学习、娱乐、休闲的场所的工作中创造出更突出的社会效益。

四 结语

总之，博物馆是我国构建和谐社会的主要力量，博物馆只有紧随时代的发展，适应社会的需要，围绕着教育功能创新思路，贴近生活、贴近实际、贴近群众，才能服务于社会，更好地促进构建和谐社会目标的实现。

注释：

[1] 王宏钧:《中国博物馆学基础》,第59页,上海古籍出版社,2001年。

[2] 苏东海:《博物馆演变史纲》,《博物馆的沉思苏东海论文集(卷二)》,第392页,文物出版社,2006年。

[3] 编者按,《中国文物报》2012年6月13日。

[4] 王宏钧:《中国博物馆学基础》,第45页,上海古籍出版社,2001年。

[5] 江苏省文物信息网:《十二五重大项目报道之二——实现"县县有博物馆"》。

博物馆合作机制与模式探讨

——以苏州博物馆为例

徐亦鹏　朱慧玲

（苏州博物馆　江苏苏州　215001）

内容提要：本文以苏州博物馆近几年的业务工作为例，列举了目前国内博物馆常见的几种与业务相关的合作模式。笔者认为，目前博物馆间还存在着种类配套不齐，社会教育辐射力小，社会参与程度低等问题，应充分发挥中国博物馆协会的职能作用，通过合作，共享资源，吸引更多的观众，传播博物馆文化。

关键词：合作机制　展览合作　对外交流　文化产品

博物馆不是孤立的，而是处于各种关系网中，如果博物馆不能在它所处的机构关系中发挥有效的作用，那么鼓舞人心的规划、严谨的制度和操作程序就都成了无用的东西。下面以苏州博物馆为例，列举几种目前常见的博物馆合作模式：

一　展览合作

博物馆通过展览合作，可以互相学习先进的展示理念、展示手段和制作工艺，不断提高自身的展示技术。同时还可以在藏品管理方面相互借鉴，提高藏品保管和修复等专业人员的业务素质，从而促进博物馆自身的发展。

苏州博物馆自新馆开馆以来，始终将“坚持举办高质量、高品位、有影响的特展”放在重要位置，秉承“一流的建筑举办一流的展览”的理念，从展览的定位到展品的挑选，都以此为前提，在求精求细中贯彻完成，于不断的探索中逐步形成了自己的办展思路和展览特色。新馆开馆之际，我馆与辽宁省博物馆联合推出的“写姑苏繁华　展盛世滋生——姑苏繁华图特展”出现了参观者排长队的壮观景象，短短一个月的展出时间，有近10万人亲临展馆一览清代姑苏繁华之盛景。近年来，苏州博馆先后与上海博物馆、南京博物院、安徽省博物馆、宝鸡青铜器博物馆、洛阳博物馆、广汉三星堆博物馆、中国社科院考古研究所等单位合作举办了“石渠宝笈　唐风宋韵——辽博清宫散佚唐宋国宝书画苏州特展”、“藏礼于器　吉金重光——宝鸡出土青铜器珍品展”、“择厥吉金　自作御器——吴国王室青铜器特展”、“大唐遗韵　盛世华彩——洛阳出土唐三彩菁华展”、“三星伴月　金沙流采——来自古蜀文明的珍藏”、“妙相庄严——辽宁省博物馆藏佛教造像精品展”“辉煌殷都——商王朝秘宝珍品展”等大型文物展，均取得了良好的社会效应。

同时我馆努力加强与兄弟博物馆之间的合作，积极组织馆藏特色赴外展览，进一步提升了苏州博物馆在业内的形象。“锦心神针——苏绣与仿真绣精品文物展”及“宣炉吉金——苏州博物馆藏宣德炉特展”作为江苏省文化厅、省文物局组织的“全省馆藏文物精品系列巡回展”之一，先后在江阴博物馆、南通博物苑、连云港市博物馆、盐城市博物馆、镇江博物馆、无锡博物院等地展出；馆藏特色“清代七十二状元扇特展”也先后赴辽宁省博物馆、武汉博物馆、青岛博物馆等地举办特展。

此外，从博物馆过去对外文化交流的情况看，存在的主要问题是交流量小且交流形式单一，交流项目主要以考察为主，“引进来”或“走出去”的展览项目相对较少。因此，博物馆要根据自身情况开阔思路，拓展项目，发挥各自优势，组织丰富多彩、生动活泼、引人入胜的文物展览，使对外交流项目的内容丰富起来。2010 年 11 月至 2011 年 2 月，“脉搏——美国圣地亚哥艺术博物馆馆藏油画经典作品展”在苏州博物馆展出，根据协议，“苏州博物馆馆藏文物精品展”将于 2012 年 11 月至 2013 年 3 月赴美国圣地亚哥艺术博物馆展出。两馆通过相互交换展览，增强了馆际交流，苏州博物馆提高了在海外的知名度，同时学习与借鉴了国外的先进理念和布展方法，吸引了更多的观众走进博物馆。

二　对外交流

古人云“他山之石，可以攻玉”。博物馆正处在快速发展的阶段，拓展交流渠道不仅是博物馆自身发展的需要，也是公众对博物馆提出的新要求。博物馆从业人员应该顺时应势，解放思想，开拓创新，努力打造有利于博物馆对外文化交流的良好环境，不断加强与国内外博物馆等文化机构的交流，融入国际博物馆发展的大循环之中。

积极开展馆际间的互访交流活动，通过深层次的互访，增进双方了解，积累感情，增强互信。探索与国外知名博物馆缔结友好博物馆的方法，为两馆开展文化交流与馆际合作提供平台，在多领域加深合作，优势互补，资源共享，特别在展览交流、学术研究、学者互访以及专业人员进修等方面开展务实合作，共同促进博物馆的繁荣发展。

2007 年 10 月新馆开馆一周年之际，苏州博物馆与美国圣地亚哥艺术博物馆缔结为友好博物馆。这是我馆历史上第一次与国外博物馆正式签订友好博物馆协议书，双方在合作举办展览、互派员工培训、学术交流等方面达成了一致。圣地亚哥艺术博物馆馆长应邀来苏出席了签字仪式并作了专题演讲。2009 年 5 月，苏州博物馆与韩国国立全州博物馆缔结为友好博物馆，并在苏州博物馆举办了签字仪式，双方还举行了座谈、研讨等相关交流活动。2012 年 6 月，苏州博物馆组团赴德国，与德国柏林历史博物馆和德国康斯坦茨考古博物馆分别签订友好馆协议。

根据苏州博物馆与美国圣地亚哥艺术博物馆的合作协议，2009 年我馆开放部与展览设计部两名专业人员赴圣地亚哥艺术博物馆进行了为期一个月的专业学习、业务考察和学术交流。在整个学习考察期间，两位专业人员先后访问了圣地亚哥艺术博物馆、洛杉矶郡立博物馆、盖蒂艺术中心、西雅图艺术博物馆、旧金山亚洲艺术博物馆等近 20 家博物馆，并分别在美国各博物馆作了专题演讲，从建筑特色、陈列展览、社会教育、公众服务、组织机构等各个方面详细介绍了苏州博物馆。利用此次考察机会，苏州博物馆与圣地亚哥艺术博物馆达成了引进圣博展览的意向。2010 年 10 月至 11 月，美国圣地亚哥艺术博物馆展览部与教育部主管随同“脉搏——美国圣地亚哥艺术博物馆馆藏油画经典作品展”来到苏州博物馆，进行了为期一个月的交流与业务考察，两位美国同行参加了展览布展、社会教育等活动，并与各个业务部门开展了广泛的交流。

根据苏州博物馆与韩国国立全州博物馆的合作协议，2010 年 7 月，韩国全州国立博物馆学术研究部主任与助理来馆进行访问交流，他们详细了解了苏州博物馆的管理模式和各部门运行机制，并互相交流学习了管理经验。同年 9 月，苏州博物馆两位专业人员赴韩国参加了全州博物馆 20 周年馆庆活动，同时对韩国国立全州博物馆、国立古宫博物馆等博物馆进行了文化考察，与相关人员进行了对口交流，并在陈列展示、文物保护、社会教育和多媒体技术应用等方面进行了深度探讨。2012 年 9 月，苏州博物馆又有两位专业人员赴韩国国立全州博物馆开展了为期半个月的访问交流。

此外，经美国驻沪总领事馆推荐，我馆开放部教育主管于 2011 年 3 月参加了美国国务院组织的为期一个月的 ILVP 民间访学活动，考察了华盛顿、纽约、旧金山等多个城市的博物馆、艺术基金会、艺术社区等文化艺术机构，与当地员工就博物馆藏品、教育、文物保护等方面进行了深入的交流，同时也向美国同行介绍了苏州博物馆近年来在公共教育、馆藏文物保护等方面所做的工作和取得的成果，得到了美国同行的良好评价。美国艺术基金会和社区艺术机构的很多操作模式也为苏州博物馆今后活动的策划集资等方面提供了宝贵经验。

在英国文化协会的支持下，英国奥尔良宫美术馆和格拉斯哥艺术博物馆分别于 2011 年 6 月与 7 月来我馆就博物馆社会教育和对外交流展览提出了合作方案，与开放部与展览设计部具体磋商，并达成合作意向。2011 年 10 月，由英国大使馆文化教育处与苏州博物馆联合举办的“英国制造——英国文化协会当代艺术展 1980～2010”在馆内展出。2012 年 4 月，我馆编辑出版部与展览设计部主管在英国文化协会的支持下，赴英国伦敦、格拉斯哥、爱丁堡等地，与各博物馆进行交流考察，并与格拉斯哥艺术博物馆协商 2013 年在苏州博物馆举办“18 世纪英国王室银器展”等相关事宜。

通过选派业务骨干赴国外博物馆交流考察，不仅熟悉掌握了国外博物馆的管理经验和运行机制，也为自身的业务建设和人才培养提供了宝贵经验。

此外，苏州博物馆从 2006 年 10 月新馆开馆后，先后与美国大都会艺术博物馆、美国费城艺术博物馆、美国西雅图艺术博物馆、英国大英博物馆、日本国立博物馆、日本美秀博物馆、德国柏林历史博物馆、台北故宫博物院及北京故宫博物院、上海博物馆、南京博物院、辽宁省博物馆、中国博物馆学会、文物出版社、中国文物报等海内外文化机构开展交流与合作，保持着与国内外 100 多家博物馆出版物的交换，每年能收到国内外各种交换学术刊物近 200 册，进一步扩大了苏州博物馆在业内的影响。

三　文化产品

随着文博事业的快速发展，文化衍生产品的开发越来越受到国内博物馆的重视。开发多层次多品种的文化衍生产品，是发挥博物馆独有资源、拓展博物馆文化传播渠道、延伸博物馆服务功能的重要手段；也是努力向观众提供丰富的增值服务，满足公众日益增长的文化消费需求，增强博物馆自身的可持续发展力的重要方式。

博物馆在文化产品开发上具有多重优势。首先是政策优势。大力发展文化产业是国家的重要战略部署，国家先后出台了一系列促进文化产业发展的优惠政策。其次，博物馆藏品是进行产业开发的重要资源。各馆在利用馆藏资源进行产品开发时，要坚持依托馆藏资源和展览资源，努力发挥自身的优势和特色，以设计精心、质量上乘、品类多样、雅俗共赏为原则，吸取国内外博物馆文化产品开发的相关信息和有益的实践经验，努力做到展现在观众面前的不仅有高质量的文物陈列、精雕细刻的展陈建筑，还有丰富多样的文化衍生产品，充分发挥博物馆公共服务的职能。

但是，博物馆文化产品开发也面临着资金短缺、资源有限等问题，这就需要国内外各博物馆之间相互合作，整合资源，努力构建合作、交流、互动的平台，研发既有艺术性又具有实用性的博物馆文化衍生产品。目前，江苏省博物馆学会市场推广与公共关系专业委员会计划成立“江苏省博物馆商店联盟”，负责指导联络与规范协调全省各博物馆文化衍生产品开发的相关事宜，有效整合江苏省各中小博物馆资源，形成群体优势，以达到相互影响、相互促进的作用，实现资源、创意以及市场共享。同时，我馆也设想在一些博物馆商店内设置苏州博物馆商品专柜，并计划成立“苏州博物馆商店协会”，开发一些有购买潜力的厂商会员和博物馆会员，采取分级优惠等协会规章制度，吸引更多的优质客户。

四　社会机构

近年来，国际博物馆界对博物馆的社会责任越来越重视，这反映了公众对博物馆社会效益的关注，也反映了博物馆在工作上更加趋于外向。博物馆既然肩负着文化教育功能，就应致力于构建多元化的教育模式，让各个层次的观众能够广泛参与博物馆的活动，在体验博物馆文化的基础上，实现终身教育的最终目的。

教育活动可采用多种形式：与有关遗址机构合作，建立馆内欣赏文物、馆外探索历史的联合项目；与学校、妇联、青联、残联等地方组织合作，联合举办不同年龄、不同受众的相关主题活动；与传媒合作，共同举办艺术和文化节庆、主题征文活动；与旅行社合作，进行博物馆主题旅行活动；与有意向的企业合作，通过冠名共同举办展览或其他活动；与著名艺术家、文化学者合作，开办讲座、主题研讨会，进一步增加博物馆的吸引力。

苏州博物馆在做好日常公众服务的基础上，与苏州市多家企业、多所学校开展了一系列丰富多样、生动活泼、精彩纷呈的社会教育活动，将苏博文化和企业文化、学校文化融合，扩大范围，丰富内容，逐步形成自己的特色教育品牌。如：与建设银行苏州分行联合举办“‘小龙人俱乐部’走进苏博——亲子活动”；联系好利来公司举办“共享世博——蛋糕 DIY”手工制作活动；与昆山周庄旅游公司合作举办各类民俗展演活动，让游客在游览的同时，体验吴地文化和民俗风情；结合“5・18 国际博物馆日”和“中国文化遗产日”等主题，与上海音乐学院、华东师范大学等院校的多名艺术家合作举办十余场不同风格类型的音乐会。

此外，我馆开放部于 2011 年面向社会积极推出“苏州博物馆 VIP 会员联盟（苏州博物馆之友企业家 VIP 俱乐部)”，旨在促进社会公众与博物馆的合作与交流，深度发掘博物馆资源，打造高端文化社交平台，提升博物馆的社会价值，鼓励和推动文化遗产的保护。专属会员以资金、物资或资源等形式支持苏州博物馆发展建设，作为回馈，苏州博物馆提供展览预场、讲座专席、观摩文物等相关服务，双方实现了互利共赢。

五　几点思考

从某种意义上说，目前各类旅游景点竞争相当激烈，但大部分游客在同一地区或者其他地方很难看到相似主题或相同内容的博物馆，所以博物馆彼此之间不存在游客的竞争。从博物馆学角度讲，目前我国博物馆已经形成了相对独立的博物馆体系，在历史、艺术、军事、科技、民族民俗、自然、地质、航天航海等许多学科领域，都已建立了专门的博物馆，可谓门类齐全。但从博物馆社会服务的深度和广度来看，还存在着种类配套不齐，社会教育辐射力小，社会参与程度低等问题。因此博物馆通过彼此的合作可以共享资源，吸引更多的观众传播博物馆文化。

按照科学发展观统筹的观点，目前推动博物馆间合作机制形成的较好途径是充分发挥中国博物馆学会的职能作用。通过学会的扶持与指导，利用博物馆文物与展示空间优势，广泛开展博物馆馆际间展陈工作的区域联合，实现整体效能最大化。如此一方面可以集中博物馆的整体优势，强化交流展览活动，降低运营成本，丰富博物馆社会教育内容；另一方面打破了馆际间的人为界线，实现了资源共享。

博物馆藏品安全实务探讨

陈丽华

（常州博物馆　江苏常州　213022）

内容提要：藏品安全是关乎每个博物馆的头等大事。从博物馆藏品安全方面考虑，博物馆从业人员必须经过安全培训，取得上岗资格后方可从事博物馆工作，进而推动博物馆工作朝着更健康有序的方向发展。

关键词：博物馆　藏品安全　实务

博物馆安全包括藏品安全、人员安全、环境安全和资讯安全。藏品是博物馆存在的基础，所以，保证藏品安全是博物馆的首要任务。

藏品安全问题时有所闻。如何排除安全漏洞，使藏品损毁、丢失等现象减少或不再发生，是对博物馆专业能力的考验。威胁藏品安全的因素除了常见的盗窃、损坏、火灾、水灾、地震、闪电等，还有一些是管理疏失造成的，如不正常的温湿度会造成藏品膨胀或收缩、引起金属侵蚀，不适当的灯具及光线强度会造成藏品的变色、褪色、变脆等，还有空气污染、虫害等，虽不至于让藏品立即消失，但对藏品的损坏也是巨大的。

因此，安全保管、利用藏品是博物馆从业人员必须具备的基本素质。会计需要注册会计师资格证，医生需要职业医师资格证，博物馆也应培养和招募具有博物馆专业知识和背景的从业人员，实行严格的岗前培训，颁证上岗。

博物馆藏品安全涉及内容广泛，此处只就如下几点做一说明：

1. 藏品包装与运输的安全

博物馆搬迁和举办外展时涉及藏品包装和运输问题。动用文物无小事，方案要周密，计划要详尽。要结合文物的质地、级别、时代、保存情况等，选用不同的包装材料，根据操作规程，完成包装。包装和运输文物的最佳材料是囊盒，但一般博物馆做不到件件文物都装在囊盒里。包装完成后要贴标签、造清单、随箱编号，使用完成后要按要求有序入库，保证下次可以顺利提用。运输安全同样不容忽视，出入境文物更要做好报关、运输等流程的衔接，在这方面我们往往欠缺经验。当然有人要说，我们博物馆不涉及运输或者大多数员工的工作不涉及文物保管，但是，作为博物馆从业人员，保证藏品安全、掌握相关技能是基本要求。

2. 关于不同类型文物的提拿与操作方式

应最大限度维护藏品的稳定性，降低移动时潜在的危险。如陶瓷器的持拿需双手托底，不离台桌，小心轻放，桌面要铺软毯；打开书画卷轴要求戴手套（不留指甲），说话小声，避免唾沫沾入画面，观摩时也需在画桌上铺上画垫再平铺打开等。特别是现在兄弟馆书画交流展、临展日益频繁，如我馆将书画藏品借给某馆做展览，则由我馆带上文物直接去布展，布展后双方点交，展柜上封条，撤展时也由我馆去直接点收，避免书画交接时重复打开（如对方来我馆接收、归还再加上独立布展、撤展，则共需四次点交，不利于藏品安全与保护）。其他文物亦然。此外，不管什么文物借展，清单上必须附彩图，点交时才能一目了然。

陈列展览、修复处理等方面也存在藏品安全问题，此处不再一一赘述。

总之，要让博物馆从业人员明白藏品安全与管理的重要性，降低潜在风险，做好藏品危机管理，从预防到管理，达到永续经营与维护的最终目标。每一位博物馆人都必须经过藏品安全上岗培训，此举势在必行。

另外，特殊人才奇缺是现在每个博物馆特别是中小型地方博物馆发展的瓶颈。如古书画装裱、陶瓷器修复、铜器修复、漆木器脱水修复、纸张保护等文物保护人才非常少，影响了博物馆的发展，今后博物馆行业要多培养、引进这方面的人才，将复合型人才充实到博物馆从业队伍中来。

民俗博物馆在非物质文化遗产保护中的作用和实践

陈雨蕉

（南京市民俗博物馆　江苏南京210001）

内容提要： 多数非物质文化遗产是以物质为依托，通过作为文化载体的民俗文物反映其精神、价值、意义。民俗博物馆的部分藏品正是以无形文化的载体为征集对象收藏的，无形的非物质形态的文化遗产与有形的民俗文物藏品及传承主体，通过民俗博物馆统一保护。在对非物质文化遗产的保护和传承中，南京市民俗博物馆做了大量研究和探索。

关键词： 民俗博物馆　非物质文化遗产保护　作用　探索

城市是人类社会物质文明和精神文明的结晶，它既是历史文化的载体，也是社会经济的文化景观，每个城市不管历史多长、规模多大，都有自己代代相传的文脉，这就是每个城市独一无二的DNA。南京这座有着两千五百年建城史的文化古城，在历史长河中留下了大量文化遗存。据统计，南京拥有2004项非物质文化遗存，至2012年6月，已经被列入市级以上非物质文化遗产名录的达117项，其中，中国南京云锦织造技艺、中国古琴艺术（金陵琴派）、中国剪纸（南京剪纸）、中国雕版印刷技艺（金陵刻经印刷技艺）都已成功入选《世界人类非物质文化遗产代表作名录》。

非物质文化遗产是中华民族优秀文化的重要组成，是建设中华民族共有精神家园的宝贵资源，更是南京历史文脉不可分割的一部分。但是，随着工业化、城市化、现代化进程的快速推进，目前南京非物质文化赖以生存的生态环境正在发生着深刻变化，保护与利用非物质文化遗产工作亟待加强。建立一个属于南京自己的历史文化遗产DNA基因库，保护和利用好非物质文化遗产，是落实科学发展观、实现经济社会全面协调可持续发展的必然要求。

一　博物馆与非物质文化遗产保护

对于物质文化遗产的保护和抢救，普遍认同的方法是将其送进博物馆。那么，由博物馆对非物质文化遗产进行保护和抢救是否也是一个较好的途径呢？有观点认为，博物馆是一个收藏机构，非物质文化遗产不具备“被收藏”的特征，一旦被收藏就会成为“文物”而“寿终正寝”，这种看法实际上割裂了物质文化遗产与非物质文化遗产的整体性联系。1997年，中国和挪威政府决定合作建立生态博物馆，提出在村落层次将物质与非物质文化以及环境作为一个文化生态整体加以保护，经过十多年的实践探索已取得了显著效果，博物馆保护模式在非物质文化遗产抢救和传承方面起到的重要作用引起了广泛重视。

在博物馆承担非物质文化遗产保护的理论研究方面，也一直在进行众多探索。2002年，国际博物馆协会第七次亚太地区大会通过了由国家文物局局长张文彬主持签订的《上海宪章》，强调文化遗产已经“从物质遗产扩展到非物质文化遗产”，明确提出博物馆是“保护人类非物质遗产建设性合作伙伴关系的推动者”的身份。2004年，汉城国际博物馆协会大会的主题定为“博物馆与非物质遗产”，可见“由博物馆承担保护非物质文化遗产的职责”这一观点在国际上已取得基本共识。2006年，陈至立在北京参观“全国非物质文化成果展览”时曾建议，在中国国家博物馆馆内开辟两个馆专门陈列我国的非物质文化。博物馆本身具有收藏研究、陈列展示、社会教育等功能，通过博物馆对非物质文化遗产进行全方位展示，使民众最大限度了解、认同它，才能使文化遗产得以生生不息地传承，由博物馆对非物质文化遗产进行保护和抢救无疑是一个很好的发展途径。

二　民俗博物馆保护非物质文化遗产的优势

非物质文化遗产是指“被各群体、团体、有时为个人视为其文化遗产的各种实践、表演、表现形式、知识和技能及其有关的工具、实物、工艺品和文化场所。”其范围包括：

①口头传说和表述，包括作为非物质文化遗产媒介的语言；

②表演艺术；

③社会风俗、礼仪、节庆；

④有关自然界和宇宙的知识和实践；

⑤传统的手工艺技能。

我国国务院《国家级非物质文化遗产代表作申报评定暂行办法》将非物质文化遗产的范围确定为六个方面：

①口头传统，包括作为文化载体的语言；

②传统表演艺术；

③民俗活动、礼仪、节庆；

④有关自然界和宇宙的民间传统知识和实践；

⑤传统手工艺技能；

⑥与上述表现形式相关的文化空间。

可见，非物质文化遗产脱胎于传统概念上的民俗文化，并以民俗文化为载体，相互渗透。民俗博物馆作为收藏、陈列民俗物品，研究民风民俗，弘扬民间优秀传统文化的专门机构，进行非物质文化遗产的保护和抢救工作有着得天独厚的优势。

实际上，多数非物质文化遗产是以物质为依托，通过作为文化载体的民俗文物反映其精神、价值、意义。非物质文化遗产概念虽然强调渗透于物质文化的传统思想观念与传统技艺，但并不是说它可以脱离物质文化而独立存在。如传统音乐是非物质文化，用来演奏的乐器则是物质文化；古典戏剧属于非物质文化，用来演出的服装、道具、布景、舞台则是物质文化。已列入世界非物质文化遗产保护名录的中国古琴艺术和中国昆曲艺术就是典型例证，古琴乐器本身是物质文化，而古琴的制作工艺、弹奏古琴的技巧、口传心授的乐曲调式、演奏形式或仪式等等综合在一起形成的文化的链接，则是无形的非物质文化。民间的各种手工技艺、技能、技巧、工艺也都与物质紧密联系在一起，如灯彩（秦淮灯彩），其彩扎工艺属于江苏省非物质文化遗产项目，但彩扎工艺必须依托传统彩灯这一民俗载体才能存在、反映并完整表达出文化内涵。

民俗博物馆藏品与其他博物馆藏品相比内涵有所不同，有部分藏品正是以无形文化的载体为征集对象收藏的，民俗博物馆既要征集收藏与民俗文化有关的实物资料，又要凭借录音、录像等科技手段将非物质文化遗产进行物质化保护。物质文化遗产和非物质文化遗产保护的差异在于，前者保护过程中不存在传承人，而后者的保护和延续离不开传承人，传承人消失，原生态的非物质文化遗产也就不复存在。民俗博物馆不可能成为“传承人”，但可以通过学术研究、文物征集、陈列展览以及举办各类民俗文化活动给传承人提供平台，保护、扶植传承人，通过传承人将珍贵的无形文化遗产延续下去。对非物质文化遗产的保护，民俗博物馆具有厚实的学术基础，但不只限于理论的研究，同时也是一种文化传承的途径。在学术研究的带动下，非物质文化遗产不仅是形式上的保护，更是一种深层的内涵发掘，能够使社会各界更深刻地认识到其存在的价值和意义。无形的非物质形态的文化遗产与有形的民俗文物藏品及传承主体，通过民俗博物馆这一平台能实现最优化的密切联系和统一保护。

三 南京市民俗博物馆非物质文化遗产保护探索

南京从古代起就是个移民城市，流民将南北各地的风俗特色、手工技艺都带来南京，南京将之吸纳保存并发展成具有自己特色的文化，民间艺术更是精湛奇绝。然而，随着岁月的流逝，很多的南京民间艺术都在萎缩中，已经失传的更是数不胜数。以甘熙宅第为馆址的南京市民俗博物馆从1992年建馆起，就立足于南京传统民间艺术的保护，开展了一系列展示民间艺术的活动，充分发挥了博物馆应有的作用。近年来，南京市民俗博物馆更是将保护、传承、研究、展示南京的非物质文化遗产作为博物馆的中心工作，在工作中不断创新、大胆实践，开展过一系列展示民间艺术的活动，包括展示、活动、宣教、传承等等，充分发挥了博物馆应有的作用。2010年，南京市民俗博物馆被定为非遗传承保护基地，对非遗保护和传承进行了多种模式的探索。

1. 专门机构研究模式

学术研究不仅能使非物质文化遗产的内涵得到更好的表现，而且能够深入剖析非物质文化遗产的历史根源、文化意义、社会功能等内容。2009年5月8日，南京市民俗博物馆与南京市社科院文化与历史研究所合作，成立了“南京市非物质文化遗产研究所”，对南京非遗的保护、非遗产业化等方面做了理论探讨。在开展大量研究工作的基础上，调研完成了多项与非物质文化遗产有关的课题，出版了《金陵话艺——非物质文化遗产代表性传承人访谈录》、《南京绒花》、《金陵岁时》、《秦淮灯彩》等非物质文化遗产研究书籍，为南京地区的非遗传承奠定了基础。

2. 民俗、非遗“双博馆”保护模式

2010年1月，南京市文广新局在南京市民俗博物馆增设南京市非物质文化遗产博物馆，挂牌成立了全国首家民俗、非遗“双博馆”。非物质文化遗产通过民俗文物等物质化的载体传达出非物质文化遗产中看不见、摸不着的文化信息，无论从自身的诞生、存在还是流传来看，非物质文化遗产始终是与民俗文物联系在一起的。南京市民俗博物馆建馆以来先后征集了南京著名艺人胡家芝、周家凤、张吉根、张方林、王子春、武志芳、马连喜、王长生的作品，为非遗博物馆的陈列展示做了藏品准备；有三位国家级、六位省级、十几位市级非遗传承人在馆区设立了传习工作室；馆内辟有梨园雅韵小舞台，为南京白局、南京白话、老吆喝、昆曲等非遗演出提供了舞台……南京市民俗博物馆多年来对非遗保护和传承所做的工作为非物质文化遗产馆的建设奠定了扎实的基础。

经过两年多时间对陈列大纲、陈列方案、陈列内容、陈列形式的筹划、调研、设计、论证、修改、调整工作，2012年3月15日起，南京市非物质文化遗产馆的建设进入现场施工阶段，6月9日（中国“文化遗产日”）以“南京市民俗博物馆·南京市非物质文化遗产馆”民俗、非遗“双博馆”的崭新面貌正式开馆。这也是南京市委市政府提出坚持文化为魂、大力推动文化建设、公布《南京市“十二五”文化发展规划》以来南京市首个建成的重点文化工程项目。

3. 校园、基地传承模式

非物质文化遗产的传承，关键在于人才的培养，校园、基地是非物质文化遗产得以发扬光大的基石。南京市民俗博物馆于2006年10月首次尝试在建康路小学开设“民间剪纸”、“民间抖嗡”、“中国结”3项南京非遗项目的专题讲座；2009年3月在府西街小学开设京剧、黄梅戏的艺术选修课程；2009年7月、2010年7月、2011年7月、2012年7月分别与白下区文化局、白下区教育局以及南京市文广新局、南京市教育局共同举办“我是小小传承人”公益夏令营活动，组织营员学习非物质文化遗产中优秀的手工艺项目，包括剪纸、泥塑、彩扎（风筝、灯彩）、彩绘葫芦、雕漆工艺、手工布艺、中国结和烙画等，由省市各级非遗传承人面对面传授技艺，最后对作品进行评比，让孩子们体会传承非物质文化遗产的重要性。

4. 产业化发展模式

在文化遗产的保护方式上，联合国教科文组织主张，无论是有形文化遗产还是无形文化遗产都应该在确保文化遗产不被破坏的前提下尽可能进入市场，并通过切实可行的市场运作完成对文化遗产的保护及潜能的开发，实现文化保护和经济开发的良性循环互动。南京市民俗博物馆通过多年的努力，开展了一系列民间艺术的展示展演活动，目前，已有3个世界级非遗文化传承项目、12个国家级非遗文化传承项目、30个市级以上非遗传承项目以及50多家文化企业入驻以南京民俗博物馆为核心的“甘家大院非遗创意园区”，并举行了多场非遗专题演出，累计接待观众20万余人次，带动全社会旅游收入增加2个亿，走出了一条非物质文化遗产保护、利用、传承和发展的新路。

非物质文化遗产作为文化遗产中最为脆弱的部分，其生存与保护方式需要我们长期关注并持续探讨。民俗博物馆作为非物质文化遗产载体的收藏机构、研究机构和宣传、教育、推广机构，必须发挥其功能优势，承担起内涵的研究者、价值的评估者、传承发展的指导者的职责，使南京的非遗保护工作更加顺畅和有效，让诞生于历史长河中的非物质文化遗产脉脉相承，让古老的南京城继续编织出传统文化的绚丽画卷。

社区博物馆的非物质文化遗产保护研究

——以陆巷社区博物馆为例

李　喆　赵　伟

（苏州博物馆　江苏苏州　215001）

内容提要： 陆巷社区博物馆作为江苏省第一家社区（生态）博物馆，凭借其得天独厚的自然和人文资源，运用专业化的保护形式，开辟了博物馆与非物质文化遗产保护相结合的新模式，其非遗保护的形式和特点都为我国博物馆事业的发展提供了崭新的思路。

关键词： 社区博物馆　陆巷　非物质文化遗产

生态（社区）博物馆是一种以村落、街区的建筑格局、原状风貌、生产方式、生活形态等传统文化和生态环境的综合保护与展示，整体再现人类文明发展轨迹的博物馆。此种形式的博物馆在非遗保护上具有得天独厚的优势。因此，伴随着江苏省博物馆事业的蓬勃发展，如何更好地利用江苏丰富的生态（社区）博物馆的资源和优势，筹建富有特色的生态（社区）博物馆便成为江苏乃至全国文博行业所关注的焦点。2012 年，苏州市决定建设陆巷社区博物馆，在规划设计的过程中，努力将非遗保护与博物馆建设有机地结合起来。利用新形式和新功能充分发挥社区博物馆对非遗保护的新作用，是陆巷社区博物馆设计规划的主要原则之一。

一　社区博物馆及非物质文化遗产的界定

社区博物馆理念源于 20 世纪的法国。生态（社区）博物馆的积极倡导者法国人雨果·戴瓦兰认为生态博物馆可以用来指各种类型和各种规模的社区博物馆，因此，所有的社区博物馆都可称为生态博物馆。就苏州陆巷而言，我们综合考量其地缘特征和文化风貌，称其为社区博物馆。

生态（社区）博物馆涵盖面很广泛，从空间上看，涵盖整个社区；从内容上看，包括自然生态与人文生态；从时间上看，要记忆过去与现在，展望未来，维持动态发展。因此，应运用历史学、语言学、考古学、旅游学、遗产学以及社会学等多种学科的方法和理论来解读社区博物馆所在社区的文化深层结构，构建社区博物馆的理论。

根据联合国教科文组织通过的《保护非物质文化遗产公约》中的定义，“非物质文化遗产”指被各群体、团体，有时为个人所视为文化遗产的各种实践、表演、表现形式、知识体系和技能及其有关的工具、实物、工艺品和文化场所。就陆巷而言，其表现形式是一些风俗、地方戏、手工艺技术等。本文仅就社区博物馆在保护非物质文化遗产方面的内容进行论述。

二　陆巷社区博物馆非遗保护规划

1. 陆巷社区博物馆的筹建

苏州市吴中区东山镇陆巷村面向太湖，依山傍水，风景秀丽，2007 年，被国家建设部、文物局公布为第三批中国历史文化名村，被誉为“太湖第一古村”。陆巷古村源于南宋，是江南建筑群体中质量最高、数量最多、保存最完好的明清古村落，村中有明代老街、三元牌楼，各种厅堂鳞次栉比。“一街六巷三河浜”构成了陆巷独具特色的空间格局，村民依山而居，村中筑有六条直通湖畔的巷弄，徜徉其中，仿佛走进悠悠的历史长廊。陆巷还是明代正德年间宰相王鏊的故里，王鏊曾连捷解元、会元、探花，其门人唐伯虎称他为“海内文章第一，山中宰相无双”。从自然环境到人文积淀，从历史传承到现代发展，陆巷具备了建立社区博物馆的良好物质基础。

陆巷社区博物馆的规划立足当地传统人文资源，以尊重历史、实事求是为指导原则，深度发掘文化内涵，充分利用现存物质文明和非遗成果，严格遵循博物馆的基本功能和特征要求进行科学规划、设计、布局、实施。在整理规划上，陆巷社区博物馆共规划为博物馆展示中心、太湖自然风光、陆巷古村落、江南世族生活、陆巷民俗文化和陆巷民间工艺等 6 个主题单元。在陈列展示上注重内容与形式和谐统一，增强艺术效果和感染力；在设计制作上精细求新，采用新技术、新材料、新手段，追求高水平、高质量、高档次；在服务功能上强调以人为本，观众至上，营造舒适流畅的参观路线和环境。通过陆巷社区博物馆的建设，力求准确生动、全面完整地再现陆巷古村的历史底蕴和独特魅力，向海内外观众展示苏州悠久历史风貌和文化遗产保护成果。

2. 陆巷社区博物馆内的非物资文化遗产现状

陆巷自古以来就是历史积淀之地，民风淳朴之乡，数百年自然和人文积淀，保留下了丰富的民俗文化和民间传统工艺。陆巷不但带有悠久的历史渊源，而且依然延续着历史魅力。具有苏州特色的东山婚俗、猛将会和东山台阁等民间民俗文化，以及苏绣、竹编、制桶、太湖丝竹等富有特色的传统手工艺，都是陆巷社区博物馆规划为重点保护的非物质文化遗产。

（1）东山婚俗

东山婚俗包括抬行嫁、迎亲、迎娶（接夜亲）、结亲、回门等过程。抬行嫁在结婚前一天。新娘接到男家，当夜拜堂成亲，由婚礼司仪主持参拜祖宗并向长辈行礼，但当夜不入洞房。翌日是结婚正日，最为隆重热闹，诸亲好友都来祝贺吃喜酒。酒席上，通常要猜拳行令。东山猜拳的名称叫吉祥拳或宫廷拳，自南宋时期便已流传，其拳令有一品到、二上庄、三元及第、四喜发财、五金魁、六六顺、七巧大、八仙早、九长寿、全福全寿等。喜宴以后，新郎新娘送入洞房，便要闹洞房。次日，新婚夫妇回女家吃“回门酒”。

（2）春节猛将会

旧时，年年春节，东山万民欢腾，举办猛将会。大年初一至初三，锣鼓响、脚底痒，潦里十尊小猛将开始抬着上街巡行，称为“小会”。年初五潦里的中型猛将上街，称之“路头会”接财神。正月初六，开始出大猛将，称出“大会”。东山的大猛将共有十四尊，先后山各七尊。前山依次是诸公井、殿前、渡桥、潦里、漾桥、席家湖、吴巷，简称“井大、殿二、桥三、里四、漾五、席六、吴七”。后山的七尊猛将分别是沙岭、杨湾、湖沙、屯湾、南望、长圻和槎湾。出猛将会是东山春节的大事，也是盛事。

（3）东山台阁

东山台阁是一种以高空杂技表演为主的古老剧艺，以表演民间喜闻乐见的戏剧故事为主。每只台阁主要有小演员和道具两大部分组成。一般一只台阁由两个5岁左右的孩童扮演，必择有男女剧情的戏文，演者分为上下二层，男在下，女在上。在下者立于一米见方的特制木质中空座子上，按剧情手持道具，在上者一脚踏在道具上，身穿彩色戏装，衣裙飘拂，既似演戏，又似耍杂技，甚为好看。

（4）竹编

竹系江南特产，喜温暖潮湿，老竹可起房造屋，编制各种家具、日用品、工艺品。清代中期，陆巷已有一批竹艺工匠开始自编自用竹具，以后逐步发展成专业编制，将成品于集市出售。到清末民初，民间竹篾匠中的能工巧匠将竹编工艺引向精细化、工艺化，很多竹制品成了民间珍藏，特别是鸟笼、长夹篮、挂篮（食盒）、漆篾器、花灯、屏风等器物，不但展现了竹编技艺的高超水平，更反映出江南竹乡的地方特色。

（5）太湖丝竹

东山太湖丝竹最早起源于明代，同属国家级非物质文化遗产的江南丝竹流派，所用乐器有扬琴、二胡、大胡、琵琶、古筝、笙、笛子等民族乐器，演奏形式灵活多变，具备秀雅、安婉、明快、圆润的特征，更有平和中正、陶冶德行的特性。如今东山太湖丝竹经历代丝竹高手、名家改编加工，逐渐形成具有东山自身特色的表演，先后创作了《欢乐歌》、《三乐板》、《行街》、《春江花月夜》、《拔根芦柴花》、《紫竹调》、《太湖美》等传统乐曲和《东山之春》、《太湖春晓》、《碧螺春晓》等自编乐曲。

3. 陆巷社区博物馆非物质文化遗产保护特色

陆巷社区博物馆是江苏省首家规划建设的社区博物馆，其在非物质文化遗产保护方面所规划的种种措施既具有特殊性和针对性，又具有一定的普及型和广泛性，可为今后全省乃至全国发达地区的文化遗产保护提供一定的借鉴，其中最主要的特色体现在如下几方面：

（1）努力实现非遗保护的主体性转变

陆巷社区博物馆在规划设计过程中，认识到博物馆中的非遗保护不单是博物馆的事，参与非遗保护的也不仅是博物馆所配备的专业人员，社区博物馆中的每一个人，每一个生活在这个社区的人，他们都是非遗保护的参与者。在规划内容中，陆巷社区博物馆首先注重的是对当地居民的教育和培训，帮助他们确立正确的观念，了解自己在文化保护中的责任。同时，在社区博物馆内所组织的各种民俗展演和民间工艺展示活动都要让社区的居民积极参与进来，让他们成为博物馆文化展示的一部分，从而实现非遗保护主体从单一的博物馆体制到全体居民充分参与的转变。

（2）努力实现动静结合的保护形态

传统的博物馆是静态的，社区博物馆则是动态的，要保持他们的活性，保持非遗文化的流动，就不能冻结他们的生活、冻结他们的文化。陆巷社区博物馆强调保持当地居民生活的原生性，保证他们的正常生活不因社区博物馆的建立而被过多打扰，从而保证社区内的文化生活始终保持活性。在此基础之上，社区博物馆不但加大力度为非物质文化遗产提供保存和保护，还为各种非遗的进一步传承提供机会和平台，利用各种社会教育活动，让世人更加了解陆巷存在的文化遗产，吸引更多的年轻人走进陆巷、走进社区博物馆、走进丰富的文化遗产中来。“流水不腐，户枢不蠹”，只有动态的文化才是最有生命力的。

（3）努力实现博物馆专业水平的保护

社区博物馆作为具备规划和建设能力的博物馆，将充分利用博物馆的专业手段，为文化保护提供强有力的支持，为社区博物馆中的全部文化遗产提供更加专业的保护。在陆巷社区博物馆的规划中，社会服务部分作为单独项目，被列入博物馆的主体建设中。包括导览讲解、教育活动、科研合作、便利服务和宣传营销等现代博物馆所必须具备的社会服务功能，陆巷社区博物馆都将进行合理建设，从而为社区内的非物质文化遗产保护提供最为坚实的保障。

三　社区博物馆与非遗保护的总结与思考

1. 应重视调查研究在非遗保护前期准备中的作用

陆巷社区博物馆在申报设计方案前做了大量详细的调查研究工作，调研组对陆巷“一街六巷三河浜”范围内的非物质文化遗产数量、分布及其保护现状进行了认真调查。非物质文化遗产的普查工作是进行进一步深入研究和保护的基础，只有在此基础上，才能明确保护的对象，才能讨论保护的方式和方法。调查研究不能仅仅停留在普查层次，要对统计下来的非物质文化遗产进行深入挖掘，发现其文化内涵和社会价值。非物质文化遗产之所以需要保护和传承，关键在于其代表的历史和空间内的文化，随着时代的变迁，非遗文化逐渐淡逝，需要我们重新把它挖掘出来，这正是生态社区博物馆的价值所在。

2. 应重视生态旅游对保护非物质文化遗产的促进作用

社区博物馆创建的目的是为了保护和传承地方文化遗产，而生态旅游则是利用地方非物质文化遗产获得经济效益，再反过来对非物质文化遗产的保护提供资金上的支持。生态旅游的开发可以提高当地居民的经济收入，这也从另一角度加强了当地居民对于非物质文化遗产的保护意识。在利用中传承发展，在传承发展中开发，这是非物质文化遗产保护和传承的合理选择。

3. 应该把动态保护作为非物质文化遗产保护的主要形式

生态（社区）博物馆与传统博物馆的核心区别之一就是动态性，这种特性是基于生态（社区）博物馆中非物质文化遗产的保护而产生的。生态（社区）博物馆强调对整个自然和人文环境运行发展过程的展示，因此，对生态（社区）博物馆在保护非物质文化遗产中的功能，我们要强调整个社区状态的动态过程的展示。要达到这一目的必须抓住以下几个关键点：

第一，要让当地居民积极参与。生态（社区）博物馆对非遗的保护要依靠当地群众的支持，因为他们生活在这个需要保护的系统中，他们掌握着这个系统中的一个一个环节。

第二，要让非遗的动态系统获得可持续发展。生态（社区）博物馆保护的非遗文化都是极具传统性的，要维持非遗文化的动态运行就必须使这个系统获得持续的发展。达到这个目的的方法之一就是开放多种资源进入非遗保护领域，使这一动态系统获得更加广泛的支持。

第三，为非遗动态保护系统建立一个稳固的管理组织。生态（社区）博物馆对非遗文化的保护需要在其内部动态运行体系中建立一个合理的管理体系，由这个管理体系监督整个非遗文化系统和内部每一项非遗存在的运行情况。同时，这个管理体系需要对非遗文化系统运行过程中出现的问题及时发现并予以解决。

参考文献：

1. 宋新潮：《生态（社区）博物馆与变革中的博物馆》，《中国博物馆》2011 年合刊。

2. （法）雨果·戴瓦兰：《生态博物馆和可持续发展》，《2005 年贵州生态博物馆国际论坛论文集》。

3. 苏东海：《中国生态博物馆》，紫禁城出版社，2005 年。

4. 魏保信等：《陆巷社区博物馆设计方案》，苏州市博物馆协会，2012 年。

5. 曹兵武：《传统文化资源与社会文化建设》，《东南文化》2010 年第 5 期。

6. 曹兵武：《从古代祠堂到现代生态博物馆》，《中国文物报》2011 年 9 月 14 日。

7. （美）倪威亮：《中国生态博物馆的反思与瞻望》，《中国博物馆》2011 年合刊。

谈苏州名人故居作为城市文化遗产的意义和发展

许　洁

（苏州博物馆　江苏苏州　215001）

内容提要：本文阐述了苏州名人故居的背景，分析其文化底蕴和保护开发的方法，结合当前形势谈名人故居对于城市发展的意义，探索名人故居的发展方向。

关键词：名人故居　开发　文化遗产

苏州是一座历史文化名城，自先秦至今有文字记载的历史已有两千余年，在这段漫长的历史中，苏州以其人杰地灵，物华天宝闻名于世。在苏州的发展历史中，各个领域都涌现出杰出人才，他们在苏州做官治学，将这个长三角中心城市推向了文化经济的高峰。名人文化是苏州文化历史的重要组成部分，而名人故居作为其直接信息载体，反映了时代的文化、精神、社会内涵，在物质文化遗产和非物质文化遗产领域都具有非凡的意义。从各项资料来看，苏州的名人故居百余座，在全国属于较高水平。面对这些宝贵的遗产，在城市发展日新月异的今天，我们应该更加理性地思考名人故居对一个城市的意义。

一　苏州名人故居的背景

苏州今日保存下来的名人故居，年代上自明清至近现代，主人有当时的朝廷大员、文人骚客、书画名家等，家喻户晓的大才子唐寅、书画大家文震孟、现代文学家程小青、杏林名手钱伯煊等各行各业的名人都曾在这里留下他们的足迹。这些故居分布在古城区的每一条街道小巷中，谱写了一座城市的历史，这其中又属私家园林尤其引人注目。

苏州素以秀丽精巧的私家园林闻名于世，全市共有大大小小园林约百余处。最初修造设计这些园林的多是当时的官宦名绅、文人墨客，在他们高雅的审美下，苏州园林这份“不出城郭而获山水之怡，身居闹市而有灵泉之致”的美丽得以流传至今。苏州园林出色的很多，其中拙政园和网师园可列头筹。修建拙政园的人名叫王献臣，他是明弘治年间的御史，后来罢官归里，在东北街上建造了拙政园。拙政园建园400多年，历经变迁，屡易其主，世人熟知的钱谦益及其夫人柳如是也曾经在此处生活。网师园最早的主人是南宋吏部侍郎史正志，当时名为“万卷堂”，清乾隆中期才改名为网师园。在20世纪30年代，著名画家张大千曾寓居于此，同时住在园中的还有叶恭绰、王秋斋等人，可谓群贤荟萃。时至今日，苏州博物馆还藏有张大千当时在网师园中创作的画作。

苏州的名人故居中不得不提到的还有潘氏一族的私宅。潘家指的是清朝大学士潘士恩一族，家中出过状元、探花、翰林、举人等不可枚举。李鸿章曾为潘家题匾“祖孙父子叔侄兄弟翰林之家”，显赫可见一斑。潘氏在苏州城内有许多宅邸流传至今，分别有“躬厚堂”、“存诚堂”、“留余堂”、“攀古楼”等。让人们现在还津津乐道的我国国宝级文物大克鼎和大盂鼎就是由攀古楼后人捐赠的。

苏州百余处名人故居，每一处都有着悠久的历史，这些名人故居之所以成为文物保护单位，不仅因为其建筑本身是历史文物，具有艺术性和研究意义，更因为这些名人故居承载着当时社会名流的思想、文化、生活方式，是人文精神和历史文化的载体。正是有了这些杰出优秀的人才，才使得他们的居所有了不同于一般古建筑的魅力。

二 苏州名人故居的发展

近几年，“文化遗产热”方兴未艾，名人故居作为一种典型的文化遗产成为关注的热点，如何开发利用名人故居使之得到更好的发展与保护是一个重要课题。对于名人故居的开发利用，目前普遍存在两种做法，一种是把名人故居建设成为博物馆、纪念馆等供游客参观；另外就是在保证建筑安全的前提下，将名人故居作为餐馆、会所、办工场所等利用起来。这两种方法虽然基本保证了名人故居的安全，但还存在着各种各样的缺憾，无法充分发挥名人故居的最大价值。各地区应该因地制宜，结合当地名人资源的特点，开发适合自己的名人故居产品。

当然也要认识到，对于名人故居这样包含着人文精神和名人文化成就的物质遗产，其开发利用也是有难点的。一是名人故居与周边环境无法融为一体，不能将之作为一个整体产品推销出去。现在的名人故居都是散落在现代化的城市街巷内，无法整合成一个历史文化街区面向观众开放，较为孤立。二是虽然苏州地区大部分名人故居都具有极高的文化、思想价值，但各个名人所处的年代不同，贡献领域也不同，具有自己的特性。而现在的名人故居开发往往方式趋同，内容单一，没有深入研究。

根据苏州地区的特点，名人故居的发展方向可以有以下一些尝试：

1. 将孤立的名人资源联合起来

要整合名人故居资源，从不同主题出发设计，让这些名人故居在文化，空间、时代上衔接起来，使之成为一个整体。以苏州潘氏家族故居为例，昔日如此显赫辉煌的家族，族中文人仕官无数，他们的故居表现了当时社会名流的审美情趣、文化思想、生活方式等等，相关部门可以把这几个故居组成一个系列向观众推出，旧时显贵之极的家族就此展现于世人面前。

苏州市区内的名人故居地理位置相对集中，更有如曲园、鹤园、听枫园、过云楼、讴园者，不仅位置相近，主人间也过从甚密，互为文坛密友，可以设计成组的参观线路，重点向观众展示清朝文人间交际应酬、以文会友的日常生活画卷。

2. 将名人故居与旅游更好结合在一起

苏州是一个著名旅游城市，全年接待游客人数近百万，现在的游客已经不再满足单纯的山水风景，他们追求更高层次的文化休闲之旅。名人故居拥有巨大的开发潜能，通过一些细节上的操作与改变，就能让游客对当地文化和名人故居产生更多的兴趣。

在已经开放参观的名人故居里，可以增加一些服务于观众的现代化设施，如大屏幕投影设备，用来播放介绍名人生平事迹的影片资料。另外还可以提供免费的加盖纪念章服务，售卖纪念品等。在有名人故居的街道上，可以在路牌上标注其具体方位，也可以在纸质地图、电子地图上标明其具体方位，这样不仅给游人带来方便，也让他们意识到这些名人故居的存在。

名人故居的展示方法多种多样，可以灵活运用，目的就是让来苏州旅游的客人以及本地居民注意到这些名人故居并有兴趣去参观和了解这些名人的文化、生活，也借此了解一座城市的历史文化。

3. 社会力量的参与

在苏州各地，除去园林等不愁没有游客的景点，一些规模较小的名人故居保护修葺普遍存在着资金不足、经营困难的现象。而国外一些较为成熟的做法，都是由民间组织带头，向社会募集维修费用和周转资金。如英国莎士比亚故居，成立了社会性的信托组织，专门负责其保护维修和经营，取得了非常好的效果。在中国，也完全可以效仿国外这些成熟的做法，由政府牵头，更多的吸引社会力量，采取成立信托、基金、社会认捐等方法，针对不同性质的名人故居采取多种措施。

这样的做法，不仅改善了一部分小型名人故居经营不善的局面，也减轻了政府负担，更可以借此吸引社会各界人士的关注，扩大名人故居的社会知名度和影响力。

三　苏州名人故居现状

苏州市内的名人故居主要有四类：

第一类是作为园林由旅游局管理，向大众开放参观，收支平衡，能得到很好的管理，保存完好。例如拙政园、网师园、怡园、藕园等。

第二类是辟为博物馆、纪念馆之类，室内陈设、布局力求与原貌保持一致，以达到教育目的。这一类纪念馆多是近现代名人的故居，保存较好。如柳亚子纪念馆、蒯祥纪念馆等。

第三类是故居的外部建筑不变，作为民居或商用或公共设施继续保存。例如教育家叶圣陶故居“未厌居”现今是《苏州杂志》的办公楼，明代戏曲家张凤翼的故居“文起堂”是苏州考古所的办公地点，昔日蒋纬国曾寓居的“丽夕阁”今日就是南园宾馆7号楼。

除此以外的第四类名人故居却是处于危机之中，不仅其建筑得不到有效的维护修整，还屡有被拆除的危险。如著名文学家苏雪林在苏大本部的故居，一度被揭顶甚至沦为废品收购站。而去年年底钱大钧位于平门路1号的故居也已经沦为平地，片瓦不存。钱大钧故居是一座极具民国特色的小洋楼，是苏州市控保一号单位，连控保建筑都难逃劫难，更遑论其他一些不引人瞩目的名人故居了。

2012 年年初，北京的林徽因、梁思成夫妇故居被拆毁，国民政府军事委员会重庆行营主体建筑被拆毁等事件，让名人故居随意被拆这一严峻事实摆到了人们面前。一方面，社会上时常发生两地政府为了争抢名人归属弄得不可开交的闹剧，另一方面，大量极具价值的名人故居又无人监管，沦为废品站、情趣用品店甚至被沦为平地，这是一个矛盾的令人痛心的局面。

国外在保护名人故居方面的做法值得参考：英国在 140 年前就对名人故居实行了“蓝牌”保护制度，只要挂上蓝牌的建筑，就会有英国遗产委员会专门进行保护和监督。我国著名作家老舍在伦敦的故居就得到了蓝牌，虽然他只在那里生活了三年，却得到了永远的尊重。日本于 1950 年开始实行文物保护法，他们对名人故居的保护方式是连斑驳脱落的破损都不去掩饰，让人们看到原汁原味的文物和历史。

我国的一些机构，在拆除了大批的名人故居后，往往会冠冕堂皇地在事后说是为了更好的保护故居，将在原地重建一座一模一样的崭新的建筑之类。试问，这样重修建造的建筑还具有名人故居的价值么？六十多年前，北京开始大规模拆除第一批城墙、城楼的时候，林徽因曾经说过这样的话：“你们今天拆的是真古董，有一天你们后悔了，也只能盖个假古董了。”六十多年过去了，我们的城市还在拆，真正的文化也快被拆没了。

四　认识到苏州名人故居的价值

“这是一个最好的时代，也是一个最坏的时代”，在一个追求经济效益高速发展的时代，人们抢夺名人故里是为了经济利益，人们拆除大量的名人故居也是为了经济利益。名人故居不仅是一座可以带来丰厚经济利益的建筑，它本质上是文化成就的体现，而文化是一个民族的根本，应当具有至高尊贵的地位。

名人故居所包含体现的文化元素非常多样化，它表现了当时名人的政治、经济、文学、艺术、科学等观念，从中折射出不同时代、不同文化背景的人的生活方式、思维方式、文化造诣等等。苏州自古以来多文人才子，今日保留的名人故居大多都曾属于文人或者艺术家，他们在苏州生活，留下自己光辉灿烂的足迹，也推动了苏州的发展。丰富的名人文化是先辈们流传给后人的得天独厚的遗产，我们以此为切入点，可以更好地了解和研究苏州文化的底蕴。

一座名人故居，它的外部建筑和内部构造都反映了社会历史的进程，而其核心意义应当在于它的文化价值体现。这是一份精神文化遗产，是一份文化价值观，可以使人从中吸取养分并提升自己。对名人故居、古老建筑的拆毁现象，其实源于国人目前文化信仰的缺失，他们认识不到这些文化人的成就，也没有认识到一个民族的成长发展与文化是不可分割的。一个不能善待文化的民族是没有前途的，一个毁灭自己文化的民族更是可悲的。名人故居的未来关系着一个城市、一个国家的文化和命运。

为加速现代化建设，我国在 20 世纪大兴土木，于全国各地都建造了大量形制相同，结构类似的住宅和商用建筑，导致全国各地城市高度相似，城市失去了其所独有的魅力、失去了自己的身份。名人故居恰好可以填补这一文化空白，在雷同的高楼鳞栉的城市里，这些带着历史积淀的建筑和它们所包含的名人文化是城市的名片，也是传承城市历史文化的中介。

参考文献：

1. 王仁宇：《苏州名人故居》，西安地图出版社，2001 年。
2. 苏州地方志编纂委员会：《苏州市志》，江苏人民出版社，1995 年。
3. 文丹：《英国名人故居保护的蓝牌制》，《中国文化遗产》2006 年第 2 期。

浅析城市空间扩展背景下的文物保护

——以盱眙城市发展与文物保护为例

罗　志

（盱眙县博物馆　江苏盱眙　211700）

内容提要：盱眙城市化进程迅速，在城市空间扩展范围内分布有众多珍贵的文物资源。本文从城市空间范围内文物古迹的全面保护、城市历史文化街区或文化区块的保护、以历史文化名城保护为总体目标进行建设与规划三方面，探讨盱眙城市化进程中的文物保护工作。

关键词：城市化　文物保护　盱眙

伴随着中国社会、经济的迅猛发展，城市规模急剧扩张。在城市空间扩展的进程中，如何处理好城市建设与文物保护之间的关系，真正实现城市化发展与文化遗产保护工作的“双赢”，使文物保护步入有序发展的轨道，是当前我国城市化进程中文化遗产保护工作面临的重要课题。

城市的现代化建设是一个综合系统工程，存在继承和发展的关系。文物保护专家对此早已达成共识：“从科学发展观角度看，城市建设绝不是简单的经济数据累加，负载的不仅仅是商业价值，更含有重要的历史和文化的成分和因素。”[1]故宫博物院院长、全国著名文物保护专家单霁翔对此也有精辟的见解：“城市发展应该是集社会活动诸多因素于一体的完整现象，是各个方面矛盾的辩证统一，是居民生存质量及人文环境的全面优化。城市在发展过程中，要格外珍惜自己的文化遗产，只有保护文化遗产和发展两者并重，城市才能获得真正意义上的发展。”[2]

历史文化遗存作为城市的历史信息，诠释着城市的发展进程，保护好这些历史文化遗存，对于彰显城市历史底蕴和文化品位具有重要作用。下面结合盱眙县实际情况，探讨城市空间扩展与文物保护之间的关系。

一　盱眙城市发展基本情况

盱眙县地理区位优越，物产资源丰富，交通便利，是连接苏南与苏北的门户。“十二五”期间盱眙的县情定位为：“淮河明珠、龙虾之都、帝王故里、生态家园”。

根据盱眙县政府编制的总体城市规划，盱眙的城市发展遵循“显山露水、东扩北移、两区互融、具有个性”的发展方向，其布局结构呈现“三心、二轴、四片区”的发展态势，并体现出城市空间持续扩展的迅猛势头。其中，“三心”即淮河东岸老城北、老城南一线的城市旅游休闲中心，从五墩沿金源路、金鹏大道等主干道拓展的城市商贸服务中心，以及位于十里营地区的新的行政办公服务中心；“两轴”即盱眙城市扩展的两条主要通道，也就是沿淮河东路—金源北路—山水大道向东延伸的城市生长轴，以及沿淮河东路—金鹏大道—圣山路向城东开发区延伸的产业拓展轴；“四片区”即盱眙城市空间的四大板块，分别是老城滨河观光区、五墩为中心的现代服务区、十里营一带的政务新区以及城东经济开发区。

近几年，盱眙城市化进程发展迅猛，城市空间急剧扩展。根据《盱眙县城市建设“十二五”发展规划》提供的数据，至2010年底，盱眙县城建成区域面积达26.2平方千米，比“十五”期间增加11.1平方千米。预计至“十二五”末，城区人口将达到25万人（常住人口约23.8万，暂住人口约1.2万人），县城建成区面积达到30平方千米，全县城镇化率达到53%。按照县政府制定的城市发展蓝图（图一），盱眙城市“北扩东移”的发展战略将继续推进，“十二五”期间将重点对老城区石牛、沙岗等片区进行改造开发，加快推进沿山、沿淮、低洼地及城中村改造工作，加速推进盱眙城乡一体化和城镇化进程。

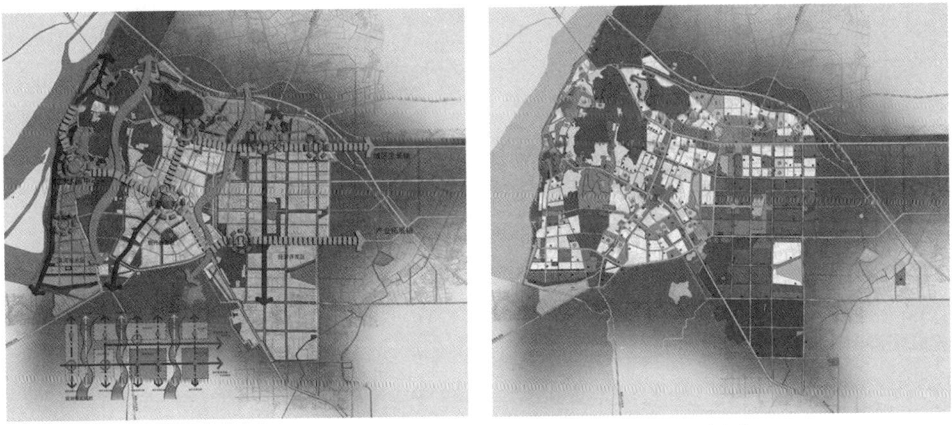

图一　盱眙县城市总体规划（2009～2030）示意图

二　盱眙城市空间扩展范围内的文物资源分布

盱眙县历史悠久，文化丰富，在古代便有“控两淮之要，据三口之险，系淮南江左之本”的定论[3]。第三次全国文物普查中，盱眙县共调查文物点334处，登录不可移动文物294处，其中新发现文物点165处，复查文物130处（图二）。据盱眙县第三次全国文物普查数据库显示，盱眙城区所在的盱城镇就有39处不可移动文物点。此外，与盱眙县城隔淮河相望的泗州城遗址同样是引起世人关注的重要文化遗产。盱眙城市空间扩展范围内的文物遗存包括以下几个区域：

1. 老城北明清古建筑群

老城北是盱眙县城的老居民区，西临淮河、东依第一山，历史文化积淀深厚。虽然经

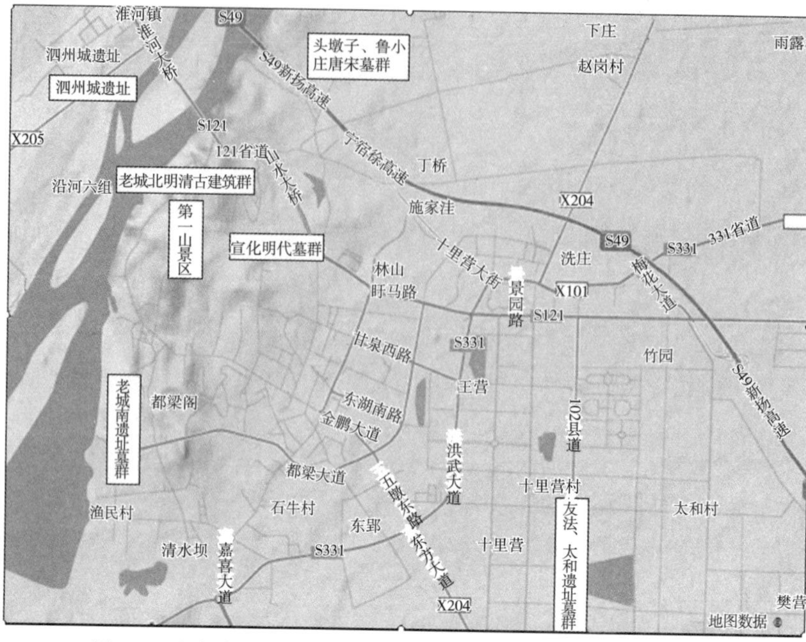

图二 盱眙城区周边主要不可移动文物点（群）分布示意图

过一定程度的老城改造，但是至今老城北诸多街坊中仍保存着很多明清文物遗存。其中明伦堂、周凤翔祖宅、财神庙、胡家巷古井等均已列入市、县级文物保护单位。此外，老船塘以北的淮河古堰遗存较为完整，亟须保护。

2. 第一山景区

第一山自古为盱眙城中第一名胜，是国家4A级景区，第一山题刻为国家级文物保护单位，具有很高的历史文化价值。第一山原有石刻题跋甚多，今尚存168方，包括摩崖石刻89方，碑刻79方，其中不乏宋元名家真迹，如赵孟頫《泗州普照禅寺灵瑞塔碑》乃泗州城遗物。此外，第一山景区尚有玻璃泉、魁星亭、会景亭等文化遗存。

3. 宣化明代墓群

宣化街位于第一山东麓，明清时期一直为盱眙县衙所在地，具有悠久的历史积淀。目前宣化街周边已发掘的文物点有大尖山、二山明代墓群等。

4. 老城南遗址墓群

老城南位于淮河东岸至宝积山、都梁山之间，同样是盱眙老城的重要组成部分，目前已知的文化遗存包括东山晋墓、宝积山和商贸一带的唐宋墓群、宝积山南宋岁币库遗址以及沙岗宋代墓群等。此外，与清代汪氏家族有关的汪家花园、汪孟棠墓等文化资源也有待挖掘。

5. 头墩子、鲁小庄唐宋墓群

位于盱眙城区北郊宁宿徐高速以北新华村一带，同样毗连县城向北扩展的空间范围。其中，头墩子唐墓是市级文物保护单位。

6. 友法、太和遗址墓群

盱眙县城东部为工业集中区域，基础设施建设中屡见文物遗存。其中，太和水库一带已发掘有战国至汉代的七营遗址、唐代瓦店子井和明代太湖墓群等遗迹，据了解，友法村一带地下尚分布有古代墓葬群，在基础设施建设中需妥善保护。

7. 泗州城遗址

泗州城遗址位于淮河镇城根村和沿河村的淮河滩地、水域中，与盱眙县城隔淮相望，已被列入国保单位。据文献记载，唐代开元二十三年（735 年）泗州迁至此处，至清代康熙十九年（1680 年）淹没于洪泽湖中，延续近千年。经过南京大学、南京博物院等长期考古勘探和发掘，泗州城遗址的基本面貌部分揭露，泗州城考古成果也正在陆续整理、发表[4]。泗州城与盱眙县城隔淮河相对，与盱眙城市空间的扩展联系密切。泗州城大遗址的保护管理刚刚起步，泗州城的历史文化价值有待挖掘。随着泗州城考古工作的进行和后续工作的展开，建立在泗州城遗址考古发掘和历史复原基础上的科学保护和合理利用的研究工作必然进一步系统化。

在盱眙城市扩展空间范围内分布有众多珍贵的文物资源，如何在盱眙城市化进程中保护好这些历史文化遗存，使城市发展与文物保护工作相得益彰，便成为我们所面临的重要课题。

三　盱眙城市空间扩展背景下的文物资源保护

在全国城市化进程加速和城市空间急剧扩展的背景下，如何使城市规划、城市建设与文物资源保护相互协调、和谐共处，是当前全国文物保护工作的重要课题。“在城市建设中要树立‘城市要建设，文物要保护’的意识”，“文物应该积极融入城市，提升城市文化品位”[5]。这已经成为历史文化保护范围内专家所达成的共识。诚如历史文化遗产保护专家束有春所言：“在发展中保护是城市文化建设必由之路。”[6]简言之，城市规划与建设要同文物保护关系形成和谐有序的互动关系，要形成历史文化名城保护的整体思维和规划布局[7]。

历史文化遗产保护专家王景慧指出，“历史文化名城保护的内容可以概括为三句话，第一，保护文物古迹和历史地段；第二，保护和延续古城的格局和风貌特色；第三，继承和发扬优秀历史文化传统。”[8]“应对历史文化名城保护的新局面，逐渐形成了三个层次的保护体系，对文物保护单位、历史文化街区、历史文化名城这些不同类型不同特点的文化遗产，采取有差别的保护方法，并做出相应的保护规划。这些已由《历史文化名城保护规划规范》和《全国重点文物保护单位保护规划编制办法》加以规定，形成了比较成熟的关于文化遗产保护的规划方法。”[9]

随着盱眙城市空间的不断扩展，盱眙的文物保护层次和水平应进一步提升。依托盱眙城市总体规划、发展态势与文物资源保护现状，盱眙城市空间扩展范围内的文物保护可以从三个递进的层次进行研究和规划：

1. 全面保护城市空间范围内的文物古迹

如上所述，盱眙城市扩展空间内的文物资源较为丰富，文物点数量众多，文物形态各异，时代跨度大，分布范围总体分散、相对集中。然而，第一山景区虽然是省级文物保护单位，但各项工作尚需加强，如老城残存的不少古建筑亟须修缮，众多文物遗址和出土墓葬处境堪忧，更多未发掘的地下文物埋藏亟须在被城市建设破坏前规划保护。

城市化是城市发展的必然趋势，大规模的城市建设使城市文物保护体现出较强的复杂性，地方政府无疑是城市文物保护工作的核心。要通过政府主导，全民参与的方式，加强文物保护宣传并成立专门的保护机构，使地方政府在城市化过程中更好保护城市文物，让城市化和城市文物保护可以和谐发展[10]。

2. 保护城市历史文化街区或文化区块

国务院《历史文化名城名镇名村保护条例》中这样界定历史文化街区：“城市中保留遗存较为丰富，能够比较完整真实地反映一定历史时期传统风貌或民族地方特色，存有较多文物古迹、近现代史迹和历史建筑，并具有一定规模的地区。”

盱眙城市空间范围内，老城北地区积聚有不少具有地域文化特色的古建筑、庙宇和生活设施，最能代表盱眙城市发展的历史文化底蕴。与此类似，盱眙老城南一带依山傍水，地下遗址、地表遗存和文化传说伴生，宣化街地区也是盱眙历史文化资源的集中片区。然而近些年来，盱眙老城的历史面貌已经破坏殆尽，伴随着城市发展提速，盱眙老城的历史文化资源迫切需要规划整合。

第一山风景区具有丰厚的历史人文资源，“城中藏名山”的优势得天独厚。淮河西岸的泗州城遗址与盱眙城区遥相呼应，随着淮河生态风光带和盱眙城市空间的进一步扩展，对“东方庞贝”泗州城这一湮没于洪泽湖底数百年后重见天日的古代重要城市遗址的保护开发正在提上议事日程。

总之，借鉴全国历史文化街区和特定区块的保护经验，通过全面保护整治、保护更新、居民自建等方式[11]，结合当地情况，在文物资源规划和开发利用上下功夫，将历史文化街区保护与城市沿淮风光带和城区建设有机结合，是盱眙城市空间内文物保护工作可资借鉴的重要思路。

3. 以历史文化名城保护为总体目标进行建设与规划

盱眙县具有丰富的历史文化资源，且每一历史时期都有极具代表性的历史遗存，如史前有下草滩遗址、范家岗遗址，战国有南窑村窖藏，秦汉有项王城遗址，两汉有大云山王陵和东阳城遗址，唐宋有第一山题刻，宋元明清有泗州城遗址，明代有明祖陵，抗战有黄花塘新四军军部旧址等。以历史文化名城保护为总体目标，对盱眙城市空间进行整体规划，使得城市建设与文物保护统筹协调，正是城市发展与文物保护的最高层次。

仅就盱眙而言，其城市空间扩展范围内，以第一山景区题刻与古建筑群、老城北老街区与古建筑群为文物保护的核心，以宣化街、老城南、城东、城北等区域形成文物资源保护区块，再与隔淮相对的泗州城遗址遥相呼应，共同构成盱眙这一历史文化名城在城市空间格局内历史文化资源保护的主要态势。目前，第一山景区和泗州城遗址均是江苏省文物保护单位，有着正式的文物保护机构、组织制度以及明确的保护范围和控制地带。如何将这两处重要的文物资源同盱眙城市发展有机结合，正是盱眙文物保护工作的重中之重。此外，老城北历史文化街区经济、社会、文化资源的整合，盱眙老城北、老城南等地域古代建筑设施的合理保护，在城市基础设施建设中对于地下文物的巡查勘察和及时保护，同样需要在历史文化名城总体规划思路下推进具体工作。

整体上看，城市空间扩展背景下的文物资源保护，要根据不同特点采取不同方式。对于文物古迹和文物保护单位，要遵循不改变文物原状的原则，保存历史的原貌和真迹；对于代表城市传统风貌的典型区域，要在保存历史的真实性和完整性的基础上保护利用；对于历史资源丰富的城市空间而言，不仅要保护城市中的文物古迹和历史地段，还要在延续城市发展格局和历史风貌的基础上，促进城市规划建设与文物资源保护的“双赢”。

全面保护和利用文物资源，打造人文生态家园，促进盱眙城市空间扩展与文物保护工作形成可持续的、和谐发展的良性互动关系，既是关心盱眙城市发展与历史文化资源传承的各界人士的共同企愿，也是盱眙县以“创建全国文物工作先进县”为目标探索城市建设与文物保护工作和谐共赢新局面的必由之路。《盱眙县创建全国文物工作先进县实施意见》中将“加强文物保护管理，正确处理文物保护工作与经济建设、城乡基本建设的关系”列为全县文物保护工作的重要指导性原则。

注释：

[1] 苏同林:《城市建设与文物保护的辩证关系》,《文化遗产与社会发展》,第 94 ~ 95 页,南京出版社,2007 年。

[2] 单霁翔:《城市文化遗产保护与文化城市建设》,《城市规划》2007 年第 5 期。

[3] 王锡元等纂修:《盱眙县志稿 · 序》,清光绪二十九年(1903 年)重校本。

[4] 泗州城遗址考古成果及相关资料研究,可参见南京大学文化与自然遗产研究所、盱眙县人民政府编《江苏盱眙泗州城遗址考古调查勘探报告》,2004 年;盱眙县人民政府编《泗州城资料汇编》,2007 年;贺云翱等《江苏古泗州城考古取得重要成果》,《中国文物报》2007 年 11 月 14 日;曾江《泗州古城遗址考古取得新进展》,《中国社会科学报》第 266 期。

[5] 时建方:《文物保护与城市建设》,《文化遗产与社会发展》,第 78 页,南京出版社,2007 年。

[6] 束有春:《江苏城市文化保护与发展研究》,《传承与现代》,第 128 页,江苏人民出版社,2012 年。

[7] [8]《历史文化遗产应分清保护层次——王景慧教授谈历史文化遗产保护》,《中国建设报》2005 年 3 月 7 日。

[9] 王景慧:《城市规划与文化遗产保护》,《中国文物科学研究》2006 年第 1 期。

[10] 漆国生、王琳:《地方政府在城市化过程中文物保护对策分析》,《社科纵横》2010 年第 7 期。

[11] 虞向科:《城市历史风貌街区保护的决策管理研究》,2006 年重庆大学硕士论文。

南京城墙保护的有效途径：遗址公园建设

张宁宁

（南京市城墙管理处　江苏南京　210008）

内容提要： 大遗址是中国文化遗产的重要组成部分，也是城市文化景观的重要要素，是城市可持续发展的资本和动力。大遗址保护对于构筑中华民族共同的精神家园具有重大意义。对南京城墙保护有效途径之一就是城墙遗址公园建设。本文在回顾南京城墙保护历程的基础上，探讨南京城墙遗址保护的前景和发展方向，为南京城墙保护及申遗工作寻找更有效的方法。

关键词： 南京城墙　大遗址保护　遗址公园

遗址包含着丰富的历史信息，是不可复得的文化遗产。在南京现代城市格局中，古城墙是一个重要的组成部分。随着城市的不断发展，自然和人为因素对南京城墙产生了极大的冲击和影响。自20世纪80年代以来，南京市政府确立了科学与创新的保护理念，积极探索南京城墙保护的有效途径，整合文化遗产资源，在实现南京城墙遗址整体保护的同时，形成优美的城市生态环境，改善市民生活，促进经济社会发展。

当前的文物保护事业中，遗址保护受到国家和政府的高度重视。大遗址是中华文明的构成主体和历史见证，是中国文化遗产的重要组成部分。大遗址保护是我国文化遗产保护的重要内容之一，是目前我国文化遗产保护工程中涉及面最广、投资力度最大、惠及民生最广泛的一项创新性工程。

南京市委、市政府遵循以“保护为主，抢救第一，合理利用，加强管理”的文物工作方针，强调加强历史文化遗产保护，严格保护老城的肌理和风貌，提升城市“软实力”，提高城市人文品位，彰显城市文化魅力，展现历史文化名城特色，融古都新貌于现代文明之中，为南京营造独特的人文环境。重点加强对文化遗产的保护，从单纯“个体”保护扩大到周边环境的“整体”保护，强调历史文化的传承和复兴。加强各类历史文化资源与现代城市功能的有机整合。

南京市文物局于2000年编制了南京明城墙大遗址保护规划，提出南京城墙大遗址保护措施的初步思路。2011年公布的南京市文物事业“十二五”发展规划中，专门针对南京城墙大遗址保护立项。

一　南京城墙大遗址整体保护及其重大意义

文化遗产是人类文明发展的结晶，记录并传承着各种时代信息和社会信息，具有重要的科学价值、历史价值和艺术价值。保护文化遗产在彰显城市特色、提升城市品位、改善人居环境、发展旅游经济、带动第三产业发展等方面都具有重大作用。

大遗址指的是我国文化遗产中规模庞大、文化遗产价值突出的古代文化遗址，大型古代城市遗址是其中的重要组成部分。大型古代城市遗址及其周边环境的整体保护是国际文化遗产保护领域的一项重要课题，需要协调解决社会、经济、文化、生态等诸多问题。1964 年通过的《威尼斯宪章》首次提出“古迹遗址的环境”这一概念，古迹遗址的周边环境对文化遗产价值的体现具有十分重要的意义。

近年来，古迹遗址周边环境的迅速改变对文化遗产的文化价值构成巨大的威胁。大型古代城市遗址的保护不仅是对文化遗产本体的保护，而且还要通过各种有效手段来保护文化遗产本体的周边环境，使大型古代城市遗址的文化内涵与周围的景观达到和谐一致。对文化遗产整体保护的思路体现了文化遗产保护理念的进步，也符合当今国际文化遗产保护领域的发展潮流。

建成于公元 14 世纪中叶的南京城墙经历了 600 多年的沧桑，已由最初的城市“边界”转变为今天的城市“标志物”，功能价值发生了转移。人们对南京城墙的价值取向，也经历了一个实用功能失落到文化价值发现的过程。南京城墙作为古代城市遗址，规模宏大，价值突出，影响深远。它包含中国社会各历史发展阶段中积淀的文化信息，其内容涉及政治、宗教、军事、科技、建筑、交通、水利等方方面面，其丰富的文化内涵是其他单体文物保护单位所无法比拟的。

建立统一规划、综合协调、社会各界广泛参与的南京城墙大遗址保护体系，对于积累文化遗址保护工作经验、探索一条与国际接轨并保持中国特色的文化遗址保护模式、促进文化遗产保护事业可持续发展具有重要意义。同时，南京城墙大遗址的保护在发挥文化遗产社会效益的过程中，还可以实现巨大的综合效益，成为南京城市文化建设的宝贵财富和不竭动力。

二　城墙遗址公园建设是大遗址保护的有效途径之一

周密而详尽的规划是实施大遗址保护、管理、利用的基础。处理好保护与利用的关系，达到保护与利用相得益彰的效果，是制定遗址保护规划的根本目的与意义。自 20 世纪 80 年代以来，南京市陆续出台了有关南京城墙的各级保护规划。

1984 年，南京市政府编制完成了《南京历史文化名城保护规划》和《南京城市规划纲要》，规划强调城市布局中突出古城格局及环境特色，指出旧城的标志最有价值的当属明代四重城池，提出对明城墙进行立体的、全方位的保护。为此，各级政府采取了强有力的措施，社会各界也给予了大力支持，南京城墙的保护工作走上了一条科学健康的发展轨道。

1992 年，南京市编制了《南京明城墙保护规划》，1996 年，市人大颁布了《南京城墙保护管理办法》，为南京城墙的保护提供了法律依据。1997 年至 1998 年间，南京市编制完成《明城墙风光带规划》，根据全面保护的原则，从城墙、城门、城河三个方面分别对城墙实行本体保护、环境保护、景观视野保护，并将其列入“十五”规划。

2000 年，南京市文物局编制了《南京明城墙大遗址保护规划》，在对南京城墙大遗址初步评估的基础上，针对南京城墙保护现状和存在的问题，提出了南京城墙大遗址保护措施的初步思路。

2008年5月，南京市编制完成了《南京城墙保护规划（2008～2025）》，该规划经国家文物局同意，由江苏省人民政府批准公布并实施。

确保城墙本体及其周边环境的真实性与完整性是南京城墙大遗址保护的根本所在。南京城墙中华门至东水关段、月牙湖至太平门段、九华山至台城段、解放门至神策门段、狮子山至定淮门段、石头城至汉西门段、西水关至中山南路段等，保存状况基本完好。建设城墙遗址公园是南京城墙大遗址保护最普遍的模式之一。南京市重点建设了神策门、狮子山、月牙湖、东水关、石头城、光华门、西安门、东华门、小桃园等多处遗址公园（图一）。

图一　南京狮子山公园

南京城墙遗址公园已经成为融教育、科研、游览、休闲等功能于一体的城市公共文化空间，体现了大遗址保护与城市建设和谐发展的新思路。在保护城墙遗址的同时，也改善了城墙周边的生态环境。城墙遗址公园建设既展示了南京城墙的文化遗产价值，又弘扬了中国古代文明和优秀传统文化，也是对广大群众进行爱国主义教育的生动而鲜活的形式。对南京城墙文化遗产保护而言，遗址公园建设对遗址破坏最小、可控制范围最大，还具备各种综合功能。实践证明，遗址公园的模式可以有效缓解南京城墙大遗址保护和城市中心区域土地稀缺之间的矛盾。

2011年公布的南京市文物事业“十二五”发展规划中，专门对南京城墙大遗址保护立项。规划要求：研究制定南京市世界文化遗产管理办法，加强世界文化遗产地的保护管理，着力推进南京城墙大遗址保护工程。做好清凉山石头城遗址、明外郭遗址、明故宫遗址等重要大遗址的科学保护与展示。推进明故宫遗址等一批大遗址保护项目及明外郭遗址公园建设。重点做好南京城墙的相关保护工程，主要包括城墙本体维修、城墙日常维护与管理、城墙遗址保护、城墙退化机理及科学保护研究等文物保护管理设施建设。

目前，“明皇宫遗址公园”的建设被列入南京市文物事业“十二五”规划重点工程，2014年基本建成。遗址公园建设将在考古发掘的基础上，彻底弄清明故宫遗址范围内地下遗存的分布及建筑格局形制，进一步编制明皇宫遗址公园整体保护规划。

南京明故宫作为明初中国社会的政治文化中心，是明清两代皇家宫殿的蓝本。南京明代宫城在整体布局设计、空间结构、建筑技术、礼仪制度、风水理念等方面属集大成者，拥有多方面的文化象征地位，对研究明代宫殿布局、建筑制度，乃至中国建筑史、宫殿史、文化史等都具有特殊的价值。

由于战乱、城市建设等原因，明故宫地面遗迹仅存皇城和宫城护城河，皇城西安门及玄津桥、外五龙桥，宫城西华门、东华门、午门、内五龙桥遗迹、奉天门遗址等。但埋藏于地下的依然有皇城、宫城城垣、宫城内外各宫殿遗迹和太庙、社稷坛、玄武门、东安门、五部六府一寺等建筑遗迹。

明皇宫遗址公园整体保护规划将确定保护与展示利用范围，通过点、线、面全面呈现明故宫遗址的形制特点和建筑格局。明皇宫遗址公园建设不会进行大规模的复原重建，而是在条件允许和资料全面的基础上，考虑对午门、东华门、西安门等重点地段和重要坐标点的遗址进行复原展示，复原后的建筑内部可用于明故宫历史文物陈列，地面部分仍将作为遗址广场供市民进行休闲活动。

三　南京城墙遗址公园建设中存在的问题与未来的设想

对南京城墙大遗址保护和遗址公园的建设，相关部门存在认识模糊不清的问题，比如为什么要建设城墙遗址公园、哪些遗址适合建设城墙遗址公园、如何建设遗址公园、城墙遗址公园的定位等。在城市建设中，有些部门违规建设的现象时有发生，甚至使城墙遗址遭受破坏。城墙遗址公园建设，必须保护好城墙本体，防止现代建筑侵入城墙保护范围和建设控制地带。通过考古发掘充分了解遗址的情况，将其建成市民活动的遗址公园，把文化遗产变成人们生活的一部分，改善南京的人文环境和人居环境，此外，可以在遗址周边营造环境，安排一些仿古建筑等。建设城墙遗址公园必须以长期深入的考古及研究工作为支撑，同时要借助先进的文物保护技术。城墙遗址公园建成后，要将公园作为文物保护工作者和社会公众交流的平台，普及遗址保护知识。

遗址公园既要吸引公众前来休闲活动，又要展示遗址的文化内涵和历史价值。尽可能保留大面积的遗址现场，在确保遗址安全的基础上展示原始信息，让观众对遗址的原貌、方位等有全方位、系统直观的了解，这些信息仅通过博物馆展柜里排列整齐的精美文物是难以传递的，观众现场感受的视觉冲击和心灵震撼是无法比拟的。

笔者建议在明城墙保护申遗的进程中，加大对沿线已保护维修的遗址及其相关资料的调查、整理、研究力度。重点把南京城墙作为古都南京城的最佳标志物，在有条件的社区开展相关主题宣传活动，进行城墙文物展示、场景复原，将明代城墙的历史、意义、军事、建筑、艺术价值深入浅出地介绍给公众，吸引更多人参加到南京明城墙文化的传播活动中来。

城墙遗址公园建成以来，文物工作者利用这个和社会公众交流的平台，广开视野，充分发挥自身的特点，积极主动地将文物展示与教育有机地融汇在一起。在这里，文物考古工作者不再是单纯的发掘者、研究者和保护者，同时也是教育者、传播者和管理者，在获得社会更多认可支持的同时，也要争取更多的社会力量自觉参与到文化遗产保护工作中来，实现历史文化遗产的可持续发展。

四　结语

建设遗址公园是南京城墙大遗址保护的一种有效模式，它在诠释城墙遗址的文化内涵与历史价值的同时，也有力地推动了南京城墙大遗址保护成果的社会化和公众化。但城墙遗址公园的建设必须要以保护为前提，因地制宜，科学展示。我们最终的目标是让南京城墙这份珍贵的文化遗产能够更好、更久远地传承下去。

参考文献：

1. 《南京市文物事业"十二五"发展规划》，南京市文化广电新闻出版局网站。

2. 《南京市重点文化工程项目计划一览（2011～2015 年）》，南报网。

3. 杨新华：《南京明城墙》，南京大学出版社，2006 年。

4. 许耀华：《科学发展观与南京历史文化名城保护》，《南京社会科学》2004 年第 5 期。

5. 蔡晴、姚糖：《遗址公园的规划设计——以南京明代宫城、城墙遗址公园为例》，《古建园林技术》2009 年第 4 期。

明南京刑部尚书顾璘墓志杂考

冷 媚

（南京市博物馆 江苏南京 210004）

内容提要：顾璘，官至南京刑部尚书，是明代中期“金陵四大家”之一，复古派重要成员，有较高的仕宦声望和诗文造诣，明代“江左风流”文风的开启者。本文对南京市博物馆藏顾璘墓志内容标点释文，考述其生平交游、宦海奔波、出内入外等情况，并简单介绍墓志撰写者文徵明的小楷书法。

关键词：顾璘 墓志 金陵 文徵明 小楷

南京市博物馆藏有明代南京刑部尚书顾璘墓志，志、盖均为石质，长70、宽70、厚12.5厘米。盖文四行，满行四字，刻有篆书：“明故资政大夫南京刑部尚书顾公之墓”。志文五十五行，满行六十三字，全文三千余字。

据记载，顾璘生于成化丙申（1476年）七月二日，卒于嘉靖乙巳（1545年）闰正月十有八日，享年七十。字华玉，号东桥，上元人。他是明代中期前七子复古派的代表作家之一，与李梦阳、何景明等人并称“十才子”，与陈沂、王韦合称“金陵三俊”，与刘麟、徐祯卿以“江东三才”而闻名，是当时金陵一带乃至江左文坛的领军人物。

顾璘历成化、弘治、正德、嘉靖四朝，其墓志铭文内容大致可以分为三部分：

1 宦海奔波，呕心治化

“国朝洪武中，高祖通，以匠作征隶工部……母杨氏，俱赠夫人”，知顾璘祖上以匠作躬耕为生。至其高祖时，顾氏“以匠作征隶工部”，移家上元。在其祖、父二代，家境逐渐殷实，以礼义持家，这对儿时的顾璘产生了不小的影响。

弘治乙卯（1495年），顾璘举应天府乡试。次年，年仅二十一岁的他即举进士。弘治庚申（1500年），顾璘赴广平知县任。在广平，这位年轻的知县便显示出了不凡的政治才能。志曰：“关决敏利，挞伏若神，拊循道利，靖而不烦，而饰以文学，有古循良之风。”五年后，即弘治甲子（1504年），因为政绩突出，顾璘被调入南京吏部任验封司主事，后升为稽勋郎中。正德庚午（1510年），顾璘出守开封府，恰逢河北、河南一带盗贼横行。时任兵部尚书的彭泽奉诏平定动乱，顾璘在开封境内筹措粮草，演练兵马，并为彭泽出谋划策，使得局势很快安定下来。武宗当政时期，宦官刘瑾、钱宁先后专权，指使天下镇守太监干预刑名政事。在开封府，镇守太监廖堂、王宏飞扬跋扈，气焰嚣张，多数官员屈节保身，唯有顾璘据理抗争，表现出极高的政治气节，其耿介的性格于此可见一斑。结果他被宦官矫诏逮赴锦衣狱，文致罪状。志曰：“故旧亲知莫肯相近，恐祸之速及。”幸得彭泽力争，顾璘才被免除死罪，于正德癸酉（1513年）贬为全州知州。全州即古时零陵郡，僻远荒凉，远放于斯，难免抑郁悲伤，但顾璘在全州任上恪尽职守，兢兢业业。清人金拱在《广西通志·名宦》中称顾璘："才质朗快，然政在平恕，尤以兴贤育才为首务。重建柳侯祠，增置亭宇，稗士子游息，风俗日兴。"[1]

重视士子教育是顾璘施政思想的重要方面，这与他一向注重人才密切相关。作为一生雅好山水的诗人，远谪僻壤反倒成全了他山水之游的兴致。几年中，顾璘与当地士人悠游山川古迹之间，修建亭阁，赋诗唱和，文雅风神，照映山林，于其时广西文学之促进可谓有功焉。三年任满，顾璘出任台州知府。台州"五卫错居"，地势险要，民风粗悍喜斗，府中吏员贪墨，颇难治理。在任之后，顾璘"求得其弊端与利源所在，次第兴除之"，官吏行为得以约束，百姓由此安居乐业，台州风气为之一变。嘉靖改元，顾璘以病免家居，直至嘉靖庚寅（1530 年）"起为江西按察使，未行，升浙江右布政使，转左布政使。"由于他出众的吏治才能，使得"司无留政"，巡浙御史"往往敛手，无所事事"。嘉靖丁酉（1537 年），时年六十二岁的顾璘以都察院右副都御史之职出任湖广巡抚（即现在的湖南、湖北两省）。"起抚湖南，益事振植。……所言凡数十事，皆当时利病，深切治理，难不尽施行，而论者莫不韪其言云。"湖广所属疆域甚广，顾璘轻车简从，遍历湖湘各地，了解民情，兴利除弊。他在湖广任上仅一年多，却颇有建树，并屡次向朝廷建言。此后顾璘历任工部尚书、南京刑部尚书，所至皆有政声。嘉靖甲辰（1544 年），他遭谤被免，次年辞世，享年七十。

2. 出内中外，文坛誉宿

由最初的京师到后来的留都，南京在明代有着特殊的政治、文化地位。这里不仅有秀丽的风景，而且汇集了来自各地的文人墨客，可谓山水形胜、人文萃集，给明代南京文学的兴起提供了很好的条件。而明代南京文学的兴盛，则自顾璘始。顾璘一生著述颇多，有《顾氏七记》、《浮湘稿》、《山中集》、《息园集》、《凭几集》、《登衡小记》等，均收入《顾华玉集》中。另有作于全州任上的《近言》和嘉靖丙申（1536 年）赋闲在家时所作的《国宝新编》，并有在元代杨士弘编选的《唐音》基础上所撰《唐音批点》传世。

弘治、正德年间，南京文坛形成一个以顾璘、徐霖等人为中心的文人群体。他们雅集宴乐，吟诗作文，赏词唱曲，风流儒雅，构成了当时南京文学雅俗共融的特质。顾璘等南京文人建造自己的私家园林，并将其作为主要的雅集场所，诗酒唱和，筝琶佐筋，带有了一定的城市文学特征，形成了江南文坛特有的一道风景，"所至领客谦游，感时怀古，临观赋诗，风流文雅，照暎林壑，委蛇张□，有古高贤特达之风。及是将解留务，往来吴门，寻乡里旧游，期余尽游诸山，以毕其平生"。顾璘是前七子复古派的代表人物，为复古文学在南方的传播和影响的扩大起到了积极作用。文徵明在为顾氏所作的墓志铭中称其"所雅游若李峻炯献吉，若何大复仲默，若朱升之、徐昌穀，皆海内名流。一时诗名震叠，不啻李杜复出，而公领顽其间，不知其孰为高下也"。

顾璘是明代南京文人结社的发起者，对明代南京文学的兴盛有导引之功。何宗美在《明代南京文人社集与文学流变》一文中称顾璘"是金陵社集最初的领袖"[2]。顾璘不仅有不凡的创作实绩，而且影响了当时许多青年文学才俊。《列朝诗集小传》指出："嘉靖中，顾华玉以测辖家居，倡诗于青溪之上，羽伯及谢应午、许仲贻、金子有、金子坤，以少俊从游，相与讲艺谈诗。金陵之文学，自是蔚然可观，皆华玉导其前路也。"[3]嘉靖中后期活跃于南京文坛的主要人物几乎都曾从游于顾璘，如何良俊、陈芹、陈鹤等都受其影响。《列朝诗集》曰："嘉靖戊午、己未间，子价在南主客，何元朗在翰林，金在衡、陈九皋、黄淳甫、张幼于皆侨寓金陵，留都人士金子坤、盛仲交之徒，相与选胜征歌，命筋染翰，词藻流传，蔚然盛事，六朝之佳丽，与江左之风流，山川文采，互相映发。"顾璘对于明代南京讲艺论诗风气的形成、南京文坛后续力量的培养有着卓著的推动之功。文徵明认为顾璘在文学、吏治、气节等方面"学为文宗，政为吏师，维学维政，鲜兹兼德"，给予了很高的评价。

3. 领客谦游，往来吴门

明代吴中文坛是一个非常值得关注的地域文学群体，他们不仅在创作上具有浓郁的地域色彩，而且名家辈出，显示出极强的文学活力。文徵明可以说是明中叶吴中文坛的领袖人物，而顾璘则为金陵风雅主持者，二人的交游成为两地文学交往的重要桥梁，堪称其时江左文坛的佳话。顾璘墓志正是由"前翰林院待诏将仕佐郎兼修国史长洲文徵明著并书"。

文徵明（1470～1559年），长洲（今江苏苏州市吴县）人。原名壁，字徵明。四十二岁起以字行，更字徵仲。因先世衡山人，故号衡山居士，世称"文衡山"。明代画家、书法家、文学家。文徵明在书法史上以兼善诸体闻名，尤擅长行书和小楷，其小楷笔划婉转，节奏缓和，与他的绘画风格谐和，有"明朝第一"之称。文徵明的篆书与其他书体相比算是弱项，但在写篆书风气沉寂的明代，他的篆书仍是相当难得的。王世贞曾云："待诏以小楷名海内，其所沾沾者隶耳。独篆笔不能轻为人下，然亦自入能品。所书千文四体，……篆书斤斤阳冰门风，而皆有小法，可宝也。"又云："徵仲恒自负隶法则不尚古人，而歉于篆。然余得《千文》一本，亦在吴兴堂庑也。"虽然墓志所刻书法不能与文徵明同时代的作品相比，但是也能从一个侧面反映出作者的小楷书法艺术。根据内容考证，此墓志应为文徵明于76岁高龄时所写。全文三千余字，精工细致，笔画挺拔劲健，结体严谨而不失疏朗空灵，如此高龄，用笔尚能如此不苟，令人叹为观止。文徵明一生的小楷风格并未有极大改变，但随年龄的增长而愈加精彩、愈见精微，颇有朝向技巧突破的意味。其晚期小楷结构更紧密、成熟，笔画转折、起收呼应更精到、顺畅，虽起笔仍以尖笔为主，但在收笔、转折上则以圆笔为主。

在文徵明与金陵文人书家的交游圈中，"金陵三俊"是一个重要的群体。文徵明与顾璘、陈沂、王韦、许隚等年相仿，气息亦相投，顾璘所撰《摄泉隐君许彦明墓志铭》即揭示了他们之间的笃厚友谊："彦明许隐君，耿介沈默，处富不盈，居贱不谄，人鲜与合。独与姑苏文徵仲、南都陈鲁南、王钦佩及余四人为密友。四人者，亦爱隐君无他，乐为倾倒。时时赋咏相酬和，摅展情素，不相较浅深工拙也。"[4]文徵明与"金陵三俊"这一文人团体的交往，历时长（终生为友，直至老去），趣味投，可谓契合无间。

注释：

［1］金拱等:《广西通志》卷六七,《四库全书》。

［2］何宗美:《明末清初文人结社研究续编》,第141页,中华书局,2006年。

［3］钱谦益:《列朝诗集小传》,丁集。

［4］顾璘:《息园存稿文》卷五,《四库全书》。

浅析南京地区六朝墓葬出土玻璃器

——兼论古代西域玻璃的输入与影响

邱晓勇

（南京市博物馆　江苏南京　210004）

内容提要： 中国是玻璃制造的起源地之一，中国人很早就掌握了玻璃烧造技术。中国古代玻璃制品色泽光鲜，但由于烧制温度低，多“虚脆不贞”，铅、钡两种元素含量高，基本属于铅钡玻璃。而古代中东地区是玻璃生产的主要发源地，其玻璃生产原料及制作工艺与中国不同，因钠、钙两种元素含量高而被称为“纳钙玻璃”。由中东及其技术辐射的波斯和中亚地区经西域输入中国的玻璃制品，深受中国人喜爱。南京市博物馆历年考古发掘的六朝墓葬出土了一批玻璃器，本文就馆藏六朝墓葬出土玻璃及古代玻璃的输入与影响进行简单研究。

关键词： 六朝　西域　玻璃　影响

玻璃，古称琉璃、璧琉璃、药玉等，最早的文字记载见于战国时代的《尚书·禹贡》。考古发掘资料证明，中国早在3000余年前的西周时期就能制造玻璃器了，但中国自产的玻璃以铅钡玻璃为主流，质地脆而易碎。南北朝时期，随着对外交往的增多，从西方传来了外形美观、质地坚实的钠钙玻璃器。在中国古代文物中，玻璃器是数量最少的种类之一，而从西方传来的玻璃器更加稀有。近几十年来，南京的考古工作者在发掘过程中，发现了珍贵的传自西方的玻璃器。按墓葬时代简单介绍如下：

1970年，在南京北郊象山发掘的东晋豪族琅琊王氏家族墓地中，一座编号为M7的东晋早期墓内，出土两个玻璃杯，口径9.4、底径2.5、高10.4、壁厚0.5～0.7厘米（图一）。墓主推测是平南将军、荆州刺史、武陵侯王廙夫妇。两件玻璃杯大小、器形相近，均为直筒形，圜底，透明，泛黄绿色，内有气泡。其口缘及底部有磨花椭圆形花瓣纹，腹部有七个磨花大长椭圆形花纹，器形端庄秀美，具有异国风采[1]。

1998年，在南京东郊仙鹤观发现的东晋高崧家族墓地中，一座编号为M6的东晋早期砖室墓内出土一件可完整修复的玻璃碗，口径9.1、高7、厚0.1～0.15厘米（图二）。墓主推测是丹阳尹高悝夫妇。这件玻璃碗透明微泛青，直口微敛，束颈，弧腹，圜底。肩腹有三组极浅细弦纹，腹及底部有四周磨花竖长椭圆形花纹，其中第三、四圈之间还有一周七个横长椭圆形纹饰。纹饰简洁明快，特别是运用椭圆形大小错落的变化组成花形图案，使器形更显端庄秀美，别具一格。同墓还出土了一件圆形玻璃片，直径2.1、厚0.3（图三）；四件桃形玻璃片，长1.4、宽1、厚0.2厘米（图四），透明，泛黄绿色，内有气泡[2]。

1997 年，在南京城东富贵山南麓西端近太平门处发现的六朝墓地中，一座编号为 M4 的东晋早期砖室墓墓室中部出土一件可完整修复的玻璃碗，口径 8.5、高 7.8、厚 0.2 ~ 0.5 厘米。墓主推测是东晋司马氏宗室。该碗透明，呈淡蓝色，敛口，束颈，鼓腹，圜底，下腹至底部有 20 条火焰状磨光花瓣形纹饰（图五）[3]。

1981 年，南京北郊中央门外北崮山汽轮电机厂内，发掘一座东晋中期大型墓葬，墓内出土一些玻璃残片，其墓主多认为即葬于幕府山之阳的东晋穆帝司马聃。这些玻璃残片透明，略呈淡青色及深蓝色。淡青色前者碎片较大，发现有 25 片，经粘对观察应属一件深腹筒形杯，器形较大，圜底，腹壁上下共有 5 周大椭圆形、小椭圆形和近圆形磨花纹饰，其间以浅弦纹相隔，其造型和纹饰工艺与象山七号东晋王氏墓出土的玻璃杯相似，胎壁较厚，达 0.3 ~ 0.6 厘米（图六）。深蓝色者因残片极碎，其器形已难辨，胎壁相对较薄，厚仅 0.1 ~ 0.3 厘米（图七）[4]。

1985 年，在南京中央门外幕府山发掘一座编号为 M4 的东晋中晚期墓葬，墓内出土了一件玻璃饰件，圆形，颜色青中偏黄，长 1.7、宽 1.2、厚 0.2 厘米（图八）。从墓葬地点和出土文物分析，墓主人可能是东晋司马氏家族成员[5]。

2001 年，在南京北郊郭家山发现的东晋温峤家族墓地中，编号为 M13 的一座东晋晚期墓内，出土数十件玻璃残片。因残片极碎，其器形已难辨，色彩有深蓝色、无色透明及与绿色相间三种（图九）。从残片质感及厚度看，它们可能不属于同一件玻璃容器[6]。

图一

图二

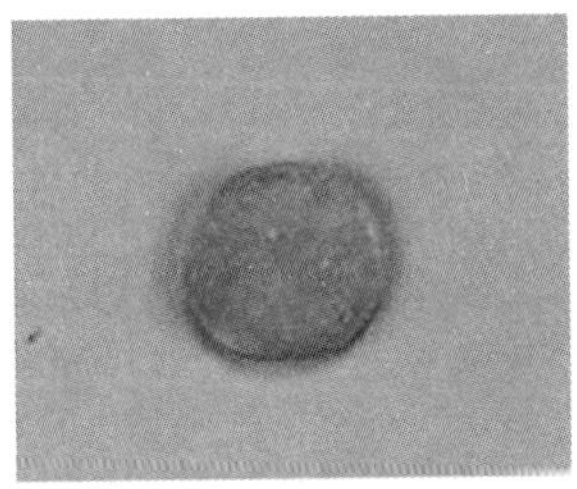
图三

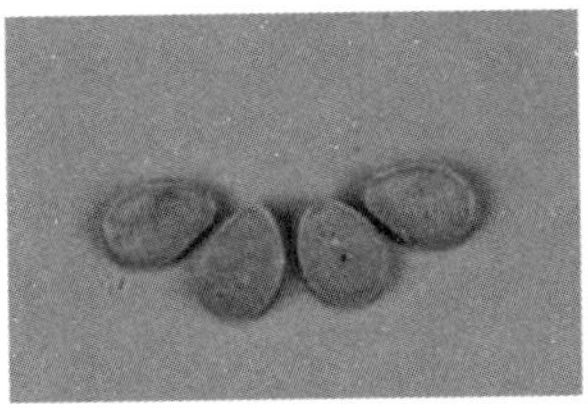
图四

图五

图六

图七

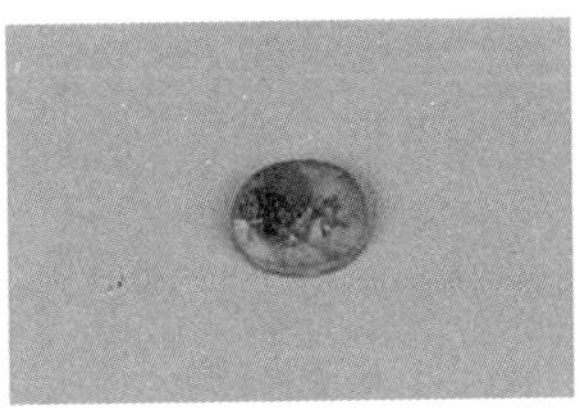
图八

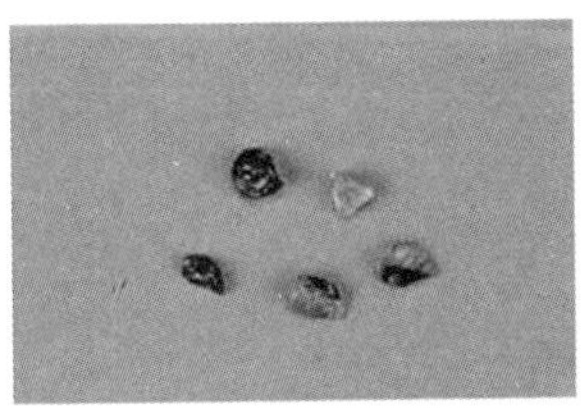
图九

以上6例六朝墓葬出土玻璃器中，南京象山发掘的东晋豪族琅琊王氏家族墓地和北崮山汽轮电机厂东晋墓出土玻璃器标本已经过化学成分检测。从检测结果来看，其成分与德国出土的罗马玻璃相似，尤其是和莱茵河流域科隆4世纪墓葬中出土的一块淡绿色透明玻璃瓶的残片成分几乎完全相同[7]，可以确认属于罗马玻璃系统。

罗马玻璃一般指公元前1世纪到公元5世纪，罗马帝国领域以及西罗马灭亡之后到阿拉伯帝国兴起为止，地中海东岸的玻璃产品。象山七号王氏墓出土的桶形杯不是我国传统器形，而在罗马玻璃器中却很常见。此外，这件玻璃器所采用的磨花技法也是罗马工匠所熟练的。由于这种玻璃杯及杯上图案和装饰技法在我国同期墓葬的其他质料的器物中都没有出现过，所以可以断定这件玻璃杯是由罗马传入中国，是当时中西方文化交流的见证。

早在两汉时期，中国与大秦（古罗马帝国）的贸易往来就很频繁，那时罗马的玻璃器就源源不断地输入中国。《前汉书·地理志》记载武帝使人“入海市明珠、璧琉璃”。当时罗马帝国通往中国的商路有水陆两条，水路自地中海南岸登陆，出波斯湾，由印度洋入南海，抵达中国大陆；陆路经小亚细亚，即汉代西域之地抵达中国。东汉桓帝延熹九年（166年）大秦王安敦曾派使者到达中国。六朝时期与大秦的贸易往来也十分密切，中国的丝绸运往罗马，罗马的玻璃器流向中国。三国孙吴黄武五年（226年），大秦商人素伦从南海来到交趾，后抵达建邺（今南京），直到嘉禾三年（234年）才回国。

南京东郊仙鹤观M6号墓和南京城东富贵山M4号墓出土的玻璃碗，则明显与前一类不同。这两件玻璃碗的外形非常相似，均是侈口，束颈，球腹，圜底，器壁很薄，玻璃透明匀净，与象山七号王氏墓所出古罗马玻璃杯庄重敦厚的风格大相径庭，有着浓郁的萨珊玻璃风格。虽然标本没有经过化学成分检测，但比对安徽当涂来陇村东晋墓、广州狮带岗东晋墓、广东肇庆坪石岗东晋墓、镇江句容春城刘宋墓等出土的玻璃器特点，应属于同一类、同一地区的产品。安徽当涂来陇村东晋墓、广州狮带岗东晋墓标本经过化学成分检测，结果显示与伊朗高原发现的玻璃器皿相似，具有比较典型的萨珊玻璃风格。因此我们认为，南京东郊仙鹤观M6号墓和南京城东富贵山M4号墓出土的玻璃碗应该是属于萨珊玻璃。

萨珊玻璃是指波斯帝国萨珊王朝时期，伊朗高原生产的玻璃器。伊朗高原的玻璃制造业历史很悠久，公元前一千年前后，就在两河流域的影响下开始生产玻璃珠饰等。公元3至7世纪是伊朗高原玻璃业最为兴旺发达的时期，除了生产大量玻璃珠饰、纺轮外，还制造精美的高级玻璃器皿，供上层社会享用和出口。萨珊玻璃在世界玻璃史上占有重要地位，它填补了罗马玻璃衰落之后、伊斯兰玻璃兴起之前玻璃制造史上的空缺，在继承和发展玻璃工艺上起到了承前启后的作用。萨珊玻璃既受罗马玻璃的影响，又有自己的独特风格[8]。

富贵山及仙鹤观所出的这两件玻璃碗，器身下腹部及底部有类似花瓣的纹饰，特别是仙鹤观玻璃碗，腹及底部饰有四周磨光略内凹的竖长椭圆形花纹，从某种程度上带有一定的萨珊玻璃风格。虽然其化学成分还有待科学鉴定，但这两件玻璃碗在制造工艺上毫无疑问是用吹制法成型。而根据文献记载，中国直至北魏以后才有吹制技术。在此之前的三国、两晋时期，中国玻璃仍采用传统的模铸法。所以可以基本断定，这两件出土于东晋早期墓葬中的玻璃碗当属舶来品，是萨珊玻璃系统。《晋书·崔洪传》、《世说新语》等文献中所列举的玻璃碗、玻璃盅等器皿，是在少数帝王、贵族、官僚家庭作为宴饮、装饰的贵重用品，与金器并重，而这两件玻璃碗均出土于东晋位高权重的高级官吏墓中，下葬时还分别用银碗和漆器盛放，足可见其之珍贵。

由于地处世界玻璃制造业中心，古代阿拉伯地区的玻璃工艺一直颇为发达，玻璃制造业已成为这一地区的一项传统手工业，并形成独特的风格。众所周知，埃及人早在公元前2500年，就已开始生产玻璃，之后的腓尼基人、罗马人、叙利亚人等均掌握了精湛的玻璃制造技艺，其产品不但色泽鲜艳、透明度高、耐冷热，而且形制也优于世界其他地区的玻璃制品。自汉以来，古代史籍对产自西域、输入到中国的玻璃制品称为琉璃、玻琮、颇离、波黎、陆璃等。我国古代自产玻璃属于铅钡玻璃，为低温烧制而成，这种玻璃制品“质差易碎，不能沃以热酒”，与西域地区进口玻璃之间的质量差别很大。故自汉魏以来，由西域输入的外来玻璃制品，常被视做宝石一般珍贵，玻璃贸易也成为古代中西商业交往的重要内容之一。文献及实物出土则表明，古代由使节、商旅输入中国的异域玻璃制品大都来自埃及、叙利亚及波斯等地。埃及玻璃制品输入中国，大约自公元2世纪便已开始，一直持续到公元6世纪，未曾中断。产自西域的玻璃制品，被古代中国人看作是来自遥远西方的难得珍器。自汉代起，这些玻璃制品，作为中东、波斯及中亚地区重要的“方物”，以“贡品”的形式源源不断地输入到中国，成为皇室后宫、达官贵人追逐的珍品，对古代中国社会生活产生了深远的影响。根据文献及实物发现，输入的西域玻璃器物款式多样、造型各异，它们中有瓶、盘、杯、茶盏、碗、珠、盅以及各种玻璃饰品、工艺品等。可以说，几乎所有代表古代西域玻璃制造工艺水平的器物，在国内考古中都有出土。当然，它们也主要藏于皇室、贵族墓和宗教寺院中。

由于古代国内玻璃制造业水平较低，所以外来光亮透明的玻璃制品备受国人珍爱，但玻璃本身易碎，加之运输困难，故而极不易获得。因此，魏晋以来在大量输入西域玻璃制品的同时，也注意引进西域地区先进的玻璃制造工艺，并于国内仿制生产，从而使古代中国玻璃制造水平渐趋成熟。

玻璃制造业是西亚、北非传统的手工业，早先为腓尼基人的古老行业。由这一工艺生产出来的玻璃制品具有耐高温的性能，比中国自制的琉璃器物更能适应骤冷骤热的需求，因而具有较大的实用价值。于是，随着中东玻璃制品的输入，其先进的工艺也为我国南方玻璃制造业所吸收。

最早借鉴中东地区玻璃制造工艺的是广州的玻璃制造业，由于交、广和中东地区通过印度有贸易往来，故掌握了当时中东玻璃制造的一些技术。他们按照中东玻璃生产的配方，制造出国内早期的单色或多色透明玻璃碗。葛洪（290～370年）《抱朴子·内篇》就曾讲到当时进口的中东玻璃碗及其在国内仿制的情况：“外国作水晶碗，实是合五种灰以作之，今交、广多有得其法，以铸作之者。”[9]水晶碗，即为透明的玻璃碗；合五种灰，就是要以五种原料成分配制。而专家对埃及古代玻璃的化学分析与鉴定结果表明，硅土、苏打、石灰、镁和氧化铝是其玻璃制造的主要原料。葛洪记述中虽没有明确说明是哪“五种灰”，但其指出有五种主要原料是正确的，由此也说明葛洪所谓水晶碗“合五种灰以作之”的工艺是有根据的，而这一工艺也的确为交、广两地的玻璃工匠所掌握。

考古发现还表明，这时广州的玻璃工业除生产透明玻璃碗外，也制造其他生活器物。这些器物的形制、种类、装饰图样都突破了以往国内生产的传统模式，具有一定的创新性，从而使南方玻璃制造业超过了北方地区，走在国内前列。沈福伟先生讲道：“在各种进口的玻璃器和玻璃珠中，特别受到推崇的是埃及的白色透明玻璃，自汉以来，便有玉晶、水精的雅称。这些享有世界声誉的埃及玻璃，以其装饰和日用的性能，激励了中国玻璃的生产，成为中国自制玻璃的楷模。”但遗憾的是，不知何故，南方水晶玻璃的生产工艺大约在4世纪以后逐渐失传。而北方地区的玻璃制造业在5世纪上半叶，因掌握玻璃工艺的西域大月氏商贾的到来，出现了新的气象。据《魏书·大月氏传》记载：“世祖（424～452年）时，其国人商贩至京师，自云能铸石为五色琉璃。于是采矿山中，于京师铸之。既成，光泽乃美于西方来者。诏为行殿，容百余人，光色映彻，观者莫不惊骇，以为神明所作。自此，中国琉璃遂贱，人不复珍之。”显然，由于这种透明亮丽的多彩玻璃的成功制作，使得原来被中国人视为珍品宝贝的域外玻璃不再是稀奇之物了。这段史料长期以来也被中外学者看做是西域玻璃即钠钙玻璃制造技术传入中国的证明。但考古发掘至今尚未出现这一所谓的“五色琉璃”，此后北方地区亦不见这一工艺的流传。想必此时北方多战乱，且起初教授这一生产工艺的人来自西域，中土之人掌握的制作技术多少则不得而知，故其工艺可能随着政治形势的变化而失传了。

六朝时期是中外海上交通与经济文化联系开拓与发展的时期。由于南方经济的发展，商业和造船业的发达，东南沿海一带的对外贸易蓬勃发展，形成了一条由广州出海，沿马来半岛，经印度洋、波斯湾到达阿拉伯的巴格达的海上中西航线，被誉为“海上丝绸之路”，沟通了中国与东南亚诸国以及印度、阿拉伯直至欧洲的贸易往来，密切了中外经济的交流。六朝时期的南京，经过长期的经济发展与文化繁荣，形成了独具特色的六朝文明，与当时的罗马一起被誉为“东西方两大文明的中心”。凭借通海的大江之利，南京成为一座有相当规模的国际大商埠。出土于六朝墓葬的玻璃器，就是当时中外往来和文明交流的见证。

注释：

［1］袁俊卿：《南京象山5号、6号、7号墓清理简报》，《文物》1972年第11期。

［2］王志高，张金喜等：《江苏南京仙鹤观东晋墓》，《文物》2001年第3期。

［3］祁海宁，华国荣：《江苏南京市富贵山六朝墓地发掘简报》，《考古》1998年第8期。

［4］朱兰霞：《南京北郊东晋墓发掘简报》，《考古》1983年第4期。

［5］易家胜、阮国林：《南京幕府山东晋墓》，《文物》1990年第8期。

［6］岳涌、张九文：《南京市郭家山东晋温氏家族墓》，《考古》2008年第6期。

［7］安家瑶：《中国的早期玻璃器皿》，《考古学报》1984年第4期。

［8］安家瑶：《北周李贤墓出土的玻璃碗——萨珊玻璃器的发现与研究》，《考古》1986年第2期。

［9］王明校：《抱朴子内篇校释》，第22页，中华书局，1985年。

博物馆藏品的平面档案管理向数字化信息管理的过渡

陈　浩

（淮安市楚州博物馆　江苏淮安　223002）

内容提要：博物馆藏品是人类宝贵的科学文化财富，记录翔实可靠的藏品档案则是藏品能否发挥作用的关键。藏品档案要能够全面、系统、准确地反映藏品的全貌和内涵。现代博物馆藏品管理不仅要有平面档案资料，更应运用计算机实施数字化藏品管理。计算机藏品管理系统是以藏品平面档案为基础而建立起的一个立体信息系统，可使藏品管理工作实现科学化、规范化、现代化。

关键词：藏品　档案　平面管理　计算机管理

自人类进入文明时代以来，实际意义上的藏品档案就已经开始了。从对大自然奥秘的崇拜到氏族图腾，从对朦胧文化的诠释到正统文化的确立，这些都是人类智慧的结晶。这些硕果以文、图或实物的形式留存下来，给后人提供了丰富的藏品。在人类文明的发源地，两河流域的巴格达地区，就建起了规模宏大的博物馆。世界另一古老文明地印度，则以宗教形式保存了丰富的历史遗物。中国则早在商周时期就设立了专司收藏的官吏。正是先民的先见卓识，才给后代留下灿如星河的历史档案。而现代意义上的博物馆藏品是国家宝贵的科学文化财富，是博物馆开展业务活动的物质基础，博物馆往往根据藏品性质的不同区分类型。一座博物馆拥有大量与其定位相符的精美藏品，既可以提升博物馆的地位和社会影响力，又可以最大限度地实现藏品的自身价值。记录翔实可靠的藏品档案则是藏品能否发挥作用的关键，它既准确地表达了藏品的价值，又为科研和陈列提供了第一手资料。因此，藏品档案和管理至关重要。

一　藏品档案的现状

藏品档案要能够全面、系统、准确地反映藏品的全貌和内涵。应收录入档的材料分述如下：

1. 藏品的历史资料

指藏品搜集时原始记录或访问记录。接收清单和入库凭证是藏品的第一份书面材料，其中藏品来源是主要信息，应注明发掘、采集、调拨、交换、捐赠、征集、收购等入藏途径。如果是考古品，则在接收文物时就要记录发掘时间、地点、主持人等信息。

2. 鉴定记录

包括历次鉴定人鉴定意见、定级评语和运用现代技术和仪器对藏品进行鉴定的各项检测、分析报告等。鉴定记录是专家学者对该藏品的真伪、时代、作者等作出的鉴定意见；定级记录是鉴定人员根据藏品的历史、科学、艺术价值评定级别。鉴定意见和定级评语最好由鉴定人本人审核签字盖章，对于先后不同的意见应一并入档保存。鉴定意见和定级评语是确定文物是否入藏和评价文物价值的依据，是重要的档案材料。

3. 藏品研究与著录资料

对国内外专家学者研究有关藏品所发表的文章、专著、报刊、图录等应将原文或通过剪辑、复印等方式收集入档，并注明作者、书名、出版时间、出版单位等。此外，史书上有关的记载与考证也应著录进去。

4. 藏品保护措施记录

包括藏品历次检测、修复、复制、装裱和清洁整理等工作记录。各项工作记录的内容有实施的单位、时间、所使用的材料、采取的方法、操作者及上级主管部门和有关领导的审批件，修复后历年变化的观察记录等也都应入档收存。

5. 提供使用记录

即藏品的动态记录，包括藏品在国内外、馆内外提出，供陈列展览、科学研究、观赏、绘图、拍照、拓片、出版等，使用的时间、地点、经手人、负责人、藏品提出使用的凭证及展览合同、藏品出库前后的状况等都应在档案中有所体现。

6. 形象资料

包括藏品照片、音像带、拓片等，这些资料可以更直观地展示文物，在档案中不可或缺。其中照片是文字难以代替的直观形象，可根据器物的不同，拍摄正面、侧面、背面、局部特写等。

7. 藏品其他资料

藏品调出、因失去保存价值而被剔削、被盗等情况。发生以上情况均应有领导的批示和处理意见，需将原件或复印件录入档案备查。

我国藏品种类丰富，包括石刻、字画、器物等，是我国灿烂悠久文明史的记载。千百年来，由于阶级意志、战争损毁等原因，特别是近代西方列强的入侵，使得我国某些藏品档案存在缺失甚至断代现象。计算机在藏品档案管理上的应用，开拓了藏品管理新途径。目前，我国数字化藏品档案建设还处于起步阶段，硬件设施和软件技术同国外先进国家相比，还有一定差距。

二　藏品档案计算机管理实施及创新

一般而言，文物藏品时间跨度大、来源范围广、质地多样、形态各异，手工操作难以满足现代藏品管理要求。数字化藏品管理信息系统包括名称、类别、年代、地域等基础信息和搜集、鉴定、保护等信息以及研究论著、声像资料等，档案规范而全面，记录准确，方便提用、研究。

现代博物馆不仅要有完整的平面档案，更要注重数字化藏品管理系统的开发和应用。

数字化藏品管理系统是以平面档案为基础而建立的一个立体信息系统，它以藏品卡为主，兼及其他档案信息。主要包括以下内容：文物数据采集（馆藏文物数据的录入管理）、数据检查（对数据的唯一性和正确性进行检查，例如检查总登记号是否唯一，对检查过的数据进行审核）、备份恢复管理（数据的备份和恢复管理，包括文物数据的导入/导出、完全备份、完全恢复）、文物信息报送（文物数据上报、变更管理及数据接收）、图像批量处理（图片管理，包括图片批量命名、图片批量导入等）、统计报表（统计分析和通用报表，可以对系统中的数据进行分析并打印格式报表）、特殊字管理（对文件中的特殊字进行处理）、动态指标管理（指标维护和定制指标）、系统管理（地区代码、单位代码、系统代码、系统参数和权限维护）。数字化藏品管理系统可以通过藏品的任一属性快速查询检搜，而且可以复制藏品信息，免去了许多繁琐的文书工作。在查询方面，标准查询可按字段名称、关系、逻辑关系等进行查找；简易查询是指在查询时输入藏品的质地和级别，屏幕上就会显示同一质地同一级别的所有藏品资料，同样，按原名、名称、类别、年代等也可查询。此外，查询者可随时打印查询到的信息，或根据需要打印其中一部分信息。数字化藏品管理系统的理想目标是根据藏品的不同属性任意排列组合自由查询。

数字化藏品管理系统虽然以藏品档案为基础输录信息，但是它并不是把所有的藏品档案原封不动地搬上计算机，而是有选择地进行关键信息输入，使其更适合查询。

藏品管理规范化是藏品科学管理的基础，藏品的名称、分类、计量、计件及操作规程等都有国家统一标准，信息管理系统也从藏品管理的各个方面制定了相应的标准，这为未来全国博物馆联网、实现资源共享打下了基础。以中国漕运博物馆为例，其藏品时间跨度大，从春秋战国直至近代跨越二千余年；藏品数量多，品相卓越，佐证历史的精品不下百千，元代青花单件就价值连城。为了让这些精品在世人面前再展风采，该馆采用恒温恒湿定量控制，电子门、锁，红外线监控防损防盗，自动光、电，有声、有色、有相显示技术等使观者无不惊叹连连。

三　计算机管理的成效

正因为平面档案和数字化藏品档案管理系统所使用的信息载体不同，它们的工作重点也不同。平面档案工作的重点在于资料的搜集、分析和整理，而数字化藏品管理系统的重点在于群体综合信息的查询与资源共享。两者优势互补，互相依存，共同服务于博物馆的科研工作及各项业务活动，而且都需要及时补充、更新资料，长期维护资料系统。

如果说平面档案工作面对的是大量繁琐的文书的话，那么数字化藏品管理系统面对的难题则是藏品定名、分类、数据采集的规范化。如果不规范，就谈不上藏品管理电子化，如果同一类藏品使用的是不同的名称，便会使查询的结果不准确，给藏品的统计及动态情况的调研带来困难。随着《博物馆藏品信息指标体系规范》和《博物馆藏品二维影像技术规范》的颁布，规范问题正逐步得以解决。

安全问题是平面档案和数字化藏品管理系统面对的共同问题。平面档案要求妥善保管，做好防火、防盗工作。而数字化藏品管理系统面临的则是网络安全问题，要不断加强黑客入侵及计算机病毒防范工作，这就要求档案管理员做好系统的日常维护工作，以高度的责任心做好工作。

四 计算机管理的发展

藏品、平面档案和数字化藏品管理系统是一个有机整体，即博物馆资料系统。而起桥梁作用的是档案管理人员、计算机管理人员和其他相关工作人员，他们对这一资料系统的发展起着决定性的作用。所以，博物馆要重视藏品的保护，重视藏品资料系统的建立和维护，更要重视人才的任用和培养。

计算机不仅改善了博物馆工作环境，也使文物藏品档案管理工作实现了科学化、规范化和现代化。

信息时代，博物馆藏品档案管理应进入高强领域，具体如下：

1. 藏品管理网络化

随着IT行业的兴起，单位管理网络化是时代发展的必然趋势。博物馆可利用自身信息管理系统建立起自己的网络平台，将博物馆的信息资料图文并茂地展示给观众，这是一个重要的宣教窗口。此外，还可以通过网络加强与其他博物馆的沟通，组建全国范围的藏品管理信息网络。

2. 利用计算机硬件控制库房温湿度

计算机系统可以严密控制、调节某一特定范围内的小气候。因此，我们可以利用计算机来自动控制温度、湿度等藏品保存环境。

3. 开发计算机软件

开发文博系统的计算机软件，广泛应用于考古、保管、陈列、文物保护等相关领域，并加大应用的深度和广度，推动文博事业的发展。

总之，从信息管理系统的连续性和阶段性来看，我们既要有效地利用系统软件，又要根据需求不断更新系统，使藏品管理工作达到最佳效果。

参考文献：

1. 《列宁选集·关于民族问题的批评意见》，人民出版社，1972年。
2. 赵志军：《管理思想史》，中央电大出版社，2003年。
3. 邬正：《计算机信息管理》，农业出版社，1991年。

东海县耶稣堂美国南长老会牧师米公实颂纪念碑考析

马振林

（连云港市博物馆　江苏连云港　222006）

内容提要：连云港市博物馆馆藏“东海县耶稣堂美国南长老会牧师米公实颂纪念碑”来自海州地区，目前展示在博物馆碑林显著位置。该碑是证实美国教士于晚清至民国期间在连云港地区行医、传教活动的有力证据。本文将细致释读碑文，阐释美国基督教对连云港地区的教育、西医、基督教等的影响。

关键词：基督教　连云港　西医　教育　影响

“东海县耶稣堂美国南长老会牧师米公实颂纪念碑”为连云港市博物馆藏碑刻，来自海州地区，该碑断为两截，部分残缺。石材为石灰岩，拼合后为高180、宽68、厚25厘米的长方体。墓志铭标题是“良教诸范”，篆体，字迹漫漶不清；正文楷书，竖排，大部分字迹可以辨认，总计22行600余字，无标点符号（图一）。为便于考析，志文转录如下：

良教诸范

东海县耶稣堂美国南长老会牧师米公实颂纪念碑

教传救世真光普照于全球，恩重洗心大道□遗大片壤，我海之观真光闻大道也，自公始。/公姓米氏讳德安字爱琴，一千八百七十三年八月二十三日，生于美国特克司省，无兄弟，/少有至性又耐劳。自腓勒司城瓦哈奇中学历□斯特林大学，年二十七。由堪他克省鲁歪/佛尔神学毕业。是年，选为牧师，奉牒来华，旅清□八载，成绩卓著。回国越一年，由美来海租/堂佈道，时清光绪三十四年也。海甸风气未闻□飘掣，时公卑以自牧，虚心讲道，久之，都人/士相观而化，来宾渐多。公之乃忍，慈爱加人一等矣。甫一年调牧徐州，次年秋回海兴医。士/穆赓扬牧师、闻声二公创建教堂、学校、医院，规制大备。公任佈道职，东至龙窝，西至马陵山，/北达赣榆、南暨涟水，环海数百里。足迹几徧所过道路桥梁，罔不提倡修整。十余年来分/设支堂数十陶，镕信徒数百引黑暗而就明光，则是公大有造于我海也。宣统三年冬，公遇/贼于大伊山之北麓，自解衣履与之赴如也。公性孝母，太夫人留美丹通音门，时以不浔奉，/晨昏亲色笑为憾，二次回国奉之来海养体养志，□古孝子风。去年春，太夫人病，公夜则供/亲服役，画则为主作工数月，目不交睫。公体素健，□□为意，夏初竹墩□业开会，躬往布道，/自朝至夕环听万人，饮食俱发，染病而归。

上帝悯公劳苦功高，旋于一千九百十九年五月□□一日，召回天上，公之/志成矣！世所谓志基督之志，行基督之行者，公其人欤？公享年四十又七。夫人教士毕氏雅模，率二子二女/奉公柩葬于朱子沟南岸，住楼右侧，遵太夫人□□□大人，后公一年六月十六/日去世，葬日本地并誌之，示不忘也，爰勒诸石而为之□。/

躬行大道作证，真光维公之灵，上下帝亲，千□□□□可以救忘。/

中华民国九年岁次，□□□二月　　　毂旦/

□□中学教员许壮图撰/

学校教员金毓华书

碑上半部

碑下半部

拼接后的纪念碑拓片

图一　东海县耶稣堂美国南长老会牧师米公实颂纪念碑拓片

一　志文明确了米德安生卒时间及地点

根据志文内容，墓志的主人是东海县耶稣堂美国南长老会牧师米德安，姓米讳德安，字爱琴，来自美国。志文记载了传教士米德安在海州传教、行医的事迹，对于考证连云港的基督教历史具有非常重要的研究价值。

1873 年 8 月 23 日，米德安生于美国特克司省，无兄弟。27 岁（1900 年）时由堪他克省鲁歪佛尔神学毕业，被选为牧师，于当年来华传教，历时八载，成绩卓著。后回国一年，光绪三十四年（1908 年），来海州租堂佈道。史料记载，清光绪三十四年，美国基督教南长老会派遣米德安夫妇、闻声夫妇、慕赓扬（L. S. MORGAN）夫妇来到海州西门外开办教堂[1]。传教士慕赓扬医生随传教小组来到海州，租借民房开办西医诊所，拉开了连云港西医治疗的序幕。1914 年，慕赓扬等接受美国实业家嘉尔翰的女儿爱伦丽芬女士临终捐资，在西门外购地 6660 平方米作为医院新址，同正式定名为“义德医院”，1919 年建成[2]，这就是连云港市第二人民医院的前身。为纪念捐资人，在医院大楼正门两侧分别镶入石碑，一块刻写“义德医院”，一块刻写“THE ELLEN LAVINE GRAHAM HOSPITAL 1914 ”（爱伦丽芬嘉尔翰医院 1914）。义德医院的创办，促进了落后的海属地区卫生保健事业的发展。1916 年，义德医院开办护士学校，填补了连云港医学教育的空白。

1909 年，米德安牧师调往徐州，1910 年秋回到海州兴办医院，1919 年 5 月逝世，终年 47 岁。志文载：“上帝悯公劳苦功高，旋於一千九百十九年五月□□一日，召回天上，公之志成矣……公享年四十又七”。究竟卒于“五月一十一日”还是“五月二十一日”，碑文不清。关于米德安牧师的逝世月份，碑文与史料记载不一。据《连云港市文史资料》第一辑记载：“1919 年 6 月，米德安患伤寒病在海州去世。”[3]但由志文可以断定，米德安卒于五月而不是六月。志文：“夫人教士毕氏雅模，率二子二女奉公柩葬于朱子沟南岸，住楼右侧”，这句话明确了是米德安的夫人带着二子二女埋葬了米德安，埋葬的地点为朱子沟南岸。而朱子沟就位于海州西门外，所以米德安生病去世以后确是埋葬在海州[4]。从 1900 年至 1919 年，米德安先生在中国传教十九年，在海州地区传教长达十一年。

二　志文明确了米德安对海州的影响

志文：“教传救世真光普照于全球，恩重洗心大道□□遗夫片壤，我海之观真光闻大道也，自公始。”说明米德安先生是海州历史上第一位基督教传教人，是米德安把基督教的福音带到了海州，从此连云港地区有了基督教。志文：“一千八百七十三年八月二十三日，生于美国特克司省……自腓勒司城瓦哈奇中学历□斯特林大学，年二十七……是年，选为牧师，奉牒来华，旅清十八载，成绩卓著。”这段文字非常清楚地记载了米德安 1873 年 8 月 23 日生于美国特克司省，在 27 岁时（1900 年）由美来华传教，持续十八年之久，成绩斐然。期间回国一年，之后于光绪三十四年（1908 年）来到海州租房佈道，这段话与相关资料相符。清光绪三十四年，美国基督教南长老会派遣米德安夫妇、闻声夫妇来海州创办教会，派穆赓扬夫妇开办义德医院，行医兼传教。当时他们租下海州西门外石狮巷 17 号一排 8 间民房，在这里传教行医[5]。小组成员穆赓扬用西医方法给人看病，这个具有标志性意义的举动使连云港市的西医治疗就此拉开序幕。

1909 年，米德安作为牧师调往徐州。1910 年秋，又回到海州发展医疗。志文：“士穆赓扬牧师、闻声二公创建教堂、学校、医院，规制大备。”说明医院、学校、教堂在穆赓扬、闻声二人两年的努力下有了一定的规模。《云台区志》也记载了这一段历史：“1910 年，美国南长老会调穆赓扬到海州西门外开办教会医院，是年授徒孙继模。”[6]在穆赓扬的带领下，医院发展很快，到1926年，医院已经拥有美国进口的X光机、发电机，是陇海东段广大地区唯一的先进机器[7]。

米德安在海州期间足迹遍及周边数百里，东达龙窝，西至东海马陵山，北达赣榆，南暨涟水（“暨”字模糊不清，推敲辨认后应为“暨”）。当时，美国南长老会先在中国杭州传教，而后发展到上海、南京、镇江、扬州、徐州、淮阴、海州等地[8]，足见其影响之大。“足迹几徧所过道路桥梁，罔不提倡休整”说明米德安关心道路建设，对所过道路桥梁倡议休整。“公任佈道职”说明当时他是传教小组的负责人。据碑文记载，米德安1900年来华，穆赓扬1908年才到海州，所以米德安比穆赓扬早到中国8年。而碑文：“十余年来分设支堂数十陶，镕信徒数百引黑暗而就明光，则是公大有造于我海也。”对米德安在海州十余年传教的成绩进行了总结。米德安十余年来在海州地区建设分支机构数十个，吸引数百信徒，为海州地区百姓带来了福音，对海州地区的基督教、医院、教育等方面带来了巨大的影响。碑文：“夏初竹墩□业开会，躬往佈道，自朝至夕环听万人，饮食俱发，染病而归。”说明米德安在海州地区的影响力相当大，吸引数万人听讲，其传教工作对东西方文化的交流做出了突出贡献。

三　志文赞扬了米德安的高尚品格

《法言·五百序》中解释：“经诸范。”注：“范，模也。”志文标题“良教诸范”四字充分说明米德安在美国南长老会中的威望极高，是非常优秀的牧师及教士，是所有教徒的典范。志文“少有至性又耐劳”说明了米德安是一个吃苦耐劳，品行良好的人。“海甸风气未闻□飘掔，时公卑以自牧，虚心讲道，久之，都人士相观而化，来宾渐多”，说明米德安为人谦虚，工作兢兢业业，大家都被他的品行折服，并广为传颂。“公之乃忍，慈爱加人一等矣”，说明米德安宽容而有爱心。“公性孝母……□古孝子风。去年春，太夫人病，公夜则供亲服役……目不交睫，公体素健，□□为意”，说明米德安有孝心。“公体素健，□□为意，夏初竹墩□业开会，躬往布道，自朝至夕环听万人，饮食俱发，染病而归”，说明米德安全身心投入传教工作，最终在1919年积劳成疾，离开人世。

四　墓志撰写人及刻者

此碑立于1920年，撰写者为中学教员许壮，篆刻者是中学教员金毓华。具体是哪个中学的教员，由于石碑缺失，已难考究，据相关文献推测应为“崇真中学”。

注释：

［1］许思文:《连云港文化论》,第48页,吉林人民出版社,2008年。

［2］连云港市卫生志编纂委员会:《连云港市卫生志》,第98页,方志出版社,1998年。

［3］政协江苏省连云港市委员会文史资料研究会:《连云港市文史资料》第一辑,第38页,1983年。

[4] [5] 同 [1]。

[6] 云台区地方志编纂委员会:《云台区志》,第 363 页,1995 年。

[7] 许思文:《连云港文化论》,第 49 页,吉林人民出版社,2008 年。

[8] 政协江苏省连云港市委员会文史资料研究会:《连云港市文史资料》第二辑,第 97 页,1984 年。

中国传统设计艺术的生态智慧

杨　莹

（苏州博物馆　江苏苏州　215001）

内容提要：本文以“法象天地”、“道法自然”、“天人合一”三节为切入点，层层深入，援引中国传统设计艺术中建筑、器具等具体实证，着力论述中国传统设计艺术中天人合一的哲学观及其背后蕴藏的中华民族的生态智慧，并对比西方当代生态哲学，希冀能给当下中华民族的生态艺术设计带来启发。

关键词：生态智慧　法象　比德　天人合一　设计艺术

生态文化之根本在于否定传统的人类中心论的世界观，消除工业文明带来的生态危机，从人统治自然向人与自然和谐共处转变，这种转变颠覆了工业社会中人类的价值取向。在这之上诞生的生态哲学主张：地球生物圈中所有生物都是一个有机的整体，它们和人类一样，拥有共同生存和繁荣的平等权利。诞生于农业文明之下的中华民族传统的天人合一哲学观则认为：宇宙万物是一个大生命体，人和自然都不是孤立的存在，人是自然的一部分，强调天道与人道、自然与人为的沟通、默契和感应。不难发现，后工业文明下的生态哲学与农业文明下的天人合一哲学有很多相通之处。因此，探究中国传统设计艺术中天人合一的哲学观，探究这其中蕴藏的中华民族的生态智慧，能给当下的生态艺术设计带来启发。

一　法象天地

《易传》说：“是故法象莫大于天地。”中华民族称屋为“宇”，整个宇宙就是中国人的房屋，“天”就是中国人的屋顶，建筑的小宇宙与天地的大宇宙相通。

以北京故宫为例：在中国古代数理观念中，一、三、五、七、九是阳数，又称天数；二、四、六、八是阴数，又称地数。五居天数之中，九居天数之极，所以皇帝是九五之尊。故宫太和殿有五条屋脊，垂脊上有脊兽九个，故宫房屋是九千九百九十九点五间，都暗含九五之数。

以专事祭天的北京天坛为例：天坛祈年殿殿为圆形，象征天圆；瓦为蓝色，象征蓝天。殿内共有楠木柱三围计二十八根，内围的四根象征四季，中围的十二根象征十二月，外围的十二根象征十二时，中围和外围共二十四根，象征二十四节气，三围共二十八根象征二十八星宿。天坛圜丘坛共有三层台面，每层有台阶九级，三层直径分别是上层九丈（一九）、中层十五丈（三五）、下层二十一丈（三七），一、三、五、七、九，占尽了天数。三层台面直径相加为四十五丈（五九），喻九五之尊。圜丘上层中心有天心石，围绕天心石共环铺九圈扇形石板，第一圈为九块，第二圈为九的倍数十八块，依此类推，直到第九圈八十一块。第二层、第三层也是如此。九为天数之极，用九的倍数递增，使之最大化，强调天的崇高和神圣。

与天坛祈年殿楠木柱的法象极其相类的还有中国古代的造车设计。《考工记》记载，造车与天、地、日、月、星宿也有联系："轸之方也，以象地也；盖之圆也，以象天也；轮辐三十，以象日月也；盖弓二十有八，以象星也。"郑玄注《考工记》，解释道："车有天地之象，人在其中焉"、"轮象日月，以其运行也"。

古代陵墓前的龟趺碑是三段式结构：碑额雕云、龙、日、月，象征天；碑身刻死者生前事迹，象征人间；龟趺雕龙的儿子赑屃，传说它力大无比，能够扛起大地。马王堆一号汉墓棺盖上有一幅"T"形帛画"非衣"，是出殡时招魂用的旌幡，上面画天上、人间、地下：天上有日轮和月轮，日轮里有三足乌，月轮里有蟾蜍；人间有轪侯的妻子在缓缓前行；地下有神怪、烛龙、鱼和乌龟；穿壁的蛟龙把天上、人间、地下连贯沟通起来。

古代借玉璧外圆象天，用于祭天；玉琮外方象地，用于祭地。先秦的四山镜，圆的镜周，方的镜纽，象征天圆地方，天地间四个山字或左旋或右旋，象征天地间四山，简单的铜镜代表了生生不息的宇宙。秦朝统一货币，孔方兄外圆内方，外圆象天，为阳；内方象地，为阴；一阴一阳谓之道，天地抱合，阴阳相就，钱纹成为中国古代富有代表性的吉祥纹样。古琴"琴长三尺六寸六分，象三百六十日也；广六寸，象六合也……上圆下方，法天地也；五弦宫也，象五行也"[1]。围棋的方棋盘、圆棋子，象征天地；棋子半白半黑，象征阴阳相生、相克。以上种种，建筑、器物与人巧妙互动，共同组成天、地、人的缩微宇宙。借助建筑与器物，天、地、人之间可以沟通感应。

二　道法自然

中华民族天人合一的哲学观，不只单纯地停留在对天地日月星宿的法象上，也扩大到了整个自然界，正如老子在《道德经》所言："人法地，地法天，天法道，道法自然。"

中国传统的殿式建筑，大屋顶曲线造型飞出去，像鸟展翅欲飞，就像《诗经》中描述周宣王的宫室"如鸟斯革，如翚斯飞"。中国园林设计中，山是阳，水是阴，阴阳交合，所以，园林能"纳千顷之汪洋，收四时之烂漫"[2]。士大夫称园林为"壶中天地"，文人世子"不出户而壶天自春"[3]；李渔称自己的私园为"芥子园"，含"取芥子纳须弥之意"[4]。中国园林设计虽处处是人工，却处处把人工掩藏起来，"虽由人作，宛自天开"[5]，处处可见自然。

不仅中国传统建筑设计遵循了"道法自然"的原则，中国古器物设计也同样如此。"绵绵瓜瓞，民之初生"[6]，葫芦先于陶器作为贮藏食物的容器，延续了人类的生命；葫芦又多子而且藤蔓绵绵，成为生殖繁衍困难的原始先民崇拜的对象。正因为原始先民对葫芦的崇拜及对葫芦造型的模仿，从原始社会的陶器到古器物造型集大成的宋代到元到明到清，中国古器物造型始终是以类似于葫芦器的球体造型作为器物造型的根本元素。天人合一的思想进一步认为，万物同情同构，人、自然生物与人造物之间有一种冥冥的联系，人造物也应该同样具有灵魂与生命。中国古代的"象生器"模仿动物、植物乃至人体的造型，不是截取部分，而是完整地模拟自然生命的形态。大汶口文化的红陶鬶，以小猪的模样作器物的造型，小猪的四蹄成为器物立足支撑，同时把器腹架高架空，方便加热；小猪圆滚的肚腹提供了充足的容纳空间，嗷嗷待哺的嘴巴成为方便液体倒出的流。乍看下去，会错以为是一件独立的小型动物雕塑，却原来另有乾坤。秦代的漆盂，做成凤鸟的形状，肚子用来盛水，长长的颈项是把手，张开的尾羽则起到平衡的作用。

人是自然最完美的作品，对自然的效法当然也包含了对人的效法。古代器皿造型力求完整对称，器皿各部位有口、颈、肩、腰、腹、足，从名称上即可见出对人体各部位的全面模拟。古代漆器工艺经典著作《髹饰录·楷法》明确指出“质则人身”，扬明注释为“骨肉皮筋巧作神，瘦肥美丑文为眼”。就漆器而言，木胎好比人的骨骼，木胎上糊麻筋好比骨骼上长筋，做漆灰好比筋上长肉，髹漆好比肉上附皮。人有骨、肉、皮、筋，才有生命和神采，装饰纹样则好比人的眼睛。古人给了器皿同样的人格尊重。

中国古器物设计从模仿人体进而比附人格。宋代的梅瓶，细细的颈、圆浑的肩、丰满的上身，不能说没有女性人体的启示，小口、收腹、敛足，正是一个有教养的女子在正规礼仪场合所应该表现的风范。器皿被中国人赋予了生命形态，呈现出充满人性的气韵之美。紫砂陶造型敦厚拙重，色相深沉古朴，表面无釉一任天然，世人赞其“温润如君子，豪迈如丈夫，风流如词客，丽娴如佳人，葆光如隐士，潇洒如少年，短小如侏儒，朴讷如仁人，飘逸如仙子，廉洁如高士，脱尘如处子”，紫砂陶成为理想人格的化身。

三　天人合一

“法象天地”与“道法自然”章援引的例子为人造物，即人设计活动的结果。其实，在人自身与天地自然也是合一的，中国的比德文化就是很好的例证。

中华民族认为，大自然的一切都可以用来观照人性，都可以作为人格理想的寄寓。孔子用山水比附人的仁智，认为“智者乐水，仁者乐山。”老子也说“上善若水，水善利万物而不争”。屈原把比德的范围扩展到了美人芳草，他写《橘颂》喻人意志坚定，不因为外在的境遇而改变志向。陶渊明用菊、周敦颐用莲、林和靖用梅，都用自然物寓意人的品性。若说到最能代表中国传统文化比德观念的，则非“玉文化”莫属了。玉德提出于奴隶社会后期的春秋时代，孔子说“君子以玉比德焉”，认为玉有十一德，分别是仁、知、义、礼、乐、忠、信、天、地、德、道；管仲认为玉有九德，分别是仁、智、义、行、洁、勇、精、容、辞；荀子认为玉有七德，分别是仁、智、义、行、勇、情、辞。西汉刘向认为玉有六美，分别是德、智、义、勇、仁、情。到了东汉，许慎总结出玉有五德，即“润泽以温，仁之方也；角思理自外，可以知中，义之方也；其声舒扬，专以远闻，智之方也；不挠而折，勇之方也；锐廉而不技，洁之方也。”[7]这是中国古代对玉德比附的最终诠释，并以玉德约束君子的社会行为：玉质感温润，光泽内含，就像君子的仁爱之心；玉有棱角却不伤人，就像君子有道义；佩玉总是往下坠，就像君子谦恭低调又彬彬有礼；玉纹理缜密，又很坚硬，就像君子的智慧；玉的瑕疵不掩盖它的精华，精华也不掩盖它的瑕疵，就像君子表里如一，坦荡忠诚。

中华民族天人合一的哲学观蕴含了丰富的生态智慧，这种生态智慧与今日西方生态哲学下的生态意识具有许多相似之处，都强调自然是一个有机的整体，人只是这个有机体的一部分，所有的生命体都是平等的，人要尊重大自然，热爱自然界一切的生命。但是，中华民族天人合一哲学下的生态智慧与当代生态哲学下的生态意识却有着本质的不同。其一，背景不同。天人合一哲学是农业社会的产物，生态哲学则是后工业社会的产物。其二，理论依据不同。天人合一哲学依据的更多是直觉，生态哲学依据的却是科学。其三，目的不同。天人合一哲学更多的是在审美层面进行的，它更强调带给人精神上的巨大愉悦。生态哲学更多的是在生存层面进行的，它最终关注的仍然只是人的物质存在。

注释：

[1] 蔡邕:《琴操》,《乐府诗集》第三册,第 821 页,卷五十七《琴曲歌辞一》,中华书局,1979 年。

[2] 陈植、杨伯超、陈从周:《园冶注释》,第 51 页,中国建筑工业出版社,1988 年。

[3] 刘凤诰:《个园记》,江苏省扬州市个园抱山楼前廊东壁书条石。

[4] 李渔:《芥子园杂联》,《李渔全集》第一卷,第 241 页,浙江古籍出版社,1991 年。

[5] 同［2］。

[6] 高亨:《诗经今注》,第 377 页,上海古籍出版社,2009 年。

[7] 许慎:《说文解字》,清同治十二年(1873 年)陈昌治刻本一〇上,第 10 页,中华书局,1963 年。

关于社会文物托管的思考

钱 红

（南通博物苑 江苏南通 226001）

内容提要：社会的进步给博物馆文物保管、保护工作带来新的挑战。随着人们生活水平的提高，文物收藏家也越来越多，随之带来了文物保管问题。于是，很多收藏家向博物馆寻求帮助。而博物馆作为公益性事业单位，社会服务是其一项重要职能。博物馆应根据实际情况做好文物托管工作。

关键词：文物 托管 服务

“托管”作为一个科技名词，可定义为以外包方式包揽企业和消费者的信息技术应用、相关的硬件系统、网络服务等。它的应用学科是通信科技服务与应用。

百度百科的定义是：托管，英文名 collocation，是指把事物移动或者放置在一起，有些时候还表示一种合适的顺序。托管是 NET 的一个专门概念，它是融于通用语言运行时（CLR）的一种新的编程理念，因此完全可以把“托管”视为“. NET”。那么什么是“通用语言运行时”呢？“通用语言运行时”是“. NET”框架应用程序的执行引擎，它提供了许多服务，其中包括代码管理、类型安全性验证、元数据访问、为管理对象管理内存、管理代码、对开发人员服务的支持等。

从上面介绍我们可以知道，“托管”一词其实是计算机行业的专用词。“文物托管”这个词到目前还没有一个非常明确的概念。博物馆对于社会文物的托管，我个人的理解是：博物馆在自身条件允许的情况下，有效而科学地保护和管理民间收藏的文物、艺术品。文物托管期间文物的原产权、所有权不变，文物的管理权、保护权和使用权暂时移交给博物馆或文物保护部门。

最近几年文物收藏热使得很多市民收有大量文物或艺术品，有的藏家收到一定数量，没地方放置或觉得放在家里保护不够专业、不够安全，就想博物馆是否能帮助保管？如果社会有这个需要，博物馆就应尽力做好相应服务，在工作中根据实际情况采取不同的办法进行管理。同样是文物托管，在具体操作上办法可以是多样的，主要有整体托管和半托管两种形式。

整体托管是收藏者将藏品的保护、使用、安全等各方面的权力和责任全权交给博物馆，博物馆将托管的文物当做馆藏文物一样对待。收藏者不参与管理，不作指导。整体托管的首次尝试是广东开平碉楼群的保护。2007 年，广东开平的碉楼群被列入世界文化遗产名录，而这些碉楼大多属于私产，因为种种原因而得不到很好的保护。开平市决定碉楼业主可以把碉楼委托政府管理，由政府对碉楼进行维修保护。具体做法是政府与碉楼业主签订托管合同，期限为50年，在这50年内，由政府对碉楼进行管理和维修保护。目前在开平由政府托管的私人碉楼一共有60多座，当地政府先后投入四千多万元对碉楼进行了维护整治。政府花钱达到文物保护目的，同时得到了管理权。这种托管碉楼的做法得到了联合国专家和国家文物局的充分肯定，认为开创了文物保护的新模式。另外还有婺源县对"司马第"的保护也是典型一例。2011年6月，全国重点文物保护单位司马第（理坑民居）托管仪式在婺源县博物馆举行。"司马第"位于婺源县沱川乡理坑村，该建筑系清初兵部主事余维枢所建，至今基本保存完整。余维枢第十代后人余邦铎及兄妹六人现居上海，他们愿意将父亲余春江祖传的"司马第"房屋全权委托婺源县文物局管理，并签订托管合同，期限为20年。婺源县文物局严格遵循《文物保护法》及相关规定，加强对"司马第"的保护和管理，充分发挥了文化遗产的作用，同时也更好地普及了文物知识、服务了地方经济。文物的全权托管不仅让文物拥有者省去很多心力，而且在合同期限内，文物保护的责任明确清晰，对文物的管理、利用均十分方便。当然，文物的全权托管必须建立在相互信任和理解的基础上。

文物半托管就是文物收藏者和博物馆共同管理和使用藏品。文物收藏者拥有对自己文物的使用权、管理权，博物馆对托管的文物有保护、研究和展览权。武汉中山舰博物馆采用的就是半托管模式。2011年9月，中山舰博物馆与市民万学工签订文物托管协议，万学工将其耗时20余年收藏的1000余件与抗日战争、辛亥革命有关的文物，以免费托管的方式进驻到中山舰博物馆，文物所有权仍属万学工，博物馆可以研究、展览这批文物。馆里为万学工无偿提供一处独立的文物库房，用于存放其私人收藏的文物，并随时向其提供文物鉴定、保护、修复等方面的咨询及指导。万学工在馆方举办相关专题陈列展览及开展相关学术研究活动时，及时向馆方提供文物。在文物的托管理过程中，馆方和万学工达成共识，文物库房的钥匙只有万学工有，文物存于库房时，相关问题由万学工负责，如果在展览期间出现问题，则由博物馆负责。这就是说，管理责任双方都有，只是在不同时间段责任方不同。文物半托管方式的好处在于文物收藏者可以参与到文物保护之中，在博物馆的帮助、指导下对自己收藏的物品进行保护，一方面可以增加文物保护知识，对博物馆工作有一个新的认识；另一方面可以随时看到藏品，较为放心，且万一文物出现损害或其他问题能及时发现，及时解决，职责清楚。

文物是记录历史的物品，私人藏品放在家中，较难体现其自身价值。博物馆通过文物征集、托管等方式，将更多藏身民间的文物吸纳到博物馆来，通过陈列展览的形式将其与博物馆的文物相交融，成为市民观赏学习、专家研究的对象，能更好地传承历史文化，体现自身的价值。尽力保护和管理民间收藏，其实也是博物馆文物保护工作的一个创新。文物托管加重了博物馆的工作，但也在某种程度上弥补了博物馆馆藏的不足，不仅妥善保存了民间散落的珍贵文物，而且扩大了博物馆的研究领域，意义重大。

文物托管还可以分为有偿托管和无偿托管两种。整体托管和半托管都是无偿托管。其实博物馆可以根据实际情况收取一定的文物托管费，而且有偿托管服务可能更适应社会的发展，当然这需要双方沟通协调。

当然，文物托管也存在一定的风险和矛盾。如文物拍卖行在为收藏者鉴定、托管、拍卖藏品时，就会因价格、鉴定真实性等原因而引起纠纷。所以，除了博物馆认真做好文物托管工作外，相关部门也应制定相应的政策法规。

（1）相关部门尽快制定、出台政策法规，规范文物托管行为，为博物馆提供文物托管服务提供法律依据

目前我国已制订的文物保护法律、法规中还没有关于文物托管的明确规定。《中华人民共和国文物保护法》第二条中列出了受国家保护的文物，条例中并没有说明文物的归属权问题，也就是说不管这些文物是属于博物馆还是私人收藏者，都享有受法律保护的权利。在《中华人民共和国文物保护法》第五十二条写道："国家鼓励文物收藏单位以外的公民、法人和其他组织将其收藏的文物捐赠给国有文物收藏单位或者出借给文物收藏单位展览和研究。"这里提出的鼓励的行为也包含私人借文物给博物馆展览、研究，借展文物就有个管理过程，就包括一个托管问题。社会发展中博物馆和老百姓的关系越来越密切，文物托管越来越为人们接受和关注，这就需要一个健全的法律体系作支撑，方便博物馆依法办事。

（2）条件允许的情况下，博物馆应积极、认真地做好文物托管工作

刘延东同志在总结2012年文物工作时指出，指导文物事业发展的基本经验是五个坚持，其中有一条就是"坚持服务社会、惠及民生，这是文物工作的根本目的"。如果社会有文物托管需要，博物馆就要努力去做，为百姓服务。

2008年，广东顺德博物馆作出决定，免费托管社会文物，文物所有权归私人，博物馆可展出及研究。顺德博物馆考虑到，目前市民不太会轻易将有价值的文物捐赠给政府，而博物馆可以通过文物托管补充馆藏不足和更妥善保存民间散落的珍贵文物。

2005年底，南通市一位热心的侨属、台胞顾麟女士，在参观完我苑的展览后不久，将一幅祖传的刺绣艺术品无偿捐赠给我苑。在此后的几年中，她与我苑结下了深厚的友谊，随后她又分两次将家中祖传的藏品捐赠给我苑。两年多前，顾女士家中装修，考虑到家里还有一些藏品无处安放，于是和我苑商量是否可以委托博物苑为其保管。因为顾女士与博物苑有着良好的合作关系，苑领导决定为其提供无偿保管服务，这也是开了博物苑文物托管的先例。在托管顾麟女士的藏品时，我苑虽然没有独立的库房，但是在前期接收藏品时，对每一件藏品都进行了多方位的拍摄、测量、记录和包装，妥善存放于库房中单独的保管橱中。我们真诚、细致的服务得到了她对博物苑的信任，促成了她为收藏品找一个最好归属的想法。2012年初，顾女士毅然决定将这批托管文物捐赠给我苑。顾女士捐赠的这批文物虽然价值不算太高，但是她对博物苑的信任，对自己家传藏品的处理方式，都对我苑今后的文物托管工作具有重要的借鉴意义。

当然也有相关单位或博物馆提出，文物主管部门鼓励国有博物馆与民间收藏者交流，这对丰富博物馆馆藏等有积极意义，但对于托管文物，执行时可能会存在一些漏洞。如博物馆对托管人的文物进行鉴定，托管人以博物馆已鉴定为真迹的名义再将文物售卖，如果卖出的文物又被认定为赝品，博物馆该不该负责？如果文物来源非法，博物馆是否承担责任？因目前尚无政策法规对文物托管进行管理，所以每个博物馆在开展此项服务时，应做好前期调查、研究，谨慎地做好文物托管相关工作。

社会文物的托管就是依托博物馆这一有利资源（人员、场所、技术等）对收藏于社会的文物藏品进行合理、有效的管理和保护，以便更好地服务社会和民众。

在对社会文物进行管理、保护的过程中，我们总结了以下几点工作经验：

第一，要相对了解文物收藏者，不能盲目接收。前期的接触和了解可以让博物馆工作人员知道藏家的个性，以便以后更好地开展工作。

第二，对托管文物的来源要有比较清楚的了解。文物的来源对博物馆文物来说很重要，了解托管文物来源可以为文物鉴定提供依据，同时对文物的合法性有所把握。

第三，制订较为严谨的托管文物协议书，协议书中要明确权责。博物馆工作人员要像保管馆藏文物一样保管托管文物，但是，在工作中因不可知因素，难免会出现问题，所以协议书中要明确责权。

第四，做好托管文物的基础资料。在移交托管文物时，要尽量将工作做细，对托管文物的基本信息进行记录和拍摄，特别是有损、易损文物的信息更要清楚、细致，以免发生纠纷。

第五，对有问题的藏品，博物馆最好不予接收。这里说的有问题的藏品主要是指来源有问题的或收藏品本身有疑问的。对于这些收藏品，博物馆要有分辨能力，最好不要为其保管。

文物托管工作是博物馆对外服务工作新的尝试，一项新的工作只有不断摸索、不断总结，才能有所收获和提高。文物托管工作不仅需要博物馆人的不懈努力，还需要社会的支持和帮助。

论南京城墙及周边环境的保护与利用

叶　杨

（南京市明城垣史博物馆　江苏南京　210008）

内容提要： 南京明城墙是我国保存至今最大的一座古代城垣，其特点是“得山川之利，控江湖之势”，自由布局。明城墙风光带蕴含着巨大的历史文化和旅游开发价值。本文试从南京城墙及其周边环境形成的明城墙风光带，全方位、多层次地论讨保护与利用明城墙风光带，以改善城市景观，树立城市标志，实现城墙风光带开发与城市的同步发展。

关键词： 南京明城墙　明城墙风光带　保护　利用

南京是我国的著名古都，有着优越的地理环境和悠久的历史文化。建都年代累计达450余年，在众多的自然胜景和历史遗迹中，可以寻觅到历朝历代的足迹。也是因为这不同寻常的历史，使南京的山山水水具有一种独特的美，其中尤以壮观宏伟的是明代城垣。

南京明城墙是我国乃至世界上保存至今最大的一座古代城垣，其特点是“得山川之利，控江湖之势”，自由布局。近几年的规划保护，使明城墙风光带成为名副其实的环城绿带，改善了南京的生态环境及视觉景观。由于明城墙及周边环境的风光带规划和实践成绩显著，“明城墙风光带规划与实施”项目继获得“江苏省人居环境范例奖”后，又获得了“中国人居环境范例奖”。

明代南京城为四重城垣，包括宫城、皇城、都城及外廓，现存城墙为明都城城墙。明城墙至50年代初期尚保存完整，实测全长35.267千米，基本完好部分长23.339千米，遗迹长1.692千米，遗址长10.176千米。后因人为拆城取砖，或倚墙建厂、违章搭建，加上年久失修，使明城墙受到较大损害。遗存的有聚宝门、神策门、清凉门和石城门四座明代城门。

明城墙风光带是指以明城墙为核心，包含护城河以及明城墙周围5千米之内的人文、自然景观组成的风光带。南京明城墙作为风光带的核心，作为明代初期建都的产物和象征，对今天南京古都形象的强化和塑造有着无法估量的、不可替代的旅游资源价值和地位。同时城墙周围的各种人文、自然景观也都具有巨大的历史文化和旅游开发价值。

在明城墙风光带规划实施前，局部城墙经常出现险情，时有坍塌现象发生，且有相当部分的城墙周边环境不尽如人意，城墙与城河之间及城墙内侧被许多工厂和棚户区占据，对明城墙威胁极大，严重影响了南京的整体形象。1988年，南京明城墙被国务院公布为全国重点文物保护单位，各方面开始重视对明城墙的保护。1992年，南京市建设委员会会同规划局、园林局、文化局等多个部门组织编制了《南京明城墙保护规划》，这是明城墙历史上第一个较为全面的保护规划。1996 年，江苏省人大颁布了《南京城墙保护管理办法》，自此南京明城墙的保护和管理工作走上了法制化轨道。1997 年，在国务院批准的《南京城市总体规划》中，对明城墙风光带的保护和建设提出了明确要求。规划从人类文化遗产的高度审视城墙的历史文化价值以及古城墙、城河及其相关的公园绿地对南京主城绿地系统所起到的主骨架作用，对城墙实行全方位、多层次的保护，并采用多种方式展示与利用城墙及其周围的风景园林资源。根据城市总体规划的目标及市政府决策，市规划局组织市规划设计研究院，在文物、园林等部门配合下，开展编制《明城墙风光带规划》工作，历时半年完成，得到了有关城市规划专家的高度评价。1999 年 3 月，市政府对《南京明城墙风光带规划》进行了批复，同意规划对明城墙实行全方位保护的原则及规划确定的保护范围与保护方法，原则同意《风光带规划》中各级景区的规划布局，并指出批准后的《风光带规划》是明城墙风光带规划管理的重点依据，规划局要依此对规划区内一切建设活动实行统一的规划管理，并需制定《南京明城墙风光带规划管理规定》，严格依法进行管理。市政府批复中还指示要认真做好《风光带规划》的宣传工作，取得社会各界和全体市民的广泛关注支持。所在区人民政府和各有关单位，要高度重视明城墙风光带的保护和开发建设工作，明确长期目标和近期安排，抓住重点、集中力量，尽快将规划实施工作全面推开。该规划获 2000 年度江苏省级优秀规划一等奖，建设部优秀三等奖。

《南京明城墙风光带规划》基于保护、利用与保证三项体系，高度审视明城一体，对城墙、城门、城河及其依附的山水风景资源实施全面保护。同时，充分利用以城墙为主体的风景资源，以城墙为轴，整理与其相关联的山林与水体，在南京主城中真正形成一道有一定宽度的、连续不断的绿色项链，以展示古城墙昔日的风采，改善老城的生态环境与城市景观。距城墙 15 米保护范围内，大批依城墙所建的房屋被拆除，取而代之的是绿化带和道路。城墙外有护城河的地段，文物保护范围更是远远超出了 15 米的范围，把城河融为一体，加以环境整治，形成一段段的风光带、风景区。出现了石头城、武定门、东水关、狮子山等一大批城墙与护城河之间的绿化公园。规划内容主要有两方面：

1. 保护与控制规划

城墙根据保存状况分为三类：现存城墙、城墙遗迹、城墙遗址。其中现存 23.339 千米城墙是保护规划的重点，共分为七段，即中华门—东水关段；月牙湖—太平门段；太平门—解放门段；解放门—神策门段；狮子山—定淮门段；石头城—汉西门段；西水关—中山南路段。

对上述城墙段，规划制定了一套多层次的保护体系进行有效的保护与控制。第一层是对城墙本体的保护，遵循“抢险加固，修复利用”的原则进行。保护范围按照城墙高度的 1.5 倍且不少于 15 米划定，在该范围之内为禁止建设区。第二层是环境保护，包括风景资源保护和建设环境控制，这是明城墙风光带保护的重要内容。风景资源保护范围为城外至护城河对岸 15 米，城内根据山体情况逐段界定，在该范围内禁止与风景游览设施无关的建设活动；建设环境控制地带是有限制使用的城市建设区域。第三层是景观视野保护，这是基于两种情况而设立，其一城墙与其依附的山体是观望城市景观的重要观景点，其二城墙本身就是城市的重要景观。该层次的保护是控制未来的城市建设不应遮挡景观视廊。

明城墙风光带规划对 1.692 千米遗迹，10.176 千米遗址及护城河也提出了相应的保护与控制要求。据统计，明城墙风光带的规划保护长度为35.267千米，规划保护面积为651万平方米，环境协调面积465万平方米。

2. 开发与利用规划

明城墙风光带的开发与利用是指城墙及城墙所依附的风景资源的综合开发利用，这对于保护历史文化遗产、改善城市景观、提高老城环境质量、开展专项旅游都是十分重要的。可以侧重向人们展示明城墙的整体风采，展示古代防御工程的全貌，展示南京的山水景观与城市风貌。

南京城墙周边风景资源众多。如以中华门城堡为城南片景点的核心，则城外有雨花台风景区、明大报恩寺塔遗址，城内有白鹭洲公园、夫子庙、内秦淮河、传统民居保护区。从城南顺时针向北至下关，明城墙依起伏的丘陵、傍外秦淮河而筑，沿线景点有水西门遗址广场、汉中门文化广场、莫愁湖、石头城、小桃园、绣球公园、挹江门以及新建的狮子山公园。位于南京东北面的明城墙是保存最长、完好率最高的一段，其自神策门向南，傍玄武湖西岸与南岸蜿蜒向东，经覆舟山，越过钟山余脉折向南，沿琵琶湖、前湖，至月牙湖。此段城墙串联的著名景点有神策门瓮城、玄武湖、北极阁古观象台、台城、明城垣史博物馆、城墙纪念园、鸡鸣古寺、小九华山、中山风景区（中山植物园、梅花山、明孝陵）、中山门、月牙湖公园、东水关公园等。

根据城墙现状采用分段（片）开发与整体开发两种方式，以分段开发为主。分段开发根据风景资源情况划分景区，确定景区等级，设置景点及服务配套设施。整个风光带划分为一级景区5处（为外地游客及全市居民服务），二级景区7处（为本区居民服务）和一般景区若干（为周围居民服务）。

对于城墙周边的环境建设，也完全按照规划逐步实施及整治，并已大见成效。城墙沿线周边数千户棚户简屋及数十家中小企业已经拆迁，明城墙的雄姿得以展示。五处一级景区中，已有四处（中华门景区；台城—九华山景区，含明城垣博物馆、友好纪念园及白马公园；狮子山—阅江楼景区；石头城—清凉门景区）建成并对外开放。二级景区中，中山门广场、月牙湖公园、东水关遗址公园、绣球公园、汉西门文化广场、水西门遗址广场、小桃园景区也已实施完毕，免费对外开放。结合旧城改造，城墙的周边环境已焕然一新。中华门外东、西干长巷及武定门以南地段已整治完毕，玄武湖沿城墙一侧的环湖路已对市民开放，使市民能全方位领略南京山水城林的独特环境。

城墙风光带和周边环境整治中也出现了一些值得我们研究和思考的现象，主要表现在以下几点：

（1）绿化带的树种配置

南京城墙特殊的地形地貌，给了这座城市无穷的文化魅力。这些年来，虽然南京市通过法律、法规控制了对城墙的直接破坏和周边建设性破坏，但是视线的障碍已日渐突出。部分地段的原始地形、地貌遭到了不同程度的破坏，特别是城墙外侧种植的高大乔木的，没过几年就已生长的高大繁茂，将城墙遮挡的严严实实，影响了整体景观。这些地方应以水平绿化为主，从而衬托出城墙的高大雄姿。

（2）城墙周边景区服务设施

南京城墙周边风景资源众多，在城河之间的景区里，一些管理服务设施，体量过大，外表奢华。对于城河之间公园内的管理服务用房，体量应尽量小巧且亲水，形成公园小景。而在城墙内侧15米保护范围内，可以环路相通，一方面为城市路网分流，另一方面也可以有效利用空间，展示城墙雄姿。

（3）“穿墙开路”的合理布局

六百多岁的明城墙成为南京历史文化名片的同时，客观上也成为城市交通拓展的瓶颈，加上玄武湖、紫金山位于老城东部，也造成了道路交通的割断。根据城市交通路网的需要，在有条件的城墙段落“穿墙开路”便成为必然。但不可忽视的是，明城墙属国家文物重点保护单位，动土必须非常谨慎，应当无害穿越。目前出城道路下穿城墙是最佳处理办法。随着科学技术水平的不断提高，下穿法已经在处理南京城墙及周边环境保护与道路建设关系上被更多地采用。但有些地方并不适合道路下穿城墙，如城墙本身地势较低，两侧建筑距城墙也较近，则可以将路网调整到历史上曾经产生的城墙缺口处，采取建过墙通道的做法，这样既把城墙遗迹标示出来，又为出城道路提供了可能。

建造于明初的南京城墙，随着南京城市六百年来的发展，其功能与价值，经历了由昔日“实用型”到今天“文化型”的重大转变。这种变化过程与结果，既是社会（政治、军事经济、城建等综合因素）和人们价值取向等诸多影响的客观反映，也是时代发展的必然。因此，从历史的角度来看，南京城墙无论是过去的“实用型”还是当今的“文化型”，作为物质性的历史文化遗存，其地位和价值在未来的南京城市发展中还将会起到越来越大的作用。明城墙是南京悠久历史的重要象征，是南京历史文化名城的重要组成部分，在南京主城内六片城市风貌保护区中，明城墙风光带无疑是长度最长，覆盖范围最广泛的一片。作为融山、水、城、林为一体，具有古都风貌特色的城市，南京明城墙及其周围的山水资源，无疑是最重要的体现。南京明城墙是主城绿地系统的主骨架，而最为可贵的是，南京明城墙及其周围的绿地分布在城市中心区，它是一条绿色的项链，将分散的绿地有机组织在一起。

在当今旅游业迅速发展的情况下，明城墙无疑具有重要的旅游价值，广泛宣传明城墙是将南京推向全国、推向世界的重要手段。明代城墙已逐渐成为南京历史和未来的城市标志。“世界第一城垣”见证了南京城六百多年的兴衰变迁，更烙下了20世纪这百年来深重的印迹。明城墙，好比历史的缩影、无言的证人，在展示古昔文明的同时也是生动的爱国主义讲堂。

从以上不难看出，以南京明城墙、护城河以及周边诸多景点所形成的古都特色旅游资源和载体，具有客观存在的潜在价值，只要加以有效的挖掘与开发、利用与保护，明城墙风光带将成为南京新的旅游热点。而从整体上提高南京和明城墙的国际知名度不仅有利于促进南京大旅游产业的迅猛发展、在世界范围内树立起明城墙风光带这个旅游黄金产品和南京城市历史与现代文明的新视觉现象，更有利于城墙周边环境及南京城市整体投资环境的改善，有利于南京的对外开放、招商引资，从而为城市增加新的经济增长点。“中国明清城墙”联合申遗项目现已通过初审，2012年4月，在南京、西安、荆州等6座城市的基础上，安徽寿县古城墙和凤阳明中都皇故城也加入进来，联合申遗的明清城墙总长度达到85.785千米，南京城墙是其中最长的一段。南京城市的发展为城墙保护提供了新的机遇和动力，在现代化城市建设发展中持续的对南京城墙及其周边环境加以保护和利用，必将使南京这座历史文化名城的古老文化魅力得以彰显，形成一道和南京这座现代化城市融为一体的靓丽景观。

参考文献：

1. 杨国庆：《南京明代城墙》，南京出版社，2002 年。

2. 蒋婷婷：《明城墙风光带——南京历史与未来的城市标志》，《现代城市研究》2006 年第 2 期。

3. 刘正平：《南京明城墙风光带规划》，《城市规划》2001 年第 4 期。

4. 姚亦锋：《论南京自然地形与古都风貌保护规划》，《长江流域资源与环境》2002 年第 2 期。

世界文化遗产明孝陵的保护与可持续发展之路

臧卓美

（明孝陵博物馆　江苏南京　210014）

内容提要： 世界遗产管理部门需要承担的最重要的责任是科学地、完整地为子孙后代保留珍贵的历史遗存与和谐的自然人文环境。同时要使公众了解世界遗产包含的历史文化信息，真正认识到文化遗产的价值。明孝陵申遗成功九年来在遗产保护和遗产价值弘扬方面走出了一条科学的发展道路，为文化遗产的保护提供了可借鉴的范例。

关键词： 世界文化遗产　明孝陵　保护　可持续发展

世界遗产是人类文明的见证，是地区或城市历史文化发展进程中的优秀结晶。对拥有“六朝古都”、“十朝都会”美誉的南京而言，历代先民在此繁衍生息，从汤山猿人的远古时期到我们生活的当代，如此长时间跨度遗留下来的文化遗产可谓灿若繁星。他们中的一些依然可以在城市中看到，也有一些已经随着历史被淹没。距今六百多年的明孝陵，在南京留存至今的文物古迹中不是历史最悠久的，但在空间格局的完整性、历史文物和艺术价值的开创性方面却是最具有代表性的。2003 年，明孝陵被列入《世界遗产名录》。作为世界遗产，明孝陵近些年在保护与发展过程中，充分依据《保护世界文化和自然遗产公约》的科学理念和严格标准，走出了一条可持续性的发展道路。而这一探索和发展的过程，也为南京更多历史文化遗产的保护提供了可资借鉴、参考的模式。

南京明孝陵位于紫金山南麓，与伟大的民主革命先行者孙中山先生的陵寝——中山陵毗邻，是中山陵园风景区的重要组成部分。明孝陵作为明朝开国皇帝朱元璋的陵寝，距今已有六百多年的历史。由于其陵寝制度承前启后，独创新规，并为此后五百多年明清两代帝王陵寝建筑所沿用，在中国古代帝陵制度发展史上具有里程碑的地位，1961 年被国务院公布为全国重点文物保护单位。2003 年 7 月 3 日，经联合国教科文组织世界遗产委员会第 27 届会议审议，南京明孝陵作为“中国明清皇家陵寝”的扩展项目，成功列入《世界文化遗产名录》，实现了南京这一历史文化名城世界遗产“零”的突破。

明孝陵申遗成功后，摆在管理者面前的是更为棘手的问题：如何严格按照世界遗产的要求，保护明孝陵这独一无二的城市文化遗存，并使之与城市的现代化进程并行不悖，以实现其可持续发展的目标。关于“可持续发展”，1987 年，挪威首相布伦特兰夫人时任联合国世界环境与发展委员会主席，她在《我们共同的未来》报告中指出：既满足当代人的需求，又不对后代人满足其需求的能力构成危害的发展称为可持续发展。

在这种思想指导下，对明孝陵的保护就不仅在于保护其文物建筑、遗址格局，还在于维护其青山绿水、天人合一的遗址风貌和环境。从2005年6月起，中山陵园管理局抓住中山陵园风景区环境综合整治的重大机遇，按照《世界遗产公约》的标准和《文物保护法》的要求，极力改善遗产地周边自然环境，对世界遗产明孝陵的文物及文化资源进行保护、挖掘、整合，以恢复其作为皇家陵寝地应有的庄严肃穆的历史氛围和天人合一的周边环境，形成一个富有浓厚传统文化氛围和优美自然风物的人文旅游胜地。

一　以完善遗产本身功能价值为宗旨，加强文物保护和资源整合

游客如今漫步在绿草茵茵、四季花开、风景宜人的明孝陵，恐怕难以想象“申遗”前的杂乱景象：石象路上机动车会不时飞驰而过，而神道二十米外就是破旧的民房。国内几乎所有世界遗产地和正在积极筹备的地方，大都经历或正在经历着类似明孝陵这样天翻地覆的变化。明孝陵是幸运的，因为申遗成功，一些过去久拖不决而被称为老大难的环境治理和文物保护工作迎刃而解。

1. 翁仲路神道整治

翁仲路是明孝陵神道的第二段，一直作为社会机动车道路使用。2003年，明孝陵申报世界文化遗产时，南京市向联合国教科文组织郑重承诺：加强明孝陵景区周边环境的改造，在近年内禁止机动车通行，以保护文物，恢复明孝陵完整的历史空间和周边环境。明孝陵文物保护与复建最先从兑现这一承诺开始。2006年4月23日，翁仲路神道整修和环境整治工程竣工，恢复了六百多年前明陵神道的历史风貌，完成了几代景区人期待却未能实现的心愿，这是明孝陵景区文物保护工作的一个重要突破。

2. 棂星门重建

明孝陵棂星门位于神道翁仲北面，仅存遗址。2006年3月，在明孝陵文物保护专家论证会上，专家们进行了充分讨论并达成共识：应进行适当的考古调查，将棂星门遗址现有柱础归位，并找出原始尺寸和依据，参照北京十三陵长陵棂星门做法，结合发掘资料，恢复其原有风貌。2006年9月和2007年1月，在反复修改方案的基础上，国家文物局、江苏省文物局分别批准实施棂星门重建方案（文物保函［2006］1139号、苏文物保［2007］1号）。为了获得足够的资料完成复原工作，2006年4月，中山陵园管理局组织勘探、发掘棂星门遗址，为棂星门复建提供了一些基础依据。2007年5月上旬，棂星门重建工程全部完工。棂星门的重建是明孝陵文物保护和重建工程实施以来，第一个由中山陵自主完成的大规模的重建项目，为接下来的其他文物修复工作提供了成功经验。

3. 内红门加顶保护

内红门是明孝陵建筑群中主要的单体建筑之一。原设有三道拱券门，后东西二门因拱券坍塌，晚清以后遂被堵塞，仅剩中门作为通行之道，该通道也在晚清时期被改建。修复前的内红门顶部被毁严重，墙体开裂，加之灌木滋生，多年来虽经反复补修，但因墙体内部疏松，裂缝越来越大，墙体多处发生开裂、鼓胀、坍塌，岌岌可危，安全状况堪忧。中山陵园管理局为了保护内红门的原有结构，同时也为确保游客的安全，对内红门实施了抢

救性加顶保护工程。此后，管理部门于2005年9月修复了方城明楼之前的升仙桥，2006年9月重建了孝陵殿御道两侧的神帛炉，2007年重建了金水桥后东西两侧以及文武方门内东西两侧的合计四座井亭。

4. 明楼重建

方城明楼位于明孝陵陵宫的第三进院落内，是明代帝陵首创的建筑形制，在中国帝陵建筑发展史上具有重要地位。明楼建在方城之上，顶部原为重檐歇山顶，毁于清咸丰三年（1853年）的战火。一百多年来由于缺少有效的遮护，明楼墙体、地面和方城长期受风雨侵蚀，几乎整个建筑都受到雨水淋灌渗漏，导致岩溶现象普遍存在，长此以往很有可能垮塌，亟待进行抢救性保护。2006年9月，中山陵园管理局方城明楼保护修缮工程设计工作正式启动。在制定明楼重建方案的基础上，2007年3月，首次召开"明孝陵方城明楼保护性修复设计方案"市级专家论证会。根据专家们的意见，对保护方案作进一步修改和完善，同时立即组织对方城明楼进行考古勘探，以及进行方城明楼的承载可行性研究，形成《明孝陵方城明楼考古勘探报告》和《明孝陵方城明楼恢复技术可行性研究报告》。并明确由省文物局另行召开专家论证会，将保护设计方案和专家意见报送国家文物局审批。

2007年12月，国家文物局原则同意明楼加顶保护方案，要求根据专家意见修订后由省文物局核定实施（文物保函［2007］1521号）。2008年，经进一步考古勘探和科学勘探，再次完善了方城明楼保护修缮设计方案，报江苏省文物局审批，并将中、英文文本报国家文物局、世界遗产中心备案。2009年7月3日，明孝陵方城明楼加顶保护工程正式竣工。明楼的重建，不仅彻底解决了方城明楼本身的安全隐患，而且在视觉上完善了明孝陵的建筑格局空间。对扩大世界文化遗产对外宣传的影响力、进一步提升南京文物保护工作水平，具有重大的历史意义和示范作用。

二　展示、传播世界遗产文化价值和精神内涵

文化遗产的保护与文化遗产精神的发扬是不可分割的，保护和继承文化遗产，其核心本质是继承弘扬中华民族的优秀文化和民族精神，增强民族自尊心和凝聚力。要充分发挥历史文化遗产在社会经济发展中对人们思想的引领和启迪作用、对人们精神的抚慰和激励作用，以丰富人们的内心世界，营造精神上的安宁和幸福，从而激发人们的想象力和创造力，促进人的全面发展。

文化遗产自身并不具有表达、诠释自身的能力，博物馆便成为担当此重任的最佳选择。明孝陵申遗成功后，我们全方位、深层次地挖掘明孝陵这一开创明清皇家陵寝风格奠基之作的历史文化价值，同时加大宣传力度，丰富遗产文化的展示手段，建设世界遗产文化宣传展示阵地明孝陵博物馆，将这一六朝古都的世界遗产介绍给更多的人。

明孝陵博物馆正式成立于2003年，其主要职责是宣传展示世界文化遗产明孝陵，收藏明代文物及相关史料，研究明代历史和文化。2008年，明孝陵博物馆依照《下马坊遗址公园规划》，改造利用大金门南面原南京手表厂部分厂房，建立明孝陵博物馆新馆，而用作新馆主体陈列展览的，是一个长52、宽13、高8米的工业厂房空间。

明孝陵博物馆新馆建筑面积约5000平方米，由“大明孝陵”基本陈列、360°环幕影院、明式家具艺术馆、云锦艺术馆、临时展厅、书吧、文化产品超市等组成。由于新馆位于明孝陵入口大金门前，游客在参观明孝陵前，可以先通过博物馆了解明朝开国皇帝朱元璋及其创立的大明文化，从宏观上了解明孝陵作为世界遗产的文化特性，在接下来的遗址参观过程中，便能够对地面上精美的神道石刻和开创了明清两代皇家陵寝建筑规制的文物遗存有更深刻的体会和更精准的了解。通过基本陈列“大明孝陵”，明孝陵博物馆不仅向人们讲述了明孝陵的墓主人朱元璋其人其事，还向人们诠释了明孝陵中各种建筑结构及整体布局中蕴含的各种文化信息。可以说，正是凭借着明孝陵博物馆的展览——大明孝陵，越来越多的人看懂了明孝陵，了解了明孝陵。

明孝陵博物馆近几年来充分发挥职能，在收藏、研究、展示、宣传方面做了大量的工作。编辑出版了《明孝陵志新编》、《明文化研究·南京专辑》、《第十届明史国际学术讨论会论文集》、《明孝陵碑刻》、《明孝陵文献档案史料汇编》、《明帝王陵碑刻精品集（一）》、《首论钟山文化》等学术著作。为了适应广大游客不同层次的需要，出版了《明孝陵之谜》、《明孝陵史话》、《世界遗产文化丛书——明孝陵》（一套六本，分风水、人物、石刻、建筑、诗文、礼仪等六卷）等通俗读物；为弘扬古都南京深厚的文化积淀，先后推出了《明孝陵自助游》中英文版、《南京明文化经典之旅》、《南京六朝文化经典之旅》、《南京民国文化经典之旅》、《钟山文化之旅》、大型图册《明朝十九陵》等旅游文化丛书；为了向广大少年儿童宣传世界文化遗产知识，激发他们的学习热情，先后推出了《朱元璋与明孝陵》、《朱元璋与马皇后》、《朱元璋与太子朱标》等世界遗产明孝陵系列连环画。中国明史学会林金树副会长特意撰文《明朝帝王陵文化研究的新收获》，向明史研究学界推介我馆研究成果，尤其对《明帝王陵碑刻精品集（一）》、《明朝十九陵》、《世界遗产文化丛书——明孝陵》等图书的研究价值给予了高度的肯定和赞赏。

明孝陵博物馆还积极与南京高校合作，每两年举办一次世界遗产论坛并出版论文集，以探索文化遗产保护的理论和途径。2006年，明孝陵博物馆承担了刚刚创刊的南京明文化研究会会刊《南京明文化研究》（季刊）的编辑和出版工作。2007年，《南京明文化研究》获南京市社科系统学会会刊优秀奖。

为弘扬传统文化，提升大众文化品位，明孝陵先后举办了一系列的基本陈列及专题展览，包括“世界文化遗产——明孝陵大型图片展览”、“朱元璋第十子鲁荒王墓文物精品展”、“孝陵烟岚——明孝陵建设规制探索图片展”、“明孝陵保护和研究成果展”、“孝陵沧桑——明孝陵老照片展”、“世界遗产邮票精品图片展览”、“明东陵——孝康皇帝朱标与明东陵遗址展”、“朱元璋与明孝陵展”、“南京民间明代文物收藏展”、“明代皇子王妃奇珍异宝展”、“台北故宫博物院珍藏明代书画精品展”、“《明太祖功臣图》缪俊铜刻画展”、“明清传统工艺精品展”、“中山陵园风景区建国60周年文物保护成果图片展”、“梦回金陵　大明风韵——经典与时尚摄影作品展”、“金戈铁马铸辉煌　丹青妙笔谱华章——庆祝建国六十周年老将军书画展”等，为文化传播提供了一个充满活力的平台，提高了社会公众对文化遗产的认识了解和保护意识。

三 结语

对世界遗产的保护反映了一个地区整体的文明素养和文明程度。但保护不是为保护而保护，弘扬是保护的题中应有之意。近年来，我们根据中国文化遗产的特点，如自然环境的重要性、历史发展进程的复杂性等，努力完善世界遗产与周边环境和谐共生的关系，并在此基础上成功诠释了文化遗产中蕴含的历史文化信息，使“保护”在实物层面和精神层面都找到了落脚点，走出了一条世界遗产可持续发展的道路。

新时期博物馆非物质文化遗产保护

——以南京市民俗博物馆非遗保护工作为例

施 慧

（南京市民俗博物馆 江苏南京 210001）

内容提要：非物质文化遗产是人类文明的见证，应得到重视和保护。本文结合民俗博物馆非遗保护工作取得的经验，深刻解读中国非物质遗产保护的，并从博物馆文化遗产保护的职能与优势方面，论述博物馆保护非物质文化遗产的必要性和重要性。认为民俗博物馆在非遗保护方面更具专业性和权威性，对传统技艺保护与发展起着关键作用。

关键词：非物质文化遗产保护 民俗博物馆 可持续发展

一 非物质文化遗产与中国

“非物质文化遗产”英文翻译为“the Intangible Cultural Heritage”。这一概念最早出现于20世纪80年代，是与“物质文化遗产”相对应的一个概念。1988年，“世界文化政策大会”发表的宣言中，将“非物质文化遗产”和“物质文化遗产”共同列为人类“文化遗产”。2003年10月，联合国教科文组织第32届大会通过了《保护非物质文化遗产公约》，将“非物质文化遗产”定义为：“来自某一文化社区的全部创作，这些创作以传统为根据，由某一群体或一些个体所表达，并被认为是符合社区期望的作为其文化和社会特性的表达形式，其准则和价值通过模仿或其他方式口头相传。包括各种类型的民族传统和民间知识，各种语言，口头文学，风俗习惯，民族民间的音乐、舞蹈、礼仪、手工艺、传统医学、建筑术以及其他艺术。”此后，人们逐渐认识到非物质文化遗产具有和物质文化遗产同等重要的地位，应该得到保护。

我国“非遗”的保护从古至今从未中断过。可以说，保护非物质文化遗产的传统是五千年中华文明世代绵延的一个重要原因。2004年，我国加入联合国教科文组织《保护非物质文化遗产公约》，2005年国务院办公厅公布了《国家级非物质文化遗产代表作申报暂行办法》，正式确定了“非物质文化遗产”这一名称和“保护为主、抢救第一、合理利用、传承发展”的非物质文化遗产保护工作方针，后又将非物质文化遗产与文物放在同等重要的位置，确立了我国文化遗产保护的两大体系。2011年《中华人民共和国非物质文化遗产法》正式颁布实施，标志着我国的非物质文化遗产保护进入了新的阶段。

二　博物馆与非物质遗产保护

1. 保护非遗是博物馆职责所在

近年来，博物馆职能由“文物保护”向“文化遗产保护”转变，使得博物馆服务方向发生了重大变化，工作重点除了保护文物外，也更为注重所在地文化遗产的保护。

博物馆在长期的物质文化遗产保护中积累了丰富的经验，形成了规范而系统的操作程序，这对非物质遗产的保护是很有借鉴意义的。近几年，中国建立了多家民俗博物馆，除了保护可移动的物质文化遗产外，还注重保护所在地的文化传统、文化特性、民风民俗等，其中也包含了非物质文化遗产的保护。

2. 非遗保护需要进入博物馆

当前，社会上“非遗保护”的热情很高，这一方面是响应联合国教科文组织的倡导，另一方面与我国民众的热情和相关保护机构的推动有关。非遗保护重在“活态”传承，而某些地方片面理解为“经济搭台、文化唱戏”，追求眼前利益，忽略非遗传承过程，长此以往将严重影响非遗的生命力。

《非物质文化遗产保护法》引入了退出机制，一些后继无人、没有生命力的非遗将会被除名。倘若单纯将非遗保护交给市场，那么我们不是在保护非遗，而是在加速非遗的消亡。此外，由于非遗大多数产生于农耕时代，远离现代生活，不仅是我国，就算是非遗保护起步较早且经验丰富的日本、韩国等地，也面临着“后继乏人”的窘境。

艺术史学者杭间教授在一次访谈中预测：“非遗肯定会越来越多地进入博物馆，‘活态’的保护和‘活态’的传承肯定会越来越困难。也许某些非遗品种在某个阶段会被时尚发现，会被社会产生的某种新趣味发现，而得到了一种发展，但是就绝大多数的非遗品种来说，肯定是会越来越多地进入博物馆。”[1]

非谠保护不能单纯地依靠市场，应该以国家保护为主、其他保护并行的方式来保护和传承。而国家的首要保护手段便是将非遗请入博物馆。因为博物馆可以利用各方面优势为保护非遗提供良好的条件，结合市场化运作，可以促使非遗更好地贴近人们生活，使非遗更具生命力。

3. 非遗保护更适合在民俗博物馆

民俗博物馆是开展非物质文化遗产保护工作的重要场所，其藏品多是具有代表性的反映该地区文化的民间文物，展现了独具特色的民风民俗，这种优势与非物质文化遗产在某些方面十分切合，让非遗保护进入民俗博物馆便成为了可能。民俗博物馆相对于其他博物馆而言，可以利用藏品、人才和设备，全方位地对非遗进行保护。

当前，社会各界对于非物质文化遗产的保护投以关注的目光，全国各地都在积极兴建非物质文化遗产保护场所。据不完全统计，全国各省市共建立民俗博物馆 179 个，非物质文化遗产博物馆 424 个，非遗保护设施建设被列入国家“十二五”文化和遗产保护利用设施建设规划。

三 南京市民俗博物馆如何保护非遗

2006 年起，南京市民俗博物馆便启动民间传统文化和非物质文化遗产的保护工作，经过近六年的努力，在弘扬南京本地文化、保护和发掘南京非物质文化遗产上作出了突出贡献。

2012 年 6 月 9 日，南京市民俗博物馆改造一新，在原有陈列展示的基础上增加了非遗展示项目，通过多种现代化表现手段将南京地区拥有的世界级、国家级、省市级的 92 项非遗项目展现在观众眼前。

1. 发挥自身优势宣传非遗保护

南京市民俗博物馆有多年的非遗保护经验，应用实体展示、数字展示、观众体验等多种方式，结合非物质文化遗产项目特点制定陈列展览设计方案。其中，实体展示包括非遗文物、非遗作品、图片、复原实物等，体现“原真性”；数字展示是非遗表演、非遗情景再现等内容，对于非遗的知识传播、教育推广有独到之处。如民间文学、传说以及传统舞蹈、戏剧、曲艺等非遗项目相对比较抽象，通过多媒体光影成像、动画片等形式进行展示，可以激发观众，尤其是青少年观众的兴趣。

而非遗技艺的展示则是通过非遗传承人现场演示来进行，让“非遗”走出了冷冰冰的展板，活生生的面对参观者。非遗传承人现场教授，观众边做边教学，亲自体验非遗制作过程。这种“授之以渔”的方式，让观众对非遗有了更加直观的认识和了解。

2. 关注和扶持非遗传承人

当前，非遗保护濒危的一个重要原因是非遗传承人的生活状况欠佳。南京的非遗传承人多数集中在城南一带，随着城市的发展，他们的作坊面临拆迁，这使得本来就濒临失传的技艺更难生存。为了缓解这一矛盾，南京市民俗博物馆将馆区中的一部分开辟为非遗传承人的传习场所，这样一来，既解决了工作场所的问题，又可将他们集中起来，使博物馆成为非遗展示和传承、体验的基地，可谓是一举两得。

其次就是非遗传承的经费问题。绝大多数非遗传承人为了传承非遗技艺，甘于过着孤寂、清苦的生活。南京市民俗博物馆利用自身优势，组织专业人才，帮助这些非遗传承人整理“申遗”资料，积极申请各级非物质文化遗产和专项经费，并联合媒体、高校等各种平台和社会力量帮助代表性非遗传承人收徒传艺。同时利用博物馆作为旅游景点的优势，帮助代表性传承人参与商业及社会活动，活动所得均归传承人所有，帮助他们解决经费问题。

3. 注重宣传，组织观摩和体验非遗项目

博物馆不是冰冷的知识库，而应成为温馨的知识宫。展览要从以物为主转化为人为本，关键是树立人性化的服务理念和举办丰富多彩的活动。南京市民俗博物馆是南京市多所大中小学的爱国主义教育基地，每年都会以“非遗保护”为主题开展形式多样的社会教育活动。其中最有名的当属每年暑期举办的“我是小小传承人”夏令营活动。这一活动在每一期都安排代表性传承人现场教学，使营员们在实践中感受中华民族优秀的传统文化。

4. 开设非遗课堂和传承研究室

南京市民俗博物馆发挥专业优势，撰写并出版了多部非遗普及读物、刊物、非遗代表性传承人的访谈录，让读者对民俗文化和非遗有了更全面的了解。同时开设民俗、非遗普及讲座，并为非遗研修提供场地，先后成立了昆曲研习社、南京白局、白话研习社，社员们可定期切磋技艺，来馆参观的观众也可以欣赏到精彩的非遗表演。

5. 与高校合作开展非遗保护

对于非遗最有效的传承办法就是保护与创新兼顾。保护已经略有成效，那么如何创新呢？2012 年，南京云锦研究所与南京艺术学院合作设计出具有现代艺术气息、符合现代人审美的云锦服饰，使云锦这一古代皇家御用的锦缎，在现代生活中展现出了无穷的生命力。南京市民俗博物馆也正在此方面做一些探索，如与高校合作开展“非遗进课堂”活动，将非遗传承人请入高校，为其技艺的传承保护和创新提供更为广阔的空间。

四　非物质文化遗产的可持续发展

目前，非物质文化遗产保护还处于起步阶段，如何让“纸上的名录”真正成为“镌刻在人们心中的珍宝”仍然是每一位博物馆人应该思考的问题。非遗的保护不是简单地将其放进博物馆就可以了，保护的关键在于传承。

第一，降低非遗传承门槛，提高传承人的待遇。这可以在短时间内增加传承人的数量，激发传承人的热情。

第二，组织好非遗传承队伍后，就要对所传承的技艺质量进行考核，确保非遗传承准确、正宗。

第三，对具有代表性的传承人技艺制定的工艺级别，国家或者地方政府实行奖励制度，级别越高，收入越多，这样既可以促进非遗技艺的提高，也可提高传承人的积极性。

第四，改变传统的传承观念。我国非物质文化遗产之所以濒临失传，其中一个原因就是受到家族传承方式的影响，“传男不传女”、“传内不传外”，使得某些传统技艺随着家族的没落而消失。

第五，可以将专利申请、知识产权的申报机制引入非物质文化遗产的保护中来。非遗作品大多都是传承人独立构思并手工进行制作，如果被不法之徒发现某些工艺可以大规模机械化生产，偷走传承人的创意，必然对传承人本人创作的积极性和收入造成影响。因此，对于非遗作品应鼓励申请专利和知识产权保护。

第六，鼓励非遗传承人在保留自身特点的同时与国内外相关项目开展交流活动，提高非遗的生命力。

博物馆是文化遗产的归宿，也是传承它们的起点。博物馆要充分利用自身优势，做好非物质文化遗产的传承保护工作，为子孙后代保留无法复得的精神财富。

注释：

[1] 黄俊娴：《杭间：非遗终将走进博物馆》，《美术报》2011 年 4 月 6 日。

低调的奢华

——南京市博物馆藏明墓出土琥珀文物及相关问题辨析

魏杨菁

（南京市博物馆　江苏南京　210004）

内容提要：琥珀是树脂埋藏地层中经过数万年石化而成，其色泽优美，触手温润，不但具有玉石的风采，更是有生命的“活化石”。琥珀是财富、地位与奢华生活的象征，用它作陪葬品，最早出现在新石器时代的墓葬中，明代墓葬虽可见琥珀制品，但数量有限。本文就南京市博物馆藏明代墓葬出土琥珀文物及相关问题展开讨论。

关键词：琥珀　明代　南京市博物馆

一　南京市博物馆藏明墓出土琥珀文物简介

新中国成立以来，南京市考古工作者在南京市及其周边地区发掘了两百余座明代墓葬，出土的大量文物中不乏精美的瓷器及金银玉器，琥珀类文物数量虽有限，不足以涵盖整个明代的工艺水平，却有其独特韵味。

渔翁戏荷琥珀杯（图一），1974年出土于南京江宁将军山沐叡墓（明天启七年，1627年）。高4.8、长12.8厘米，由一整块深红色琥珀制成。杯主体由荷叶形杯身及雕琢成渔翁形状的把手组成，杯口沿圆滑流畅，磨琢细腻，杯身一侧浅雕一只鱼鹰，另一侧延伸舒展出数枝荷花根蔓，渔翁右手紧握杯口斜倚，其发髻高挽，双眼微眯，咧嘴开怀，上身裸露，双臂粗壮有力，身背鱼篓，足蹬高靴，左手紧握一鱼，鱼嘴上昂，鱼鳞清晰可辨，神态鲜活。

金链琥珀挂件（图二），1974年出土于南京江宁将军山沐叡墓（明天启七年）。通长36.4厘米，琥珀长3.9厘米，水滴状琥珀上系一条金链。琥珀质纯净，内有两个天然气泡，匠师在琥珀外壁处依照气泡之形阴线勾出两只仙桃，衬以枝叶，并在反面阴刻行书“瑶池春熟”。

嵌琥珀佛手形金簪（图三），1974年出土于南京江宁将军山沐叡墓（明天启七年）。同出一对，一件长11厘米，簪首长4.2、宽2.8厘米，另一件长11厘米，簪首长4.6、宽2.4厘米。簪针为金质圆锥形，簪首用錾刻垒丝工艺做成金质花蒂状托，托内均嵌琥珀，雕琢成佛手形，中间较大，色橘红，两侧较小，色偏暗，三托顶端另有椭圆形金托，原应有嵌物，今遗佚。

嵌琥珀佛手蜜蜂形金簪（图四），1974年出土于南京江宁将军山沐叡墓（明天启七年）。同出一对，长11厘米，簪首长3、宽3厘米。簪首用垒丝工艺做成金质花蒂状托，上托一只琥珀雕成的蜜蜂，下坠同样琥珀质地的佛手，琥珀的色泽呈现出黄与红的鲜亮夹色，簪针为金质三棱锥形。

琥珀簪（图五），1974年出土于南京江宁将军山沐叡墓（明天启七年）。同出三只，均呈透明的血红色。一只长14.9厘米，簪针为圆锥形，上端略弯曲，簪首为蘑菇形，通体饰龙纹。一只长12厘米，形制同前，较小且无纹饰。一只长12.4厘米，簪针为方锥形，簪头为覆斗形。

琥珀束发冠（图六），出土于南京太平门外板仓村徐俌墓（明正德十二年，1517年）。冠长6.8、宽3、高3.7厘米，由整块血红色琥珀雕琢而成。呈半月形，背部略高于前部，扁平且无装饰，前部雕出长短不等、对称排列的凸梁，冠体边缘部位均有凸线装饰，两侧略内凹，各有一小孔，可插金簪。

狮蛮纹琥珀带板（图七），出土于南京太平门外板仓村徐俌墓（明正德十二年）。共二十块，其中长方形銙八块，长6.7、宽4.9厘米；长条形辅弼四块，长2.1~2.5、宽5厘米；桃形六块，宽4.9厘米；圭形铊尾两块，长7.6、宽4.9厘米。皆以暗红色的琥珀，采用减地浮雕方法雕琢而成，除两块长条形辅弼上饰以如意云纹，余者均雕狮蛮纹样。狮子作回首状，尾似蕉叶，身体两侧绕以火焰云纹，张口瞪目，或蹲伏，或腾挪，威风凛凛。蛮王头顶锥髻，身着左衽短衣，足蹬短靴，手握缰绳，与狮戏舞，左腾右跃，身姿灵活。在狮蛮主体纹样之外还雕有火珠、宝锭、珊瑚等杂宝纹样。

镶金花琥珀挂件（图八），出土于南京太平门外板仓村徐俌墓（明正德十二年）。高4.3、直径2.5厘米。琥珀色泽血红，体呈椭圆形，饰有八条瓜棱纹，顶端及底部有金质叶片覆盖，叶片上焊小圆托，有八条金丝连接上下，顶部一金丝编成环状钮。

桃形琥珀饰件，出土于南京雨花台区小行明墓。同出一对，长2.2、宽2、厚0.4厘米。琥珀色泽暗红，雕琢成扁平桃形，表面饰一道凹线。

琥珀珠（图九），出土于南京雨花台区小行明墓。直径1.2厘米。球形，有穿孔。

琥珀饰件，出土于南京江宁将军山陈氏墓（明万历十六年，1588年）。直径1.4厘米，琥珀色泽暗红，呈覆斗状，顶部稍尖。

图一　渔翁戏荷琥珀杯

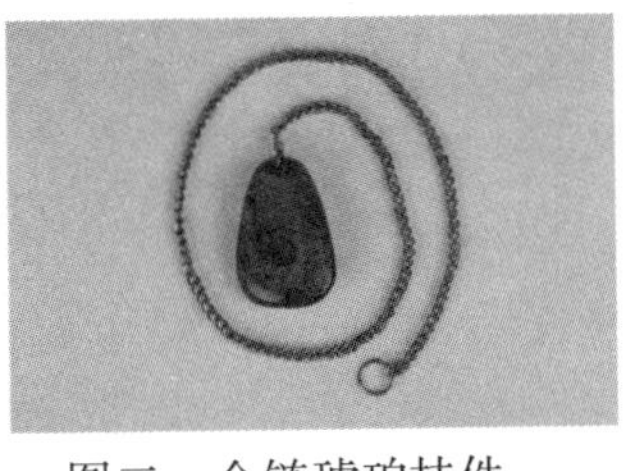

图二　金链琥珀挂件

图三　嵌琥珀佛手形金簪

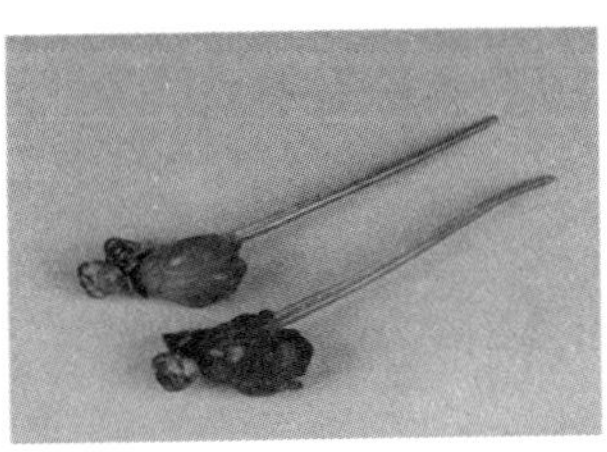

图四　嵌琥珀佛手蜜蜂形金簪

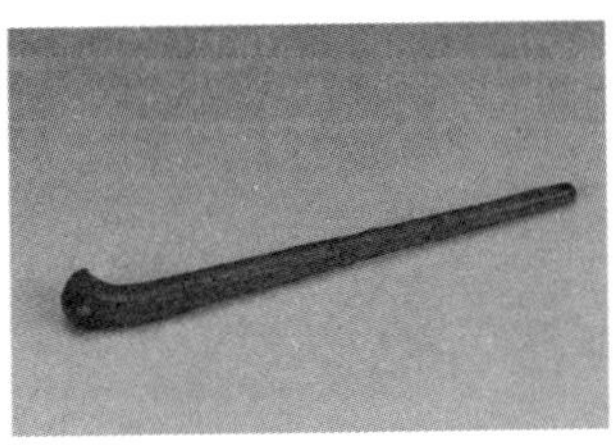

图五　琥珀簪

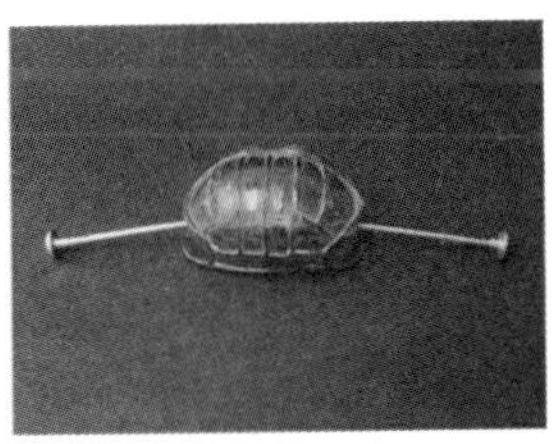

图六　琥珀束发冠

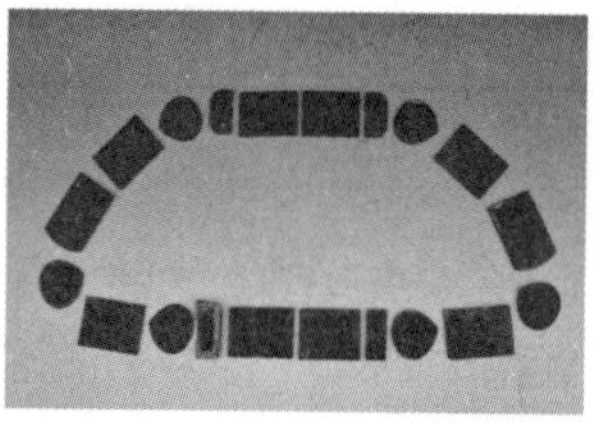

图七 狮蛮纹琥珀带板

图八 镶金花琥珀挂件

图九 琥珀珠

二 对琥珀文物的一般性认知

琥珀是树脂经过千百万年孕育而成的有机宝石。其化学成分为79%的碳、10.5%的氧、10.5%的氢以及少量硫和微量铁、硅等。在物质构成上属非晶质体，是透明、半透明或近于不透明的大小不等的块体。树脂光泽，性脆易碎，断口为贝壳状，硬度2~2.5，折射率1.539~1.545，比重略大于水，为1.05~1.09。

关于琥珀的来源有许多传说。古希腊人常在海中拾到漂浮的琥珀，因不知其来历，曾认为它是太阳在沉入海中时渗落的碎片，或认为是“神的眼泪”。我国古代则有“虎死精魄入地化为石”或“龙血入地为虎魄”之说。无论东方或是西方，都赋予琥珀神秘的色彩，授之以神奇的力量，视之能镇邪驱魔，趋吉避凶。佛教徒认为琥珀是佛祖赏赐的吉祥物，用琥珀修持可以帮助人产生定力，是佛教中为修行的人加持赐福的宝物。古文献中关于琥珀也多有记载，并有许多不同的称谓。《山海经》中称之为“育沛”，《汉书》写作“顿牟”或“虎魄”，《隋书》则称其“兽魄”，“琥珀”之名则最早见于汉初陆贾《新语》中。虽名称繁多，但常见的还是“虎魄”与“琥珀”两个名字。关于琥珀的诗词名句也很多，如李白《客中行》：“兰陵美酒郁金香，玉碗盛来琥珀光。”杜甫《郑驸马宅宴洞中》：“春酒杯浓琥珀薄，冰浆碗碧玛瑙寒。”李贺《将进酒》：“琉璃锺，琥珀浓，小槽酒滴真珠红。”诗人们总是将心中淡淡的愁绪与琥珀独有的温润纯净联系在一起。

琥珀历来都是财富、地位与奢华生活的象征。早在新石器时代中国就有了琥珀雕饰的装饰品，有关琥珀的文献记载史不绝书。《后汉书》曰：“梁冀为大司马行大将军……权震中外……冀将妻孙氏乘辇青盖，车张羽葆，饰以金、玉、琥珀。”[1]《南齐书》记载南齐东昏侯的爱妃潘氏：“潘氏服御极选珍宝，主衣库旧物，不复周用，贵市民间金银宝物，价皆数倍。虎魄钏一只直百七十万。”[2]可见琥珀在古代是与金银玉器等同的贵重之物，使用者仅限于皇室、贵族和高官。用琥珀作陪葬品，虽在历代墓葬中都有出现，却多为一些小件的首饰挂件或印章。

琥珀按其色泽可分为金珀、血珀、水珀、蜡珀、明珀、花珀、石珀等，《正字通》中记载：“如血色，拭热能吸芥。色黄明莹名蜡珀。色从松香红而黄名明珀。无红色如浅黄多皱文名水珀。如石重色黄者名石珀。文一路赤一路黄名花珀。淡者名金珀。黑者名玄珀。”需注意的是其中的蜡珀，蜡珀又名蜜珀，张岱《冷泉亭》中曾提到：“冷泉亭在灵隐寺山门之左。丹垣绿树，翳映阴森。亭对峭壁，一泓泠然，凄清入耳。亭后西栗十余株，大皆合抱，冷風思暗樾，变体清凉。秋初栗熟，大若樱桃，破苞食之，色如蜜珀，香若莲房。”充分说明了蜜珀的色泽和不透明的质感。前文所述沐叡墓出土的“嵌琥珀佛手蜜蜂形金簪”及“嵌琥珀佛手形金簪”所嵌琥珀应属此类。蜜珀因透明度稍差，有些部位呈现黄与浅灰色的条状夹色，与玛瑙的纹理较为相似，因此很容易与玛瑙混淆。玛瑙是玉髓类矿物的一种，经常是混有蛋白石和隐晶质石英的纹带状块体，硬度7~7.5，比重2.65，色彩相当有层次，为半透明或不透明质感的矿物。区分琥珀和玛瑙时仅凭肉眼恐难准确，必要时需借助现代科技手段判定。经仪器检测，“嵌琥珀佛手蜜蜂形金簪”和“嵌琥珀佛手形金簪”呈现树脂光泽，硬度为2~2.5，折射率不宜测，光性特征为均质体，内有气泡，断口呈贝壳状，均具有琥珀的典型性状。

三　南京市博物馆藏明墓出土琥珀文物特点分析

1. 墓葬时代

琥珀制品在明代墓葬中发现较少，除前述南京地区墓葬外，从目前国内已发表的考古资料中仅能查找出寥寥几例：江西南城益宣王朱翊鈏墓出土108颗琥珀念珠[3]；湖北钟祥梁庄王朱瞻垍墓出土17颗琥珀念珠及宝瓶形琥珀佛头，另有22颗呈花瓣、花苞、水滴等形状的散石[4]；北京万历皇帝朱翊钧定陵出土一只龙头形琥珀簪、一对镶琥珀金簪、一对镶猫睛石琥珀簪及两串琥珀念珠[5]；浙江余姚明代袁炜墓出土一只琥珀冠[6]。

从出土时代上看，除南京雨花台区小行明墓（此墓虽未出墓志，但墓中两枚洪武通宝铜钱及所出金扣，与南京太平门外板仓徐钦墓中出土的“葵花蝴蝶形金扣”形制相仿，推断此墓年代应不晚于明中期）及湖北钟祥梁庄王朱瞻垍（正统十四年，1449年）的墓葬时代相对较早外，其余均为明代中晚期墓葬。明天启七年的沐叡墓、明正德十二年的徐俌墓、明万历十六年的陈氏墓、明万历三十一年的益宣王朱翊鈏墓、明万历四十八年的万历皇帝朱翊钧陵均有明确的墓葬纪年。而袁炜卒于明嘉靖四十四年。此外，出土“狮蛮纹琥珀带板”及“镶金花琥珀挂件”的南京太平门外板仓明墓中同出了一枚“隆庆通宝”，据此推断其墓葬年代当为明代晚期。综上可见，虽然明早期墓葬中琥珀制品也偶有发现，但仅为一些造型简单的小件器物，远没有明中晚期墓葬中所见的奢华。

琥珀制品大多发现于明代中晚期墓葬中可能和明代的葬制有关。明太祖朱元璋倡行节俭，其遗诏曰：“丧葬仪物，勿用金玉。”明初朝廷为推行薄葬，还对宗室和各级官员的明器使用、规格和制造进行统一管理。及至明中后期，社会经济状况较前期发达，控制才相对宽松。《明史》记载：“明自仁宗献陵以后，规制俭约。世宗葬永陵，其制始侈。”[7]

2. 器类与功用

上述墓葬出土的琥珀制品，形制大抵为发簪、发冠、带板等佩饰或佛珠，一些小的饰件也应是佩饰或佛珠上脱落的配件，可能与古人认为常将琥珀握于手中或佩戴于身可辟邪驱魔、延年益寿有关。形制较为特殊的为琥珀杯。杜甫《奉送魏六丈佑少府之广交》：“掌中琥珀盅，行酒变逶迤。”刘禹锡《刘驸马水亭避暑》：“琥珀盏烘疑漏酒，水晶帘莹更通风。”苏轼《皇太后阁六首》：“万寿菖蒲酒，千金琥珀杯。”这些都是关于琥珀杯的描述。可惜对于唐宋时期的琥珀杯，我们仅仅见于文字记载，而无缘得见实物。但可以肯定的是，琥珀杯在唐宋时是作为酒具而被诗人吟诵的。在中医药学中，琥珀是疗疾的良药。《名医别录》中琥珀被列为上品："味甘，平，无毒。主安五脏，定魂魄，杀精魅邪鬼，消瘀血，通五淋，生永昌。"《本草拾遗》则曰："止血，生肌，合金疮。"在古医药典中，也有将琥珀屑与酒同服治瘀血的药方，那么用琥珀杯盛酒，也许本身就是一副保健的良方。那么出土的明代琥珀杯是否也是一件酒具，亦或它太过珍贵，主人不舍得使用，而抛弃了它的实用功能使之仅仅成为一件赏玩之物呢？我们便不得而知了。

3. 琢制工艺

明墓中所出的琥珀制品与同时期的玉器比数量相对较少，但不难看出两者雕琢工艺与造型的一致。有些琥珀制品同玉器的造型基本相同，如上海市松江区明墓出土的玉簪[8]与本文中沐叡墓出土的"蘑菇头琥珀簪"相比，除尺寸略小外，其余如出一辙；藏于我馆的南京玄武区唐家山出土的"白玉狮蛮纹琥珀带板"与南京太平门外板仓明墓"狮蛮纹琥珀带板"，造型与纹饰大抵相同，且纹饰均采用减地浮雕方法雕琢而成，但琥珀带板中狮蛮的形象更为细腻繁缛。

琥珀的硬度较低，有一定的弹性，极易琢磨，可切磨成任意形状，但稍受外力就会破碎，因此琥珀一般需要手工琢磨完成。琥珀的成型工艺大抵为圆雕、透雕、凹雕、镶嵌等[9]。明代玉材充足，除了皇家用玉外，民间玉器的制作量更大。明高濂也说："今时玉材较古似多。"北京、苏州是当时玉器工艺制作中心。《天工开物》中记载："良玉虽集京师，工巧则推苏郡。"当时苏州的知名玉匠众多，明文震亨所撰《长物志》记载："吴中如贺四、李文甫、陆子刚皆后来继出高手，第所刻必以白玉、琥珀、水晶、玛瑙等为佳器。"[10]沐叡墓出土的琥珀杯融合圆雕、镂雕、凹雕等多种工艺，无论是细节处理还是整器的琢磨都达到炉火纯青的境界，极有可能出自苏州的知名玉匠之手。

4. 产地与源流

考古资料显示，我国目前发现最早的琥珀制品为四川广汉三星堆1号祭祀坑出土的心形琥珀坠饰。此后墓葬中出土的琥珀制品，除汉代与辽代外，都只是零星发现。汉代墓葬出土的琥珀制品在数量和品种上相对丰富[11]。据常璩《华阳国志·汉中志》记载："张骞特以蒙险远，为孝武帝开缘边之地，宾沙越之国，致大宛之马，入南海之象，而车渠、玛瑙、珊瑚、琳碧、罽宝、明珠、玳瑁、虎魄、水晶、琉璃、火浣之布、蒲桃之酒、筇竹、蒟酱，殊方奇玩，盈于市朝。"[12]史料印证，当时琥珀来源还是比较充足的。琥珀制品发展到极致是辽代的琥珀雕，不仅数量庞大，而且雕刻内容异常丰富，可能和辽代皇室控制了抚顺及相近的琥珀矿有关[13]。

琥珀制品在明代墓葬中较为少见，诸多的明代亲王墓葬，除梁庄王朱瞻垍墓及益宣王朱翊鈏墓以外，其余均不见琥珀。梁庄王朱瞻垍墓中出土的金银玉器多达四千多件，但琥珀制品也仅为念珠及一些花形散石，而在明天启七年黔宁王沐英的十世孙沐叡墓中却出土了琥珀杯、琥珀簪等一批精美的琥珀珍品。探测其缘由，大抵和沐叡镇守云南，对于琥珀的占有得天时地利之便有关。因为云南与其周边的缅甸，历来就有出产琥珀的记载。常璩《华阳国志·南中志》曰："博南县（今云南省永平县境内），西山高四十里，越之得兰沧水。有金沙，以火融之为金。有光珠穴，出光珠有虎魄，能吸芥。又有珊瑚。"[14]仍据常璩《华阳国志·南中志》记载，哀牢土地沃腴，盛产黄金、光珠、虎珀、翡翠、孔雀、犀、象、蚕、桑、彩帛、绵绢、文绣等[15]。《后汉书·西南夷传·哀牢》："哀牢人……出铜、铁、铅、锡、金、银、光珠、虎魄、水精、瑠璃。”[16]古哀牢国就在今云南腾冲县境内。明谢肇淛撰《滇略永昌府名产》载：“宝石产猛密木邦及永昌以西皆有之，生山坳溪涧间注水之所，谓之宝井，色类不一，值亦悬绝，蔚蓝色而重数两者即逾千金，然亦不多得也，其杂碎者为宝砂，传闻先朝时宝井得一宝石，中有苍蝇二头，置几上能辟蝇，镇守中官闻之以三百金购去。”笔者认为有苍蝇二头的宝石应该就是琥珀中珍贵的虫珀。清人檀萃在《滇海虞衡志》一书中也记载宝石，即汉书哀劳传里记载的光珠（李贤注引《博物志》：“光珠即江珠也。”张华的《博物志》卷四《物类、药物、药论》：“琥珀一名江珠。”[17]），出于猛密土司地。孟密有宝井,盛产各种名贵的宝石、蛮莫出各种玉石，孟拱盛产琥珀。其中以孟密宝井所产宝石最出名。[18]

综上所述，云南腾冲以及缅甸孟密、孟拱是琥珀的主要产地。在徐晓东《琥珀及其作伪》一文的注释四中提到：“虽然从西汉开始的许多文献均称云南永昌地区出产包括琥珀在内的宝玉石，但直到解放前，云南出土宝石很少。云南省目前仅在盈江发现有琥珀，但目前尚未开采使用。所以历史上云南地区究竟有无琥珀的开采是值得进一步探讨的问题。”并认为“云南历来是东南亚琥珀的集散地，缅甸琥珀大部分经此地运往中原王朝以及外国国家，所谓永昌琥珀相信很大部分来自缅甸”。而笔者查阅资料发现，明代虽然和缅甸的玉石贸易空前繁荣，但鲜有进口琥珀的记载。同时亦发现明代滇缅的贸易往来之频繁超越任何朝代，且贸易方式多样，除了官方性质的贡贸往来外，边民互市、走私贸易等也极为活跃。徐霞客游记中多处记述了腾越关外“野人”入关市易的情形。除此之外，滇缅边界地区走私贸易也普遍存在。《宪宗成化实录》记载成化十六年春正月“金齿、腾冲为诸夷喉襟要地，比土人多以违禁货物与之贸易宝石，乞加禁止”[19]。再加上缅甸的琥珀主要产于缅北孟密、孟拱一带，孟密是明廷在云南设置的木邦宣慰司之一部，而今缅甸的孟拱于明时亦为腾冲的辖区，都是接受明王朝的封号与统治的地区，明廷将其视为自己的蕃属。明代时，云南的腾冲是珠宝玉石加工的重地，明王朝在云南设太监，始创镇守之制，专门从事缅甸珍奇商品的采购，商贾将缅甸所产的珠宝玉石运到腾冲加工，制成各种装饰品运到内地销售[20]。笔者推测，来自缅甸的琥珀并非通过官方贡贸运往云南，而是通过民间贸易或走私贸易等途径流入云南，毋庸置疑的是，明代云南较其他地区有着摄取最优质琥珀得天独厚的优势。

注释：

[1] 李昉:《太平御览》卷四九三,第2255页,中华书局,1998年。

[2] 萧子显:《南齐书》卷七《东昏侯纪》,第104页,中华书局,1983年。

[3] 江西省文物工作队:《江西南城明益宣王朱翊鈏夫妇合葬墓》,《文物》1982年第8期。

[4] 湖北省文物考古研究所、钟祥市博物馆:《梁庄王墓》,文物出版社,2007年。

[5] 中科院考古研究所:《定陵》,文物出版社,1990年。

[6] 余姚市文物保护管理所:《余姚明代袁炜墓出土文物》,《东方博物》2007年第25辑。

[7] 王纪潮 :《明代亲王葬制的几个问题》,《文物》2003年第2期。

[8] 上海博物馆考古研究所:《上海市松江区明墓发掘简报》,《文物》2003年第2期。

[9] 刘自强:《宝石加工工艺》,第344~349页,中国地质大学出版社,2011年。

[10] 徐琳:《中国古代治玉工艺》,第 186 ~ 200 页,紫禁城出版社,2011 年。
[11] 许晓东:《中国古代琥珀艺术・商至元》,《故宫博物院院刊》2009 年第 6 期。
[12] 常璩:《华阳国志》卷二《汉中志》,第 2 页,丁丑年春成都志古堂据题襟馆本。
[13] 陈华莎:《虎年谈虎魄》,《收藏家》1998 年第 2 期。
[14] 常璩:《华阳国志》卷四《南中志》,第 19 页,丁丑年春成都志古堂据题襟馆本。
[15] 常璩:《华阳国志》卷四《南中志》,第 18 页,丁丑年春成都志古堂据题襟馆本。
[16] 范晔:《后汉书》传九卷八十六,第 2849 页,中华书局,1974 年。
[17] 范晔:《后汉书》传九卷八十六,第 2850 页,中华书局,1974 年。
[18] 陈炎:《中国同缅甸历史上的文化交流》,《文献》1986 年第 4 期。
[19] 周伦:《英属缅甸与云南经贸交往及特点》,云南大学 2010 年硕士论文。
[20] 蔡雯:《驿路商旅极边城》,《腾越文化研究》,云南教育出版社,2001 年。

展陈自然标本的预防性保护

陈　玲　李　宇

（南通博物苑　江苏南通　226001）

内容提要： 展厅环境、人为破坏、自然灾害是威胁博物馆展陈自然标本寿命的三大不利因素。本文深入剖析博物馆免费开放及大规模自然灾害频发的形势下，展陈自然标本预防性保护方面存在的问题，并提出应对三大不利因素的措施。对于从源头上解决自然标本保护与利用的关系具有指导意义。

关键词： 博物馆　展陈自然标本　不利因素　预防性保护

自然标本在展厅中展陈，极易遭受光照、温度、湿度、灰尘等环境因素、人为因素及自然灾害因素的损坏。随着人们对自然标本关注度的提高以及保护技术的进步，我国博物馆从不同层面对影响标本保护的不利因素采取了一定的措施，使博物馆陈列自然标本的预防性保护工作上了一个很大的台阶。伴随博物馆的免费开放以及大规模自然灾害的频繁发生，我国博物馆陈列自然标本预防性保护工作由于主观及客观条件的限制，还存在一些令人担忧的问题。本文就新形势下博物馆在展陈自然标本预防性保护方面出现的问题进行分析，并提出解决措施。

一　博物馆展陈自然标本的预防性保护存在的问题

1. 对展厅有一定的预防性保护措施，但细节处理不够

20 世纪 60 年代，国际文物保护机构和发达国家就颁布了博物馆环境标准，我国博物馆也逐步认识到环境对文物和标本保护的重要性，并将取得的研究成果应用于博物馆展厅环境保护中，对展厅温湿度、虫害、霉菌、灰尘、光线、有害气体等危害采取了一定的预防措施。但是展厅环境保护工作是一项持之以恒而又十分细致的工作，加之现在极端天气较多，因为不注意细节、生搬硬套程式化做法，致使陈列自然标本受损的情况屡有发生：一是恒温恒湿设备没能按需启用。许多馆舍因种种考虑，即使在极端天气，仍然采取白天开启、晚上关闭恒温恒湿设备的一贯做法，使得展厅温湿度变化较大，结果造成损坏。二是片面追求展出效果，忽略了灯光和日光的长期照射，造成对光线敏感的自然标本的损坏。三是展厅环境保洁和陈列自然标本养护滞后，参观人群带来的灰尘与微生物留置展厅和标本表面时间过长，造成损坏。

2. 对人为破坏有保护措施，但不能满足需求

博物馆免费开放以来，参观人数激增，也给自然类博物馆造成了前所未有的承载压力。

各馆根据实际所需，相继加强了预防人为因素破坏的硬件及软件设备，完善了防火、防盗设施，增加了安保人员的数量，取得了一定的效果。但是，目前来看还存在许多漏洞，不能满足新形势的需要。

第一，思想麻痹松懈，“安全第一”的意识淡薄。长期以来，有些人甚至包括一些领导认识上有误区，认为自然标本尤其是生物标本可以从自然界中获得，具有复制性，价值不大。这种认识上的错误导致思想麻痹松懈，长此以往，放松了一线安全防护工作，淡忘了“安全第一”的警示，造成对安全工作“失察、失管、失控”的局面。

第二，安保人员流动性大，业务技能不强。目前大多数自然类博物馆的展厅安全保卫工作都是由社会专业机构承担，此类机构的人员组成比较灵活，且流动性很大，无法通过一定时间的工作实践提高、完善从业技能，特别是面对突发事件的应对能力较弱。

第三，少数博物馆对科技安防设施管理不善，使用不当，没有发挥科技安防应有的作用。

第四，面对观众数量激增问题，出台的对策预见性、操作性不强。如：展线设计不科学，安排的一线管理人员过少，造成观众人群失控；重要展柜没有作进一步加固处理，重点展区划定的隔离范围不够等一些不力的措施造成陈列自然标本的损坏。

3. 有一定的预防自然灾害损坏的保护手段，但缺乏科学保护措施

博物馆建筑是物防的重点，是整个陈列自然标本安全防范系统的基础。在博物馆建设过程中，对建筑本体预防自然灾害损坏的功能有了一定的考虑，但对建筑物内陈列自然标本抗击自然灾害损坏的保护考虑较少。当前地震频发，许多馆舍缺乏应对地震的科学保护措施，地震发生时，只能任凭建筑物内陈列自然标本、陈列柜或活动底座等滑移、摇摆、倾覆，造成自然标本的损害。少数依靠机械原理对自然标本实施硬性捆绑的，也因为整体技术手段落后，在地震等自然灾害发生时反而加重了标本的损坏程度。

二 博物馆展陈自然标本预防性保护对策

自然标本是博物馆为了社会教育和科学研究的目的，搜集保藏的人类探索自然、发现自然的见证物，具有重要的科学、历史和艺术价值，是国家宝贵的科学文化财富。因此，在展陈的预防性保护工作中既要与文物看齐，采取相应措施，加强对展厅环境因素、人为因素、自然灾害因素三方面的控制，又要创造新形势下适合陈列自然标本预防性保护工作的办法。

1. 想方设法做好对展厅环境因素的控制

（1）根据季节变化，合理控制温湿度

要想方设法，尽量将展厅温湿度控制在保存标本的适宜数值之内，即温度冬季10～18℃、夏季25℃以内，湿度50%～55%。展厅及整个建筑除了要严格按照封闭防潮措施进行设计施工外，硬件方面要尽可能安装自动空调和调湿设备，通过电脑控制，根据季节变化，合理控制温湿度，使展厅的温湿度变化值分别不超过2～5℃和3%～5%。如果没有较先进的温湿度自动调节设备，也应结合本馆实际，根据需要，通过增开空调、除湿机和增湿器等办法来达到恒温恒湿。如果整个展厅大的环境不能完全控制，也应设法改善展柜或

局部区域的小环境，满足标本对温湿度的要求。

（2）严格执行规定，科学控制光照

自然标本展示，有时需要运用大量光照来达到效果。在此问题上，我们必须在自然光源和人工光源的选择上遵照科学的标准，严格按照国家文物局关于博物馆照明设计规范的规定进行照明设计、施工、维护，最大幅度减少标本因光照所受的损害。博物馆在采用人工光源进行照明时，必须选择对标本损伤小的照明设备，减少光照时间和强度，同时还要协调好方便观众欣赏与标本保护之间的关系。

（3）采用有效手段，尽量控制灰尘

首先，要对展厅中现有陈列展柜进行密封处理，防止展柜因缝隙过大导致灰尘大量进入柜内，并附着在标本上造成损害。对于大型景观式陈列中长期裸露展示的自然标本，养护工作要及时跟上，防止标本在短时间内积落大量灰尘而受损。其次，在展厅内要设置滤尘设施以吸附空气中的尘粒，在展厅门厅设置吸尘地毯或塑料地踏以减少地面及空气中的浮尘。另外，在展厅内还必须定期投放防霉、防虫的药物，避免霉菌、虫卵等微生物借助灰尘在展厅内繁衍。

（4）种植适宜植物，生态控制有害气体

除使用空调装置净化、过滤灰尘及有害气体外，还要根据展厅周围的环境情况，种植适宜的植物，利用植物的吸附能力净化空气。

2. 居安思危，做好对人为因素的控制

（1）高筑安全防线，加强安全保卫工作

第一，要强化安全意识，筑牢思想防线。从领导到员工都要在思想上真正树立“安全第一”的理念，建立健全安全管理机构，利用馆内各种会议宣传、布置、汇报安全工作动态，使安全工作全面渗透；上级主管部门与馆长室、馆长室与各部室、部室与部室每个员工要签订三级安全责任书，使安全责任全员承担；定期开展系列安全活动，使员工从思想上绷紧“安全第一”这道防线。

第二，要提高安保人员的专业素质，增强应对能力。一方面，要加强安保人员的政治思想教育，让他们充分认识到自然标本在两个文明建设中的特殊价值和作用，增强博物馆安保工作的光荣感和使命感；另一方面，要加强岗位技能培训与实战演练，通过学习和借鉴“110”的成功经验，增强安保人员现场情况应急处理的综合能力。

第三，要利用先进技防，增强安全系数。使用先进的技术防范，是增强博物馆安全系数的必由之路，它可以弥补人防和物防的不足。由于当前入侵犯罪行为已由低能偷窃演变为智能犯罪、暴力性犯罪、突发性犯罪，因此，应安装防火、防盗报警及闭路监控、监听等先进技防设施，实施“立体化全天候防卫”。与此同时，还应规范技防设施的操作与管理，定期核查值班记录和设备运行情况，确保突发情况下技防设施能在第一时间作出反应并记录下有效数据。

第四，要紧抓安全检查，及时整改隐患。要紧抓日常安全检查，利用安防系统对重点部位和安全设施进行全天候、全方位的监控检查；要紧抓特殊安全检查，对安全规章制度执行情况进行检查，对保卫值班、租赁用户以及暂住人员情况进行检查等等。查出隐患要立即整改，并对整改后的情况进行复查，确保整改质量和效果。

（2）多重措施并举，做好对参观人群的控制

一要增加展厅安保人员数量，做好观众疏导。要在重要展区和参观路段增设安保人员，做好对观众的疏导和管理工作，防止参观人群扎堆，及时制止跨越栏杆、奔跑、触摸标本以及孩子们的打闹等参观中的不文明举止。

二要加强对陈列自然标本的保护，防止观众失误性损坏。要加固展柜，使其具有较强的防外力作用的性能，防止观众无意中触碰展柜给标本造成意想不到的损坏；对于裸展的标本，要划定既不影响参观，又能很好地保护标本的安全区域，必要情况下，还应设置制式隔离带，防止观众对标本造成失误性损坏，同时确保体量过大的标本（如大象、恐龙骨骼标本等）不会对观众人身安全造成的损害。

三要恰当设置警示标志，善意提醒观众。要在展厅恰当地设置一些警示标志，提醒观众注意一些行为举止，如禁止拍照、禁止吸烟、勿触摸标本等。

四要完善服务设施，人文关怀观众。要设置物品寄存处，减轻观众负担，方便参观，同时避免了携带物碰坏标本、撞翻展柜或碰伤其他观众；要为观众提供免费饮水服务区域，人文关怀观众，同时避免了观众在参观过程中不慎洒落茶水、饮料而损坏标本。

五要增设安检设备，防止暴力事件。要在重要展厅的入口处增设安检设备，谨防危险物和凶器入内，防止暴力事件发生，确保观众和陈列自然标本的安全。

3. 未雨绸缪，做好对自然灾害因素的控制

（1）“三防”结合，做好对火灾的预防

预防火灾，必须做好物防、技防、人防的有机结合。首先，要对展厅木构件等易燃构件喷涂防火涂料、设置防火卷帘门，电器线路要套铜管，接头处要焊接，使物防成为预防火灾的坚实基础。其次，要科学配置消防栓，配备水带、水枪，展厅要按照防火要求每五平方米设置一至二具灭火器材，条件允许的博物馆要自建蓄水池，保证消防水源；要建立并完善消防报警系统和自动灭火系统等，使技防成为预防火灾的有效支撑。第三，要建立全员联动的消防组织，制定安全防火及群众疏散预案，使馆内的每一位员工熟练掌握预案的内容流程及处置突发火灾的办法；加强对易燃物品的管理，定期检查避雷设施，排除玻璃幕墙引发的“盗火”隐患，杜绝火源，使人防成为预防火灾的有力保障。

（2）重抓基础建设，做好对水灾的预防

第一，博物馆的选址要科学。博物馆的选址除了要注意交通便利、环境幽静和空气清新外，还要结合当地水文情况，选择地势高爽处，避免水灾时博物馆被淹。

第二，排水系统要完备。要合理分布排水口，科学设置排水管道，处理好管道与排水口的落差关系，防止雨水倒灌；重要部位要设置自动排水泵，一旦灾害来临能自行启动，迅速排水。

第三，展柜要具有抗击水灾的性能。展厅中特别是重要自然标本的展柜要尽量采用科技含量高的材料，要具有良好的密闭功能，在水灾来临时能够抗击碰撞和短时间的浸泡，成为抗击水灾的又一道防线。

（3）学习现代隔震技术，做好对地震的预防

地震是一种突发的自然灾害，大地震可造成极为严重的破坏，目前，人类从技术上还不能准确预报和控制地震的发生，但是可以通过工程、技术手段以及各种防御措施，预防

和减轻地震对博物馆陈列物品的损坏。当前，许多自然类等博物馆使用的降低重心法、固定安置法、滑动移位法等传统抗震措施，科技含量低，应对小地震有一些成效，但对付大震显然不够。博物馆是文物标本与美术作品等极端集中的地方，其中的防护设施必须达到万全的要求。日本是多震国家，其博物馆使用的现代隔震技术，在大震中发挥出理想的作用。此技术是借助于某种装置或材料，把浮放物与基础隔开，以减轻其在地震时的震动效应，达到免遭破坏的目的。我们要加强对此类技术的学习和研究，把现代隔震技术逐步引入到我国博物馆藏品保护中。

综上所述，博物馆陈列自然标本的预防性保护工作是一项涉及面广而又持之以恒的工作，它需要全馆人员的共同努力，需要领导的重视和制度的健全，更需要技术的支撑和经费的保证。只有把预防为主的保护工作真正落到实处，才能从根本上解决保护与利用的关系，才能发挥好自然标本在提高全民科学素质中的作用。

参考文献：

1. 谭波：《〈博物馆管理办法〉贯彻实施与博物馆科学管理及信息化建设实务全书》，中国知识出版社，2006年。

2. 王栋云：《博物馆新馆建设中需要注意的问题》，《中国文物报》2006年4月7日。

3. 范志杰、常守文、张强：《博物馆人机结合预防体系有效性的再分析》，《中国文物报》2006年3月31日。

4. 王林编译：《日本博物馆展览的地震受害与防护研究》，《中国博物馆通讯》2008年第7期。

5. 陈玲：《浅析自然标本的蛀损原因及其对策》，《中国博物馆通讯》2008年第2期。

6. 胡玉晶：《温湿度变化对馆藏标本的影响及其保护措施》，《中国博物馆通讯》2009年第3期。

7. 陈银龙：《论博物馆安全工作的规范化管理——以南通博物苑为例》，《博物苑》2011年第2期。

8. 凌振荣：《论南通博物苑建筑》，《南通博物苑2006年论文集》，广陵书社，2007年。

个性·多元

——小议临时展览设计策划的趋势

朱小光

（南京博物院　江苏南京　210016）

内容提要：在社会生活的快节奏、网络飞速发展的大背景下，临时文化正慢慢演变成为一种时尚，冲击着传统文化。应运而生的临时展览，不仅影响着时代，且逐渐为广大民众所接受和认同，从而促进了博物馆陈列展示的多元化。当然临时展览形式的简洁、内涵的易懂只能满足部分观众的精神文化需求，却不可能取代主流的陈列展览，如何改变当下的展览形式、如何在这两者之间平衡是展览设计师们需要深思的。

关键词：博物馆　个性　多元　临时展览

南京博物院每年都推出生肖系列展，如中国牛、盛世虎、欢腾兔、腾飞龙、报春蛇等。这类展览以短、平、快的方式展示观众喜闻乐见的文物，以丰富多彩的形式，以互动、参与为主要手段，具有浓郁的地域文化。尽管有些专家、特别是业内专家不认可此类展览，但普通观众却十分喜欢。因此，这里有两点需要引起我们的思考：一是专家们如何打破传统展示单一的手法，与时俱进地接受博物馆展示的多元化；二是策划设计者如何在临时展览和常规的展览之间找到平衡点，做到既要有内涵、深度，又要多情趣、多互动、多参与、多受众面。传统大馆有根深蒂固的排他性、去异性、严肃性，但我们认为这两类展览在当今社会有共栖性，如何“脚踩两只船”、“鱼和熊掌兼得”，这是我们要思考的。本文从“临时展览样式与现代社会同步”、“展览设计主题与精神需求同步”、“主题设计个性与展示手法多元”三方面来谈现代博物馆展览的多元化发展以及展览设计者如何在临时和常规的展览之间找到平衡点。

一　临时展览样式与现代社会同步

2011年9月，美国纽约大都会美术馆举办了一场“水墨：中国的书写艺术”展览，这一展览引起了众多美国艺术家和大众的浓厚兴趣。当地媒体对此展览做了如下描写：“大都会美术馆已许久没有过如此热闹的场面了。”不难看出，中国传统的书画艺术在许多外国人眼中是一个魅力无穷却又难以破译的“谜”。这个“谜”的谜面和谜底，其实都和古老的中国文化有关。这是一次成功的临时陈列展览，它为美国民众了解东方文明提供了新的契机和可能。虽然这次展览只是短暂的、并不深刻的，但它的成功却是需要我们思考的。在此，我将临时展览的成功归结为以下几点：

（1）满足公众对信息、知识的摄取欲

随着科技及物质文明建设的日新月异，现代社会充斥着海量的信息。这些信息包括政治、历史、经济、艺术等方方面面，现代人对各种各样信息的获取也伴随着社会发展，达到了一个空前的高度。观众在一个社会娱乐环境中会受到参与展览交流的极大鼓舞，他们的兴趣是普通的，并不看重学术研究风格，看重的是信息交流，这也是现代人的生活方式。因此，博物馆单一的基本陈列内容，已经不能满足人们对多元化知识的猎取需要。由此，强调新时期、新创意，紧跟时代步伐，及时捕捉社会热点，兼具知识性、互动性和趣味性的临时展览脱颖而出，在顺应时代发展的前提下，承担起满足大众信息需求，吸引公众眼球的功能。

（2）迎合快节奏的生活

由于现代社会生活节奏快的制约，临时展览是博物馆里的补充性文化产品，展示的不再是“千锤百炼”的经典内容，而是能适应市场瞬息万变要求的“适销商品”，也就是能供人们进行即时文化享受的通俗内容。好比央视的《百家讲坛》，就是对古代文学作品的一种即时通俗化的解说（尽管各方面褒贬不一，但寻常百姓正是通过快速的解读开始重新认识《论语》、《庄子》），人们听到了贴近生活的解读，而不再只是晦涩难懂的文字和深奥的哲理。

（3）承担社会责任致力于更广阔的发展

当今博物馆的自身发展离不开社会资源的整合优化，临时展览是集展示、观赏娱乐、宣传教育、科普推广、合作洽谈为一体的平台，兼具信息咨询、服务等辅助功能，它大大促进了博物馆与外界的沟通、合作和交流。大都会艺术博物馆分馆隐修院于1938年创建，位于纽约市的福特·特赖恩公园，主要展出中世纪的艺术和建筑。隐修院内每天都有中世纪主题的音乐会及临时展览，每年观众达700万人次。隐修院举办的临时展览不仅为大都会博物馆的发展拓展了空间，还起到了对大众进行文化推广、教育、普及的社会职责，尤为值得我国博物馆界参考、吸纳。

（4）满足现代人的审美观

随着当代社会科技的发展，人的生活日渐远离自然，因而，人们的内心变得愈加的脆弱，心灵深处更希望得到一些抚慰和安宁。临时展览，不追求于设计上的精致，而更倾向于布展上的“神似”。它用简洁、抽象化的造型处理给人们以想象的空间，并流露出朴拙的痕迹，消磨了专业感、等级感，给人们以温馨、舒适、休闲的感觉。比如美国自然博物馆举办的“Petra展”，展示了近东地区的一座沙漠古石城环境变化；“越南展”介绍了其特殊的自然风貌。这些展览给予了参观博物馆的观众心灵的抚慰，并以此唤起大众珍爱生活的潜在意识。

（5）满足现代人的消费观

当代人的消费求新、求变，且流行周期缩短。临时展览在释放现代人消费欲望的同时，使得人们的选择更加趋于自由。而年轻的消费群体更注重时尚风潮，临时展览可利用更多感性的题材，迎合青年观众的口味，引领他们逐步走入文化欣赏的更高层次。如今，美国、澳大利亚等西方博物馆的大多数临展都需单独购票，但参观者仍络绎不绝，往往超过绝大多数的常设展。这说明临时展览在当今的社会中已具备了相当的消费群体。

二 展览设计主题与精神需求同步

现代社会依靠高科技和信息，创造出了更多的社会财富与物质财富。因此，社会需要与之相适应的精神文明，需要发掘优秀传统文化的精神资源。当公众关注的时下热点话题成为临时展览的主题时，展览主观的倾向性便会给予大众价值观上的正确引导。如当下的一些成就展、非物质文化展示等等，它们的展览主题都与观众的精神需求同步：

一是满足观众心理需求：猎奇性、趣味性、娱乐性、参与性、回归性。随着现代观众构成越来越多样化，观众博物馆有了更高的要求，他们对展览内容有了更高的期望。比起传统式的展览，观众更愿意接受富有感性、情感的体验，这就要求展览的创意和设计者更有情感、更富有审美能力和艺术感、对社会需求更有敏锐感。而如今许多设计者缺少责任心、荣誉感和使命感。

二是满足观众精神上的期望和关注点。生活质量的提高，使观众对博物馆的期望值与日俱增，观众多样化也带来了观众期望和关注点的多样性。当今的临时展览已不再是简单的展览陈列，而是“文化多样性”。“文化多样性”是指那些有利于人类继续繁衍下去的文化，这些文化的形成、发展有其特殊的社会、历史、环境等方面的因素，不论影响大小，这种文化都是人类宝贵的遗产，理应成为博物馆常设展、尤其是临时陈列的热点。

三是考虑到观众群的特殊性。如今的观众群，特别是社区观众，对博物馆的认识有三个过程：从走近博物馆到走进博物馆再到走尽博物馆。这充分体现了人们“好奇——猎奇——兴趣”的文化和精神的需求。所以，博物馆的展览要吸引观众的好奇心、让观众从走近博物馆到走进博物馆再到走尽博物馆，就要充分地考虑到目标观众的不同背景、年龄、文化层次等。以儿童为目标观众的调查为例，调查中父母认为适合儿童的展览要有寓教于乐的展出方式，要让孩子有新体验、新视野，有互动式、参与式的感官体验，展览中的文字阅读要少，展柜设计要符合儿童身高，要提供充足的设施等。

四是恢复观众理想的精神状态。一段历史产生一种时代人文精神，这种精神与整个社会政治、文化、经济息息相关。博物馆的展览就是要符合这种精神，满足观众的精神需求：要有一个欢迎的氛围，让观众感受到被重视；展出内容要与目标观众相匹配；简单明晰的传达；信息的多层次；认知的精神需求——学习和理解、审美的精神需求——欣赏和寻找美。

三 主题设计个性与展示手法多元

这段时间，我们收到一些对于所做展览的意见，主要是来自本院的专家，这引起了我们的关注和反思。现就我们的思考说上几句，与同行和观众来沟通：

首先，博物馆应该对展览方式重新设计。博物馆在保持“具有吸引力”的同时也要为观众提供令人愉悦的临时观看过程，观众中的多数人想要“发现新事物”，但却并不想进行深入的研究，我们必须防止博物馆变成挑战观众知识的场所，它应该是充满趣味性的地方。

其次，国外博物馆的临时展览分为自行设计制作和租借两类。第一类主要展现本馆的研究、收藏成果，常常成为巡展或对外租借展，比如美国自然博物馆的“越南展”。第二类展览涉及的收藏和研究成果往往是本馆收藏、研究工作未涉足的领域，比如异域文化等，这类展览经常采取借展的方式举办。这些都对我国博物馆临时展览具有一定的借鉴价值。

最后，现代博物馆依靠一个固定的基本陈列，很难将其特有的社会功能发挥完全。只有不断地推出有时代气息、有质量、有品位的临时展览，才能充分调动博物馆自身的各种积极因素，让观众每一次走进博物馆，都有新的收获和感受。这样，博物馆的社会功能才会被唤醒，才会展露出充满生机的新气象。

专题性博物馆举办临时展览要与时俱进

姚 浩 彭 茹

（徐州汉画像石艺术馆 江苏徐州 221006）

内容提要：举办临时展览是博物馆的重要工作之一。新形势下，博物馆（纪念馆），特别是专题性博物馆举办临时展览要广开思路、适应社会需求、科学规划、统筹兼顾、与时俱进、办出具有本馆特色的有影响、受欢迎、适应不同层次受众要求的临时展览。

关键词：专题博物馆 临时展览 与时俱进

举办临时展览是博物馆的一项正常业务，丰富多彩的临时展览是提高全民文化素质、构建和谐社会、推动社会主义文化大发展大繁荣的具体实践。在长期的实践中，许多博物馆通过举办临时展览取得了很好的社会效益和经济效益。但当前仍有一些博物馆（纪念馆），特别是一些专题性的博物馆在传统的博物馆学理论影响下，不知如何办好临时展览。

博物馆临展有以下特点：内容单一、灵活多样、展期较短、经常更新、与本馆的性质和任务相一致等，这些对陈列工作有指导意义。临时展览包括计划内和计划外两大类。所谓计划内临展是指事先经过周密研究、有较充足的筹备时间、被列入当年或今后几年工作规划中的展览项目；而计划外临展是指因某种原因，临时决定举办的展览项目，事先并未列入工作规划之内，这类展览的最大特点是任务下达的突然性和任务完成的紧迫性，筹备时间短促。从展览的来源看，临展可分为三大类：本馆的藏品展览、外馆的藏品展览、其他渠道引进的展览。利用本馆藏品经常举办不同主题的临时展览，只有那些藏品丰富、展览条件充足的大馆或综合性博物馆才可做到，而更多的中小型博物馆、专题性博物馆的临时展览则是要从其他博物馆或其他渠道引进。

博物馆首先要确定引进什么展览。什么样的展览才能进入博物馆？这个看似简单的问题实则很难准确把握，因为在实践中常常有这样的疑问：博物馆办的这个展览是否适应该馆的性质、任务和需要？对这一问题文博界也存在不同的看法。

《中国博物馆学概论》（以下简称《概论》）对临展的描述是：“临时展览是内容专一、小型多样、短期展出、经常更换的一种陈列形式……临时展览是对博物馆基本陈列的补充，能充分展示一定的专题内容，对活跃人民群众的科学文化生活具有重要意义。所以，博物馆在搞好基本陈列的同时，也不可忽视临时展览。博物馆的基本陈列和临时展览，都要与本馆的性质和任务相适应。”[1]

《中国博物馆学基础》（以下简称《基础》）：“博物馆有长期展出比较稳定的陈列，也有短期展出、经常更换的陈列。在我国博物馆界，一般习惯上将前者叫做陈列，将后者叫做展览，或称临时展览……临时展览一般小型多样、经常更换、展品的选择较为自由……博物馆举办的流动展览，出国或来华展览，博物馆之间联合举办的展览，都属于这种临时展览……临时展览是博物馆基本陈列之外的十分重要的业务活动，各博物馆应该发挥本身优势，结合自己的特点，经常举办多种多样的临时展览，使人民群众在博物馆可以得到更多的科学知识和文化艺术享受。”[2]

《博物馆学通论》（以下简称《通论》）：“博物馆陈列可分为各种不同的类型，我国博物馆界通常根据展出的时间，分为基本陈列（其时间较长、相对稳定）、临时陈列（时间较短的专题类陈列）……以上我们列举了国内外有关陈列的分类，有些只是分类视点的不同，从本质上来说，各个博物馆依据本馆藏品和本馆性质划分的类型，才是最基本的，也是举办基本陈列的基础。随着交流的扩大，不同国家博物馆之间、国内不同地区博物馆之间，互相进行各种专题性展出的交流，这些展览的内容往往与承办馆的性质不合，这并不影响该馆陈列的类型。”[3]

从以上的论述可以看出，《概论》认为博物馆的基本陈列和临时展览都要与本馆的性质和任务相适应，我们暂且称之为“适应论”。这种观点早已为人所接受，属于传统的陈列展览观念。《基础》认为临时展览展品的选择较为自由，各博物馆应充分发挥自身优势经常举办多种多样的临时展览。这就表示临时展览不必受传统的陈列观念约束，应解放思想推陈出新。而《通论》则认为，随着交流的扩大，不同地区博物馆之间，应互相进行各种专题性展出的交流，展览的内容可以与承办馆的性质不合。我们暂且称之为“不合论”。

究竟什么样的展览才能引进博物馆呢？我们认为不可一概而论。“适应论”易为人们接受，比较传统，但过于墨守成规；而“不合论”看似不合常规，实则与时俱进，更适合分类日益细致的现代博物馆。博物馆的分类越细、越具体、越单一，那么按照“适应论”举办临时展览的选择余地就越少。以历史类博物馆为例，不论是通史性的还是地方史性的，不论是古代的还是现代的，不论是国内的还是国际的都可举办，选择的空间较大。如故宫博物院、南京博物院、上海博物馆临展选择面很广，举办什么样的临时展览都不存在与本馆性质和任务相矛盾的问题。而专题类博物馆，如中国珠算博物馆、徐州汉画像石艺术馆，如果一定要求其举办的临时展览符合该馆的性质，那么选择面就非常小。一方面，不管是国内还是国外，与之任务和性质相同或相近的博物馆都比较少，引进与该馆的性质和任务相适应的临时展览则更为困难。另一方面，像这类专题性很强的博物馆，其本身的藏品单一，利用本馆的藏品举办临时展览也很困难。如徐州汉画像石艺术馆，由于所藏文物材质的特殊原因，搬运及布展非常困难，办一次临展相当不易，操作不慎还易出事故，况且依托画像石的展览主题不会太多，同一主题的展览也不可能反复举办。像纪念类博物馆，不管是人物展览，还是事件展览，也存在类似问题。

专题性博物馆究竟如何办好临时展览呢？我们的观点是：博物馆举办临时展览要与时俱进，首先要尽量选取本馆性质和任务相适应的展览主题，但也要灵活变通，不必强求。

现代博物馆作为公众终身教育的场所，强调根据“以人为本”的展示原则，推出适应不同受众需求的展览，以更好地服务社会。博物馆只有不断推出集知识性、观赏性、娱乐性于一体的陈列展览，并注意宣传和推广，让观众进入博物馆后有所收获，才能树立良好的形象。只要具有思想性、科学性、艺术性的展览，专题博物馆就可以考虑引进。在符合上述三点要求的前提下，专题博物馆还应该考虑所引进的展览档次和规模是否与该馆的地位相称，是否“贴近实际、贴近生活、贴近群众”。事实上在做到上述几点并考虑周全的情况下，博物馆举办的临时展览都可以取得较大成功，受到观众的欢迎。

徐州汉画像石艺术馆是一个专题性很强的博物馆，它的主要任务是陈列展示汉代画像石刻。如果以性质和任务来限定，临展的选择面很小，但若广开思路、突破局限，则大有可为。近几年来，该馆举办了“创意汉画——儿童画画汉画展览”、“山东、河南、四川、陕北汉画像石精品拓片展”，“陈忠益收藏汉代瓦当拓片展”，还与“东方画廊”多次联合举办国内外著名画家的画展及民间美术作品展等。这些展览初看起来似乎与该馆的性质和任务关系不大，但仔细分析又无一“跑题”：“创意汉画——儿童画画汉画展”，拓宽了儿童绘画知识面，丰富了儿童的艺术想象力；“山东、河南、四川、陕北汉画像石精品拓片展”使观众领略到其他地区汉画像石与徐州地区汉画像石在雕刻技法、构图形式、内容表现、史学价值等方面的不同风采；“陈忠益收藏汉代瓦当拓片展”使观众从另一角度领略到汉代艺术的魅力，进一步加深了对汉画艺术、汉代风俗、建筑构件艺术等的认识，深化了该馆的基本陈列主题。汉画像石是汉代民间艺术匠师的作品，有着突出的艺术特征，它是绘画与雕刻结合的产物，是中国艺术史上浓墨重彩的一笔，汉画像石艺术馆举办中外著名画家画展和民间艺术作品展与其基本陈列内容一脉相承、相得益彰。这些临时展览具有鲜明的个性特色，思想性、科学性、艺术性得到了完美结合，又与汉画像石艺术馆的地位相称，既不拘泥于所谓的性质、任务，又不漫无边际、脱离主题。通过举办临时展览，取得了很好的社会效益和经济效益，博物馆门庭冷落现象得到改善。

目前，由江苏省文物局举办的“全省馆藏文物巡回展览”，也是一次在文物领域学习实践科学发展观、紧密联系文化建设和发展的实际所进行的具体实践。

随着社会的不断进步，文化的不断发展，博物馆旧有的服务模式已不能完全满足新形势下公众的需求，博物馆工作中的各个环节急需注入新鲜血液。综合博物馆和专题博物馆要在性质和任务的主导下，大胆创新，与时俱进，努力办出具有自己特色的临时展览。

注释：

[1] 国家文物局主编:《中国博物馆学概论》,第 124 页,文物出版社,1985 年。

[2] 王宏钧:《中国博物馆学基础》,第 246 页,上海古籍出版社,2001 年。

[3] 马继贤:《博物馆学通论》,第 182 页,四川大学出版社,1994 年。

博物馆临展实践中的体会和思考

张 瑶

（南京市博物馆 江苏南京 210004）

内容提要：一个临展经费有限的博物馆，如何在办展模式上探索出适合自身发展的新路子，总结出一套独立、实用、行之有效的展览流程，将临展办成精品、办出新意，是一个值得深入探讨的问题。本文以南京市博物馆近两年举办的数个临展为例，总结办展模式，谈谈在策展实践过程中的若干体会。

关键词：临展 多功能展厅 选题 展览档案

近年来，各地博物馆纷纷建设新馆或改造旧馆，适于举办各种短期临时展览的多功能展厅成为博物馆的标配。开阔轩敞的空间、可随意组合的轨道式活动展板、适宜展出不同类型文物的通柜是多功能展厅的特点和优势，但如何根据临展主题、内容的不同，灵活、合理地运用多功能展厅，则需要我们在实践中逐渐探求和摸索。

南京市博物馆自2010年10月新馆改造工程竣工以来，全新的多功能展厅已接办了多个临时陈列，有自国外引进的艺术展，有来自国内兄弟博物馆的交流展，也有馆藏文物专题展。展出时间长则半年，短则月余。多变的展览形式和各具特色的展示内容吸引了许多观众，他们中的一些人已经形成了逢新展览必一睹为快的习惯。参观博物馆，汲取新鲜的文化养分，正成为一种新的生活方式。

必须承认，南京市博物馆作为一个市级馆，在藏品规模、级别、经济投入、观众资源等客观条件上都与省级馆存在着较大差距。虽然新馆落成后展厅的硬件条件有了很大改善，但每年筹办临展的专项投入仍远远跟不上实际需求，资金捉襟见肘，虽然想法很多，但巧妇难为无米之炊，好的创意无法落实到实际中去。尽管困难重重，我们依然做了诸多努力和尝试，在这两年举办的数个临展中积累了宝贵的经验，形成了一套独立、实用、行之有效的展览流程，并在实践中不断地充实和完善。笔者不揣浅陋，现归纳总结成文，希望这些体会对中小型博物馆办好临展能有些许借鉴意义和参考价值。

一 最大限度发掘展品内涵以弥补展品本身的不足

展览案例：“感受凡高”艺术展

从国外引进艺术展是一项非常有意义的文化传播活动，南京市博物馆近年来先后举办了来自意大利、俄罗斯、澳大利亚等国的多个艺术展，不一样的异国文化激起了本地观众极大的兴趣。实事求是地说，由于博物馆本身级别的限制，在引进展览上，我们并没有太大的挑选余地，基本上是对方提供展品清单，我方再根据清单进行展览设计。如何最大限度地发掘展品内涵，弥补展品本身的不足，就成了我们在策展过程中最大的难题。2012 年 4 月，从荷兰北布拉邦省博物馆引进的“感受凡高”艺术展就是一个典型的案例。

众所周知，凡高是举世闻名的后印象派画家，他的《向日葵》、《鸢尾花》、《星空》是人人熟知的代表作品，我们引进的展览就来自他的家乡——荷兰北布拉邦。刚刚收到展品目录的时候，我们是有些失望的。展品中只有一件凡高的真迹——油画《翻地的农妇》，而且尺寸很小；其余展品均是凡高所生活时代的一些生产、生活用具，如手纺车、干草叉、铁锹、镰刀、水壶、煎锅等，相当不起眼。如何让不起眼的展品吸引观众的眼球，用“凡高”这块金字招牌获取最大的社会效益，是我们在策展前期亟须解决的难题。

展陈工作的乐趣之一就是在积极主动的探索中学习到新的东西，并运用到实践中来，这是此次展览带给我们的最大感受。借展方远在荷兰，我们只能通过电邮联系。由于对方提供的资料有限，我们不得不自己动手多方查找资料，以帮助理解展品的内涵。通过网络搜索和查阅相关内容的画册以及浏览过大量凡高画作之后，我们终于有了豁然开朗之感。原来这些不起眼的生产、生活用具，都曾栩栩如生的出现在凡高画作中。在理清了展品与展览主题的关系后，策展的过程就变得简单而清晰了。首先，我们确立了“感受凡高”这一展览主题，表明此次展览虽以“凡高”为卖点，但侧重点放在“感受”二字上，这也较忠实地反映了展览的实际内容。之后，我们在凡高画册中挑选了与展品有关的一些画作，扫描后制成展板，安装在展柜内背板上，与展品彼此对照，相映成趣。

烧水壶吊链和铁架两件展品的背景展板是《烤火的老人》，从画面上可以清楚地看见这两件器物。我们还特地制作了用来悬挂烧水壶吊链的展架，观众一对照就知道其在实际生活中的用途（图一）。

两件铜水壶的背景展板是凡高名画《吃土豆的人》，画面中昏黄油灯下劳作一天的人们，围坐桌前以土豆果腹，手中所持用来倾倒热饮的水壶与展品器型别无二致（图二）。

白色棉布女帽的背景展板是《农妇葛狄雅画像》，这种样式的帽子是当时荷兰乡间劳动妇女常见的装束之一（图三）。

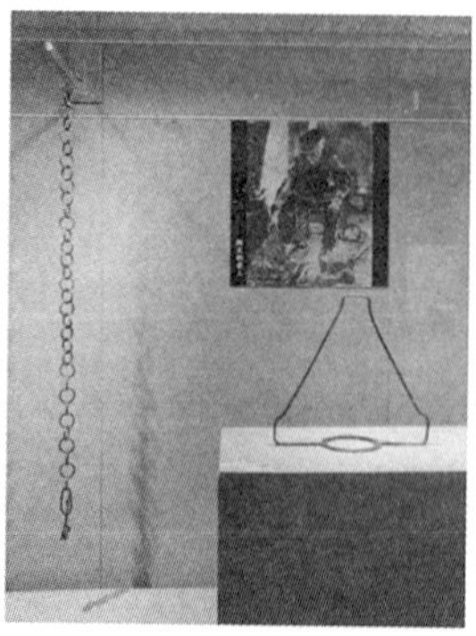

图一 烧水壶吊链和铁架

图二 铜水壶

木制手纺车的背景展板是《手纺车与妇人》，画面上埋头纺线的老妇使用的正是这种带有一个用手驱动的轮子的纺线设备，反映了凡高生活的19世纪中后期荷兰乡村妇女业余从事纺织业的状况（图四）。

椅子的背景展板是凡高描绘自己蜗居小屋的《画家的椅子》，这是相当有名的一幅作品，两把椅子从结构形制到椅面的草编细节完全一致（图五）。

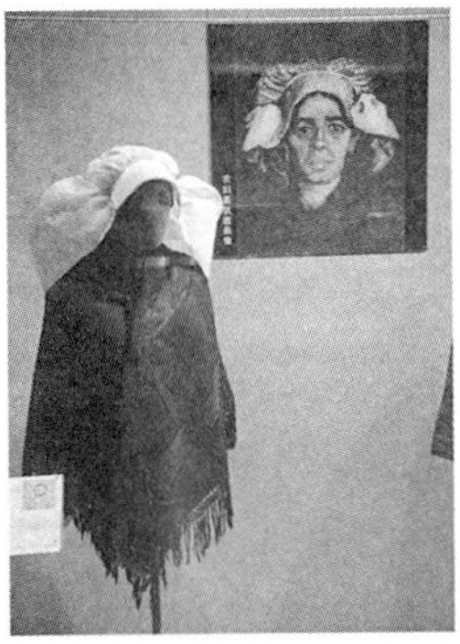

图三　棉布女帽

图四　木制手纺车

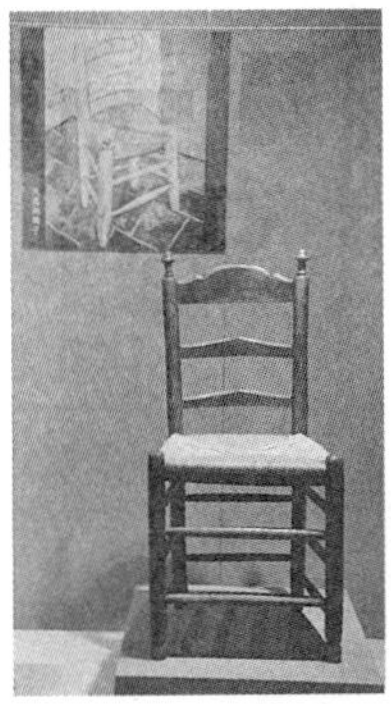

图五　椅子

此外，展出的其他农具如锄头、铁锹、搂草耙、干草叉、镰刀等，都有相应的凡高画作一一对应。

为配合这一展览，我们还同时举办了名为“凡高同期声”的馆藏文物展。选取了一批凡高所处时代的馆藏文物，主要为清代咸丰、同治、光绪年间的瓷器、书画、服饰等，体现当时中国美术界世俗化、城市平民化的倾向。两个展览共用一个多功能展厅，既相邻又相通，为观众提供了同时期东西方文化横向对比的独特视角。

我们在“感受凡高”艺术展的策划过程中，尤其注重提升展览的趣味性，增强观众的互动参与意识。从展厅观众的现场反应以及相关微博评论，我们都欣喜地看到，这些积极的尝试受到了观众的热烈欢迎。这次展览，我们最大的收获是在展品存在短板的情况下，要最大限度地发掘展品内涵，以辅助手段弥补展品本身的不足。

二　独辟蹊径的选题对展览的成功至关重要

一个好的选题对体现展览的主题和内涵能起到画龙点睛的作用。在提倡创新的今天，选题的创新、展陈架构的创新、形式和内容结合的创新对于一个优秀的展陈作品至关重要。其中，在选题的提炼上尤其需要下功夫。展览的名称就像一个人的眼睛，一个贴切的选题可以提供独特的视角，定下整个展览的基调，对选定展品和撰写展览文字这些后期工作具有高屋建瓴的指导作用。

展览案例：郑和时代特别展

2012年7月11日是郑和下西洋首航607年纪念日，也是第八个中国航海日。这次航海日纪念活动主会场在南京，相关单位举办了一系列展览和纪念活动。为避免因展览主题相似而出现内容雷同的状况，我们独辟蹊径，跳出旧框框，打造了一个以“郑和”为中心词、但外延可以扩大延伸的新概念——郑和时代，并将展览主题定为“郑和时代特别展”（图六）。

这里所说的“郑和时代”，指的是郑和生活的时代，那时正值经济繁荣、国力鼎盛的明朝初年，璀璨夺目的金银玉器讲述着明初王公贵族的奢华生活，苍翠深沉的青花瓷见证着郑和下西洋海外贸易的点滴踪迹，这些遗留至今的文物见证了郑和生活过的辉煌年代，见证了中国与海外的贸易往来。明确了展览的选题和思路，挑选展品的问题也就迎刃而解。除了展示一小部分龙江船厂遗址出土的造船工具和船工生活用具外，我们将绝大部分展示空间留给了符合“郑和时代”这一概念的明初精美文物。上到洪武，下至正统，南京地区明初功臣墓出土的一大批精美文物被精挑细选出来集中展示。此外，我们还精心选取了十余件明初功臣及家族墓的墓志拓片，扫描后制作成布幔悬挂在展厅中。从纪年墓志的字里行间可以看到当时的社会发展状况，既为研究明代历史提供了确凿信实的文字资料，也为研究、欣赏明代书法提供了一条独特的途径。

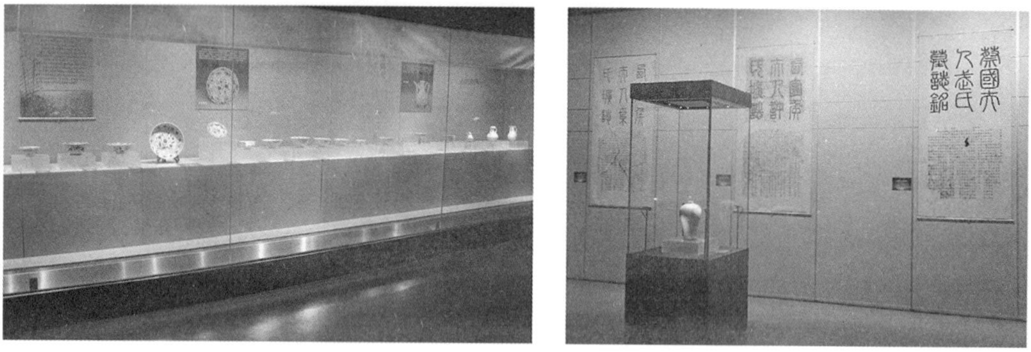

图六 “郑和时代特别展”展厅

从展览的社会反响来看，“郑和时代特别展”口碑颇佳。由于参展文物观赏性强，从而使得展览的受众面也大为扩展。在选定了“郑和时代”这个主题后，整个展览就不再是为了应景而临时拼凑的，而是一个有着全新概念、独树一帜的展览主题和丰满的展示内容的展陈作品。

三 每个临展做到四个“一”以建立系统的展览档案

博物馆临展的展期都不是很长，但作为对展览投注了心血的策展人员，每次撤展时，总难掩心头遗憾。我们不希望亲自经手制作的展览成为无迹可寻的过眼云烟，总是试图留下些可供日后查考的资料，这对建立完整系统的展览档案也是有帮助的。首都博物馆的姚安博士提出的八个“一”（每个展览都有一本策划书、一套专业图录、一套设计方案、一系列宣传策划方案、一套动态展示影像片、一系列有影响的社交活动、一系列纪念品开发、一套开放方案）是我们追求的目标。但在现实条件下，我们只能退而求其次，根据本馆的实际情况，每个临展做到四个“一”：

1. 一套图片设计方案

自2011年起，所有在多功能展厅举办的临展，我们均根据展览内容精心设计了宣传海报和单页。海报一般以该展览最重要的展品为主题元素，醒目标注展览名称及展期、地点，精美的设计和独到的风格颇具吸引力（图七、八）。近些年，电影海报成为收藏新宠，我们希望经过年复一年的努力，每个临展的宣传海报积累起来，也能成为一个值得收藏的系列。在海报之外，我们还为每个临展设计了宣传单页，简明扼要地介绍了展览的主要内容，并配以展品图片，放置在展厅入口处，供有需要的观众自取浏览，让观众对展览有更直观的认识。这一举措尤其受到中小学生的欢迎。

图七 “感受凡高”艺术展海报

图八 奢华的艺术——江阴博物馆馆藏金银器展海报

2. 一套多媒体触摸查询系统资料

为适应“快时代”的要求，临展的展板文字尽量避免繁缛，除展览前言和必要的单元说明外，只选取个别有代表性的展品，配合图片做寥寥数语的简单介绍，这是迎合大部分观众“走马观花”式观展的需要。另一方面，为了满足少部分对文物特别有兴趣的观众的需要，我们为每个临展都准备了一套详尽的说明文字和图片资料，储存于多媒体触摸查询系统中，供观众逐一查询。

3. 一套图文并茂的展览档案

如前所述，临展结构明晰，文字简洁，但仍需要留下必要的文字作为展览档案保存。如展览前言、展板文字、展品照片、布展后的展厅照片、观众反馈意见以及一套文物名称与图片彼此对应的表格式展品清单。这种图文并茂、条目详细的表格式清单内容一般分为七栏，依次为文物号、文物名称、时代、数量、出土地点或来源、具体尺寸和照片，一目了然，查询便捷，既方便了布展，也让文物进入展厅后的点交工作变得简单。

网络的便捷和微博时代的到来让我们充分意识到，一本意见簿加一支圆珠笔的方式已经跟不上时代的脚步了。2012 年 4 月举办的“感受凡高”艺术展，社会反响强烈，在微博上搜索关键词“感受凡高”，获取的结果成百上千，大多是观众在展厅现场边看展览边拍照上传到微博，虽多是三言两语，却是最直接最真实的反馈。此后每个临展期间，我们都会在网络及微博上搜索观众对展览的评价，整理存档，这也算是网络时代进行观众调查的新方式吧。

4. 一套根据展览特性设计的照明方案

2010年的新馆改造工程让我馆陈列展厅的灯光系统得到了极大的改善，照明灯具在硬件方面有了革命性的进步。但仅仅有好的配置是不够的，出色的灯光设计也必不可少。多功能展厅接办的短期临展各种各样，展品五花八门，照明方案必须针对不同展览的特性和展品的特点进行设计和调整。在每个展览布展告一段落，文物全部进柜后，我们会根据文物的特性和具体摆放位置逐一调节灯光，在“尽可能减少展品受到照明损害”这一基本原则下，真实自然地呈现展品原貌，让观众获得最佳观赏效果。

上文列举的四个“一”是我们在近两年的临展中特别留心，着意做到的。在经费较宽裕、条件允许的情况下，我们也力图做到更多个“一”，如一本展览图录、一系列展览纪念品等。有特色的展览衍生纪念品可以让观众把展览带回家，进一步扩大展览的影响。“郑和时代特别展”参展文物数量多、等级高，为此我们精心编制了展览图录。“澳大利亚原住民艺术展”和“感受凡高艺术展”两个引进展览，我们均以展览中最重要展品的图案为元素设计了衍生纪念品领带、丝巾、水杯等，受到来宾的赞赏和欢迎。

以上是近两年来我们在本馆多功能展厅举办的多个临展中获得的一些感受和体会。博物馆的展览会不停地办下去，要想每个临展都办出新意，办成初亮相令人赞叹、撤展后让人回味的精品，确实很不容易。以往很多年来，我们对临展不够重视，总是采用一种救火队员急就章式的办展方式，对展览档案的保存整理也不够留心，很多珍贵的展览资料随着临展结束就流失了，非常可惜。在新的多功能展厅建成后，我们希望从办展模式上探索出适合自己的一条新路子，因此，在近两年来的临展实践中特别注意经验的总结和资料的保存。我们愿意在一次次的展览实践中不断学习、探索求新，总结出一套完整的展览体系，从选题、研究、遴选展品、撰写文字、设计方案到最后推出展览，每一个步骤都有计划、按程序进行。在今后的策展过程中，我们将继续秉承“以人为本”的办展理念，力争将每一个临展都办成有内涵、有创新的精品。

县级博物馆临时展览浅议

汝悦来

（吴江博物馆　江苏吴江　215200）

内容提要：县级博物馆应坚持举办临时展览，但展览内容要符合博物馆为社会服务的基本功能。繁荣基层博物馆事业必须充分落实科学发展观，紧紧围绕履行博物馆的社会职能举办各类临时展览。

关键词：县级博物馆　临时展览　基本功能

县级博物馆多是在改革开放以后，随着县域经济文化的发展而逐步发展起来的。县级博物馆的存在和运作，对于展示各地历史文化、丰富地方文化活动有着重要意义，但其发展也受到县域环境和文化资源的制约。近年来，县级博物馆为了丰富展览活动、充分履行博物馆职能，除了做好基本陈列外，都会举办或引进一些临时展览。本文通过研究2012年上半年长三角地区七个县级博物馆举办临时展览的情况，就县级博物馆举办临时展览现状和博物馆基本职能的回归提出一些看法，意在为县级博物馆展览活动的丰富与提升提供一些思路。

一　县级博物馆举办临时展览概况

近年来，长三角地区经济飞速发展，成为我国现代化发展程度最高的区域之一。以下所列举的太仓博物馆、常熟博物馆、张家港博物馆、吴江博物馆、嘉善县博物馆、平湖市博物馆、德清县博物馆具有相似的发展经历。2012年1～6月这七个馆举办临时展览的情况如表一所示。

表一　2012年1～6月临展情况

博物馆名称	序号	时间	内容	类别
太仓博物馆	1	4月1日起	太仓观赏石和根艺精品展	艺术
	2	5月18日起	苏州味道——吴万一摄影作品巡展	艺术
	3	6月7日起	岁月留痕——馆藏近现代文物展	文物
	4	6月28日起	“魅力娄城”书画摄影赛展	艺术

续表

博物馆名称	序号	时间	内容	类别
常熟博物馆	1	1月18日起	金玉满堂——南京出土金银玉器珍品展	文物
	2	5月3日起	情系故乡——赵凯书画艺术展	艺术
	3	5月13日起	常熟市第十届民间藏品联展	文物
	4	5月18日起	文脉留香——常熟博物馆藏陆抑非捐赠作品展	文物
	5	6月9日起	印苑春辉——归之春九秩篆刻书法师生作品展	艺术
	6	6月23日起	水乡吟——赵炎油画风景展	艺术
张家港博物馆	1	3月5日起	悠然神清——金陵五画家水墨画展精品	艺术
吴江博物馆	1	4月27日起	清风徐来——徐圆圆书画作品回乡展	艺术
	2	4月28日起	时代印记——吴江市职工珍藏展	文物
	3	6月9日起	大美吴江　梦里天堂——柏佳甫江南风景油画展	艺术
	4	6月9日起	人文震泽——上海画家写生作品展	艺术
嘉善县博物馆	1	2月28日起	嘉善县第四届春兰展	园艺
	2	4月28日起	激情创新业、描绘新生活——首届新居民书画展	艺术
	3	5月12日起	“5.12防灾减灾日”图片展	科普
平湖市博物馆	1	1月20日起	石之韵—玉器藏品展	文物
德清县博物馆	1	3月25日起	翰墨遗珍　华彩流年——德清县博物馆藏精品书画展	文物

根据上表可知，2012年上半年，各馆举办的临时展览少则1个，多则6个。可见举办临时展览在博物馆工作中占有相当的比重，我们有必要通过对县级博物馆举办临时展览的研究，促进基层博物馆陈列展览的发展。

二　关于临时展览的内容

七家县级博物馆举办的临时展览大致可分为四类：

（1）艺术类展览

包括工艺美术品、绘画、篆刻、书法、摄影等，可分为引进艺术家作品展、本地艺术家作品展及其他，此类展览占总展览的55%。可知县级博物馆举办的临时展览以艺术类展览为主，一定程度上履行了美术馆或展览馆的职能。地方展览馆、美术馆的缺失，使得这类展览只能在博物馆举办。随着地方经济的发展和政府对文化事业的重视，这一情况将得到一定程度的改善，如吴江、太仓等地已经在规划建设美术馆。

(2) 文物类展览

包括馆藏文物、馆际交流文物和民间文物资源，此类展览占总展览的35%，比重略低。县级博物馆举办临时性文物展制约条件较多：一是受县级博物馆馆藏文物数量和质量的制约；二是馆际文物交流展受展览条件、运输安全等因素的制约；三是民间文物收藏有限，而且质量得不到保证，举办的展览有时办成了“赝品展”，有损博物馆声誉。

(3) 科普类展览

主要是配合相关科普宣传举办的展览，此类展览占总展览的5%。这类展览特别能体现博物馆的社会教育功能，可以提高公众的科学素质。

(4) 其他类展览

内容不定，占总展览的5%。

三　观众对临时展览的要求

为了解观众对博物馆临时展览的要求，我们在博物馆八类观众群体中，分别任择了一位观众作为代表，开展了一次问卷调查，情况如表二所示：

表二　临展调查问卷

	博物馆是否需要举办临时展览？	你期望在博物馆看到什么样的临时性展览？（艺术、文物、科普）	在临时展览方面，你有什么建议？
小学生	需要	科普	卡通展
中学生	需要	艺术	历史知识方面的展览
退休市民	需要	文物	地方历史文物展
公务员	需要	文物	名人书画展览
教师	需要	文物	地方历史文物展
农民	需要	文物	地方文物展
企业职工	需要	文物	文物精品展
外来务工人员	需要	文物	文物展

通过问卷调查可知，观众对博物馆举办临时展览的必要性给予了肯定，其中认为博物馆应举办以文物展示为主要内容的临时展览的占75%。这样的调查结果，使我们明确了博物馆举办的临时展览要紧紧围绕文物开展，同时兼顾社会教育功能。县级博物馆要以弘扬地方历史文化为根本，做好收藏、研究、展示工作，而这些工作的基本载体就是文物。

四　举办临时展览的建议

临时展览是博物馆基本陈列的有益补充。现围绕博物馆如何履行社会职能，更好地服务社会提出以下几点建议：

1. 博物馆的临时展览要以文物展览为主

人们走进博物馆就是为了了解地方历史文化，而文物所承载的就是历史，所以博物馆要以“古”为主。前人创造的艺术品最能吸引观众，也是博物馆展示的重点，2002 年上海博物馆举办的国宝展天天人满为患就是一个例子。吴江博物馆 2008 年举办过一次“馆藏明清书画特展”，也吸引了万余观众前来参观，人数远远超过一般展览。

2. 解决好文物类临时展览的资源问题

单个县级博物馆的文物资源当然非常有限，但如果将一个片区的县级博物馆的资源进行整合，那可利用的资源就丰富了。比如近年来江苏省馆藏文物巡回展就非常好，以中小型展览为主，展品控制在 60～80 件，各个县级博物馆在展览条件允许的情况下，应积极参与。另外，各个博物馆都有较为经典的基本展览，这些展览在落实好相关文物法规手续、保证运输、展览安全的条件下，也可以外出交流，如太仓博物馆的“娄东画派专题陈列”、常熟博物馆的“明清书画展”等。此外，博物馆应加强馆藏文物的研究，根据馆藏特色，发掘一到两个馆藏文物专题展，如吴江博物馆近年来就整理出了“馆藏明清书画特展”和“南社社员书画展”作为专题展览进行馆际交流。

3. 艺术类临时展览要适当减少数量，提高质量

现代社会艺术资源非常丰富，但良莠不齐。县级博物馆作为地方历史文化的展示窗口，要保持基本的艺术标准，要引进一些真正有艺术造诣的艺术家的作品，常熟博物馆 2007 年引进的“南京博物院藏傅抱石画展”反响就很好。当然，一些群众性的艺术展览活动，可以适当降低艺术标准，突出其公益意义。而对于个人展览，特别是一些带有商业性质的画展（卖画）应予摒弃，因为博物馆不是画廊。

4. 科普展览要适度增加

现在举国上下都在贯彻科学发展观，科普教育作为基础，应该深入开展。县级博物馆作为地方综合性博物馆（包括人文历史和自然科学），有责任进行科普宣传。科普类展览社会资源丰富，特别是与科技局、科协、农林局、气象局、卫生局等政府职能部门合作时，科普宣传资源较为丰富，这些科普展对社区居民、在校青少年学生都有重要的教育作用。

总之，县级博物馆应坚持举办临时展览，但展览内容需回归博物馆的基本功能，这是社会的要求，观众的希望。繁荣基层博物馆事业，必须落实科学发展观，按规律办事，紧紧围绕履行博物馆的社会职能举办各类临时展览。

吴江市职工珍藏展陈列理念详解

陈　萍

（吴江博物馆　江苏吴江　215200）

内容提要：举办临时展览是吴江博物馆基本陈列之外的一项重要工作。"感受岁月变迁　见证社会发展　时代印记——吴江市职工珍藏展"是吴江博物馆举办的一个临时展览，展览从策划、征集、内容设计、艺术呈现等多方面着手，将吴江市职工珍藏的每一件藏品完整呈现，生动描述了一个个关于社会、潮流、生活故事，让人们看到时代进步和人们生活品位提高的同时，激起人们建设"乐居吴江"的动力。

关键词：展品征集　陈列大纲　陈列设计　形式要素

博物馆陈列是在一定空间内，以文物标本为基础，配合适当辅助展品，按照一定的主题、序列和艺术形式组合成的进行直观教育、传播文化科学信息和提供审美欣赏的展品群体。陈列是博物馆实现其社会功能的主要方式，是博物馆特有的语言。

博物馆除了基本陈列外，还可以举办一些临时展览，这是活跃博物馆工作的一种有效办法。吴江博物馆通过发挥自身的优势，结合当地的特点，和其他相关单位一起联合举办了"感受岁月变迁　见证社会发展　时代印记——吴江市职工珍藏展"。此次展览所呈现出的已经远远不只是一件件物品的变革和发展，而是一部谱写不同年代的吴江人的鲜活而富有说服力的吴江发展史。它把一个个关于社会、潮流、生活故事生动地描述出来，从中让人们看到时代的进步和人们生活品位的提高，同时也激发了吴江职工全面建设现代化"乐居吴江"的巨大动力。

我馆在筹办这次展览时遵循一定的基本程序，同时通过一系列复杂的研究、设计和多方面、多工种的协调与合作，最终形成一个完善的循序渐进的临时展览陈列。

一　确定陈列主题及基本内容

近些年，吴江的政治、经济、社会事业获得迅猛发展，百姓生活实现了质的飞跃。为了重温这伟大光辉历程，感受岁月变迁，见证社会发展，吴江博物馆和其他相关单位特联合举办吴江职工珍藏展。

我馆通过此次展览，希望广大观众可以感受到辉煌的成就始终伴随着改革开放坚定有力的脚步，追寻历史的足迹，丰硕成果已然渗透于我们点点滴滴的生活里，留存于民间形形色色的收藏中。每一件收藏都是一颗历史的珍珠，都是一个动人的故事，都是一面历史的镜子，我们试图通过对新中国成立以来民间藏品的集中展示，来重现曾经的记忆、曾经的生活、曾经的传奇，以此来见证吴江这些年所取得的伟大成就。

二　调查征集藏品和辅助展品

我国有私人收藏文物的传统，民间流散着许多文物珍品。特别是革命文物、近现代文物，更是广泛散存在各地机关团体之中或私人手中。因此加强社会征集是非常重要的。

展览策划之后，便开始进入主题，首先是藏品、展品的征集。凡是能够从不同角度立体地展现新中国成立以来我市企业、职工在政治、经济、文化、社会生活等领域所取得的辉煌成就，体现人们精神风貌的具有历史性、纪念性、艺术观赏性的民间收藏品都是我馆的征集对象。征集方向分以下几类：

①工业类（生产工具实物、工作服等，以及厂容厂貌、街景街貌等老照片）；

②交通、通讯类（自行车等交通工具，各时期的电话机、大哥大、BB机等通讯工具）；

③社会事业、生活类（生活用品、结婚三大件、电视机、照相机、收音机等，粮票、邮票、布票、购物券等票证）；

④政治、新闻类（反映吴江重要事件的新闻报纸、杂志、印刷品等）；

⑤各类奖状、奖章和纪念品（劳动模范奖章及证书，五一劳动奖章、奖状及证书，劳动竞赛荣誉证书及纪念品等）。

在确定征集对象之后，我们不断加大宣传力度，展开全方位的宣传渠道，通过电视广告、报纸报道、粘贴海报、发放宣传册、博物馆滚动字幕等多种手段进行宣传（图一）。同时，邀请新闻单位挖掘一些藏品背后的故事，着重加以报道，用具体的藏品教育人、用生动的故事感染人。其次，为了加大群众的参与热情，还将由有关专家评出“最具有价值”、“最动人”、“最具有故事性”、“最具有观赏性”和“最具有纪念性”的藏品各一件以及优秀作品若干件，并分别给予物质和精神奖励。

三　研究陈列内容和拟定陈列大纲

陈列大纲，就是陈列主题框架，简言之，即陈列纲目。“吴江市职工珍藏展”立足吴江发展轨迹，可分为《激情岁月》、《火红年代》和《腾飞时代》三大篇章，以实物、照片等形式，展示吴江地区各个时期寻常职工的生活。

第一篇章　激情岁月（1949～1965年）

1949年10月新中国成立至“文化大革命”爆发前夕的十七年是一段激情燃烧的岁月，镇反、土改、抗美援朝、“三反”、“五反”、“三大改造”、“反右”、人民公社、“大跃进”、反右倾、三年困难时期、“四清”等政治运动、历史事件相继发生。上了年纪的人们对这十七年留下深深政治记痕的同时，对日常生活也留下了难忘的记忆，不管是对各种生活用品和生产工具，还是对繁多的票证和不计其数的老照片都怀有一种十分特殊和难以释怀的感情。

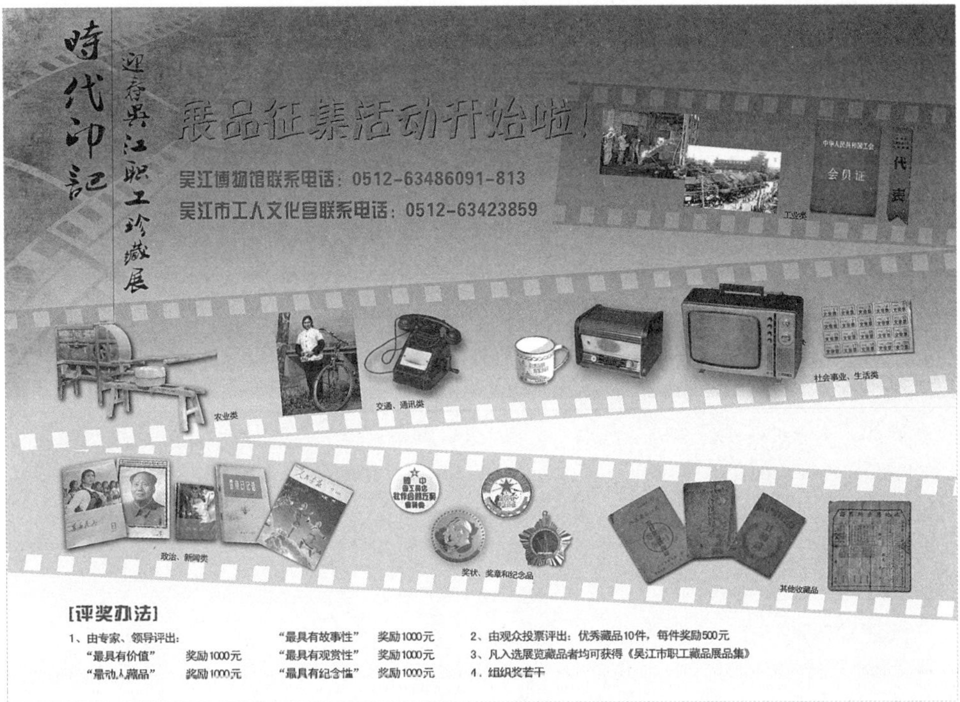

图一　在吴江电视台播放的征集广告

对征集到的大量收藏品，我们进行了仔细地研究和归类，大致将其分为五个类别：

①朴实无华的生活用品；

②实在多情的居家用具；

③简约实用的各种工具；

④钩沉往事的种种证件；

⑤我情依旧的文化用品。

在第一篇章中，我们又分为“生活”和“生产”两大部分，分别布置在两个展厅，这样两条主线比较清晰，时代特征明显，使观众感受更加深刻。

第二篇章　火红年代（1966～1976年）

“文革”十年，是一个火红的年代。在这个年代里，红旗挥舞、红花绽放、红灯高照、红星闪耀、红心跳动；红卫兵、红袖章、红宝书、红标语；红色电波、红色旋律、红色宣传队、祖国山河一片红……到处都是一片火红的景象。今天，我们从那个年代留下来的臂章、徽章、日用品、票证、证书和照片中，可依稀看到当时的社会景象和人们的风貌。

对征集到的珍贵展品，我们大致将其分为六个类别：

①红色的臂章；

②崇拜的徽章；

③鲜明的用品；

④多样的票证；

⑤繁多的证书；

⑥难忘的老照片。

第三篇章　腾飞时代（1977 年至今）

70 年代末，中国刚从“十年动乱”中挣扎出来，社会各方面满目疮痍。1978 年 12 月，党的十一届三中全会召开，决定把全党工作的重点转移到社会主义现代化建设上来。在邓小平同志建设有中国特色社会主义理论的指导下，实行改革开放，集中力量进行现代化建设。我们党和人民锐意改革，努力奋斗，整个国家焕发出了勃勃生机。1992 年 1 月，邓小平南巡讲话带来了改革开放的春天，中国从此走上了腾飞时代，中华大地开始发生历史性的伟大变化。随着现代化建设的蓬勃发展，中国人社会生活的变化从此开始。

对征集到的珍贵展品，我们围绕“衣”、“食”、“住”、“行”、“娱”这五个方面，将展品进行如下分类：

①华装丽服万种情；

②奇珍佳肴餐桌喧；

③欣看广厦千万间；

④纵横天下走四方；

⑤休闲娱乐冶情操。

四　陈列艺术形式研究和设计

陈列形式设计是陈列设计中不容忽视的重要方面。陈列的思想和陈列的内容存在于一定的形式之中，才能得到很好的表达，只有与完美的艺术形式相结合，内容才能得到准确、鲜明的表现。

博物馆陈列对于展品组合、氛围营造、场景安排等的设计都不是简单的堆积罗列，而是运用博物馆陈列设计特有的展示方式，进行有机的组合，塑造合适的艺术形象。只有紧紧围绕主题，大胆创新，才能设计出锦上添花的“化妆造型”。

成功的艺术形式设计可以使博物馆成为美育的课堂，提高观众的审美水平。完整的艺术形式还可以增加陈列的趣味性，丰富观众的精神文化生活，并吸引更多观众的“眼球”。要运用一切艺术手段，创造博物馆的陈列语言，达到陈列特有的艺术效果。成功的陈列形式设计首先应该做到如下几点：创造一个良好的展出与参观环境；正确地理解展出主题与展出内容；组织好展品，给它们以恰如其分的陈列地位；陈列艺术形象要具有准确性、鲜明性、生动性；要有自己的艺术风格；整体完整统一下的多样变化；要富有艺术感染力。

五　辅助展品和必要设备的设计制作

在此次展览中，吴江博物馆利用视听技术，如录音、录像、电影幻灯、“红色歌曲”、“红色电影”等，来烘托陈列主题，增强陈列效果。这种有形象可视，有声音可听的陈列形式与其他陈列形式相配合，能够更好地促进博物馆工作手段的新发展。

总之，博物馆陈列设计作为综合艺术的陈列、展示，不同于纯学术研究，不能仅注重理论而忽略实用；也不同于纯造型艺术创作，不能只追求美感，华而不实。博物馆陈列设计应该在满足陈列内容的功能性要求基础之上谈形式，依据内容做出形式设计，既要体现与思想内容完美和谐的内在形式，也要通过设计解决大量的外在形式，解决布展要求的造型与结构问题。

吴江博物馆与相关单位联合举办的临时展览“感受岁月变迁　见证社会发展　时代印记——吴江市职工珍藏展”，通过主动寻访、广泛征集，在全市范围内征集反映吴江在政治、经济、文化、社会生活等领域所取得的辉煌成就和体现职工精神风貌的具有历史性、经念性、艺术观赏性的民间藏品。通过职工共同参与，从民间留存的历史足迹中，梳理发展脉络、理性思考发展历程、正确解读成就，坚定走中国特色社会主义道路的信心，从而推动吴江率先发展、科学发展、和谐发展，为建设“乐居吴江”提供强大的精神力量。

参考文献：

1. 王宏钧：《中国博物馆学基础》，上海古籍出版社，2001 年。
2. 山东省博物馆学会：《博物馆学与博物馆工作》，山东教育出版社，1989 年。
3. 吕济民：《中国博物馆史论》，紫禁城出版社，2004 年。
4. 朱淳：《展示设计》，中国美术学院出版社，2000 年。
5. 李让、李文昌主编：《博物馆的记忆与想象》，学苑出版社，2005 年。
6. 毕文娣：《博物馆陈列空间的展示设计研究》，山东轻工业学院 2011 年硕士论文。

原状·全景·意境

——彰显旧址纪念馆“大陈展”的特有魅力

张 春

（史可法纪念馆 江苏扬州 225002）

内容提要：在当前博物馆建设和陈展水平提升的热潮中，旧址纪念馆怎样提升陈展水平很值得我们思考。旧址纪念馆区别于一般意义的博物馆的最大特点就是“旧址”和“纪念”，它有特定的主题内容，其陈展方法和样式也不尽相同。旧址纪念馆应遵循“全景式原状陈列”的基本原则，充分利用自身资源优势，通过专业人员的探究和实践，在原状、全景、创构意境的“大陈展”方面努力。

关键词：原状 全景 意境 大陈展 纪念馆

旧址纪念馆是指在具有特定历史人文信息的古旧建筑环境内，为纪念特定人物或特定历史事件而建立的文博馆所。在我国，旧址纪念馆规模大多属中小型。旧址纪念馆区别于一般博物馆的两大特点是：旧址——馆舍及其整体环境是利用既有的单体或组群的古旧建筑，几乎都属于文保单位，馆舍就是最大的文物；纪念——专为纪念特定的人和事而设立的文博机构。相对于博物馆的“博”，它很“专”，即具有专题性；相对于博物馆的“物”，它更富有故事性和情感性，“博物馆具有客观性，而纪念馆则维系情感，震动人心，凝聚精神，激发追求”[1]。在江苏省，南京的中国近代史博物馆（总统府）和太平天国纪念馆（瞻园）、淮安的周恩来童年读书旧址、扬州的史可法纪念馆（史公祠）等都是旧址纪念馆。

在当前我国持续升温的新建、改扩建博物馆的热潮中，许多馆的陈列展览在可读性、观赏性、参与性等方面都有所提高，同时档次和造价也在提升。为增强国家软实力，提升国民文化素养，促进全社会的科学发展、和谐进步，政府优先加大文化投入当然是件好事。但是不是每个博物馆、纪念馆都需要革故更新，旧貌换新颜呢？旧址纪念馆的陈列展览究竟应因循怎样的思路，这是值得我们冷静思考的问题。

一 “大陈展”是旧址纪念馆的基本思路和主要手法

陈展，一般是指博物馆利用一定面积的展示空间，进行内容和形式设计，采用多种艺术手段和语言要素制作并呈现出的陈列展览样式。因此，博物馆的陈展具有空间限定性，展厅以外的室内外空间一般都不作为展览空间来规划。但是，旧址纪念馆则不然。

它是将整个纪念馆环境作为一个完整的展示空间来打造，陈展囊括馆舍范围内的所有建筑、室内陈设和室外环境。为什么要这样做？其理由有几点：①古建筑及其周边环境作为文保单位，都是不可移动的超大文物，是历史文化遗存，其本身极具综合价值，没有理由不作为展示对象；②旧址纪念馆具有浓厚的叙事性、情感性，一般来说，馆舍内所有景观、构造物都有特指性、象征性，且彼此之间互为依托，相得益彰，不可或缺；③旧址建筑多呈散点式布局，唯有整体塑造展示才能强化主题；④旧址纪念馆的室内陈设和户外景物是特殊的、必要的展示内容，它比一般博物馆陈列中的“场景复原”更具有真实性和震撼力。由此不难看出，旧址纪念馆因自身拥有厚实的历史人文资源和独特的环境，其陈展方式必然与其他博物馆不同，而以原状为主体、依托全景、升华意境的“大陈展”无疑是它最好的表现形式。

“大陈展”是一个复合概念，以原状展示为主体陈列，以解读主题内容、拓展相关信息为“辅助陈列”。辅助陈列可以少许地穿插于原状陈列当中，但不能过分喧宾夺主。当然，一些旧址纪念馆更多的是安排专门空间来设计制作解读主题的展览，且从全国来看，此种展览有越做越大、手段越来越有科技含量的趋势。但不管如何，它在旧址纪念馆内仍属于“辅助陈列”，原状陈列始终应处于主体地位。辅助陈列如果是开设在古旧建筑内，不宜过度运用声、光、电等高科技手段，也不宜过度安排非文物的造型物，否则既与建筑环境风格相悖，又会影响古建筑的安全和观众参观的舒适度。如果在旧址一隅另建场馆搞辅助陈列，则设计和制作的空间余地要大得多，但也不能过度设计，新建筑的风格一定要与旧址风貌相一致，建筑高度和体量决不能抢占古旧建筑的风头。本文主要讨论旧址纪念馆的原状陈列展示，辅助陈列问题不再详述。

二 “原状”是旧址纪念馆陈展之本

之所以称为旧址纪念馆，就是因为它的“旧”，即原有的状态。作为各级文保单位的古旧建筑以及环境，理应修旧如旧、整旧如旧、完好如旧。在博物馆大家庭中，旧址纪念馆的魅力就在于始终以“原状”的醇香感染着社会大众。反之，如果旧址纪念馆改变“原状”，混淆于一般博物馆之中，也就失去了它存在的必要了。早在 1957 年，全国纪念性博物馆工作座谈会就明确了纪念馆的发展方向：“纪念性博物馆一定要搞好原状陈列，决不能追求规模、气魄和把纪念馆与专门性历史博物馆混淆起来；要本着勤俭的方针，发展小型多样、丰富多彩的纪念馆和革命纪念馆。”[2]“原状”是各类纪念馆，尤其是旧址纪念馆陈列展示的主旨。

随着科技手段在博物馆、纪念馆的普遍应用，我们似乎对“陈列”二字的含义越来越陌生了。据《现代汉语词典》解释，“陈列”是把物品摆出来供人观看。陈，是安放；列，是排列。而在《辞海》中，陈设，也就是陈列、摆放。据于此，旧址纪念馆的原状陈列，就是按照该处原有的状态进行陈列，或叫陈设、安置，这主要是指室内空间。而古旧建筑则要通过妥当修缮使其保持健康良好的原来样貌，户外环境要通过梳整、养护、补充等，使其充满生机，更好地为凸显主题服务。

原状陈列中的“原状”是相对的。任何一个旧址，不管是殿宇、宗庙、故居，还是老街、老厂房、老银行、历史事件发生地等，随着时间的推移均可能受到战乱、天灾、自然侵蚀的破坏。因此，原状陈列就是通过我们科学合理、严肃认真的积极作为，尽可能地恢复它原来的生态。原状陈列不是被动看守，而是坏什么修什么，缺什么补什么，哪里不准确就经过研究及时矫正。要有所为有所不为，不能盲目作为，搞成画蛇添足，使人啼笑皆非。旧址纪念馆要把研究、维修、养护、补充、矫正等工作常态化，使原状陈列常年保持原真、完善、健康、典雅、优美的理想状态。一个成功的原状陈列一定同时具备真、善、美的潜质。

三 “全景”是旧址纪念馆陈展之势

“全景”是指旧址纪念馆整体范围内的全部景色风貌。无论从何种角度看，全景式的原状陈列是旧址纪念馆与生俱来的特点和赖以生存的基础。这里所说的“势”是借用物理学名词，是“描写场的一种量，势一般与物理场相联系”[3]。势就是相互作用的场，如同电磁场、引力场一样，“实物之间的相互作用就是依靠有关的场来实现的，场本身具有能量、动量和质量”[4]。笔者以为，物理空间越大，内在物体之间相互作用的能量就越大。旧址纪念馆在这方面有得天独厚的优势，这是其他博物馆无法比拟的。博物馆展厅内固然有表现宏大场面的复原场景、微缩景观、幻影成像、虚拟现实，甚至是半景画馆、全景画馆，能满足观众了解历史、享受视听的需求，但它们充其量是艺术化的“真实”，是虚拟的“真实”。而旧址纪念馆原汁原味、客观尺度的全景式原状陈列，就在眼前，就在脚下，在观赏时步移景移而主题不变，对特定人和事件的认知都得以放大。

全景式原状陈列要做到一个角落不漏，一个造型物不落，所有的陈设和点缀都应符合主题，不能敷衍了事，更不能张冠李戴。特别是一些庭园式的旧址纪念馆，细节处更要妥当处理。

以扬州史可法纪念馆为例，略述全景式展陈的塑造。

该馆旧址始建于乾隆年间，咸丰年间毁于兵火，同治九年重建，馆内有史公祠堂、史公衣冠墓和原有配套建筑，现为国家级文物保护单位，省级爱国主义和德育教育基地。该馆的全景式原状陈列的特点有：

第一，古建筑做到及时大修和常年维修、保护，严格按照“修旧如旧”的原则，准确无讹地体现原有样式。

第二，室内陈设按功能准确定位。飨堂主要陈设史公干漆夹纻像、史公遗物、珍贵史料等，祠堂主要陈设神龛画像、史公牌位、诸多文武官员牌位、史公生平年表和海内外名人墨宝等，遗墨厅本名“晴雪轩”，陈列着多幅史可法墨迹，其中有巨幅狂草对联“琴书游戏六千里，诗酒清狂四十年”等，更有“复多尔衮书”和“绝命书”。

第三，楹联、匾额为原状陈列和刻划主题增色。有的楹联已名誉海内外，如“数点梅花亡国泪，二分明月故臣心”、“生有来自文信国，死而后已武乡侯”、“一代兴亡关气数，千秋庙貌傍江山”等。“气壮山河”、“亮节孤忠”、“褒慰忠魂”等匾额、题词也强化了主题。纪念馆进门的两廊上有名人石刻，记录了诸多脍炙人口的诗文。

第四，花草树木的置陈亦苦心经营，紧扣主题。挺拔傲立的银杏，如血如泪的梅花，坚韧刚劲的翠竹，冰心玉洁的玉兰，千滴泪珠的斑竹，虬劲长青的松柏，无不体现史可法的人格精神以及后人对他的缅怀敬仰。

第五，其他方面的细节处理。如园圃、路径、叠石、土丘、池水、亭榭廊桥等，均一一精心筹划。通过全景内点、线、面的处理，使鲜活的自然生态和厚实的历史人文融为一体，形成古朴典雅、自然天成的艺术整体。

作为省级爱国主义教育和德育基地，史可法纪念馆结合青少年需要形象直观地接受信息的特点，在参观路线的中段利用长廊的壁面以“连环画”的形式编排制作了《史可法生平事迹展》。这种展示并没有刻意安排在封闭的空间内，而是安排在观众参观行走的过程中，使辅助陈列与原状展示自然结合，在同一主题中相得益彰。

史可法纪念馆的做法可能会给一些中小型旧址纪念馆陈展带来一定的启发，并且对各地在城市改造过程中出现的古旧建筑的保护利用起到提示作用。

四 “意境”是旧址纪念馆陈展之魂

“意境”是我国古代美学思想中的一个重要范畴。意境说之渊源可上溯到先秦，此后代有新说而不离其宗，直至近人王国维将其系统化、理论化。意境是什么？我国美学大师宗白华先生作了形象的阐述：“以宇宙人生的具体为对象，赏玩它的色相、秩序、节奏、和谐，借以窥见自我的最深心灵的反映；化实景而为虚境，创形象以为象征，使人类最高的心灵具体化、肉身化，这就是‘艺术境界’。”他还说：“意境是‘情’与‘景’的结晶品。”“艺术意境的创构，是使客观景物作我主观情思的象征。”[5]客观景物是前提条件，人的认知是情景互动的开始，“情感离不开认知，初发时它是认知的陪伴，只有它发展到足够强大时，它才能反客为主，去左右认知。‘象外之象’的创造也只有这时才能发生，这就是‘情宜切’。因此，欣赏中，只有循着这样一个情感变化的脉络，才有‘味外之旨’可言”。“‘象外之象’与‘味外之旨’正是通过情感流转为中介，而互相生发，水乳交融的。”[6]由此可见，无论是美的创造，还是审美需求，意境都是人们企盼的高级境界。“意境”是主观认知加情思再与客观景象互动而产生的，是触景生情、情景交融、物我两忘、心灵升华的复杂心理过程。

笔者前文已述，旧址纪念馆的“大陈展”，是全景式原状陈列展示，其强大的“物理场”极易与观众、游客形成积极互动。拿史可法纪念馆来说，在6000余平方米全景范围内，飨堂、墓冢、史公墨迹、梅花岭、祠堂，甚至一花一木，都会给观众带来无限的遐想，仿佛穿越时空，眼前闪现着史可法宁死不屈的形象，以及“扬州十日”的悲怆景象。时空的特殊性，是构成意境的催化剂。在今天能看到旧时的风貌，且在纪念馆的每个角落都能感觉到主题所在，旧址纪念馆陈展的特有魅力就在于此。

综上所述，因文化资源的特殊性，旧址纪念馆的陈展样式要与一般博物馆相区别，“大陈展”是旧址纪念馆展陈的基本思路。恰当的辅助陈列是必要的，但不能本末倒置。全景式的原状陈列展示，是构成旧址纪念馆特有意境的必要前提条件。旧址纪念馆工作人员要潜心研究，善于总结，使旧址纪念馆在博物馆大队伍中更显特色，更富生机，更有魅力。

注释:

[1] 张秋岳:《中国纪念馆刍议》,《区域特色与中小型博物馆江苏省博物馆学会 2010 学术年会论文集》,第 92 页,文物出版社,2011 年。

[2] 王宏钧:《中国博物馆学基础》,第 104 页,上海古籍出版社,2001 年。

[3] 夏征农主编:《辞海》,第 470 页,上海辞书出版社,1979 年。

[4] 夏征农主编:《辞海》,第 525 页,上海辞书出版社,1979 年。

[5] 宗白华:《美学散步》,第 70 ~ 72 页,上海人民出版社,1981 年。

[6] 高楠:《艺术心理学》,第 583 页,辽宁人民出版社,1988 年。

中小型博物馆临展工作的思考

李　威

（常州博物馆　江苏常州　213002）

内容提要：免费开放为博物馆带来了观众，同样也带来如何吸引观众多次参观的难题。临时展览是解决这一难题的重要突破口。但是中小型博物馆由于自身条件的限制，举办优秀临展的难度相对较大。本文就免费开放形势下中小馆临展工作的现状和难题展开讨论，以期博得博物馆界各位专家的重视，并就中小博物馆开展临时展览工作的问题展开探讨。

关键词：免费开放　中小型博物馆　临时展览

2008 年全国博物馆、纪念馆免费开放政策的实施是中国博物馆事业发展的一个里程碑，这一举措突出了博物馆的公益性，同时财政上的保障也为博物馆实现社会价值注入了强大的动力。如何吸引观众多次走进博物馆，如何让观众每次参观获得不同的知识与观展体验？这是博物馆面临的严峻挑战，而解决这一问题的重要方式就是开办临时展览。因此，临展工作的重要性得到了广泛重视，许多博物馆在临展工作上都在自加压力，希望临展能够成为扩大影响、实现社会效益的突破口。

以免费开放为契机，通过合理有效地推进临展工作来巩固强化博物馆的文化地位，这是每一个博物馆人的愿望。但实际工作中难免会出现一些挑战和问题，尤其是中小博物馆，在提升临展质量和影响力的过程中，制约和困难显得更加突出。

一　高质量临展的交流与倾斜

在举办临时展览方面，国内大型博物馆无疑走在前列。丰富的馆藏资源是大型博物馆最大的优势，拥有大量或成系列的精美藏品就拥有了广阔的临展选题空间，同时也保证了展览的较高水准。而丰富且精良的自筹展览也就意味着更多的高水平交流展览机会，加上大型馆的地域影响力，引进高质量临展也不是难题。

随着博物馆事业的发展，各地博物馆建设如火如荼，部分发达地区不仅县级市有博物馆，甚至区镇都有博物馆。但是，中小馆自身藏品较少，质量参差，难以拿出珍贵文物办展。可是单从每年举办的临展数目来看，许多中小馆的成绩是相当令人振奋的。据了解，许多地市级和县级馆每年以有限的人力、物力举办 20 个以上的临展，可谓是不辞辛劳。但不可否认的是大部分临展质量平平，影响力和吸引力都欠佳。结果就是博物馆人兢兢业业辛劳一年只是在年终总结上多上几个数字，现实中却难以吸引大量的观众，对于博物馆扩大影响力、提升社会效益作用有限。

藏品的劣势使许多中小型馆难以依靠馆藏资源举办高质量临展，因此，大多转而引进展览。但是由于中小馆在资金、展示条件、业务力量等客观方面的限制，真正重量级的优秀临展往往难以落户。不过随着博物馆事业的发展，许多中小馆特别是江苏的中小馆大多都已建设了新馆，展示条件也在不断改善，同时由于免费开放后地方财政的支持以及省文物局的专项拨款，资金上的紧张也颇为好转。可以说许多中小馆对于迎接高质量临展已经做好了准备，欠缺的其实是大型博物馆对于当下情况的认知与重视。如果能够提供一些体量较小，展陈、保管条件较为宽松的优秀临展，并借助信息交流平台以合理的借展费用向中小馆推荐，使高质量临展向中小馆倾斜，必然能够得到广泛的支持，取得良好的社会效益。早年由于地方保管和研究力量的不足，许多地方的代表性文物无偿调拨进入了大型博物馆，作为无偿文物调拨制度的受益者，若能够将馆藏的精美文物付诸临展，回馈地方，缓解中小博物馆高质量临展的渴求，这种由文化中心地带向地方做文化辐射的举动，无疑也是对当今国家努力推动文化大发展大繁荣的积极响应。

二　中小博物馆临时展览的形式设计

观众在参观大型博物馆和中小博物馆的临时展览时，往往能够明显感觉到不同，因为大型博物馆的优秀临时展览看起来几乎有中小馆的基本陈列或是专题陈列的水准。大型博物馆的展陈优势体现在展品数量和质量上，而更主要则是体现在形式设计上。优秀的形式设计能够与展览内容相协调，通过调动各种感官强化观众的代入感，从而大幅提高观展体验。中小博物馆的临时展览在形式设计上的薄弱非常明显，不同主题的临时展览换的只有说明牌和展板，配备设施只有一些基本的支架、底座，因此，即便在展览内容设计上花费再多精力，在观展体验上也难以和具有优秀形式设计的临展相媲美。免费开放带来了观众，但是没有优秀观展体验的临展又怎么能激发观众观展的欲望呢？

缺乏有经验的形式设计人才、施工人员和必要设备，这些都是中小馆难以为临展设计出优秀形式的原因。改善现状的可行办法是服务外包，即将临展的形式设计或制作流程外包给专门的公司。就像一般公司将网络搭建和维护事务外包给电脑公司一样，需要技术服务时可以随时求助专业人员，而不必在编制内常备网络技术人员了。在博物馆展陈设计领域，国内有着一些知名的专业设计公司，但是其高昂的费用和漫长的制作过程对于中小馆开展临时展览来说并不适宜。况且，中小馆展厅和资金的限制以及临展筹备过程中的多变情况，使得很多临展难以单纯依靠外包公司开展形式设计。所以，不妨在博物馆的陈列部门招收或培养一名具有一定形式设计能力的员工，在临展策划筹备阶段做好初步的形式设计，再根据实际情况外包给当地的设计、装饰或者相关的专门公司，并在流程中把握整体效果的实现，这样就能够满足临展基本的形式设计要求了。

以常州博物馆2012年5月举办的“亲悦山水——桥人风光摄影展”为例，这本应是一个典型的摄影图片展，按照博物馆普遍的图片展形式，或用喷绘版面或制镜框，在展厅内或错落有致或各成系列的逐一上墙摆放，也就可以成展了。但是，摄影作品虽然美轮美奂，展出效果却难以带来更突出的视觉震撼和审美享受。但此次展览在形式上突破了以往的窠臼，运用了大量的光电灯箱以及3D技术，辅以展厅灯光照度上的减弱，使得摄影作品更加的突出，有效地强化了展览的视觉效果，营造出了美妙的观展氛围。观众的观展体验得到了很大提升，一时间好评如潮，参观者络绎不绝，这是在普通摄影展难以见到的。这次展览除了3D图片展示外，其他展出形式实现起来都不算困难，地面灯箱、地台、壁挂灯箱都没有很高的技术难度，一般广告公司都能胜任，而达到的效果却令人耳目一新。事实上，此次展览的灯箱、地台也确实是展览作者张建平先生交给南京一家专业公司制作的。这不禁给了我们一个启示，如果中小型博物馆在办展时能够提出自己对于形式设计的想法和要求，并通过服务外包加以实现，那么对于提升临展的观展体验必将起到积极的推动作用。

三　博物馆临展业务范围的扩展

每一个博物馆都有自己的定位，或是历史类、艺术类，或是自然类、科技类。社会是多元的，人们的观展需求也同样多元。许多观众对于历史和艺术类展览有着浓厚的兴趣，但是也有相当一部分人群对这类展览兴趣缺乏。比如儿童由于自身认知能力的限制，往往难以理解历史类和艺术类展览的内涵，更谈不上有什么审美愉悦了，即便在师长陪同下一路浏览，也是云山雾罩、不知所云；而理工科知识背景的人群，由于知识结构不同，对于历史和艺术类展览同样缺乏充分的理解和共鸣。以上群体理应是自然博物馆和科技馆的主要观众来源，可是我国的自然博物馆和科技馆相对匮乏，尤其是地市和县级行政区域的博物馆绝大部分定位为历史或艺术类博物馆，对于他们缺乏吸引力。从另一方面看，既然被定位成历史或艺术类博物馆，那么展出历史或艺术类陈列才符合其自身定位，大力开展科普展或科技成果展一来没有相应藏品基础和业务经验，二来与定位相左、不伦不类。

博物馆的定位主要体现在基本陈列上，大体量的基本陈列足以明确自身定位的基调。作为地方重要的文化活动场所（许多市县，设施较好的博物馆只有那么一座），基于自身的社会责任，即便是历史类或艺术类博物馆，也可以通过扩大博物馆临时展览的业务范围，充分追逐市场需要，尽量吸引不同兴趣点的观众，实现博物馆的社会价值。如上面提到的自然博物馆和科技馆的巨大缺口，就可以通过举办科普和科技类临展弥补。展览是博物馆的产品，观众就是消费者，通过短期生产时效性强或者市场渴求的产品来满足消费者，就像以苏南菜色为主打特色的饭店在夏季也会推出香辣小龙虾一样，这都是完全可行的市场行为。2009年，常州博物馆邀请国内最知名的博物馆和展陈专家就新馆陈列申报全国十大精品陈列展开讨论，专家对于花费巨大精力筹备的历史陈列反响平平，而对于寓教于乐的少儿自然科普陈列却给予了充分肯定，最终，常博的自然科普陈列获得了第八届全国陈列展览评选之最佳创意奖。对于中小馆来说，这是一个十分难得的奖项，正是自然博物馆和科技馆的巨大缺口，才为常州博物馆的自然科普陈列创造了空间与契机。受此事鼓舞，常州博物馆筹备了一系列自然科普临展，每年暑假展出，并开展配套的科普夏令营，吸引了很多少年儿童来馆参观。常博还尝试与社会上的专业团队合作，举办面向儿童的临时展览。2011年，常博承接了常州爱贝创意美术中心的少儿美术展，由博物馆提供优质的场馆和设施，中心提供展品并主导展厅布置工作，最终在原本相对严肃的展厅里布置了一个形式上非常欢快活泼的少儿美术展。2010和2011年，常州博物馆两次承接了常州工学院艺术与设计学院的师生作品展，展览内容丰富，充满科技气息，从平面设计到工业设计，特别是动漫样片和家电、汽车的概念模型，吸引了大量目光，许多观众驻足观看，表现出浓厚兴趣。以上的几个展览与历史或艺术类展览的有明显差异，却同样带来了大量的观众。这使我们相信，引进科普或者科技类临展完全是可行的。

常州博物馆是一座地方综合性博物馆，下设少儿自然博物馆，有着举办少儿科普展的传统。常州博物馆自筹的几个自然科普临展，每年都被一些地市级和县级的历史或艺术类博物馆所引进。同样作为地方重要的文化活动场所，各地的历史或艺术类博物馆是否也能通过扩展临展的业务范围，吸引那些本来对博物馆缺乏兴趣的人群呢？不过关于博物馆临展业务范围的扩展，或坚守自身定位，或短期的改变思路，还是要各地博物馆结合自身实际确定。

免费开放后的观众潮早已散去，吸引观众多次参观的难度正在逐渐凸显。我们需要运用临时展览和优质的服务来吸引和打动观众，为实现博物馆的社会价值，为社会主义文化大发展大繁荣贡献自己应尽的力量。

博物馆数字化与数字博物馆相关问题研究

顾欣欣

（徐州汉画像石艺术馆　江苏徐州　221006）

内容提要： 本文在理顺博物馆数字化与数字博物馆相关概念的基础上，分析了如何通过数字化技术提升博物馆的管理职能和改变传统的观赏学习模式，并提出博物馆数字化的规范建设是实体博物馆发展的必然趋势。

关键词： 博物馆数字化　应用　发展

社会信息化、数字化促使各行各业迅猛发展，网络化的交流已渗入到人类社会的各个方面，博物馆作为科学文化事业的重要组成部分，作为大众教育平台，利用网络技术、多媒体技术、虚拟技术、自控技术等新颖的高新技术，实施博物馆数字化，进而建设“数字博物馆”已是必然的发展趋势。国内各大型博物馆如故宫博物院、首都博物馆、南京博物院等，已先行开始了建设数字博物馆行动，带动了地方博物馆的数字化工程。目前，各个地区博物馆都非常重视数字化技术的应用与推广，很多专家、学者早已从不同层面对博物馆的数字化问题进行了深入的分析与探讨。从学术界讨论的情况来看，对“博物馆数字化”以及“数字博物馆”的概念与内涵存在着不同的认识与理解，也就是说，在理论研究领域还没有达成一致，但基本取得了一点共识，那就是“博物馆数字化”和“数字博物馆”不属于同一个概念范畴。本文根据这两个概念的特点，试分析数字化建设在传统博物馆中的应用和发展趋势等相关问题。

一　“博物馆数字化”与“数字博物馆”概念

一直以来，人们对数字博物馆、博物馆数字化、博物馆信息化等概念认识比较混乱，对各概念涉及的工作性质和内容认识比较模糊。但是，“数字化”无论是以什么技术模式出现，都已逐渐深入了博物馆工作的方方面面，如办公自动化、藏品管理数字化、楼宇自动化等，促使博物馆进入了数字化领域。实体博物馆基本上按照“博物馆数字化”或者“数字博物馆”的模式，推动博物馆科普事业和科学研究的发展。全面数字化已成为许多博物馆，特别是新建博物馆的发展目标。

关于“博物馆数字化”，中国文物报社网络部主任李文昌认为，博物馆数字化，是指运用数字技术（包括计算机技术、数据库技术、多媒体技术、网络技术、通讯技术和自动控制技术等）对一个实体博物馆的各个方面进行数字化处理，这是一个动态的过程，这一过程可以包括建网站、藏品数字化管理、虚拟展示、楼宇自动化、网络建设等[1]。

博物馆数字化涵盖了收藏、保管、研究、陈列、教育、市场、办公等所有的工作内容。如文物保管中的数据库建设、出入库管理、盘点工作、文物存放环境的温湿度监控；文物修复中的色彩辅助分析、碎片辅助拼缀；陈列展览中的虚拟展示和技术安全防范。

所谓“数字博物馆”是应用数字技术对博物馆的收藏、展览、管理等各方面的信息进行处理和存储，并通过局域网、国际互联网进行横向交流的各种信息技术相结合的综合性信息服务系统。数字博物馆的特点是：存储数字化、传递网络化、管理电脑化、资源共享化[2]。

数字博物馆在于运用数字技术、电脑技术、通信技术和自动化技术，依托以现代化技术和现代化管理为基础的现代化博物馆，构筑网络化的综合性终身教育系统。一个完整的数字博物馆至少由四个部分组成：数字藏品、存储平台、加工平台、互动展示平台[3]。

数字博物馆超出了实体博物馆“馆”和“物”的地理、物理限制，把实体博物馆的所有管理和业务内容全都转化到信息应用平台上，使博物馆在新的社会发展阶段从“实物导向”转变为“信息导向”，使现场服务超越时间、空间的限制。数字博物馆同时是数字产品的征集、收藏单位，也是社会科学与自然科学交叉融合的重要结合点，是把科技与文化相结合的文化交流传播的一个崭新的高科技艺术领域[4]。

二 应用数字技术提升博物馆智能管理水平

通过数字技术管理和利用博物馆业务和行政信息，并经过对相关信息的科学分析，可以为博物馆管理层提供决策支持。数字技术在博物馆的应用有几大好处：一是管理智能化。在楼宇自动化和消防管理系统基础上建立起的文物环境监控系统，以及专门为文物保护研制的装置系统，科学而简约地实现了文物的智能化管理。二是运行高效化。信息交流提高了博物馆运行效率，办公系统自动化、文物藏品数据库建设和文物修复工作的专业化是其重要体现。三是文物典藏标准化。文物分类、定名、术语、方法、标记、环境、鉴定、语言处理等更加完善和贴切。

藏品是博物馆的核心，藏品的数字化管理近几年在全国全面展开，许多有实力的博物馆都相继开发了藏品管理软件。数字技术在陈列展览、考古发掘、文物保护与修复、学术研究、行政管理等方面得到广泛应用，大量数据信息存储在磁盘中，节省了物理空间；自动化办公提高了工作效率；通过网络进行文化交流、社会调查、方案征集研讨等，扩大了交流面积，带动了社会力量的参与。数字技术的应用节省了物力、人力、时间和空间，优化了工作组织系统，提升了博物馆的管理水平，促进了博物馆事业的发展。

三 应用虚拟技术改变传统观赏学习模式

传统博物馆将馆藏文物以一定的展陈形式展现给观众，并开展一系列社会教育活动。这种模式有两大缺点：一是展示形式固定化。受博物馆建筑空间及其他因素的制约，观众必须按照一定的路线参观，依次观看展品。二是教育方式模式化，无法满足不同观众的需求。

数字博物馆以数字技术展示文物所蕴含的历史、文化、科技信息，借助网络等信息技术向受众广泛传播和宣传。

第一，数字博物馆不受环境、地点的制约。信息的组织形式由传统的线性方式转变为直接、网状的组织形式，观众可以在网站页面间自由跳转，自主观赏与学习。

第二，数字博物馆与实体博物馆一样保护、管理和利用文化遗产，尽可能准确而全面地发掘、展示文化遗产已知和未知信息，并通过观众喜闻乐见的多媒体形式展示和传播。

第三，数字博物馆将与藏品有关的图像、影像、声音、文字等信息利用多媒体技术有机地结合起来，使观众较为全面地了解藏品所反映的历史文化信息。对于观众有兴趣的藏品，还可利用三维模型多角度展示，丰富的信息量是传统博物馆无法比拟的。如传统博物馆中的古代瓷器只能静态展示，而数字博物馆就可以通过对古代瓷器制作过程的数字演示，直观地展示给观众，让观众随意点播。再如汉画像石的展示可利用影像技术将画面中汉代的生活场景活灵活现地展示出来。

博物馆作为一个提供知识的终生教育场所，理所当然地应该在信息时代的社会教育中占有重要地位，建立数字博物馆是时代发展的必然要求。虚拟技术的应用促进了数字博物馆的快速发展，如故宫博物院、首都博物馆等在网站上建设的虚拟博物馆备受观众欢迎。

四　数字化是博物馆发展的必然趋势

经研究，在博物馆的各类展示材料中，文字说明的吸引力远远低于图像和互动性展品。“90%的人是不看展品说明的。即使去看，平均的阅读时间也仅10秒而已。而且他们通常是在开始看展览的30分钟之内才去阅读。”[5]这种现象尤其容易在专题馆发生，如徐州汉画像石艺术馆展出的画像石内容丰富，极具历史研究价值，有些专业爱好者会不远千里来馆参观，一看就是一整天，但对于非专业人员来说，画像石都是大同小异，不具多大吸引力。为此，汉画像石艺术馆利用三维技术把汉画像石中所反映的历史故事再现出来，让文物生动起来，补充应用在实体展示中，多视角展示画像石，受到了观众的广泛好评。

数字博物馆应信息社会互联网技术和其他高新技术的普及而生。博物馆的教育活动一改往日的呆板模式，利用虚拟博物馆提高文物的展出率和展出效果，是保持和延续文化遗产的最佳手段。数字展览克服了资金和展厅的限制，利用虚拟空间、图像及声音等多媒体技术进行网上展示和精品介绍，满足了参观者的多种需求。

数字博物馆与传统博物馆有机结合共同发挥传播文化信息、开展社会教育的职能。而数字博物馆是传统博物馆时间和空间上的延伸，是对传统博物馆的必要补充，给传统博物馆带来了新的活力。

五　正确认识博物馆数字化与数字博物馆的关系

第一，数字化建设是博物馆发展的必然趋势，博物馆数字化与数字博物馆两者同中有异。博物馆特别是专题性博物馆要在数字化建设中综合考虑区域、规模、内容、经济、运行机制等因素，因地制宜，因事而异，处理好博物馆数字化与数字博物馆的关系。

第二，数字化建设是一个动态过程。博物馆数字化强调是过程，而数字博物馆是成果。前者指运用数字技术对一个实体博物馆的各个方面进行数字化处理，包括建设网站、藏品数字化管理、虚拟展示、楼宇自动化、网络建设等。后者也是应用数字技术，但它形成了综合性信息服务系统，其特点是存储数字化、传递网络化、管理电脑化、资源共享化。一个完整的数字博物馆至少由四个部分组成：数字藏品、存储平台、加工平台、互动展示平台。它超出了实体博物馆“馆”和“物”的地理、物理限制，把实体博物馆的所有管理和业务内容全都转化到信息应用平台上，使博物馆在新的社会发展阶段从“实物导向”转变为“信息导向”，超越了时间、空间的限制，形成数字信息的收藏单位。

第三，克服畏难情绪，努力推动博物馆数字化，早日建成数字博物馆。数字化就是将许多复杂多变的信息转变为可以度量的数据，再以这些数据建立适当的数字化模型，把它们转变为一系列二进制代码引入计算机内部，进行统一处理。数字化隶属于工程学科，目前对于大多数文博界从业人员来说，有一定难度，必须克服畏难情绪，努力推动博物馆数字化建设，而只有数字化发展到一定程度，规范到一定程度，才有可能迎接数字博物馆的到来。

第四，按照规范进行博物馆数字化建设，注意博物馆数字化与数字博物馆的衔接。在数字技术广泛普及的今天，绝大多数博物馆都开展了数字化工作，随着时间的推移，越来越多的博物馆也开始筹建数字博物馆。但是数字博物馆是成果，是展示平台，数字化行业与数字博物馆的特点都要求在推动博物馆数字化的过程中按规范执行，否则就会造成浪费，甚至延缓数字博物馆的建设。

“博物馆数字化”与“数字博物馆”并不是新鲜话题，却是一个内容丰富、常议常新的话题。为了博物馆数字化建设的健康发展，应该而且必须认真研究其发展过程中产生的问题，并运用适当方式加以解决。

注释：

[1] 李文昌:《发展中的中国数字化博物馆》,《国际博物馆》(中文版),2008 年 Z1 期。

[2] 李文昌:《也谈数字化博物馆——兼与陈宏京先生商榷》,中国文物报 2002 年 1 月 11 日。

[3] 陈刚:《数字博物馆概念、特征及其发展模式探析》,《中国博物馆》2007 年第 3 期。

[4] 祝敬国:《中国博物馆数字化若干概念的思考》,中国博物馆学会数字化专业委员会成立大会暨首届博物馆数字化建设学术交流及成果展示会议上的发言。

[5] John H. Falk & Lynn D. Dierking, *The Museum Experience*, P 70 ~ 78, Whalesback Books, 1992。

浅谈微博在博物馆和谐发展中的作用

陈　荣

（苏皖边区政府旧址纪念馆　江苏淮安　223002）

内容提要：微博是一种流行于网络的现代信息交流工具。将微博应用于博物馆的日常工作中，为用户搭建一个获取、共享、交流、传递信息的互动平台，可以以一种全新的形式展示博物馆博大精深的文化，扩大博物馆自身的社会影响力。微博为构建和谐博物馆，促进博物馆自身的和谐发展发挥了积极的作用。

关键词：微博　博物馆　和谐发展　作用

微博，即微博客（MicroBlog）的简称，是一个基于用户关系的信息分享、传播及获取的平台，用户可以通过 WEB、WAP 以及各种客户端组建个人社区，以 140 字左右的文字更新信息，并实现即时分享。自埃文·威廉姆斯（Evan Williams）创建的新兴公司 Obvious 推出 Twitter 服务以来，微博凭借其开放、即时、集成、方便等特性受到了人们的普遍欢迎，人们亲切地把微博称作“围脖”。“今天你织围脖了吗”成为新一代网络流行语。中国互联网信息中心（CNNIC）在 2012 年 1 月 16 日发布的《第 29 次中国互联网络发展状况统计报告》称：“截至 2011 年 12 月底，中国网民数量突破 5 亿，达到 5.13 亿，全年新增网民 5580 万。而微博在 2011 年迅速崛起，微博使用人数在这一年达到 24988 万人，较上一年底增长了 296.0%。”[1] 随着微博用户群在中国的迅速扩大，微博对中国社会各领域的影响也逐步显现。博物馆界对微博这一新兴的网络交流平台也产生了浓厚的兴趣，并将其引入到博物馆的日常工作中。目前国内已有多家博物馆开通官方微博并通过微博开展各种服务，如活动公告、信息发布、学术交流等，取得了良好的社会效果。微博对博物馆扩大社会影响力，促进博物馆和谐发展起到了积极的推动作用。

一　微博扩大博物馆社会影响力

博物馆是征集、典藏、陈列和研究代表自然和人类文化遗产的实物的场所，为公众提供知识、教育和欣赏的文化教育的机构、建筑物、地点或者社会公共机构，是一座城市文化的缩影和窗口。长期以来在人们的印象里，博物馆大多是古老、神秘、庄严的，仿佛是位高高在上的施教者。而微博里的博物馆则是一副现代、开放、时髦的面孔，如腾讯上的故宫微博资料为“男，1925 年 10 月 10 日，天秤座”，其自我介绍更是别有一番味道：“这里，有你看得到的，看不到的故宫；这里，有你想知道却不曾了解的故宫；这里，有你关注的，感兴趣的故宫；这里，有最新鲜、最及时、最靠谱、最给力的故宫。”从流光溢彩的历代文物到故宫墙角的流浪小猫，故宫微博内容无所不包。时髦亲切的语言拉近了博物馆与观众的距离，故宫微博开通短短的一年多时间里，仅腾讯故宫微博关注者就达到310多万。而上海玻璃博物馆则更是在开馆前半年就提前开通了自己的官方微博，内容从玻璃历史、制造技术到博物馆筹备实录，从员工培训、布置展架到玻璃大师访问记录，无不与粉丝积极互动。据上海玻璃博物馆市场公关总监方静透露："微博半年，最难忘的是有粉丝因为微博爱上玻璃博物馆而加入了我们团队，成为一名博物馆人。随着关注微博的人越来越多，不断有人发帖询问玻璃博物馆何时开展，地址在哪……"[2]博物馆通过微博这一全新的网络社交方式，将各种活动信息及时发布出来，网友也可以就某些学术问题与博物馆专业人士进行在线交流。博物馆微博颠覆了博物馆高高在上的刻板印象，拉近了公众与博物馆的距离，对于提高博物馆知名度、塑造社会良好形象起到了积极的推动作用，极大提高了博物馆的吸引力和社会影响力。

二 微博提升博物馆服务传播力

教育与公共服务是现代博物馆最主要的两项社会功能。博物馆作为公益性、公共性社会文化机构，肩负着对全体社会成员进行素质教育、开展爱国主义教育、传播先进文化的重任，这就要求博物馆必须主动去适应时代和社会需要，不断强化服务意识，创新教育手段，主动融入社会，激发公众对博物馆的兴趣。在互联网高速发展的信息时代，微博无疑是博物馆走向社会、融入社会的最佳切入点。复旦大学教授胡志祥认为"现代博物馆的功能越来越偏向于教育，这就决定了博物馆要更重视互动性。而微博的互动特性正好与博物馆的发展思路相契合，是衍生，是必然的"[3]。微博凭借广泛的传播范围和惊人的传播速度成为当今社会重要的信息传播平台，博物馆的社会教育与服务功能正可以借助微博这一低成本、高效率、平民化且互动性极强的网络传播工具，扩大博物馆传播社会先进文化的受众面和影响力。

博物馆可以在自己的微博上运用图片、文字、语音等多种形式介绍本馆的藏品、资讯、学术研究等。有时受文物的珍稀性和博物馆展览场地等诸多因素的限制，许多珍贵藏品无法在日常陈列中展出，微博就可以在一定程度上弥补这一缺憾。此外，网友还可以用微博就相关问题进行交流，如故宫就在其微博上开设了故宫资讯、话说紫禁城、皇帝那些事、晒家底、文物医院、文化专题、陶瓷墨镜等多个栏目，不间断发表和故宫有关的历史故事，这些帖子吸引了成百上千网友转发，并发表留言与故宫微博进行互动。2011年情人节，故宫特意在微博上推出几件象征美好姻缘的藏品："'子刚'款青玉合卺杯，为双筒相连式，是明代文物。古时'合卺'多指婚姻之事，合卺杯亦应为大婚所用，寓意成双成对。红底描金喜喜字碗，是清代文物，同治时期生产的'喜喜'字瓷器是同治皇帝的大婚用器，以餐具为主。故宫微博推出此碗，祝愿有情人终成眷属。"[4]这种特别的宣传方式使传统的文物介绍既充满历史性，又具有浓浓的人情味。对于故宫微博推出的情人节特供藏品，粉丝们的评价是："宫哥太给力了。"在"晒家底"栏目中，网友看到"清·乾隆石青缎绣金龙棉朝褂"的相关介绍后，纷纷留言就这件朝褂"应该怎么穿"、"穿上后是否保暖"、"为什么皇后也可以使用五爪龙"及"皇后朝褂上的龙与皇帝龙袍上的龙有何不同"等展开讨论，故宫也在其微博上对网友提出的这些问题一一作出了解释。虽然在微博上看照片并不能替代真正走进博物馆欣赏实物，但这是博物馆向大众普及文化的一种新颖手段。网名为“鸚鹉史航”的知名编剧策划人在故宫微博留言说：“我挺喜欢故宫官网，因这位博主普及很多文博常识，我一直追踪看。”[5] “2011 年国家博物馆还首次尝试运用微博互动的形式对潘天寿艺术、李可染艺术、黄胄艺术国际学术研讨会进行现场直播。国家博物馆的官方微博在进行图文直播的同时还在每条微博后添加了视频连接的地址，使广大网民可以通过多种媒体形式近距离感受艺术大师的魅力。网友纷纷留言关注，称赞国博‘给力’。这一举措拉近了艺术与大众的距离，就像网友‘瓦尔’所说：‘虽然看不懂，但是很喜欢。’”[6] “微博让博物馆里的文物穿越时空，使忙碌的人们能够抽出闲暇与古代文明对话，即便抽不出时间上博物馆，也能通过浏览微博里的文物信息，感受历史的风雨，思索世事的沉浮。微博，推动了博物馆的普及，增加了博物馆在人们精神文化生活中的重量。”[7]

三　微博提高博物馆管理和学术能力

微博有利于博物馆及时了解行业动态。博物馆可以在自己的微博上有选择性地关注其他博物馆同行的微博，交流先进理念，借鉴活动方法，了解开展的活动及学术研究情况，遇到有用的信息可以相互转发，并可以在微博上进行互动合作，做到知识和资源合理共享。

如 2012 年 5 月 18 日至 6 月 19 日，中国国家博物馆联合湖南、湖北、山西和首都博物馆，针对网络上流行的热词卖萌，联手选择了一些造型可爱、便于激发想象力的馆藏文物发布在微博上，邀请网友为博物馆推出文物设计对白、旁白，受到了网友的强烈追捧，网友们充分发挥想象力为博物馆推出的各种文物的萌表情配旁白。

此外，博物馆的工作人员也可以利用微博和其他同行交流工作心得，相互了解文博动态，吸收文博界先进的学术见解，学习他人先进的管理技术，提高本馆的工作和管理效率以及学术水平。

四　微博优化博物馆形象

微博时代改变了传统媒体一对多的传播方式，使得人人都是媒体，人人都是观众。只要是微博用户，都可以发布、传递信息。也正由于微博门槛低、传播快、互动性强的特点，使得微博上的围观力量异常强大，且信息的可信度真假难辨。在微博上，一个小问题，甚至一个子虚乌有的消息，在围观者的推动下，也有可能被过分放大，形成滚雪球效应，在网络和现实社会引起轩然大波。博物馆也常常被卷入其中。如不能及时正确处理，博物馆在公众中树立的良好社会形象势必会受到影响。微博时代，博物馆也可以充分发挥微博的力量，应对公共危机事件。做好网络舆情监控，确保博物馆能在第一时间发现危机源头，及时了解危机动向。出现对博物馆不信任情况时，应及时通过微博作出正面回应，迅速调查，如确系博物馆的责任，要及时在微博上检讨，取得社会公众的谅解；如是流言，也应及时澄清事实，说明真相，避免流言进一步扩大。同时博物馆也可以利用微博掌握舆论方向，及时发布权威信息进行舆论引导，从而赢得社会公众的理解与信任。

在构建中国和谐社会的伟大进程中，博物馆作为公益性、公共性社会文化机构，是社会主义和谐社会的重要组成部分。肩负着对全体社会成员进行素质教育、开展爱国主义教育、传播先进文化的重任。博物馆可以借助微博这一新兴的社交媒体，提高自身的公共文化服务能力，吸引社会公众利用博物馆文化资源，扩大博物馆传播社会先进文化的受众面和影响力，提升国民的综合素质。虽然微博在国内博物馆界的应用只是刚刚开始，但随着微博技术的日益成熟和人们认识的加深，相信微博这一新兴的网络传媒平台必将在博物馆的和谐发展中发挥越来越大的作用。

注释：

[1] 中国互联网信息中心(CNNIC):《第29次中国互联网络发展状况统计报告》,百度文库。
[2]《场馆未开张微博先吆喝"古老"博物馆网络新生》,《解放日报》2011年3月10日。
[3]《博物馆变"微博控"是不是跟风?》,《南方日报》2011年3月15日。
[4]《故宫微博吸引160万听众　晒藏品祝福剩男剩女》,《北京晨报》2011年2月15日。
[5]《看传统博物馆变身新潮"微博控"》,《楚天都市报》2011年12月27日。
[6]《国家博物馆首用微博直播研讨会 网友赞给力》,中国新闻网。
[7]《上微博　赏国宝》,《人民日报》(海外版)2011年3月11日。

博物馆的公共关系与服务

——基于2011年度全国一级博物馆运行评估[1]

张小朋

（南京博物院　江苏南京　210016）

一　指标综述

2012年10月，国家文物局委托中国博物馆协会开展了2011年度国家一级博物馆运行评估工作。评估依据《国家一级博物馆运行评估规则》、《国家一级博物馆运行评估指标体系》、《2011年度国家一级博物馆运行评估工作方案》进行，包括定性评估、定量评估和抽查复核三个环节。全部国家一级博物馆共83家参加了本次评估（国家文物局文物博发［2008］35号《关于发布首批国家一级博物馆名单的决定》）。

评估专家根据评估指标体系对“藏品管理”、“科学研究”、“陈列展览与社会教育”、“公共关系与服务”、“博物馆共管理与发展建设”等定性评估内容进行评价打分，中国博物馆协会汇总评估申报书中有关量化数据，运用专门的统计计算系统进行处理，自动生成定量评估分值。2012年12月，在完成定性、定量评估的基础上，抽取了扬州博物馆、湖北省博物馆、半坡遗址博物馆、中国煤炭博物馆、爱辉历史陈列馆、河北省博物馆、周恩来邓颖超纪念馆、成都武侯祠博物馆、成都杜甫草堂博物馆、云南民族博物馆等十家博物馆进行现场复核。

按照国家文物局颁发的《国家一级博物馆运行评估指标体系》和《2011年度国家一级博物馆运行评估工作方案》的规定和要求，本报告是对其中第四部分“公共关系与服务”的评估总结和分析。

1. 评估指标说明

根据《国家一级博物馆运行评估指标体系》的规定，国家一级博物馆运行评估中“公共关系与服务”部分属于一级定性评估指标，权重占全部一级定性评估指标的15%，其中二级指标共有“公共关系”、“公众服务”和“博物馆网站”三个部分，权重分别为全部定性评估指标的7%、5%和3%（图一）。

“公共关系与服务”部分分为“公共关系”、“公共服务”和“博物馆网站”三个方面，涉及宣传、志愿者、博物馆之友、馆际合作关系、社会合作网络关系、文化产品、咨询服务、公众调查和博物馆网站的共29个得分点。

本类的总分值为110分，相比2010年的总分值没有变化（表一）。

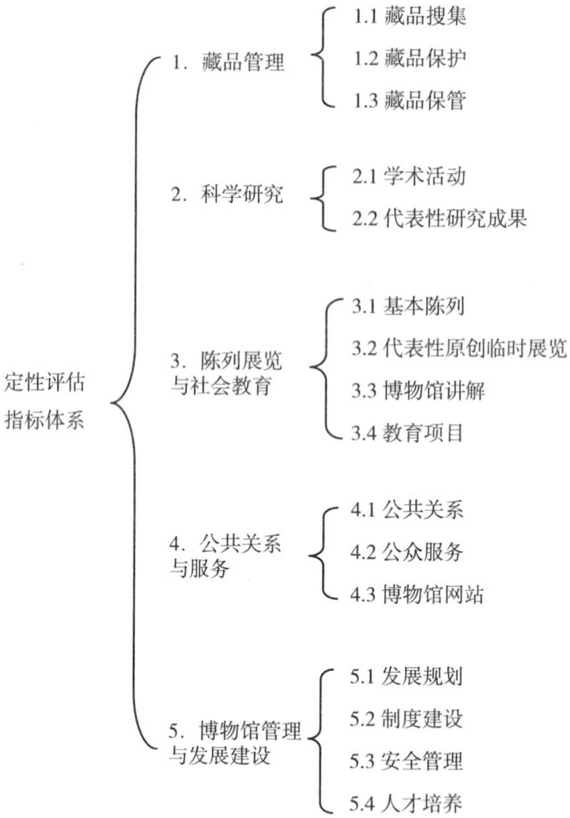

图一 定性评估指标体系框架图

表一 公共关系与服务部分评估指标分值分布表

分类	分值	比例
宣传	15	12.30
志愿者	12	9.84
博物馆之友	10	8.20
馆际合作关系	6	4.92
社会合作网络关系	7	5.74
文化产品	22	18.03
咨询服务	10	8.20
公众调查	18	14.75
博物馆网站	10	8.20
总分	110	

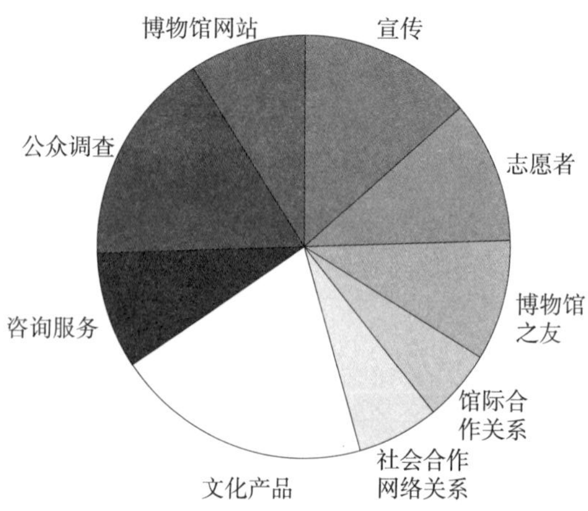

“宣传”、“文化产品”、“公众调查”和“咨询服务”四项占到了超过一半的分值，而博物馆向来重视的馆际合作关系被压缩到了5%的比例。这一变化凸显了国家文物行政主管部门越来越重视博物馆社会功能的发挥，强调博物馆要改变坐等上门的服务模式，更多地深入到社会公众的文化生活之中，提供更多贴近生活、贴近现实、贴近群众的优质文化服务和产品。

公共关系与服务部分的具体指标说明请见表二。

表二　国家一级博物馆运行评估定性评估指标体系——公共关系与服务部分

一级指标	权重	二级指标	权重	考察要点
公共关系与服务	15%	公共关系	7%	1. 根据博物馆年度宣传推广计划，开展主题明确、形式多样的博物馆相关宣传推广活动；（1%） 2. 依据在博物馆网站等公开发布的博物馆志愿者章程、博物馆之友章程，有计划地开展志愿者招募活动和博物馆之友活动，志愿者、博物馆之友对博物馆的贡献率逐步提高；（1%） 3. 有效运用互联网、手机等新型媒体和博客、微博等新型手段传播博物馆文化；（1%） 4. 与国内外其他博物馆建立业务合作关系，实现馆际互助与资源共享；（2%） 5. 对中小博物馆和民办博物馆的对口帮扶；（1%） 6. 与企业、社会团体、媒体机构等建立良好合作网络关系，整合社会资源，扩大社会影响。（1%）
		公众服务	5%	1. 根据本馆藏品、展览特色和地方文化特色，为公众提供设计优美、制作精良的文化产品，并营销良好，文化产品品牌社会认知、认可度高；（3%） 2. 为社会提供藏品保护、研究等咨询服务；（1%） 3. 有计划地开展多种形式的公众调查活动，了解和掌握公众需求，征询公众意见和建议。（1%）
		博物馆网站	3%	1. 及时更新博物馆及其藏品、展览等管理运行的信息，保证信息内容的完整性、时效性和准确性；（1%） 2. 通过网站为公众提供参观预约、虚拟展示、藏品赏析、资料分享、咨询答疑、文化产品营销、互动联系等便捷、有效的在线服务，并保证用户的问题、意见和建议得到及时处理和反馈；（1%） 3. 网站设计简洁大方，界面友好，方便用户使用。（1%）

根据考察要点的要求，以博物馆公共关系与服务的基本内容设计了全部29项评分点，各项分值的设定较为均衡，从中可以看出博物馆社会功能的发挥以及与社会互动交互是否处于良好的状态。具体内容如表三所列：

表三　公共关系与服务部分具体评分点

二级指标	评分点	主要考察材料
公共关系（50分）	是否建立博物馆宣传计划（2分） 宣传计划科学合理性（3分） 宣传活动形式多样计划执行情况（5分） 宣传效果（5分） 是否建立志愿者队伍（1分） 是否有志愿者队伍章程（1分） 志愿者队伍规模（2分） 志愿者招募活动（3分） 志愿者服务岗位设置（5分） 是否有博物馆之友组织（1分） 是否有博物馆之友组织章程（2分） 博物馆之友组织规模（2分） 博物馆之友活动（5分） 与国内外其他博物馆互助与合作（4分） 对中小博物馆和民办博物馆对口帮扶（2分） 与企业、社会团体、媒体等建立合作关系（7分）	国家一级博物馆运行评估申报书、附件4001博物馆宣传计划（方案）、附件4002宣传活动执行情况简表、附件4003志愿者招募、培训活动、附件4004志愿者服务工作、附件4005博物馆之友章程、附件4006博物馆之友活动、附件4007馆际合作关系、附件4008社会合作网络关系
公众服务（50分）	博物馆文化产品经营理念（7分） 博物馆文化产品种类多样性（8分） 博物馆文化产品销售策略（7分） 社会公众藏品咨询服务（10分） 常规的公众调查活动（3分） 具体活动公众调查（3分） 第三方形式公众调查（2分） 某次公众调查活动评分（10分）	国家一级博物馆运行评估申报书、附件4009文化产品开发、附件4010公众调查方案和调查问卷
博物馆网站（10分）	是否有博物馆网站（2分） 信息更新及内容完整性（2分） 观众在线服务（2分） 公众互动（2分） 网站设计（2分）	实际运行的博物馆网站

2. 博物馆类型划分

不同类型的博物馆在建筑规模、藏品种类与数量、展览形式、学科研究、服务功能、保护手段等多方面都存在差异，若不区分类型且不经正态分布检验小样本数就将全部数据纳入统计比较，容易导致结论的偏差。中国博物馆协会将国家一级博物馆按业务类型划分为“纪念类”、“历史文化与综合类”、“遗址类”和“自然、科技与专题类”四大类（表四），以下的分析中将力求按类型进行比较，降低不均衡的概率。

表四 国家一级博物馆分类表（按业务类型分类）

分类	数量	博物馆名称（不分顺序）	数量比例
纪念类	26	中国人民抗日战争纪念馆 北京鲁迅博物馆 周恩来邓颖超纪念馆 西柏坡纪念馆 八路军太行纪念馆 沈阳“九·一八”历史博物馆 抗美援朝纪念馆 东北烈士纪念馆 大庆铁人王进喜纪念馆 爱辉历史陈列馆 上海鲁迅纪念馆 中共一大会址纪念馆 侵华日军南京大屠杀遇难同胞纪念馆 古田会议纪念馆 南昌八一起义纪念馆 井冈山革命博物馆 瑞金中央革命根据地纪念馆 中国甲午战争博物馆 韶山毛泽东同志纪念馆 刘少奇同志纪念馆 孙中山故居纪念馆 邓小平故居陈列馆 成都武侯祠博物馆 成都杜甫草堂博物馆 遵义会议纪念馆 延安革命纪念馆	31.33%
历史文化与综合类	38	故宫博物院 首都博物馆 中国人民革命军事博物馆 天津博物馆 河北省博物馆 山西博物院 内蒙古博物院 辽宁省博物馆	

续表

分类	数量	博物馆名称（不分顺序）	数量比例
历史文化与综合类	38	旅顺博物馆 上海博物馆 南京博物院 南通博物苑 苏州博物馆 扬州博物馆 浙江省博物馆 安徽省博物馆 福建博物院 厦门华侨博物院 泉州海外交通史博物馆 江西省博物馆 青岛市博物馆 青州市博物馆 河南博物院 郑州博物馆 洛阳博物馆 湖北省博物馆 武汉市博物馆 荆州博物馆 湖南省博物馆 广东省博物馆 广西壮族自治区博物馆 重庆中国三峡博物馆 云南省博物馆 云南民族博物馆 西藏博物馆 陕西历史博物馆 固原博物馆 新疆维吾尔自治区博物馆	45.78%
遗址类	6	周口店北京人遗址博物馆 西汉南越王博物馆 广汉三星堆博物馆 秦始皇兵马俑博物馆 西安半坡博物馆 汉阳陵博物馆	7.23%

续表

分类	数量	博物馆名称（不分顺序）	数量比例
自然、科技与专题类	13	中国科学技术馆 中国地质博物馆 中国航空博物馆 北京自然博物馆 北京天文馆 天津自然博物馆 中国煤炭博物馆 吉林省自然博物馆 中国闽台缘博物馆 中国海军博物馆 南阳汉画馆 自贡恐龙博物馆 西安碑林博物馆	15.66%

在本次纳入运行评估的83家国家一级博物馆中，还存在11家中央地方共建的国家级博物馆（以下简称“8+3”级博物馆），它们全部属于历史文化与综合类，是国家文物局系统中博物馆的“国家队”，代表了中国博物馆的整体实力。根据国家文物局、财政部联合下发《关于开展中央地方共建国家级博物馆的通知》（文物博函［2009］1387号），首批确定了8家中央地方共建国家级博物馆，分别是上海博物馆、南京博物院、湖南省博物馆、河南博物院、陕西历史博物馆、湖北省博物馆、浙江省博物馆和辽宁省博物馆。另外，重庆中国三峡博物馆、首都博物馆和山西博物院三家博物馆为培育对象。

此外，国家一级博物馆根据行政级别又可区分为“中央部属级”、“省级”和“地市级及以下”三类（表五）。

表五　国家一级博物馆分类表（按行政级别分类）

行政级别	数量	博物馆（中央部属级、省级、地市级及以下三类不分顺序）	数量比例
“8+3”级	11	上海博物馆 南京博物院 湖南省博物馆 河南博物院 陕西历史博物馆 湖北省博物馆 浙江省博物馆 辽宁省博物馆 重庆中国三峡博物馆 首都博物馆 山西博物院	13.25%

续表

行政级别	数量	博物馆（中央部属级、省级、地市级及以下三类不分顺序）	数量比例
中央部属级	7	故宫博物院 中国科学技术馆 中国航空博物馆 中国地质博物馆 北京鲁迅博物馆 中国人民革命军事博物馆 中国海军博物馆	
省级	30	北京自然博物馆 广东省博物馆 秦始皇兵马俑博物馆 福建博物院 内蒙古博物院 上海鲁迅纪念馆 广西壮族自治区博物馆 天津博物馆 井冈山革命博物馆 天津自然博物馆 南昌八一起义纪念馆 安徽博物院 中国人民抗日战争纪念馆 吉林省自然博物馆 江西省博物馆 中共一大会址纪念馆 云南省博物馆 西安碑林博物馆 河北省博物馆 新疆维吾尔自治区博物馆 汉阳陵博物馆 八路军太行纪念馆 瑞金中央革命根据地纪念馆 东北烈士纪念馆 周恩来邓颖超纪念馆 北京天文馆 中国煤炭博物馆 固原博物馆 云南民族博物馆 西藏博物馆	36.15%

续表

行政级别	数量	博物馆（中央部属级、省级、地市级及以下三类不分顺序）	数量比例
地市级及以下	35	苏州博物馆 周口店北京人遗址博物馆 孙中山故居纪念馆 扬州博物馆 成都武侯祠博物馆 成都杜甫草堂博物馆 侵华日军南京大屠杀遇难同胞纪念馆 荆州博物馆 广汉三星堆博物馆 中国闽台缘博物馆 西汉南越王博物馆 旅顺博物馆 武汉市博物馆 爱辉历史陈列馆 自贡恐龙博物馆 洛阳博物馆 西安半坡博物馆 刘少奇同志纪念馆 青州市博物馆 韶山毛泽东同志纪念馆 古田会议纪念馆 大庆铁人王进喜纪念馆 郑州博物馆 泉州海外交通史博物馆 青岛市博物馆 沈阳“九·一八”历史博物馆 南阳汉画馆 遵义会议纪念馆 南通博物苑 中国甲午战争博物馆 西柏坡纪念馆 延安革命纪念馆 邓小平故居陈列馆 厦门华侨博物院 抗美援朝纪念馆	42.17%

二 评估结果

藏品是博物馆最主要的基础资源，一般而言，藏品和展示对象的学科属性决定了博物馆的业务类型，而公共关系与服务是博物馆实现社会服务功能、加强和社会联系的重要评估指标。评估工作小组按照业务类型和行政级别对83家博物馆做了区分，共有8种类型。为了能更清楚地分析2011年度国家一级博物馆在公共关系和服务方面的运行状态，以下从不同的业务类型、行政级别方面叙述。

1. 各馆分值

经过评估打分，各国家一级博物馆在公共关系与服务方面的得分排名如表六～十一所示。

表六 2011年度公共关系与服务定性一级指标总排名表

排名	博物馆名称	分数
1	湖南省博物馆	13.48000
2	上海博物馆	12.93000
3	故宫博物院	12.31333
4	重庆中国三峡博物馆	12.30000
5	南京博物院	12.16000
6	中国科学技术馆	12.09333
7	湖北省博物馆	12.08667
8	苏州博物馆	12.07333
9	首都博物馆	11.83333
10	成都武侯祠博物馆	11.82000
11	成都杜甫草堂博物馆	11.78667
12	陕西历史博物馆	11.74000
13	浙江省博物馆	11.71333
14	山西博物院	11.66667
15	河南博物院	11.50667
16	西汉南越王博物馆	11.44000
17	广东省博物馆	11.28667
18	辽宁省博物馆	11.21333
19	孙中山故居纪念馆	11.15333
20	秦始皇兵马俑博物馆	11.05333
21	武汉市博物馆	11.02667

续表

排名	博物馆名称	分数
22	爱辉历史陈列馆	10.83467
23	内蒙古博物院	10.78000
24	西安半坡博物馆	10.66667
25	广汉三星堆博物馆	10.54667
26	井冈山革命博物馆	10.50000
27	南昌八一起义纪念馆	10.36667
28	扬州博物馆	10.19334
29	福建博物院	10.14000
30	自贡恐龙博物馆	10.13333
31	天津博物馆	10.11333
32	韶山毛泽东同志纪念馆	10.10667
33	周口店北京人遗址博物馆	10.06000
34	安徽博物院	10.05333
35	云南省博物馆	9.98667
36	中国闽台缘博物馆	9.97333
37	中共一大会址纪念馆	9.94000
38	邓小平故居陈列馆	9.88000
39	江西省博物馆	9.79333
40	中国甲午战争博物馆	9.79333
41	厦门华侨博物院	9.78667
42	青岛市博物馆	9.77334
43	旅顺博物馆	9.76667
44	中国航空博物馆	9.69333
45	周恩来邓颖超纪念馆	9.68667
46	洛阳博物馆	9.68000
47	上海鲁迅纪念馆	9.67333
48	北京自然博物馆	9.64000
49	中国人民革命军事博物馆	9.64000
50	天津自然博物馆	9.63333
51	刘少奇同志纪念馆	9.62000
52	吉林省自然博物馆	9.59333

续表

排名	博物馆名称	分数
53	西安碑林博物馆	9. 55333
54	青州市博物馆	9. 53333
55	汉阳陵博物馆	9. 44667
56	河北省博物馆	9. 42667
57	南通博物苑	9. 40000
58	南阳汉画馆	9. 37333
59	侵华日军南京大屠杀遇难同胞纪念馆	9. 36000
60	云南民族博物馆	9. 30667
61	八路军太行纪念馆	9. 30000
62	古田会议纪念馆	9. 25333
63	荆州博物馆	9. 24667
64	中国人民抗日战争纪念馆	9. 20000
65	大庆铁人王进喜纪念馆	9. 16667
66	北京天文馆	9. 16000
67	沈阳“九·一八”历史博物馆	9. 14000
68	瑞金中央革命根据地纪念馆	9. 12000
69	西柏坡纪念馆	9. 08667
70	中国煤炭博物馆	9. 02000
71	郑州博物馆	9. 02000
72	北京鲁迅博物馆	8. 98667
73	泉州海外交通史博物馆	8. 95333
74	广西壮族自治区博物馆	8. 94000
75	延安革命纪念馆	8. 90667
76	中国地质博物馆	8. 75333
77	新疆维吾尔自治区博物馆	8. 70667
78	中国海军博物馆	8. 68000
79	遵义会议纪念馆	8. 40000
80	抗美援朝纪念馆	8. 09333
81	东北烈士纪念馆	7. 54667
82	西藏博物馆	7. 25333
83	固原博物馆	6. 90000

表七 2011年度公共关系与服务定性一级指标分类排名表（按业务类型分类）

博物馆名称	博物馆类型	分类排名	分数
成都武侯祠博物馆	纪念类	1	11.82
成都杜甫草堂博物馆	纪念类	2	11.79
孙中山故居纪念馆	纪念类	3	11.15
爱辉历史陈列馆	纪念类	4	10.83
井冈山革命博物馆	纪念类	5	10.50
南昌八一起义纪念馆	纪念类	6	10.37
韶山毛泽东同志纪念馆	纪念类	7	10.11
中共一大会址纪念馆	纪念类	8	9.94
邓小平故居陈列馆	纪念类	9	9.88
中国甲午战争博物馆	纪念类	10	9.79
周恩来邓颖超纪念馆	纪念类	11	9.69
上海鲁迅纪念馆	纪念类	12	9.67
刘少奇同志纪念馆	纪念类	13	9.62
侵华日军南京大屠杀遇难同胞纪念馆	纪念类	14	9.36
八路军太行纪念馆	纪念类	15	9.30
古田会议纪念馆	纪念类	16	9.25
中国人民抗日战争纪念馆	纪念类	17	9.20
大庆铁人王进喜纪念馆	纪念类	18	9.17
沈阳“九·一八”历史博物馆	纪念类	19	9.14
瑞金中央革命根据地纪念馆	纪念类	20	9.12
西柏坡纪念馆	纪念类	21	9.09
北京鲁迅博物馆	纪念类	22	8.99
延安革命纪念馆	纪念类	23	8.91
遵义会议纪念馆	纪念类	24	8.40
抗美援朝纪念馆	纪念类	25	8.09
东北烈士纪念馆	纪念类	26	7.55
湖南省博物馆	历史文化与综合类	1	13.48
上海博物馆	历史文化与综合类	2	12.93

续表

博物馆名称	博物馆类型	分类排名	分数
故宫博物院	历史文化与综合类	3	12.31
重庆中国三峡博物馆	历史文化与综合类	4	12.30
南京博物院	历史文化与综合类	5	12.16
湖北省博物馆	历史文化与综合类	6	12.09
苏州博物馆	历史文化与综合类	7	12.07
首都博物馆	历史文化与综合类	8	11.83
陕西历史博物馆	历史文化与综合类	9	11.74
浙江省博物馆	历史文化与综合类	10	11.71
山西博物院	历史文化与综合类	11	11.67
河南博物院	历史文化与综合类	12	11.51
广东省博物馆	历史文化与综合类	13	11.29
辽宁省博物馆	历史文化与综合类	14	11.21
武汉市博物馆	历史文化与综合类	15	11.03
内蒙古博物院	历史文化与综合类	16	10.78
扬州博物馆	历史文化与综合类	17	10.19
福建博物院	历史文化与综合类	18	10.14
天津博物馆	历史文化与综合类	19	10.11
安徽博物院	历史文化与综合类	20	10.05
云南省博物馆	历史文化与综合类	21	9.99
江西省博物馆	历史文化与综合类	22	9.79
厦门华侨博物院	历史文化与综合类	23	9.79
青岛市博物馆	历史文化与综合类	24	9.77
旅顺博物馆	历史文化与综合类	25	9.77
洛阳博物馆	历史文化与综合类	26	9.68
中国人民革命军事博物馆	历史文化与综合类	27	9.64
青州市博物馆	历史文化与综合类	28	9.53
河北省博物馆	历史文化与综合类	29	9.43
南通博物苑	历史文化与综合类	30	9.40

续表

博物馆名称	博物馆类型	分类排名	分数
云南民族博物馆	历史文化与综合类	31	9.31
荆州博物馆	历史文化与综合类	32	9.25
郑州博物馆	历史文化与综合类	33	9.02
泉州海外交通史博物馆	历史文化与综合类	34	8.95
广西壮族自治区博物馆	历史文化与综合类	35	8.94
新疆维吾尔自治区博物馆	历史文化与综合类	36	8.71
西藏博物馆	历史文化与综合类	37	7.25
固原博物馆	历史文化与综合类	38	6.90
西汉南越王博物馆	遗址类	1	11.44
秦始皇兵马俑博物馆	遗址类	2	11.05
西安半坡博物馆	遗址类	3	10.67
广汉三星堆博物馆	遗址类	4	10.55
周口店北京人遗址博物馆	遗址类	5	10.06
汉阳陵博物馆	遗址类	6	9.45
中国科学技术馆	自然、科技与专题类	1	12.09
自贡恐龙博物馆	自然、科技与专题类	2	10.13
中国闽台缘博物馆	自然、科技与专题类	3	9.97
中国航空博物馆	自然、科技与专题类	4	9.69
北京自然博物馆	自然、科技与专题类	5	9.64
天津自然博物馆	自然、科技与专题类	6	9.63
吉林省自然博物馆	自然、科技与专题类	7	9.59
西安碑林博物馆	自然、科技与专题类	8	9.55
南阳汉画馆	自然、科技与专题类	9	9.37
北京天文馆	自然、科技与专题类	10	9.16
中国煤炭博物馆	自然、科技与专题类	11	9.02
中国地质博物馆	自然、科技与专题类	12	8.75
中国海军博物馆	自然、科技与专题类	13	8.68

表八 2011年度公共关系与服务定性一级指标分级排名表（按行政级别分类）

博物馆名称	博物馆类型	分类排名	分数
湖南省博物馆	“8+3”级	1	13.48
上海博物馆	“8+3”级	2	12.93
重庆中国三峡博物馆	“8+3”级	3	12.30
南京博物院	“8+3”级	4	12.16
湖北省博物馆	“8+3”级	5	12.09
首都博物馆	“8+3”级	6	11.83
陕西历史博物馆	“8+3”级	7	11.74
浙江省博物馆	“8+3”级	8	11.71
山西博物院	“8+3”级	9	11.67
河南博物院	“8+3”级	10	11.51
辽宁省博物馆	“8+3”级	11	11.21
故宫博物院	中央部属级	1	12.31
中国科学技术馆	中央部属级	2	12.09
中国航空博物馆	中央部属级	3	9.69
中国人民革命军事博物馆	中央部属级	4	9.64
北京鲁迅博物馆	中央部属级	5	8.99
中国地质博物馆	中央部属级	6	8.75
中国海军博物馆	中央部属级	7	8.68
广东省博物馆	省级	1	11.29
秦始皇兵马俑博物馆	省级	2	11.05
内蒙古博物院	省级	3	10.78
井冈山革命博物馆	省级	4	10.50
南昌八一起义纪念馆	省级	5	10.37
福建博物院	省级	6	10.14
天津博物馆	省级	7	10.11
安徽博物院	省级	8	10.05
云南省博物馆	省级	9	9.99
中共一大会址纪念馆	省级	10	9.94

续表

博物馆名称	博物馆类型	分类排名	分数
江西省博物馆	省级	11	9.79
周恩来邓颖超纪念馆	省级	12	9.69
上海鲁迅纪念馆	省级	13	9.67
北京自然博物馆	省级	14	9.64
天津自然博物馆	省级	15	9.63
吉林省自然博物馆	省级	16	9.59
西安碑林博物馆	省级	17	9.55
汉阳陵博物馆	省级	18	9.45
河北省博物馆	省级	19	9.43
云南民族博物馆	省级	20	9.31
八路军太行纪念馆	省级	21	9.30
中国人民抗日战争纪念馆	省级	22	9.20
北京天文馆	省级	23	9.16
瑞金中央革命根据地纪念馆	省级	24	9.12
中国煤炭博物馆	省级	25	9.02
广西壮族自治区博物馆	省级	26	8.94
新疆维吾尔自治区博物馆	省级	27	8.71
东北烈士纪念馆	省级	28	7.55
西藏博物馆	省级	29	7.25
固原博物馆	省级	30	6.90
苏州博物馆	地市级及以下	1	12.07
成都武侯祠博物馆	地市级及以下	2	11.82
成都杜甫草堂博物馆	地市级及以下	3	11.79
西汉南越王博物馆	地市级及以下	4	11.44
孙中山故居纪念馆	地市级及以下	5	11.15
武汉市博物馆	地市级及以下	6	11.03
爱辉历史陈列馆	地市级及以下	7	10.83

续表

博物馆名称	博物馆类型	分类排名	分数
西安半坡博物馆	地市级及以下	8	10.67
广汉三星堆博物馆	地市级及以下	9	10.55
扬州博物馆	地市级及以下	10	10.19
自贡恐龙博物馆	地市级及以下	11	10.13
韶山毛泽东同志纪念馆	地市级及以下	12	10.11
周口店北京人遗址博物馆	地市级及以下	13	10.06
中国闽台缘博物馆	地市级及以下	14	9.97
邓小平故居陈列馆	地市级及以下	15	9.88
中国甲午战争博物馆	地市级及以下	16	9.79
厦门华侨博物院	地市级及以下	17	9.79
青岛市博物馆	地市级及以下	18	9.77
旅顺博物馆	地市级及以下	19	9.77
洛阳博物馆	地市级及以下	20	9.68
刘少奇同志纪念馆	地市级及以下	21	9.62
青州市博物馆	地市级及以下	22	9.53
南通博物苑	地市级及以下	23	9.40
南阳汉画馆	地市级及以下	24	9.37
侵华日军南京大屠杀遇难同胞纪念馆	地市级及以下	25	9.36
古田会议纪念馆	地市级及以下	26	9.25
荆州博物馆	地市级及以下	27	9.25
大庆铁人王进喜纪念馆	地市级及以下	28	9.17
沈阳“九·一八”历史博物馆	地市级及以下	29	9.14
西柏坡纪念馆	地市级及以下	30	9.09
郑州博物馆	地市级及以下	31	9.02
泉州海外交通史博物馆	地市级及以下	32	8.95
延安革命纪念馆	地市级及以下	33	8.91
遵义会议纪念馆	地市级及以下	34	8.40
抗美援朝纪念馆	地市级及以下	35	8.09

表九　2011年度定性二级指标公共关系排名表

排序	博物馆名称	分数
1	湖南省博物馆	6.73
2	重庆中国三峡博物馆	6.10
3	上海博物馆	6.03
4	苏州博物馆	6.01
5	南京博物院	5.96
6	浙江省博物馆	5.91
7	山西博物院	5.87
8	湖北省博物馆	5.82
9	成都杜甫草堂博物馆	5.82
10	河南博物院	5.77
11	武汉市博物馆	5.73
12	内蒙古博物院	5.68
13	辽宁省博物馆	5.68
14	爱辉历史陈列馆	5.61
15	广东省博物馆	5.59
16	陕西历史博物馆	5.54
17	中国科学技术馆	5.49
18	首都博物馆	5.40
19	西安半坡博物馆	5.40
20	孙中山故居纪念馆	5.35
21	成都武侯祠博物馆	5.35
22	西汉南越王博物馆	5.31
23	福建博物院	5.31
24	中国闽台缘博物馆	5.31
25	中共一大会址纪念馆	5.31
26	荆州博物馆	5.21
27	广汉三星堆博物馆	5.21
28	邓小平故居陈列馆	5.21

续表

排序	博物馆名称	分数
29	南昌八一起义纪念馆	5.17
30	井冈山革命博物馆	5.17
31	天津自然博物馆	5.17
32	厦门华侨博物院	5.12
33	安徽博物院	5.12
34	青岛市博物馆	5.07
35	上海鲁迅纪念馆	5.07
36	沈阳“九·一八”历史博物馆	5.07
37	吉林省自然博物馆	5.03
38	扬州博物馆	5.03
39	周恩来邓颖超纪念馆	5.03
40	周口店北京人遗址博物馆	5.03
41	中国甲午战争博物馆	5.03
42	江西省博物馆	5.03
43	故宫博物院	4.98
44	旅顺博物馆	4.93
45	秦始皇兵马俑博物馆	4.89
46	北京自然博物馆	4.84
47	南阳汉画馆	4.84
48	中国航空博物馆	4.79
49	河北省博物馆	4.79
50	侵华日军南京大屠杀遇难同胞纪念馆	4.79
51	天津博物馆	4.75
52	洛阳博物馆	4.75
53	汉阳陵博物馆	4.75
54	自贡恐龙博物馆	4.70
55	青州市博物馆	4.70
56	中国人民抗日战争纪念馆	4.70

续表

排序	博物馆名称	分数
57	西柏坡纪念馆	4.65
58	郑州博物馆	4.65
59	瑞金中央革命根据地纪念馆	4.65
60	泉州海外交通史博物馆	4.65
61	古田会议纪念馆	4.65
62	刘少奇同志纪念馆	4.65
63	云南省博物馆	4.65
64	西安碑林博物馆	4.65
65	延安革命纪念馆	4.61
66	广西壮族自治区博物馆	4.61
67	韶山毛泽东同志纪念馆	4.61
68	中国煤炭博物馆	4.56
69	东北烈士纪念馆	4.51
70	大庆铁人王进喜纪念馆	4.47
71	八路军太行纪念馆	4.47
72	南通博物苑	4.47
73	遵义会议纪念馆	4.47
74	云南民族博物馆	4.37
75	新疆维吾尔自治区博物馆	4.37
76	中国人民革命军事博物馆	4.37
77	抗美援朝纪念馆	4.33
78	固原博物馆	4.23
79	北京鲁迅博物馆	4.19
80	中国海军博物馆	4.05
81	中国地质博物馆	3.95
82	北京天文馆	3.86
83	西藏博物馆	3.25

表十 2011年度定性二级指标公众服务排名表

排序	博物馆名称	分数
1	湖南省博物馆	4.50
2	故宫博物院	4.33
3	成都武侯祠博物馆	4.17
4	上海博物馆	4.05
5	中国科学技术馆	4.00
6	南京博物院	3.95
7	首都博物馆	3.93
8	成都杜甫草堂博物馆	3.87
9	湖北省博物馆	3.87
10	重庆中国三峡博物馆	3.80
11	秦始皇兵马俑博物馆	3.77
12	西汉南越王博物馆	3.73
13	苏州博物馆	3.67
14	浙江省博物馆	3.60
15	陕西历史博物馆	3.60
16	山西博物院	3.50
17	辽宁省博物馆	3.43
18	孙中山故居纪念馆	3.40
19	韶山毛泽东同志纪念馆	3.40
20	西藏博物馆	3.40
21	河南博物院	3.33
22	广东省博物馆	3.30
23	中国人民革命军事博物馆	3.27
24	广汉三星堆博物馆	3.23
25	井冈山革命博物馆	3.23
26	天津博物馆	3.17
27	爱辉历史陈列馆	3.17
28	自贡恐龙博物馆	3.13

续表

排序	博物馆名称	分数
29	云南省博物馆	3. 13
30	南昌八一起义纪念馆	3. 10
31	内蒙古博物院	3. 10
32	西安半坡博物馆	3. 07
33	北京天文馆	3. 00
34	武汉市博物馆	3. 00
35	洛阳博物馆	2. 93
36	南通博物苑	2. 93
37	周口店北京人遗址博物馆	2. 93
38	西安碑林博物馆	2. 90
39	扬州博物馆	2. 87
40	刘少奇同志纪念馆	2. 87
41	旅顺博物馆	2. 83
42	中国地质博物馆	2. 80
43	中国航空博物馆	2. 80
44	延安革命纪念馆	2. 80
45	中国甲午战争博物馆	2. 77
46	青州市博物馆	2. 73
47	福建博物院	2. 73
48	北京自然博物馆	2. 70
49	中国闽台缘博物馆	2. 67
50	江西省博物馆	2. 67
51	固原博物馆	2. 67
52	云南民族博物馆	2. 63
53	荆州博物馆	2. 63
54	南阳汉画馆	2. 63
55	八路军太行纪念馆	2. 63
56	中共一大会址纪念馆	2. 63

续表

排序	博物馆名称	分数
57	大庆铁人王进喜纪念馆	2.60
58	北京鲁迅博物馆	2.60
59	青岛市博物馆	2.60
60	古田会议纪念馆	2.60
61	汉阳陵博物馆	2.60
62	厦门华侨博物院	2.57
63	邓小平故居陈列馆	2.57
64	吉林省自然博物馆	2.57
65	侵华日军南京大屠杀遇难同胞纪念馆	2.57
66	周恩来邓颖超纪念馆	2.54
67	西柏坡纪念馆	2.53
68	中国海军博物馆	2.53
69	瑞金中央革命根据地纪念馆	2.47
70	沈阳“九·一八”历史博物馆	2.47
71	抗美援朝纪念馆	2.47
72	安徽博物院	2.43
73	遵义会议纪念馆	2.43
74	泉州海外交通史博物馆	2.40
75	上海鲁迅纪念馆	2.40
76	天津自然博物馆	2.37
77	中国人民抗日战争纪念馆	2.30
78	郑州博物馆	2.27
79	中国煤炭博物馆	2.26
80	河北省博物馆	2.23
81	广西壮族自治区博物馆	2.23
82	新疆维吾尔自治区博物馆	2.13
83	东北烈士纪念馆	2.03

表十一　2011 年度定性二级指标博物馆网站排名表

排序	博物馆名称	分数
1	故宫博物院	3.00
2	上海博物馆	2.85
3	中国科学技术馆	2.60
4	陕西历史博物馆	2.60
5	首都博物馆	2.50
6	安徽博物院	2.50
7	河北省博物馆	2.40
8	秦始皇兵马俑博物馆	2.40
9	广东省博物馆	2.40
10	西汉南越王博物馆	2.40
11	孙中山故居纪念馆	2.40
12	重庆中国三峡博物馆	2.40
13	苏州博物馆	2.40
14	河南博物院	2.40
15	湖北省博物馆	2.40
16	武汉市博物馆	2.30
17	扬州博物馆	2.30
18	云南民族博物馆	2.30
19	自贡恐龙博物馆	2.30
20	成都武侯祠博物馆	2.30
21	北京天文馆	2.30
22	山西博物院	2.30
23	南京博物院	2.25
24	湖南省博物馆	2.25
25	浙江省博物馆	2.20
26	上海鲁迅纪念馆	2.20
27	中国煤炭博物馆	2.20

续表

排序	博物馆名称	分数
28	八路军太行纪念馆	2. 20
29	天津博物馆	2. 20
30	北京鲁迅博物馆	2. 20
31	中国人民抗日战争纪念馆	2. 20
32	云南省博物馆	2. 20
33	西安半坡博物馆	2. 20
34	新疆维吾尔自治区博物馆	2. 20
35	周恩来邓颖超纪念馆	2. 12
36	中国航空博物馆	2. 10
37	天津自然博物馆	2. 10
38	北京自然博物馆	2. 10
39	周口店北京人遗址博物馆	2. 10
40	福建博物院	2. 10
41	厦门华侨博物院	2. 10
42	辽宁省博物馆	2. 10
43	大庆铁人王进喜纪念馆	2. 10
44	青岛市博物馆	2. 10
45	中国海军博物馆	2. 10
46	江西省博物馆	2. 10
47	南昌八一起义纪念馆	2. 10
48	井冈山革命博物馆	2. 10
49	青州市博物馆	2. 10
50	郑州博物馆	2. 10
51	韶山毛泽东同志纪念馆	2. 10
52	刘少奇同志纪念馆	2. 10
53	广汉三星堆博物馆	2. 10
54	邓小平故居陈列馆	2. 10

续表

排序	博物馆名称	分数
55	广西壮族自治区博物馆	2. 10
56	成都杜甫草堂博物馆	2. 10
57	汉阳陵博物馆	2. 10
58	爱辉历史陈列馆	2. 06
59	旅顺博物馆	2. 00
60	吉林省自然博物馆	2. 00
61	中国闽台缘博物馆	2. 00
62	中共一大会址纪念馆	2. 00
63	侵华日军南京大屠杀遇难同胞纪念馆	2. 00
64	南通博物苑	2. 00
65	中国地质博物馆	2. 00
66	中国人民革命军事博物馆	2. 00
67	内蒙古博物院	2. 00
68	洛阳博物馆	2. 00
69	古田会议纪念馆	2. 00
70	瑞金中央革命根据地纪念馆	2. 00
71	中国甲午战争博物馆	2. 00
72	西安碑林博物馆	2. 00
73	南阳汉画馆	1. 90
74	泉州海外交通史博物馆	1. 90
75	西柏坡纪念馆	1. 90
76	沈阳“九·一八”历史博物馆	1. 60
77	遵义会议纪念馆	1. 50
78	延安革命纪念馆	1. 50
79	荆州博物馆	1. 40
80	抗美援朝纪念馆	1. 30
81	东北烈士纪念馆	1. 00
82	西藏博物馆	0. 60
83	固原博物馆	0. 00

2. 一级定性指标

纪念类、历史文化与综合类、遗址类和自然、科技与专题类的得分率均超过60%，83家博物馆的平均得分率达到了67.06%，2010年度该项的得分率为56%（图二）。经过一年的调整、改进，全国一级博物馆在公共关系与服务方面有了长足的进步，超过10%的显著提升充分表明，全国主要的博物馆在社会宣传、横向联系、志愿者和热心人士组织、文化产品经营、公众服务等多方面实施了有效的手段，使博物馆开始从学术的象牙塔向公众性的文化服务机构回归。

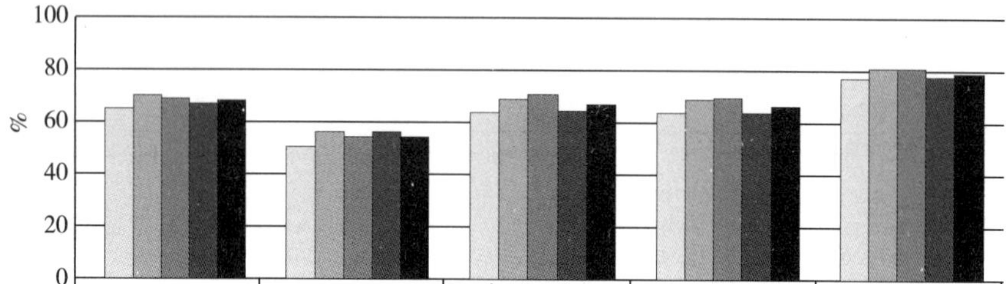

	藏品管理	科学研究	陈列展览与社会教育	公共关系与服务	博物馆管理与发展建设
□纪念类	65.90%	50.99%	64.65%	64.29%	77.76%
■历史文化与综合类	70.81%	56.84%	69.29%	69.43%	81.34%
■遗址类	69.20%	54.92%	71.39%	70.24%	81.44%
■自然、科技与专题类	67.79%	56.53%	65.01%	64.26%	78.36%
■2011年83家平均	68.69%	54.82%	67.32%	67.06%	79.76%

图二　2011年不同类型博物馆定性一级指标得分率比较

（1）按类型划分

在四种专业属性的博物馆中，得分率明显呈现两极状态，遗址类、历史文化与综合类博物馆得分率仅差1%，而纪念类和自然、科技与专题类博物馆则不分伯仲，这种现象和四类博物馆的专业类型、主管机关有着密切的关系。遗址类、历史文化与综合类博物馆基本都属于传统的社会历史文化类博物馆，专业属性、人员结构、工作模式、服务理念、主管机关基本一致，遗址类博物馆专业主题集中、地域性突出、展品与展览的内聚力强，更容易吸引公众，从而为博物馆加强与社会的关系提供了条件，因此，这一类的博物馆的得分率略高于包罗万象、地域特色较弱、主题不够集中的历史文化与综合类博物馆。纪念类和自然、科技与专题类博物馆具有不同的专业属性，馆舍规模、从业人员学术背景、工作方式、主管机关差别较大，行业管理模式和行政干预难以普及和深入，使得这两类的博物馆整体落后于前两者。

纪念类和自然、科技与专题类博物馆在公共关系与服务方面的均分一样，为9.64分，低于其他类型的博物馆，表明这两类博物馆与社会之间的互动性较弱（图三）。就一般参观体验而言，自然、科技与专题类的博物馆，在展项和观众之间的互动性要强于其他类型的博物馆，但“公共关系与服务”考察的是博物馆与社会之间的互动关系，主要体现在公共宣传、社会服务等方面，遗址类博物馆在这一项上的领先得分，说明该类博物馆贴近了地域文化的本土特色，引发了社会共鸣。

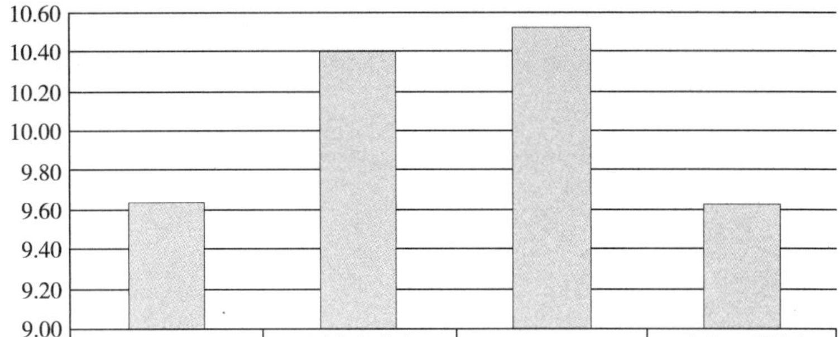

	纪念类	历史文化与综合类	遗址类	自然、科技与专题类
□公共关系与服务	9.64	10.41	10.54	9.64

图三　不同类型博物馆公共关系与服务均分图

（2）按级别划分

“8＋3”级博物馆是全国一级博物馆的先进代表，在藏品规模、人员素质、业务能力、服务意识、学术研究、社会影响等多方面居于各博物馆前列。2011 年度，“8＋3”级博物馆在公共关系与服务方面的得分率达到了 80.38%，远超 2010 年度的 70%，其领头羊的态势凸显（图四）。其他三类博物馆的得分率呈现哑铃状态，中央部属级和地市级及以下博物馆的得分率相差极小，而本应起到中坚作用的博物馆却得分垫底，这种现象和近几年的社会发展有着密切的联系。多年来国家经济迅猛发展，中小城市在城镇化建设进程中，积累了空前的实力，尤其是一些经济发达地区，地方财政资金充裕，地域传统文化得到保护和发展，专业人员加速流入，社会收入增加，刺激了公众对文化消费的需求，从而激发了地方博物馆建设的热情，而既缺乏集中性的显著地域特色、又缺乏强力行政和财政资金支持的省一级博物馆则陷入了发展的窘境。长期形成的传统工作模式和服务理念，使得省一级博物馆跟不上地方新建或改扩建的博物馆发展脚步，人员结构老化、知识体系陈旧、单纯拥有海量藏品却没有突出的地方特点等，让很多省级的博物馆缺少了和地市级博物馆竞争的能力。

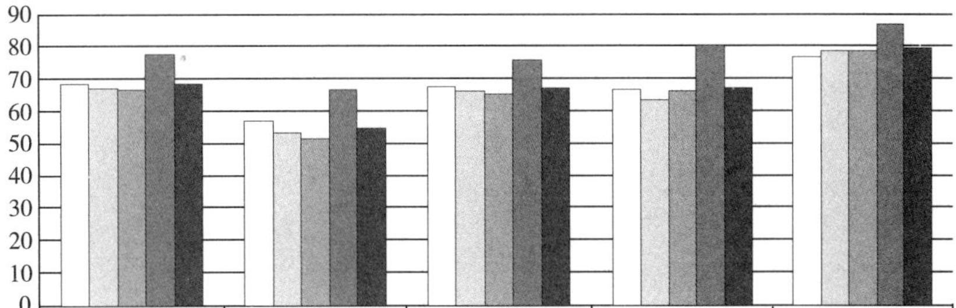

	藏品管理	科学研究	陈列展览与社会教育	公共关系与服务	博物馆管理与发展建设
□中央部属级	68.78%	57.36%	67.48%	66.82%	76.79%
□省级	67.36%	53.49%	66.47%	63.36%	78.86%
■地市级及以下	66.97%	51.68%	65.36%	66.10%	78.85%
■“8+3”级	77.69%	66.82%	75.76%	80.38%	86.96%
■2011年83家平均	68.69%	54.82%	67.32%	67.06%	79.76%

图四　2011 年不同级别博物馆定性一级指标得分率比较

平均得分数据印证了得分率的结果，“8 +3”级的博物馆均分为12.06，其他三个级别博物馆的均分差距很小，并呈现中央部属级和地市级及以下博物馆高于省级博物馆的哑铃状态（图五）。

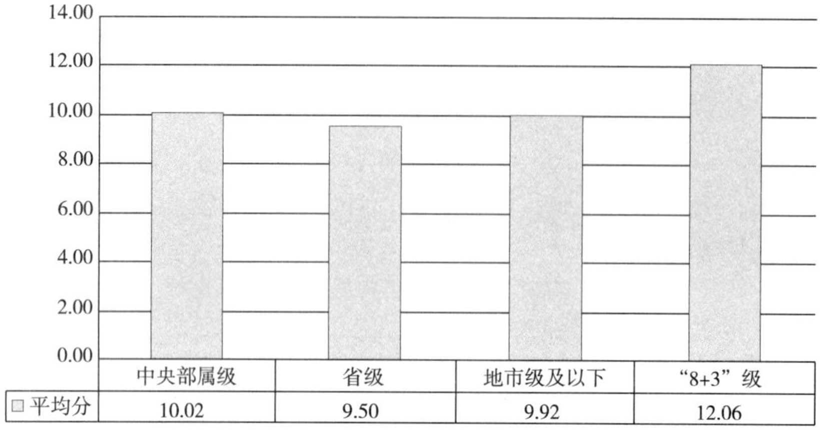

图五　不同级别博物馆公共关系与服务均分图

3. 二级定性指标

二级定性指标包括公共关系、公众服务与博物馆网站三个部分。公共关系评估的主要内容是：博物馆宣传、志愿者队伍建设、博物馆之友组织、与国内外博物馆的互助合作、对中小博物馆和民营博物馆的对口帮扶、与社会团体、企业、媒体建立的合作关系。公众服务评估的主要内容是：博物馆文化产品的经营和销售情况、对社会公众关于藏品的咨询服务和公众调查。博物馆网站评估的主要内容是：网站内容的完整性和更新频率、在线服务功能、公众互动和设计效果。

（1）按类型划分

二级指标方面，不同类型的博物馆得分率出现聚类的现象。四种类型的博物馆在观众服务方面均低于其他两项指标，而遗址类和自然、科技与专题类博物馆在网站服务方面高于其他两项指标，纪念类、历史文化与综合类博物馆的公共关系又高于其他两项指标，历史文化与综合类、遗址类博物馆三项指标均又领先于其他两类博物馆（图六）。表明各种类型的博物馆文化产品开发与营销、公众咨询服务与调查研究等方面都存在缺憾。

①公共关系

按评分要点的说明，公共关系考察的是博物馆对社会的影响能力和社会对博物馆的承认度。在这一项上，得分呈现两高两低的现象：历史文化与综合类、遗址类博物馆在这方面的均分相近，领先于其他两类博物馆；自然、科技与专题类博物馆均分垫底，但也仅比纪念类博物馆少了0.17分（图七）。

湖南省博物馆、重庆中国三峡博物馆和上海博物馆在这一方面得分位列三甲，其中上海博物馆在2008、2009和2010年度评估中得分均名列前茅。历史文化与综合类博物馆是传统类的博物馆，历来重视与国内外博物馆的互助合作，馆际之间的展览交流比较频繁，和国际博物馆的文化交流较多地集中在这一类的博物馆中。对中小型博物馆和民营博物馆的

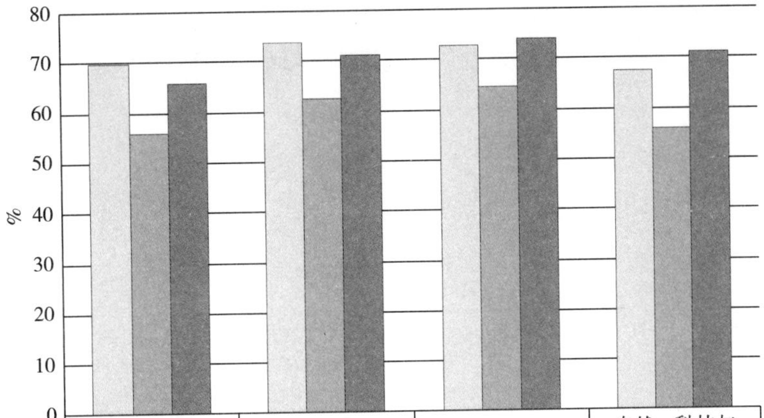

	纪念类	历史文化与综合类	遗址类	自然、科技与专题类
公共关系	69.74%	73.77%	72.81%	67.30%
观众服务	55.85%	62.33%	64.44%	55.94%
博物馆网站	65.62%	71.10%	73.89%	71.03%

图六 2011 年不同类型博物馆公共关系与服务二级指标得分率比较

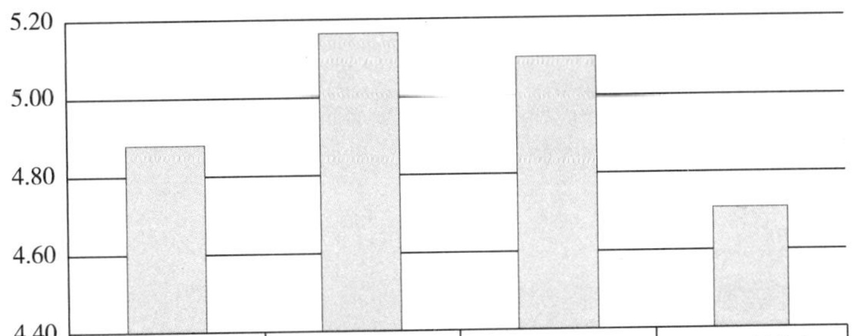

	纪念类	历史文化与综合类	遗址类	自然、科技与专题类
公共关系	4.88	5.16	5.10	4.71

图七 不同类型公共关系均分图

对口帮扶普遍重视不够，仅有南京博物院、河南博物院、重庆中国三峡博物馆等少数几家博物馆在这一方面做得较好。各类型的博物馆均注重志愿者的作用，注重建设博物馆之友组织和企业、社会团体和媒体建立良好的互动关系，历史文化与综合类博物馆在这三个方面评估的总体成绩优于其他类型的博物馆。

②公众服务

“公众服务”按评分要点的说明，主要是指博物馆文化产品（即博物馆销售的纪念商品）、观众调查和对公众开展的藏品知识咨询方面的服务。和公共关系一样，四种类型的博物馆呈现两头聚类的形态。遗址类、历史文化与综合类博物馆为领先者，自然、科技与专题类和纪念类博物馆均分相近并靠后（图八）。

值得注意的是，遗址类博物馆 2011 年度的该项得分（2010 年度得分为 2. 439 分，排名

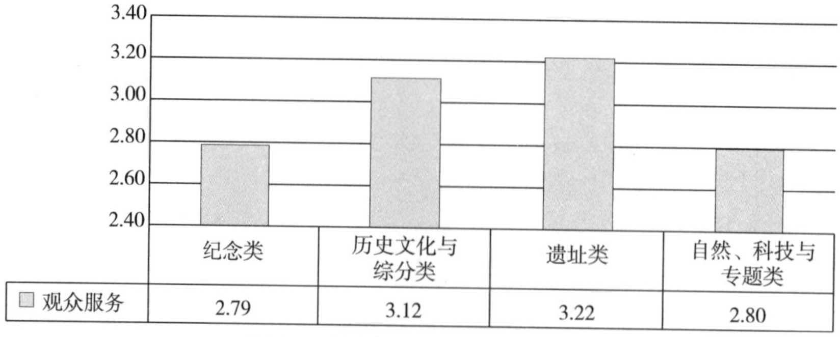

图八 不同类型公共服务均分图

第二）超过了历史文化与综合类博物馆（2010 年度得分为 2.475，排名第一）。虽然故宫博物院、上海博物馆、南京博物院等历史文化与综合类博物馆在文化产品的开发与销售、公众咨询服务等方面有明显的优势，但 2011 年度中遗址类博物馆在本项的各个方面都有了提升，推动整体均分达到了第一位。

公众调查、分析是完善博物馆服务的重要手段，这一方面的分值达 18 分，但从填报的材料来看，大部分的馆对此不够重视，缺少第三方调查报告，总体得分不高。成都杜甫草堂博物馆、成都武侯祠博物馆、北京天文馆、首都博物馆在这方面表现突出，尤其是成都杜甫草堂博物馆和成都武侯祠博物馆在公众调查、分析方面表现相当突出，调查和分析报告内容详尽而全面，既有现状描述、原因分析，也有改进办法，同时都提供了第三方调查报告。南京博物院、陕西历史博物馆、云南省博物馆、苏州博物馆等还提供了中英文对照的观众调查表。

③博物馆网站

遗址类博物馆网站建设和应用领先，得到最高均分 2.22，以下依次为历史文化与综合类、自然、科技与专题类、纪念类博物馆（图九）。2011 年度各种类型的博物馆的网站均分排名顺序基本同于 2010 年度，分值变化很小，在 10% 以内，只是在 2010 年度排名第二的历史文化与综合类博物馆下降到了和自然、科技与专题类博物馆并列第二位。建设得到了普及开展，一级博物馆中除西藏博物馆和固原博物馆没有网站外，所有 80 家博物馆均以

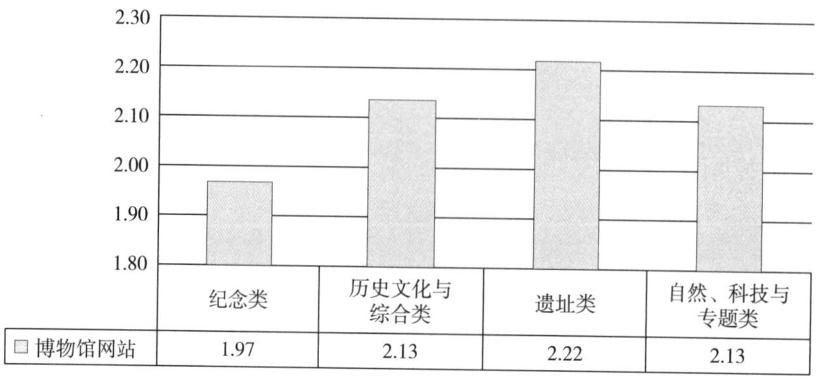

图九 不同类型博物馆网站均分图

自建、托建的方式建设了网站。

从填报材料来看，各馆均高度重视网站的建设，不仅仅关注形式的表现，更注重内容的建设。所有网站均提供了基本的服务内容，如概况介绍、基本陈列、服务指南等，许多馆还提供了相关的文献材料查询、互动服务等内容。少数博物馆还开设了微博，开发了 IOS APP、Android APP 应用软件（如苏州博物馆、西汉南越王博物馆）。经过多年的发展，我国博物馆的网站建设目前进入到了一个瓶颈期，各馆的网站从形式设计到内容编排都出现了同质化的现象，没有突破性的发展，这其中既有技术发展水平的原因，也有博物馆人员思路固化、相互借鉴过多的影响。另外国际视野欠缺也一直是制约我国博物馆发展的软肋，在网站上的表现亦是如此，仅有少数的博物馆具有多语种网站，并且还不是中外文完全对照，外文内容远逊于中文内容。

少数博物馆虽然填报有网站地址，但一些并非是博物馆的独立网站，有的处于不可以访问状态，如东北烈士纪念馆、遵义会议纪念馆等。

（2）按级别划分

在二级指标得分率方面，“8 +3”级博物馆各项均远高于其他三级博物馆，全部指标超过 75%，其他三级博物馆的得分率相差不大，同类最大差距不到 10%（图十）。

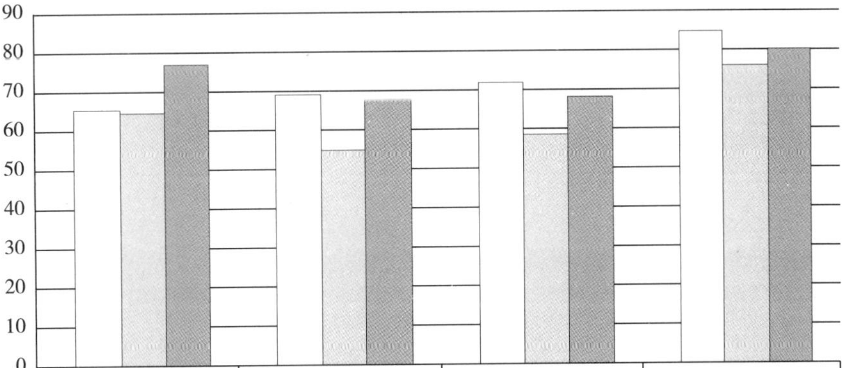

	中央部属级	省级	地市级及以下	“8+3”级
□ 公共关系	64.95%	68.37%	71.34%	84.17%
□ 观众服务	63.81%	54.22%	58.00%	75.58%
■ 博物馆网站	76.19%	66.91%	67.39%	79.55%

图十　2011 年不同级别博物馆公共关系与服务二级指标得分率比较

①公共关系

在公共关系方面，“8 +3”级博物馆排名第一，表现出了良好的状态，显现了这类传统型历史文化类博物馆在公共关系方面稳定持久的作业模式和社会效果，同时也出现了一种值得思考的现象，即除“8 +3”级博物馆外，从中央到地市级出现了倒挂现象：条件良好的中央部属级博物馆均分垫底，而级别不高的地市级博物馆位居前列，省级博物馆居中（图十一）。2010 年度，省级及以上博物馆的表现略好于地市级及以下博物馆，2011 年却出现了逆转，表明一年以来，地市级及以下博物馆注重自身的宣传，加强了和

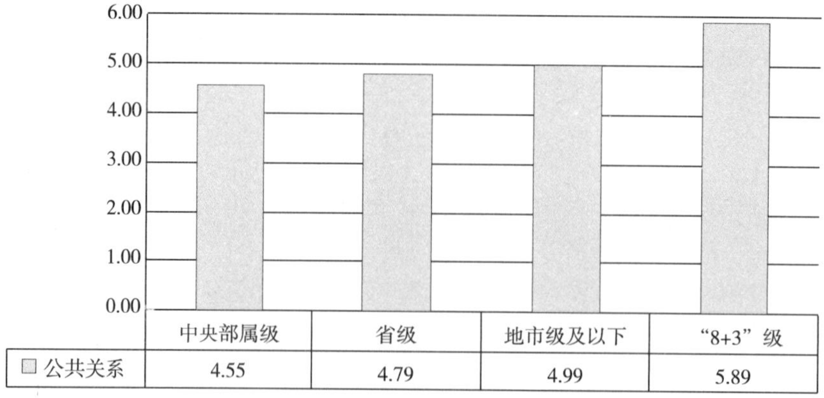

图十一　不同级别博物馆公共关系均分图

社会各方面的互动，实施的各种措施取得了成效。中央部属级和省级博物馆的均分虽然高于2010年度，但增长幅度小于地市级及以下博物馆，表明中央部属级、省级博物馆在公共关系方面的认识和改善措施落后于地市级及以下博物馆，公众对地市级及以下博物馆的关注增强。

②公众服务

与公共关系得分相似，"8+3"级博物馆继续领跑，省级博物馆居末尾，中央部属级博物馆扭转了在"公共关系"方面的颓势，超越地市级及以下级博物馆，但距"8+3"级博物馆还有相当大的差距（图十二）。

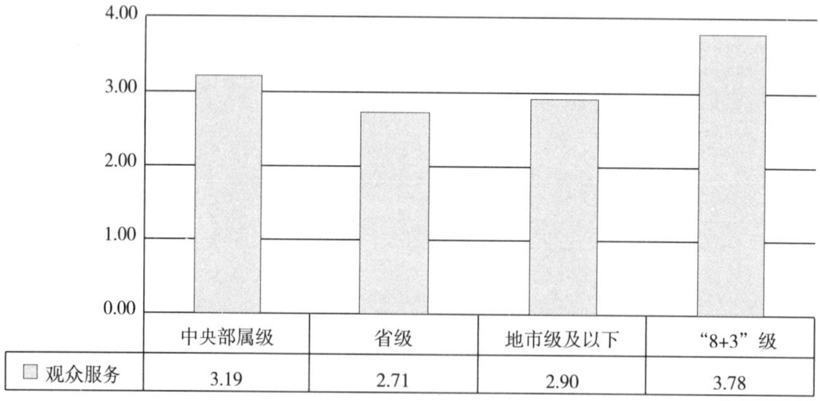

图十二　不同级别博物馆公共服务均分图

③博物馆网站

省级博物馆持续在各项定性指标中的疲态，在网站一项得分中继续陪坐末席，中央部属级博物馆虽然大部分拥有地区、社会环境、资金、人员等优势，争得了第二席位，但依旧不敌"8+3"级博物馆（图十三）。"8+3"级博物馆拥有良好的资金支持、人才和地区优势，各项外部环境均衡向优，力压条件同样甚至更加优越的中央部属级博物馆。

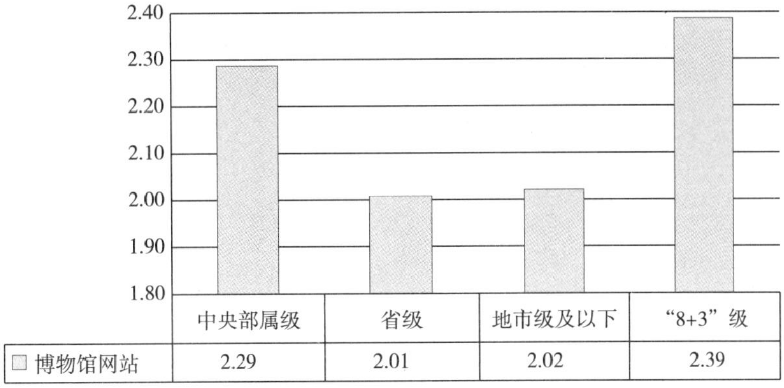

图十三　不同级别博物馆网站均分图

三　年度对比

1. 2008 至 2011 年度对比说明

国家文化部颁布的《博物馆管理办法》定义“博物馆是指收藏、保护、研究、展示人类活动和自然环境的见证物，经过文物行政部门审核、相关行政部门批准许可取得法人资格，向公众开放的非营利性社会服务机构”；国际博物馆协会（ICOM）也认为“博物馆是一个为社会及其发展服务的、向公众开放的非营利性常设机构，为教育、研究、欣赏的目的征集、保护、研究、传播并展出人类及人类环境的物质及非物质遗产”。因此博物馆应该是一种具有连续作业、持久发展的社会服务机构，所以考察、对比博物馆历年在公共关系与服务方面的运行状态，分析呈现的现象、归纳线索、总结规律，对博物馆更好地实践为社会及其发展服务具有重要的指导意义。

2011 年度国家一级博物馆在一级定性评估项目公共关系与服务和二级定性评估项目上，比 2010 年度出现了较大幅度地提升，显示自 2010 年度全国一级博物馆运行评估报告公布后，引起了社会和整个行业的重视，各类博物馆针对出现的问题，实施了一系列的有效措施，取得了良好的效果，初步扭转了博物馆社会服务部分功能衰退的局面。

国家文物局在 2010 年委托中国博物馆协会对全国一级博物馆 2008 和 2009 年度、2011 年对 2010 年度的博物馆进行了运行评估，评估指标体系与本次评估相同。以下根据中国博物馆协会提供的 2008、2009 和 2010 年度的评估数据与 2011 年度的评估数据进行比较、分析。

2. 一级定性指标

（1）按类型划分

纪念类博物馆 2011 年度的公共关系与服务定性一级指标得分率为 64.29%，虽然低于本年度的平均值，但比最低的 2010 年度提升了 12% 以上（图十四）。

历史文化与综合类博物馆 2011 年度的公共关系与服务定性一级指标得分率为 69.43%，高于本年度的平均值，比最低的 2010 年度提升了 10% 以上（图十五）。

遗址类博物馆 2011 年度的公共关系与服务定性一级指标得分率为 70.24%，高于本年度的平均值，处于四种类型博物馆的榜首，比最低的 2010 年度提升了 12% 以上（图十六）。

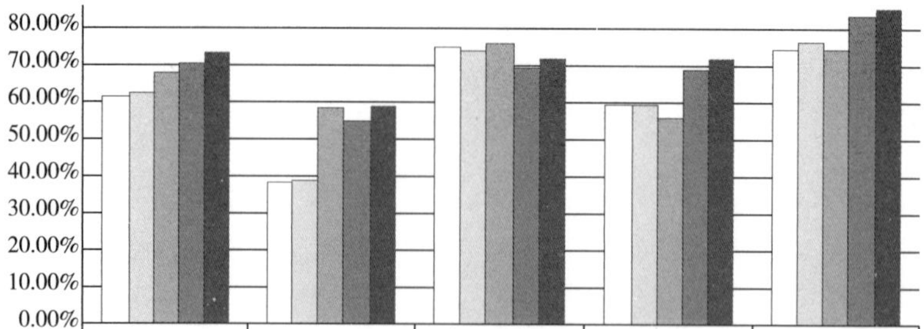

	藏品管理	科学研究	陈列展览与社会教育	公共关系与服务	博物馆管理与发展建设
□ 2008	57.48%	35.85%	69.87%	55.24%	69.48%
□ 2009	58.39%	36.13%	69.11%	55.18%	71.38%
■ 2010	63.24%	54.30%	70.96%	52.11%	69.25%
■ 2011	65.90%	50.99%	64.65%	64.29%	77.76%
■ 2011年83家平均	68.69%	54.82%	67.32%	67.06%	79.76%

图十四　2008～2011 年纪念类博物馆定性一级指标得分率比较

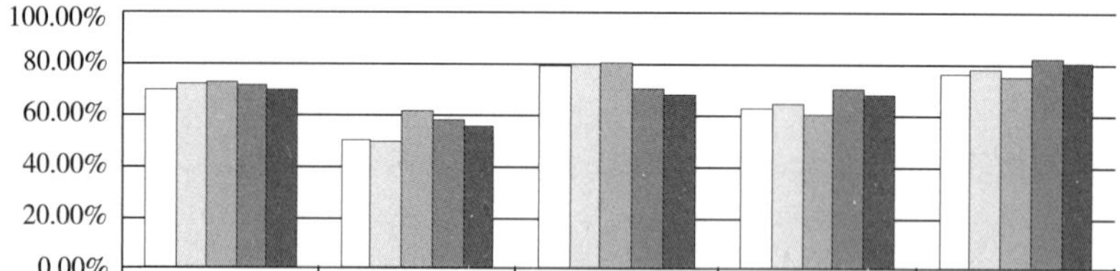

	藏品管理	科学研究	陈列展览与社会教育	公共关系与服务	博物馆管理与发展建设
□ 2008	68.96%	49.23%	78.34%	61.90%	75.59%
□ 2009	71.07%	48.65%	79.01%	63.85%	77.23%
■ 2010	72.14%	60.51%	79.47%	59.21%	74.21%
■ 2011	70.81%	56.84%	69.29%	69.43%	81.34%
■ 2011年83家平均	68.69%	54.82%	67.32%	67.06%	79.76%

图十五　2008～2011 年历史文化与综合类博物馆定性一级指标得分率比较

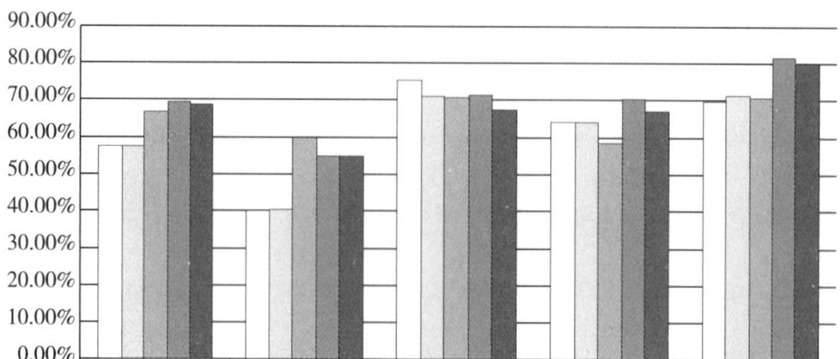

	藏品管理	科学研究	陈列展览与社会教育	公共关系与服务	博物馆管理与发展建设
□ 2008	57.36%	39.97%	75.29%	64.03%	69.81%
□ 2009	57.55%	40.42%	71.05%	64.01%	71.50%
■ 2010	66.80%	59.78%	70.74%	58.32%	70.73%
■ 2011	69.20%	54.92%	71.39%	70.24%	81.44%
■ 2011年83家平均	68.69%	54.82%	67.32%	67.06%	79.76%

图十六　2008～2011 年遗址类博物馆定性一级指标得分率比较

自然、科技与专题类博物馆 2011 年度的公共关系与服务定性一级指标得分率为 64.26%，低于本年度的平均值，但比最低的 2010 年度提升了 9%（图十七）。

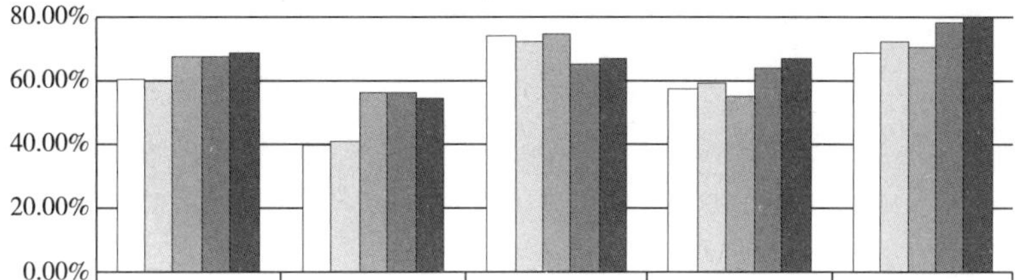

	藏品管理	科学研究	陈列展览与社会教育	公共关系与服务	博物馆管理与发展建设
□ 2008	60.35%	40.12%	74.01%	57.46%	68.96%
□ 2009	60.18%	40.99%	72.19%	59.38%	72.13%
■ 2010	67.79%	56.25%	74.76%	55.34%	70.31%
■ 2011	67.79%	56.53%	65.01%	64.26%	78.36%
■ 2011年83家平均	68.69%	54.82%	67.32%	67.06%	79.76%

图十七 2008～2011 自然科技与专题类博物馆定性一级指标得分率比较

（2）按级别划分

中央部属级博物馆 2011 年度的公共关系与服务定性一级指标得分率为 66.82%，比最低的 2010 年度上升了 9%（图十八）。

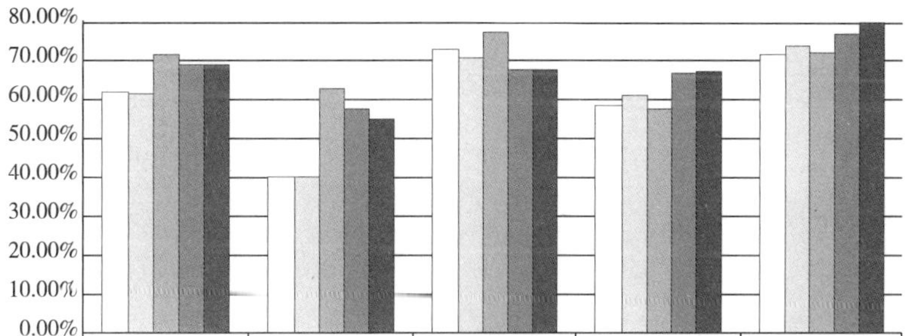

	藏品管理	科学研究	陈列展览与社会教育	公共关系与服务	博物馆管理与发展建设
□ 2008	61.63%	40.10%	72.88%	58.39%	71.55%
□ 2009	61.28%	40.14%	70.72%	60.95%	73.57%
■ 2010	71.29%	62.49%	77.08%	57.47%	71.97%
■ 2011	68.78%	57.36%	67.48%	66.82%	76.79%
■ 2011年83家平均	68.69%	54.82%	67.32%	67.06%	79.76%

图十八 2008～2011 年中央部属级博物馆定性一级指标得分率比较

省级博物馆 2011 年度的公共关系与服务定性一级指标得分率为 63.36%，在所有四个级别的博物馆中排名最后，但比最低的 2010 年度上升了 10%（图十九）。

地市级及以下级博物馆 2011 年度的公共关系与服务定性一级指标得分率为 66.10%，比最低的 2010 年度提升了近 12%（图二十）。

“8＋3”级博物馆 2011 年度的公共关系与服务定性一级指标得分率为高达 80.38%，超出本年度平均值 23%，比最低的 2010 年度提升了近 21%（图二十一）。

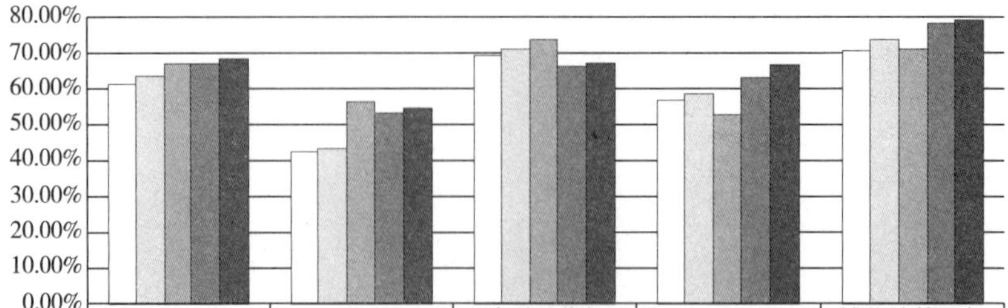

	藏品管理	科学研究	陈列展览与社会教育	公共关系与服务	博物馆管理与发展建设
□2008	61.47%	42.77%	69.56%	56.93%	71.20%
□2009	63.97%	43.56%	71.52%	58.85%	74.14%
■2010	67.57%	56.49%	74.30%	53.23%	71.29%
■2011	67.36%	53.49%	66.47%	63.36%	78.86%
■2011年83家平均	68.69%	54.82%	67.32%	67.06%	79.76%

图十九　2008～2011 年省级博物馆定性一级指标得分率比较

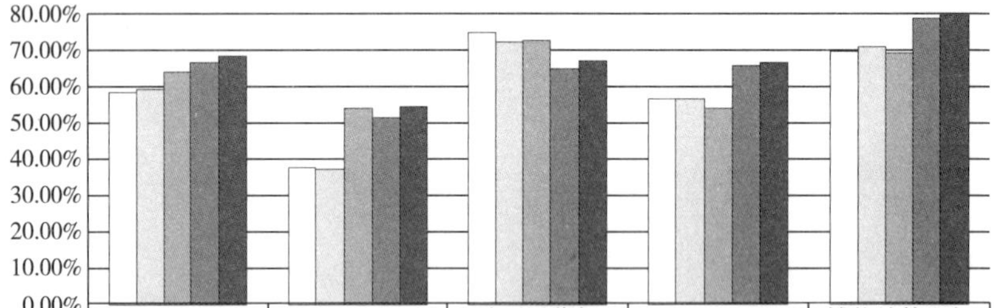

	藏品管理	科学研究	陈列展览与社会教育	公共关系与服务	博物馆管理与发展建设
□2008	58.71%	37.69%	75.24%	57.12%	70.12%
□2009	59.44%	37.52%	72.72%	57.10%	71.37%
■2010	64.24%	54.52%	73.05%	54.41%	69.42%
■2011	66.97%	51.68%	65.36%	66.10%	78.85%
■2011年83家平均	68.69%	54.82%	67.32%	67.06%	79.76%

图二十　2008～2011 年地市级及以下博物馆定性一级指标得分率比较

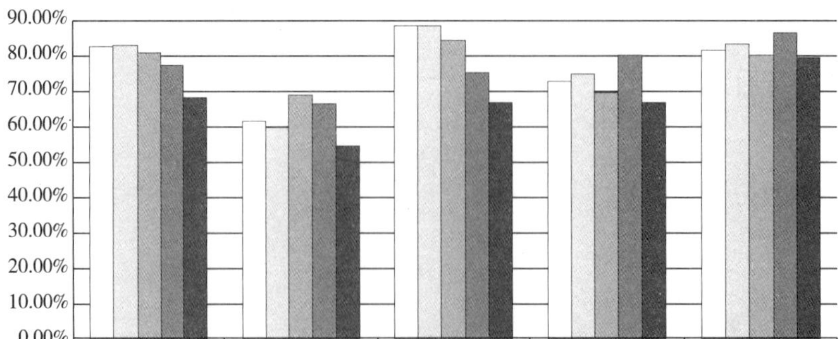

	藏品管理	科学研究	陈列展览与社会教育	公共关系与服务	博物馆管理与发展建设
□2008	83.02%	61.94%	88.84%	73.08%	82.11%
□2009	83.46%	60.21%	88.94%	75.15%	83.65%
■2010	81.12%	69.33%	84.84%	69.88%	80.42%
■2011	77.69%	66.82%	75.76%	80.38%	86.96%
■2011年83家平均	68.69%	54.82%	67.32%	67.06%	79.76%

图二十一　2008～2011 年“8＋3”级博物馆定性一级指标得分率比较

3. 二级定性指标

隶属定性一级指标公共关系与服务的二级定性指标有公共关系、公众服务和博物馆网站三类，其分值贡献率如表十二。

表十二　二级定性指标评分点内容分值贡献率表

二级定性指标名称	评分点	贡献值
公共关系	宣传	15
	博物馆志愿者队伍	12
	博物馆之友组织	10
	馆际合作关系	6
	社会合作网络关系	7
公众服务	文化产品	22
	咨询服务	10
	公众调查	18
博物馆网站	五项评分内容	均为2，如没有网站则全部为0

一级定性指标的统计表明，2011年度国家一级博物馆在公共关系与服务方面较之2008、2009和2010年度有了显著的提升，以下展开二级定性指标的分析，有助于判明是哪一些项目推动了公共关系与服务指标的走高。

图二十二、二十三列明了国家一级博物馆2008、2009、2010和2011四个年度二级定性指标的得分率比较。可以看出2011年度的博物馆网站得分率与上一个年度基本持平，而在公众服务和公共关系两个方面均较上一个年度有显著地提升，均上升了13%以上，三项指标全部达到了四个年度以来的最高值。

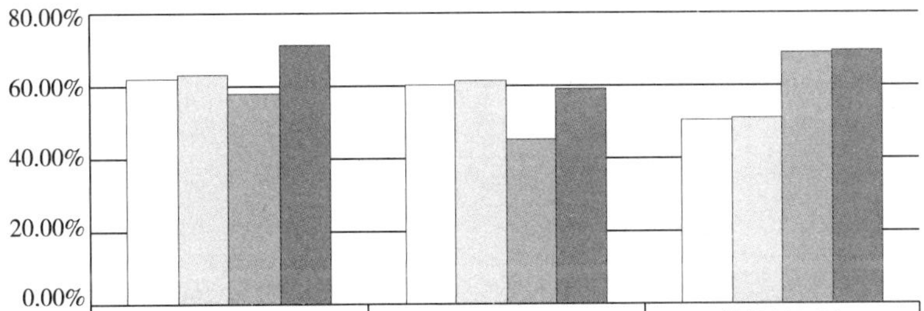

	公共关系	观众服务	博物馆网站
□2008得分率	62.13%	60.34%	50.84%
□2009得分率	63.53%	61.67%	51.20%
■2010得分率	58.30%	45.54%	69.46%
■2011得分率	71.43%	59.45%	69.57%

图二十二　2008～2011年公共关系与服务二级指标平均得分率比较

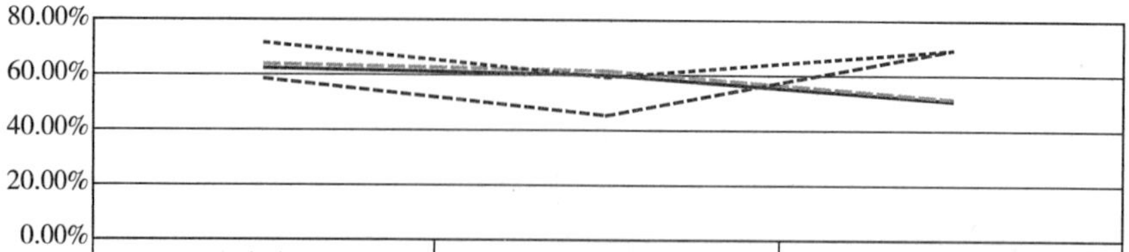

	公共关系	公众服务	博物馆网站
2008得分率	62.13%	60.34%	50.84%
2009得分率	63.53%	61.67%	51.20%
2010得分率	58.30%	45.54%	69.46%
2011得分率	71.43%	59.45%	69.57%

图二十三　2008～2011 年定性二级指标得分率趋势比较

(1) 按类型划分

纪念类博物馆在公共关系方面 2011 年度得分率为 69.74%，比 2010 年度上升近 2%，是四个评估年度中的最高值，但低于本年度一级博物馆的平均值；在公众服务方面得分率为 55.85%，比 2010 年度上升 15%，但低于 2008 和 2009 年度，也低于一级博物馆的平均值；博物馆网站得分率为 65.62%，比 2010 年度提升 2%，达到四个评估年度的最高值，但低于一级博物馆的平均值（图二十四）。

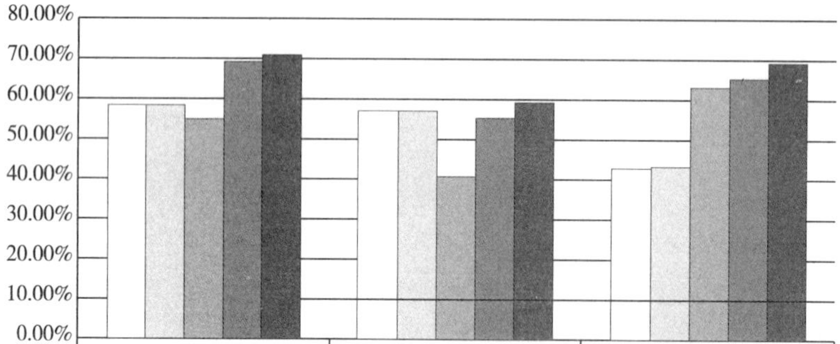

	公共关系	公众服务	博物馆网站
2008	58.82%	57.54%	43.08%
2009	58.69%	57.31%	43.46%
2010	55.41%	40.74%	63.33%
2011	69.74%	55.85%	65.62%
2011年83家平均	71.43%	59.45%	69.57%

图二十四　2008～2011 年纪念类博物馆公共关系与服务二级指标平均得分率比较

历史文化与综合类博物馆在三项指标评估中，得分率均高于本年度一级博物馆的平均值。在公共关系方面 2011 年度得分率为 73.77%，比 2010 年度上升了 13%，达到了四个评估年度的最高点；在公众服务方面得分率为 62.33%，比 2010 年度提升了近 13%，但低于 2008、2009 年度；博物馆网站得分率为 71.1%，比 2010 年度降低了 1%强，但高于 2008、2009 年度（图二十五）。

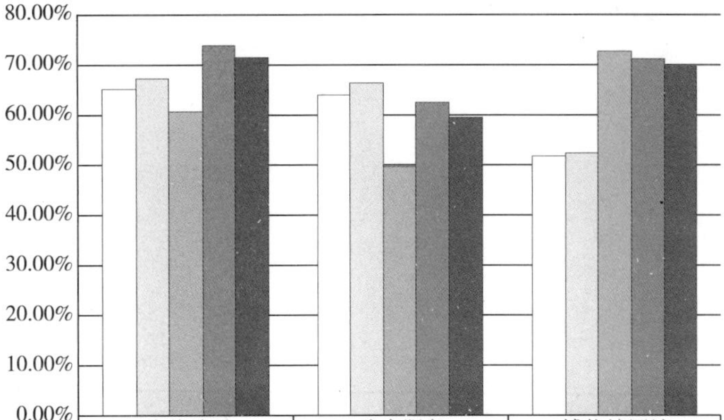

	公共关系	公众服务	博物馆网站
□2008	64.93%	63.86%	51.58%
□2009	67.18%	66.25%	52.11%
■2010	60.50%	49.50%	72.40%
■2011	73.77%	62.33%	71.10%
■2011年83家平均	71.43%	59.45%	69.57%

图二十五　2008～2011 年历史文化与综合类博物馆公共关系与服务二级指标平均得分率比较

遗址类博物馆在三项指标评估中，得分率均高于本年度一级博物馆的平均值，除公共关系一项外，高于历史文化与综合类博物馆的均值。在公共关系方面遗址类博物馆 2011 年度得分率为 72.81%，比 2010 年度提高近 15%，到达四年来的最高值；在公众服务方面得分率为 64.44%，比 2010 年度大幅度提升了 15% 强，处于四年来的最高点；博物馆网站得分率为 73.89%，比 2010 年度小幅下降 1% 略多，但依旧高于 2008 和 2009 两个年度（图二十六）。

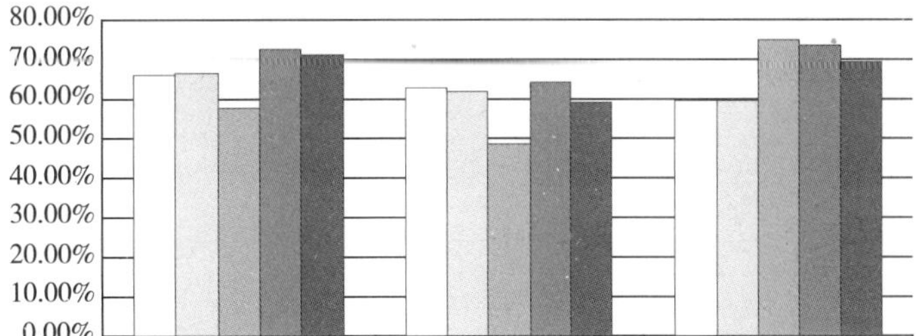

	公共关系	公众服务	博物馆网站
□2008	66.33%	63.22%	60.00%
□2009	67.00%	62.22%	60.00%
■2010	57.99%	48.78%	75.00%
■2011	72.81%	64.44%	73.89%
■2011年83家平均	71.43%	59.45%	69.57%

图二十六　2008～2011 年遗址类博物馆公共关系与服务二级指标平均得分率比较

自然、科技与专题类博物馆在三项指标的评估中，得分率除博物馆网站一项外，均低于本年度一级博物馆得分率的均值。公共关系方面自然、科技与专题类博物馆 2011 年度得分率为 67.3%，比 2010 年度有所提升；在公众服务方面得分率为 55.94%，比 2010 年度大幅度提升了近 14%，但依然略逊于最高的 2009 年；博物馆网站得分率为 71.03%，比 2010 年度略有上升，达到四年来的最高值（图二十七）。

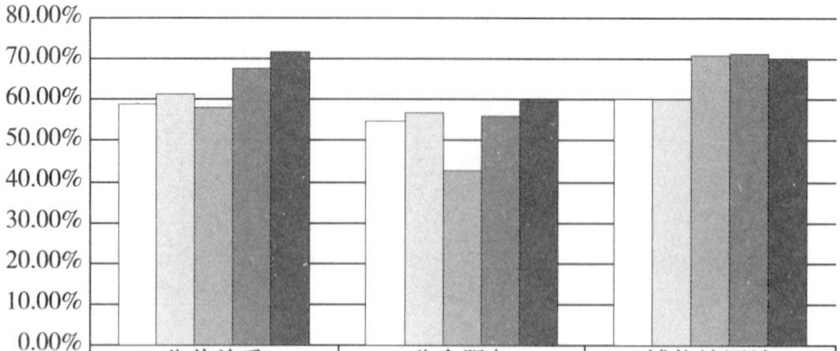

	公共关系	公众服务	博物馆网站
2008	58.62%	54.31%	60.00%
2009	60.97%	56.77%	60.00%
2010	58.00%	42.36%	70.77%
2011	67.30%	55.94%	71.03%
2011年83家平均	71.43%	59.45%	69.57%

图二十七　2008～2011 年自然科技与专题类博物馆公共关系与服务二级指标平均得分率比较

（2）按级别划分

中央部属级博物馆在三项指标评估中，本年度的得分率均处于四年来的最高位。公共关系方面 2011 年度得分率为 64.95%，比 2010 年度上升近 7%；在公众服务方面得分率为 63.81%，比 2010 年度大幅度提升了近 17%；博物馆网站得分率为 76.19%，比 2010 年度提升了 2%（图二十八）。

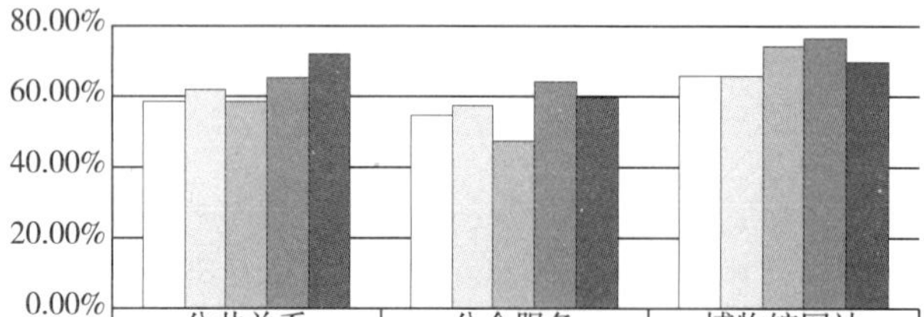

	公共关系	公众服务	博物馆网站
2008	58.19%	54.29%	65.71%
2009	61.62%	57.14%	65.71%
2010	58.00%	46.89%	73.89%
2011	64.95%	63.81%	76.19%
2011年83家平均	71.43%	59.45%	69.57%

图二十八　2008～2011 年中央部属级博物馆公共关系与服务二级指标平均得分率比较

省级博物馆在三项评估指标中，得分率均低于本年度一级博物馆的均值。公共关系方面省级博物馆 2011 年度得分率为 68.37%，比 2010 年度大幅度提升 12%；公众服务方面得分率为 54.22%，比 2010 年度提升近 12%，但依旧落后于 2008、2009 两个年度；博物馆网站得分率为 66.91%，比 2010 年略微提升 1%，处于四年来的最高位（图二十九）。

地市级及以下博物馆在公共关系方面 2011 年度得分率为 71.34%，几乎等于本年度一级博物馆在这个方面评估得分率的均值，比 2010 年度提升 14%，同时也高于 2008、2009

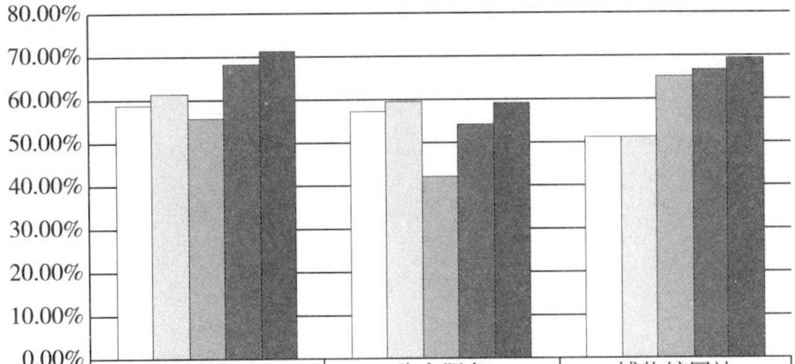

	公共关系	公众服务	博物馆网站
□2008	59.02%	57.36%	51.33%
□2009	61.51%	59.62%	51.33%
■2010	55.79%	42.42%	65.29%
■2011	68.37%	54.22%	66.91%
■2011年83家平均	71.43%	59.45%	69.57%

图二十九　2008～2011 年省级博物馆公共关系与服务二级指标平均得分率比较

两年近 10%；在公众服务方面得分率为 58%，比 2010 年度大幅度提高了近 15%，但略低于 2008 和 2009 两个年度；博物馆网站得分率为 67.39%，比 2010 年度略微下降了 0.1%（图三十）。

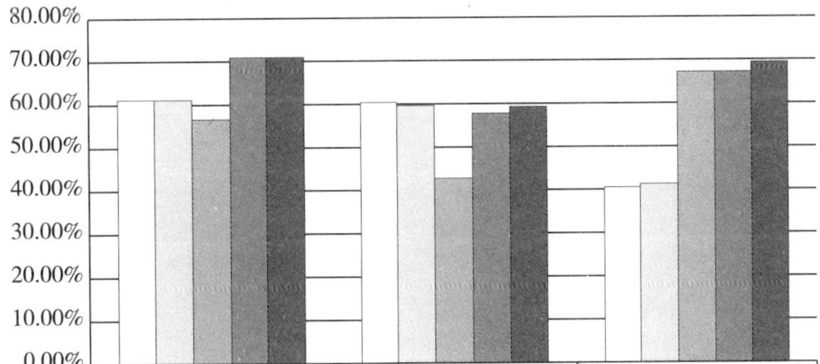

	公共关系	公众服务	博物馆网站
□2008	61.56%	60.67%	40.86%
□2009	61.62%	60.00%	41.71%
■2010	56.78%	43.22%	67.52%
■2011	71.34%	58.00%	67.39%
■2011年83家平均	71.43%	59.45%	69.57%

图三十　2008～2011 年地市级及以下博物馆公共关系与服务二级指标平均得分率比较

"8+3"级博物馆在三项评估指标中，得分率均大幅度超过本年度一级博物馆的均值，除博物馆网站一项外，都处于四年来的最高位。公共关系方面"8+3"级博物馆 2011 年度得分率为 84.17%，比 2010 年度大幅度提升 14%；公众服务方面得分率为 75.58%，比 2010 年度大幅度提升近 15%；博物馆网站得分率为 79.55%，比 2010 年度回落了 5%（图三十一）。

2010 年度全国参评的 82 家一级博物馆在公共关系、公众服务方面得分率出现了剧烈下

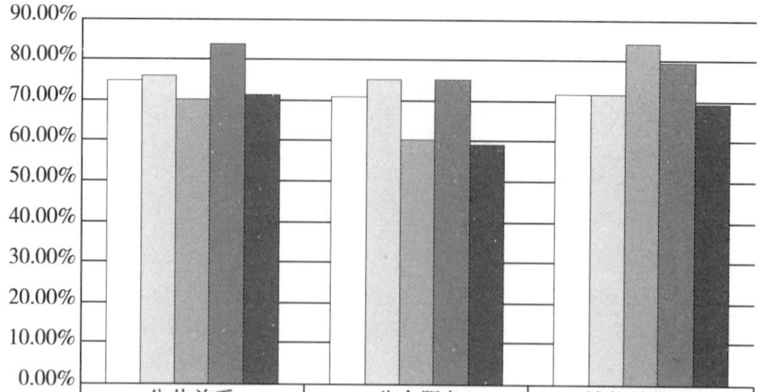

	公共关系	公众服务	博物馆网站
□2008	74.91%	71.27%	71.82%
▫2009	76.36%	75.45%	71.82%
▪2010	70.18%	60.67%	84.55%
▪2011	84.17%	75.58%	79.55%
■2011年83家平均	71.43%	59.45%	69.57%

图三十一　2008～2011 年“8＋3”级博物馆公共关系与服务二级指标平均得分率比较

滑，2012 年 5 月 18 日，中国博物馆协会发布了《2010 年度国家一级博物馆运行评估报告》，认为当前一级博物馆“社会化程度有限，不能满足广大人民群众的文化需求”，该结论震动了社会舆论和博物馆界，同时也带来了改进的动力。从以上对比可以看到，2011 年度，83 家一级博物馆在公共关系与服务方面出现了迅猛地提升，得分率到达了 67.06%，比 2010 年度的 58% 提升了 9%。2011 年度虽然四个级别的博物馆都在这个方面取得了增长，但这个成绩的取得，最大的贡献率依旧归于十一家“8＋3”级博物馆，他们在这个方面的得分率超过了 80%，远高于其他三个级别的博物馆。

在本次评估中，地市级及以下博物馆异军突起，在公共关系与服务方面的得分率超越了省级博物馆，直逼中央部属级博物馆，而作为我国博物馆传统中坚力量的省级博物馆却出现了小幅度的滑坡。省级博物馆大多数位于省会、直辖市，拥有超过地市级博物馆的藏品数量、规模、交通、人才、资讯、社会环境等优势，但在涉及公共关系与服务的多项指标中排名垫底，这一现象值得重视。

在经历 2008、2009 年的低迷期和 2010 年的大发展后，博物馆的网站建设和发展进入了瓶颈期，较之 2010 年度，2011 年该项指标小幅下滑了 0.11%，虽然幅度很小，但从实际调查的情况来看，各家博物馆网站都存在形式编排雷同、内容单一、更新缓慢、在线服务不足、新技术手段应用较少等问题。

四　初步分析

1. 公共关系

公共关系包含了博物馆的宣传、志愿者队伍建设、博物馆之友、博物馆间业务合作、对口帮扶、社会合作网络关系等部分，考察的是博物馆在社会中的影响力、亲和力和融合度。这一部分的能力是公共博物馆实现社会服务这一终极目标的最重要的能力。

（1）博物馆宣传

各级博物馆均填报了宣传计划，表明博物馆宣传推广意识增强、宣传效果也越来越好。“8 +3”级博物馆整体表现良好，如南京博物院的年度宣传方案由指导思想、基本原则、组织领导、具体实施、主要任务、宣传形式、实施保障等七部分组成，严密周详，符合“科学合理，针对性、操作性强和形式多样”的评分规定。地市级及以下博物馆表现也较为突出，如荆州博物馆的宣传计划，虽表述方法不同，但与南京博物院基本处于同一水准；刘少奇同志纪念馆也紧密结合自己的特点，制定了有针对性的宣传计划。

总体而言，一级博物馆的社会宣传投入在逐步增大，媒体报道数量在增加，社会关注度也在增加。这一方面地市级及以下博物馆表现突出，2011 年度成都杜甫草堂博物馆宣传经费预算约为450 万，成都武侯祠博物馆投入宣传经费 312 万，青州市博物馆投入宣传经费 90 余万元。

但是多数一级博物馆尚未摆脱较为僵化的宣传模式，未体现博物馆长期、中期和短期目标，大部分的宣传方案是重点工作、展览、活动和项目的罗列，博物馆基本陈列的宣传很少被提及，更谈不上博物馆宣传规划和定位、博物馆的使命和宗旨，宣传策划、手段和模式都比较单一。

（2）志愿者队伍建设

全国一级博物馆中都开展了志愿者活动，绝大多数博物馆制定了《博物馆志愿者章程》，但并非都通过传播媒介对外公开，有的博物馆在表格上填写了“公开”，但在该馆网站上却没有公布。

已有的志愿者章程大多不够严密、规范，例如缺乏志愿者的法律地位（如与博物馆的关系）之类的规定。各博物馆志愿者队伍的规模大小不等，但一般与博物馆的规模、博物馆的观众数量紧密关联。在志愿者的成分（职业、年龄等）方面，多数博物馆结构合理，如故宫博物院 2011 年志愿者由在校大学生、在职工作人员、自由职业者及退休人员组成，其中 25 岁以下的占 10. 8%，26 ~45 岁的占 53. 44%，46 ~60 岁的占 24. 20%，61 岁以上的占 34. 28%，实践证明，这种结构比例比较合理，在一级博物馆中也具有一定的代表性。

这一方面所存在的问题突出表现在志愿者工作服务内容比较单一，多数集中在讲解、导览、维持秩序、教育活动等方面。另外志愿者队伍不稳定，人均服务时间较短，并且容易集中在一个时段中，很少有博物馆能充分分析志愿者的知识、技能背景，充分发挥其作用，将工作拓展到各项业务工作之中。

另外，相当多数的博物馆志愿者队伍中包括相当多数量的中学生、甚至是小学生，这种未成年人志愿者缺乏法律认可的独立民事行为能力，也缺乏为观众解说和服务的能力，象征意义大于实际意义，应限制其活动的范围，不宜大规模提倡。

（3）博物馆之友

除极少数一级博物馆之外，绝大部分一级博物馆开展了博物馆之友活动，但从规模到形式上差异极为明显。多数博物馆的博物馆之友活动面向社会开放，活动正常，但规模普遍偏小，不足以扩大、加深博物馆的社会影响力，部分博物馆并未理解博物馆之友的含义，将讲座的听众、展览开幕式的观众算为博物馆之友。有一些博物馆的志愿者活动还停留在计划经济时代，仍属于不公开的礼遇性的活动。大部分的博物馆没有制定和公开《博物馆之友章程》。

（4）社会合作

在馆际合作方面，“8＋3”级和省级博物馆比较活跃，大多数开展了展览输出引进、业务交流等活动，少数博物馆停留于与国内同行的相互学习和访问阶段；在与国外博物馆交流方面，“8＋3”级博物馆表现良好，省级博物馆表现尚可，地市级及以下博物馆多数处于空白状态，随着2011年度这一级别的博物馆强劲的上升势头，在这一方面存在有极大的潜力。

对中小博物馆和民办博物馆实施对口帮扶工作是评估中的一项指标，但由于没有专门的附件，许多博物馆对此语焉不详，需要评估专家从各类材料中查找、判断，因此许多博物馆在这一方面失分。“8＋3”级博物馆在这方面表现较为突出，如南京博物院援助新疆维吾尔自治区伊宁市“千秋比肩——汉家公主故乡出土汉代文物展”、“汉家公主纪念馆基本陈列改造提升项目”顺利开展，并捐赠了37件文物。

在“与企业、社会团体、媒体等建立的良好的合作关系”指标上，部分一级博物馆表现一般，主要原因在于将合作关系单纯地理解成宣传关系，有些博物馆甚至将与企业间的单纯工程建设、商品购买关系理解深层次的合作关系。在“广泛接受社会各界的捐赠”指标方面，大多数博物馆表现不尽如人意，纪念类和自然、科技与专题类博物馆尤为明显。

2. 公众服务

公众服务包含了博物馆文化产品设计与营销、品牌建立与推广、收藏品知识普及与咨询服务、公众调查与服务改进等方面，重点考察的是博物馆对社会的服务能力。

（1）文化产品

一级博物馆对文化产品的经营均具有比较正确的认识，半数以上博物馆意识到要开发和营销符合本馆特色的文化产品，所开发的产品基本上与本馆性质、特点相吻合，但种类不够丰富、数量较少、销售额较低。目前绝大多数博物馆还停留在产品仿制阶段和将历史文化符号点缀于现成产品上作为装饰的阶段，几乎没有博物馆开发出融文化符号与教育功能于一体的文化产品，这与发达国家的博物馆相比差距较大。

在这一项指标得分上，呈现出“三高两低”的W形状，即经济发达地区的博物馆、“8＋3”级博物馆、旅游热点博物馆文化产品开发数量和销售额高，经济欠发达地区博物馆、地市级及以下博物馆文化产品开发数量和销售额低，这与我国的经济发展的地区差异具有较强的相关性。

在销售额方面，故宫博物院、上海博物馆、秦兵马俑博物馆和中国科技馆都超过了千万元，故宫博物院甚至超过了10亿元，其规模堪称壮观，但是在品牌建设方面各博物馆均乏善可陈。

（2）咨询服务

本项指标要求介绍博物馆为社会公众提交有关藏品知识，藏品保护、保养的咨询服务情况，但没有界定开展这类服务的方式和方法，因此各博物馆在这一方面的描述千差万别。从指标的实质内容要求来看，更贴合历史文化综合类博物馆，尤其是这一类的大型博物馆，所以，在这项指标上，“8＋3”级和省级的历史文化综合类博物馆表现较好，而纪念类和自然、科技与专题类博物馆则作为较少。

(3) 公众调查

公众调查与分析对于博物馆在选择发展方向、制订宣传方案、设计展览、组织社会活动、开发文化产品等方面具有重要的指导意义，因此几乎所有的一级博物馆均开展有公众调查，但绝大部分只是简单地给出了空白的调查表，在问卷设计、调查方式、统计分析、改进措施等方面都存在严重不足，很少有定期开展调查者，仅有极少数的一级博物馆委托了第三方机构开展公众调查，并进行了详尽的分析，如成都杜甫草堂博物馆、成都武侯祠博物馆、湖南省博物馆。在公众调查虽然大多数博物馆都开展了第三方调查，但从提供的材料看，有些博物馆第三方调查存疑或者是选择的第三方调查不专业等现象比较突出。

3. 博物馆网站

博物馆网站是身处信息时代的博物馆开展社会活动、扩大影响力、实现公众服务目标不可缺少的工具。除三四家没有独立网站外，其他一级博物馆均建立了自己的网站。这些网站大多数设计简洁大方、导航明了、色调和谐，“8 + 3”级和中央部属级博物馆特色突出、知识面和信息量较大，如南京博物院网站信息量巨大，包含了《二十五史》全文和检索、国内六十余家博物馆的建筑和展览影像资料、《东南文化》杂志全部文章的下载；首都博物馆网站还针对手机开发了 WAP 版网站。以苏州博物馆为代表的部分地市级及以下博物馆网站表现突出，网站内容主题鲜明而集中、内容广泛而详细，苏州博物馆网站针对 IOS 和 Android 操作系统开发了相应的手机和平板电脑应用程序，顺应了个人信息终端普及的新潮流。

博物馆网站方面普遍存在的问题是创意不足，形式雷同，与馆藏巨大的文物量相比，网站中可见、可查的文物极少，介绍简单，参观信息更新不及时，与公众的沟通实时性不强。

五 建议

国家一级博物馆运行评估指标体系已经经过了三次实践的检验，正逐步趋于合理。综合本人连续参与该评估体系的建立讨论和三次评估实践工作，认为一些地方还存在调整的可能性。

1. 指标体系与分值

在公共关系与服务二级定性指标中，文化产品一项所涉及的分值高达 22 分，但附件 4010《文化产品开发清单》的设计显得较为简单，其中所需的填报内容不足以支持 22 分的得分点，需要在《国家一级博物馆运行评估申报书》中再次查找相关内容，由此会导致评分的随意性增大。文化产品一项的得分比重在公共关系与服务二级定性指标全部 110 分中占据了 20%，其 3 个得分点的比重占全部 29 个得分点的 10.34%，显得其分值设置偏高。

博物馆网站是博物馆今后重要的发展方向，也是博物馆深化为社会发展服务的基本手段，传统媒体向网络媒体的快速渗透和转化已充分昭示了这一点，因此该二级定性指标 10 分的分值设定偏低，不利于进一步促进利用信息技术快速推动博物馆的发展。另外，在该指标中 5 个得分点分值均衡划一的设定也有必要调整，需要突出内容的深度、资源的丰富、良好的交互，其中关于藏品、展览等方面的信息可以考虑纳入定量指标中，以客观的数量值来评分。

公众调查项目的得分点占据了4个，总分值达18分，是二级定性指标中第二大分值。该项目将公众调查分为“常规调查”、“具体活动调查”和“第三方调查”三类，分别设定了详细的得分规则，共占8分。公众调查活动是我国博物馆工作中的弱项，该项设定对推动博物馆精细化服务和管理有积极的作用。但在三类公众调查之外又设立了对某次公众活动的单项考察项目，并占据了10分，这种举例式的考察项目设定在全部二级定性指标的29个评分点中绝无仅有，有悖统计原理，建议取消，将分值划分到其他项目中。

2. 考察材料配置

公关关系与服务方面共有29项评分点，涉及宣传、观众服务、馆际和社会面合作、文化产品、调查分析、网站建设等多方面。评委对各博物馆的实际了解深浅不同，对于没有亲身接触过的博物馆，只能完全按照看到的材料来判断，因此材料填报的是否完整、准确、全面至关重要；另一方面，评估附件表的设置也在一定程度上制约着填报内容，对馆方的填报内容起着导向作用。

评分要点中有“志愿者章程”一项的要求，但评估材料中并没有对应的填报项，而只能向该馆的网站求证，相似内容的“博物馆之友章程”却有对应的填报项。在结果上就导致了大部分馆在“志愿者章程”上没有分，而在“博物馆之友章程”上都有得分。

“为社会公众提供有关藏品知识，藏品保护、保养的咨询服务”一项的得分也高达10分分值，但在申报书中填写的内容参差不齐，评委只能尽量从网站中查找相关内容，使得评分随意性增加，也导致了评分工作量的增加。

注释：

［1］本文是作者参加2011年度全国一级博物馆运行评估后撰写的评估报告的一部分，其中全部数据来自全国一级博物馆评估委员会。其中部分分析参考了刘春女士、郭青生先生的意见，特表谢意。

博物馆公共文化服务的思考与实践

王栋云

（南通博物苑　江苏南通　226001）

内容提要：南通环濠河博物馆群获批创建国家公共文化服务体系示范项目。在此背景下，本文深入探讨博物馆公共文化服务体系建设，认为要深化博物馆的功能认识，紧紧扣住南通环濠河博物馆群的“馆群特色”，强化公共职能、丰富服务内涵、彰显文博个性、攻克薄弱环节，使博物馆在新时期更好地服务于公共文化。

关键词：南通　环濠河博物馆群　公共文化服务　示范项目

2011年5月，南通环濠河博物馆群被文化部公布为首批创建国家公共文化服务体系示范项目。按要求，公共文化服务示范项目的创建就是要按照公益性、均等性、基本性、便利性的原则，培育具有创新性、带动性、导向性的公共文化服务体系，为公共文化服务体系的构建探索经验、提供示范。南通环濠河博物馆群作为全国47个项目中唯一的博物馆项目，与其说是示范，不如说是先行者或探路者。环濠河博物馆群作为南通重要的文化窗口和艺术殿堂，展示着南通江海文化的源远流长与博大精深，播扬着近代民族精神与人文风采，责无旁贷地肩负着提供公共文化服务的重任。在创建过程中，如何充分实现博物馆的社会价值，更好地服务于社会，服务于公共文化，还需要从以下几方面加以思考和实践。

一　进一步深化功能认识

随着经济的发展和人们生活水平的提高，精神文化需求日益增长，对博物馆的要求也越来越高，传统的“收藏、教育、研究”已远远不能满足人民群众对博物馆功能的广泛需求。由于历史和现实的原因，环濠河博物馆群在迅速发展的同时也存在很多问题，特别是在对自身功能的认识上往往局限于收藏、教育、研究功能，而对服务公共文化的职能如文化产业开发休闲娱乐服务的认识严重不足，市场意识不强，经营手段陈旧，传统观念根深蒂固。这不但极大地制约了博物馆群的发展，而且危及到了馆群成员的生存。在创建过程中，环濠河各博物馆应该重新确立自身的社会职能，从封闭走向开放，在履行基本职能的同时，顺应社会整体需求，深化认识，发挥自身优势和特有功能。

首先，要为民众提供通俗易懂的文化产品。环濠河博物馆群除了开发一般传统的文化产品外，还应当根据自己的藏品特色，积极开发能体现馆群成员个体差异的特色产品，以满足社会公众的需求，扩大影响力，提高经济效益。要引入竞争激励机制，按照现代企业制度的要求，争取社会资本兴办文化企业，激发博物馆群的内部活力，做大做强自身产业。

其次，要为民众提供寓教于乐的休闲场所。作为公益性文化休闲场所，环濠河博物馆群各单位应树立和强化这样一个理念，即在人们的文化休闲活动中，博物馆应该是一个积极主动的参与者和组织者，应主动开拓适合社会需求的文化休闲市场，积极参与假日文化休闲市场的构建。充分利用现代展示手段和技术（声、光、触摸屏、电视及其网络等），优化空间结构，努力营造舒适而功能多元的内部空间，为观众提供转换心情以及休息、补充体力的场所，发展博物馆的休闲娱乐功能。但需要指出的是，博物馆的休闲娱乐功能并不是说博物馆转变成了迎合民众低级趣味的娱乐中心，它仍旧是高层次的文化殿堂。

二　紧紧扣住馆群特色

公共文化服务创建要求的是有机体系的建设，显然，它不是某一文博场馆的单打独斗或孤军奋战。在实际创建过程中要充分发挥博物馆群的馆群特质与集群效应。

南通环濠河博物馆群是以南通在中国博物馆事业中的独特历史地位为根基，以南通博物苑为龙头，以濠河历史文化保护区和濠河风景名胜区为纽带，以南通市文博协会为依托，首批创建国家公共文化示范项目中唯一的文博项目，创造的是又一个全国之最。她是南通的、也是全国的，是南通博物苑、也是中国博物馆事业走向第二个百年辉煌的一个新的标识；她具有特定的历史地位、时代特征和地域特色，是推动博物馆公益性文化事业发展的一支团队；她涵盖面宽泛，不仅社会广泛参与、多元投入，而且是一个包括国有的、非国有的，条线部门、行业组织、企事业单位和公民个人兴办的各级各类博物馆、纪念馆、艺术馆、科技馆的动态的、发展变化着的群体。

环濠河博物馆群是南通近代文化和博物馆文化的双重体现和物质载体。其中有具有百年历史的南通博物苑，有改革开放初期领全国行业博物馆风气之先的南通纺织博物馆，有建筑博物馆等专题博物馆，有陆续新建或改建的个簃艺术馆、沈寿艺术馆、张謇纪念馆等，还有最近二三年新创办的中国体育博物馆南通馆和中国珠算博物馆、中国审计博物馆、濠河博物馆以及正在筹建中的中华慈善博物馆等等，共计二十多个。

以环濠河博物馆群为中心，南通市着力塑造“博物馆城”的城市文化新形象和城市个性特色，为了更充分的发挥馆群特色，提升博物馆群的公共文化服务能力，还需要进行更多的有益探索：

一是要搭建馆群沟通桥梁。成立环濠河博物馆群合作理事会，统一协调馆群之间在公共文化服务方面的重大事项。

二是要完善考核评估体系。以政府出台的创建工作规划来设定考核指标体系，通过考核评估这一手段来引导各博物馆融入到公共文化服务的体系中来。

三是要建立资金扶持机制。政府从长效管理的角度设立专项资金，对在考核评估中处于良好以上的博物馆给予必要的资金扶持，使馆群成员，特别是私人投入的博物馆在公共文化服务中能得到相应的补偿，从而驶上良性循环的轨道。

三 大力强化公共职能

公共文化服务的公共性主要体现在它是以政府部门为主的、由公共部门提供的、以保障公民的基本文化生活权利为目标的、惠及全民的文化服务，具体运行中表现在基础设施的建设、基本服务的保障和公益供给的导向（即“二基一公”）。博物馆有别于其他文化场馆，它既是文化阵地，也是一个地方重要的文化旅游景点，还是市民重要的休闲娱乐场所。南通市近年来将博物馆建设纳入经济社会发展规划和城市建设规划，以馆群文博资源的特色，发挥社会效益，实现公共职能。

1. 要加大资金投入

南通博物馆群的建设现在已经具备一定规模。在这种情况下，两年创建期内，南通市政府在博物馆基础设施建设方面依然有大的投入：正在筹建中的中华慈善博物馆投入5亿多元，有望年内开工建设；新建的濠河博物馆投资1000万元，已于2012年初落成开放。

2. 要优化展陈条件

作为博物馆的基本服务形式，环濠河博物馆群目前共设有基本陈列34个。借这次创建的东风，馆群成员单位将对陈列展览进行提档升级，如南通博物苑基本陈列改造已纳入工作计划，年底将以全新的面貌展示给观众。展陈升级时要转变博物馆展示的设计理念，强调陈列设计的人性化，避免各博物馆展示内容和形式的雷同，充分体现环濠河各博物馆的性化；要重点关注观众在展的参与程度和体验感受，充分考虑观众参观过程中实际接受与认知的能力，尊重他们的感受。

3. 要改善服务手段

为了更好地提供公共文化服务，南通环濠河博物馆群从软硬件两方面进行改造。在馆群建设方面，南通博物苑等建设游客服务中心，蓝印花布博物馆、珠算博物馆的展陈扩建工程正加紧实施。环濠河博物馆群与濠河风景区建设的互动配合也得到了进一步关注，促进馆群文博资源与景区游览设施的完善相结合。为做好接待服务工作，多个博物馆添置了语音导览设备，增设了便民设施，印制了精美的宣传折页，新增了多媒体展示项目，培养锻炼了素质较高、作风正派、热心为观众服务、热心于校外教育事业的讲解员队伍。

四 不断丰富服务内涵

南通环濠河博物馆群在稳定、巩固、提升基本陈列等传统的基本服务形式的基础上，应当大胆创新，充分利用博物馆的文化资源，开展丰富多彩的文化服务。

1. 要注重服务形式的多样化

着手建立环濠河博物馆群信息共享平台，积极实施数字化博物馆建设工程，逐步实现“一馆一站”，努力形成环濠河博物馆群联合网站，实现资源和信息共享。利用数字信息平台传播博物馆文化，依托博物馆文化阵地，开展诸如观众互动、讲座培训、知识竞赛、咨询服务及综合性主题活动等多方位多种类的文化服务活动，提升公众对于博物馆活动的参与度。

2. 要注重服务特色的品牌化

集聚环濠河博物馆群的整体资源，精心设计、策划内容丰富、覆盖面广、公众参与度高的系列品牌活动，如针对未成年人教育的“春蕾文博之旅”系列活动和深入社区的“文博江海行”巡展。同时，还应该看到，当前民间集藏者队伍藏龙卧虎，环濠河博物馆群应该充分引导力量，打造南通民间集藏品牌——中国民间集藏南通博览会，进一步宣传彰显南通博物馆文化，保护南通民间文化遗产，从而带动南通文化创意、文化旅游、文化服务等业态的发展完善。借助品牌的力量，彰显文博魅力，使公共文化服务更具影响力和知名度。

3. 要注重服务方法的细节化

博物馆的公共文化服务除了要惠民，更重要的是要亲民，要让参观者有“宾至如归”的感觉，这就必须从服务细节上全方位地为观众着想。包括宣传资料索取，导览提示，行李存放，轮椅、婴儿车租借，医疗急救等等，力求服务体贴周到，更具人性化。继续深入推进免费开放工作，在确保国有博物馆全面免费开放的基础上，引导鼓励民办馆免费开放，由政府安排专项经费适当补贴。

五　需要努力彰显文博个性

南通环濠河博物馆群作为全国47个公共文化服务体系示范创建项目中唯一的一个文博项目，其唯一性和特殊性与博物馆的职能和业务工作的特性是紧密相关的。博物馆，顾名思义，首先要有物，物是博物馆多元文化的载体，是人文精神内涵的集聚点，是博物馆从事公共文化服务的取之不竭的重要人文资源。博物馆公共文化服务的特质可概括：见物，见人，见精神。南通环濠河博物馆群在公共文化服务体系建设中，在创建指标体系的构建上，十分重视这一环节。

1. 要加大文物征集的力度

注重“为明天收集今天”，在文物征集上不断有新收获。博物馆之所以是一个历史信息库，一个国家、一座城市的记忆，就是因为收藏有大量的作为集体记忆载体的文物标本及相关史料。因此，作为博物馆，无论建馆时间长短，都要加大文物、标本、史料的征集的力度。各博物馆要增强使命感与责任感，进行思想创新、理念创新，在文物征集的工作上开拓进取，不断取得新的成果。

2. 要加大文物研究的力度

文物如何形成、文物内涵价值如何、如何促使文物内涵不断转化为社会价值，都是文物研究的内容。因此，作为文物收藏单位的博物馆要加大文物的学术研究，维护文物内涵的真实性，不能张冠李戴，更不能弄虚作假。

3. 要加大文物信息传播的力度

博物馆不只是一个文物仓库，更要融入社会、惠及民生。也就是要由物及人，变成一个社会教育的平台。要把博物馆储存的记忆化成公众集体的记忆，并在他们心中形成文化精神的积淀。要按照中央领导博物馆工作“三贴近”的要求，在公共文化服务上努力做到高深问题通俗化，知识问题趣味化，复杂问题简单化。

六　切实攻克薄弱环节

博物馆投身到公共文化服务体系建设中来，是一个新的课题，新的领域。在实际创建工作中，还需要攻克许多的薄弱环节。

1. 要开展理论研究，为创建提供理论支撑

创建公共文化服务示范项目是一个新的课题，缺乏理论的指导。博物馆创建国家公共文化服务体系，其探索性的实践可以从基层做起，但理论支持、理念提升必须从更高层面去进行总结、研究和指导。因此在创建工作中应当积极参与国家和省有关项目课题研究，深入开展馆群建设与发展的自主研究，加强公共文化服务创新和特色品牌打造的实务研究，形成理论成果，指导推进示范创建工作，并为国家和省完善有关公共文化服务体系的制度设计和政策措施提供参考依据。

2. 要坚持以人为本，为创建提供人才储备

“以人为本”是一切工作的出发点和落脚点，公共文化服务亦是如此，创建示范项目，人才是关键。博物馆事业发展需要建立一支知识结构合理、专业技术水平突出、基础理论扎实、具有现代管理水平的人才。但在实际工作中，人才问题是公共文化服务体系建设中的一块短板，影响了整体服务水平的提升。人才队伍的建设要靠长期积累，非一朝一夕之功，是一项系统工程，需要从更高层面加以关注，建立有效的人才引进、培养、流动机制和能上能下的干部管理体制，营造出有利于公共文化服务体系建设的良好发展环境。

免费开放后博物馆观众参观动机研究

——江苏省三大博物馆的调查研究

路亚北

（常州博物馆　江苏常州　213022）

内容提要：免费开放后博物馆事业得到空前的发展。随着“以人为本”思想的深入，博物馆观众研究成了博物馆发展的必然要求。本文通过对江苏省三大博物馆的观众研究分析，做到了解观众、熟悉观众及更好地服务于观众，使博物馆更好地发挥为社会服务的作用。

关键词：博物馆　观众　参观动机　发展方向

江苏省现有各类博物馆、纪念馆228家（截至2012年底），2007年1月中宣部、财政部、文化部、国家文物局联合下发了《关于博物馆、纪念馆免费开放的通知》后，江苏省率先行动，全省174家博物馆、纪念馆、美术馆和爱国主义教育基地免费开放，截至2008年底，江苏省的博物馆、纪念馆参观人数达到5100万人次，是免费开放前的四倍，可以说江苏省落实国家文化惠民政策走在了全国的前列。目前博物馆等免费开放文化机构较观众数量较免费开放初期有所回落。2009年至今共接待观众约3000万人次，是免费开放前的两倍多，全国的博物馆也受到前所未有的关注，经过几年的发展，无论是免费开放的博物馆数量，还是规模、经营等都有了长足的发展。但是“文化惠民”政策归根到底是要落实到惠民上，即以“人”为本，这个“人”就是博物馆的观众。“了解观众，熟悉观众，争取观众，组织观众，为观众服务，满足观众的需求，是博物馆的根本宗旨”[1]。

虽然江苏省落实国家免费开放政策走在全国的前列，但是对于观众的调查，除了南京博物院[2]、常州博物馆[3]外，尚未有公开报道。毋庸讳言，江苏省对于博物馆的观众研究尚处于初级阶段。可以说大多数博物馆都没有做过观众调查，即使做过，对自身操作层面的研究也相对较少，对相关问题的探讨缺乏深度，且普遍没有将理论探讨的结果和建设性意见应用到博物馆工作中。笔者选择基本能够代表江苏省免费开放后博物馆现状的苏北徐州博物馆、苏中南通博物苑、苏南常州博物馆为代表，做了一次系统的观众问卷调查，以了解江苏省博物馆观众状况，为江苏省博物馆改进观众服务工作提供参考。

一　江苏省三大博物馆概况

1. 徐州博物馆

徐州博物馆建于1959年，坐落于风景秀丽的云龙山北麓，历经三次改扩建，现由陈列主楼、土山东汉彭城王墓、汉代采石场遗址、清高宗乾隆行宫及碑园四个展区组成。占地面积3.3万平方米，建筑面积1.2万平方米，展厅面积3000余平方米。2008年7月免费开放后年观众接待量约20万人次。

2. 南通博物苑

南通博物苑建于1905年，是中国第一座公共博物馆。位于风光秀美的南通濠河之滨，总占地面积约7万平方米。原有南馆、中馆和北馆等历史建筑保存完好。新展馆总建筑面积6330平方米，现有“江海之光——南通地域文化和自然资源陈列”、“腾飞之龙——恐龙专题展”、“跋涉百年——南通博物苑苑史掠影（老馆）”等常设展览。2006年初后年观众接待量约50万人次。

3. 常州博物馆

常州博物馆建于1958年，是集收藏、研究、陈列展览为一体的地方综合性博物馆，并含有全省唯一一家少儿自然博物馆。新馆位于新北区市民广场上，占地面积2万平方米，展陈面积9000平方米，共设有6个展厅。有两个基本陈列：“龙腾中吴”常州历史文化陈列和“神奇的自然，美丽的家园”自然资源陈列；两个专题陈列：“刘国钧捐献红木家具陈列”和“谢稚柳艺术馆”；两个临时展览厅。2008年4月免费开放后年观众接待量约30万人次。

二 三大博物馆观众问卷调查情况

1. 问卷设计和调查内容

在前期资料研究的基础上，我们对苏南常州博物馆的管理人员、前台服务人员及普通观众进行了深度访谈，对博物馆服务、环境、管理及博物馆形象等问题进行了深入探讨。由此设计了问卷的初稿，然后对问卷进行初步测试，就问卷存在的问题进行了多次修改，最后才确定正式问卷。本次调查问卷设计成两部分共20题，对包含观众自然特征和参观动机的15项内容展开探讨。

（1）自然特征

包括观众的性别、年龄、教育程度、平均月收入、家庭结构、职业类型及地域分布等。

（2）参观动机

参观动机又可以分为外部动机和内部动机两大块。观众参观博物馆的外部动机包含参观次数、停留时间、陪同参观者、交通工具、免费信息渠道、所在城市对于博物馆的宣传力度、周围朋友影响等。内部动机是由个体的内在需要引起的，包括参观目的、博物馆的兴趣点、博物馆的印象、满意程度、对博物馆的推荐和重游意愿等。内部动机部分本文仅讨论参观需要、参观兴趣和参观动机。

2. 抽样方法和回收情况

本次调研对象为参观完上述三座博物馆的观众，问卷采取现场发放和回收的方法。为确保问卷回收的客观性和真实性，我们在博物馆出口处对参观了全部展厅的观众（包含目测年龄在小学高年级以上及有家长陪同的有表达能力的儿童）进行无差别的随机抽样调查。调查中，除个别观众因时间紧或因带孩子不方便而拒答的，大部分观众比较配合。

徐州博物馆共发放问卷500份，回收500份，回收率100%，有效问卷（问卷回答90%以上即视同有效问卷）498份，有效率99.6%。南通博物苑共发放问卷360份，回收360份，回收率100%，有效问卷340份，有效率94.4%。常州博物馆共发放问卷505份，回收

505份，回收率100%，有效问卷504份，有效率99.8%。为了统计方便，分别以苏北、苏中、苏南表示徐州博物馆、南通博物苑、常州博物馆。此次问卷调查说明如下：

（1）调查方法的选择

此次调查采取整群随机抽样的方法。由问卷调查人员在各个被调查博物馆出口处对参观完毕的游客进行全面调查，每一位调查人员调查完一个即开展下一个调查，保证整群采样的随机性。调查人员在每份问卷发放前都向被调查者说明意图并征得同意，在被调查者有疑问时，调查人员可以当场解释，保证问卷质量。实践证明，这种调查方式回收率较高。

（2）调查时间的选择

徐州博物馆和常州博物馆在2011年4月30日至5月2日完成，主要是“五一”期间游客比重大，本地居民及学生的出游较为集中。南通博物苑由于一级博物馆评估，观众问卷调查工作于2011年暑假期间完成。从上述时间段全体观众中随机获取一部分进行调查研究，由此推论全体对象的状况。以一天开放时间为一个单位，兼顾各个时间段。

（3）调查人员的选择

徐州博物馆问卷调查委托徐州师范大学三位地理系研究生开展，南通博物苑问卷调查委托南通博物苑宣教部工作人员开展，常州博物馆问卷调查由常州博物馆开放部工作人员完成。所有问卷都是调查人员在现场直接向观众发放问卷，被调查者当场填答。调查活动开展之前对调查人员进行专门培训，调查中调查人员态度认真，回收问卷时每份都做检查，若有遗漏当面询问被调查者，并留意和记录观众的其他信息和建议，保证了调查质量。

（4）调查对象的选择

由于这三个博物馆的游客主要为中国大陆游客，外国和港澳台游客占的比例不大（如常州博物馆2011年外国和港澳台游客仅占0.7%），因此这次调查对象为中国大陆游客，调查问卷为中文版。对于一个出游整体（家庭或集体）只进行一次调查，以提高数据的代表性。

三 观众调查问卷数据分析

1. 观众自然特征分析

①性别（表一）

您的性别：A. 男；B. 女

表一 观众性别统计表

	男		女	
	人数	百分比	人数	百分比
苏北	269	54.6	224	45.4
苏中	137	43	184	57
苏南	281	57	212	43
总计	687	52.6	620	47.4

根据表一可知，调查中男性观众687人，占总调查人数的52.6%，女性观众620人，占总调查人数的47.4%。说明我省参观博物馆的男性观众总数比女性观众总数略多，这与

西方学者认为参观博物馆是男子活动的观点基本一致。从区域来看，苏北和苏南地区参观博物馆的男性观众相比女性观众优势明显，分别超过9.2%和14%，但苏中地区参观博物馆的女性观众高于男性观众14%，这一统计结果与西方的某些学者断言的参观博物馆是男子活动的观点不一致。这一结果可能与南通博物苑调查过程中女性更愿意配合有关，但同时也表明随着时代的进步，女性参观博物馆人数呈上升趋势。

②年龄（表二）

您的年龄：A. 20岁以下；B. 21～30岁；C. 31～40岁；D. 41～50岁；E. 51～60岁；F. 61岁以上

表二　观众年龄统计表

	20以下		21～30		31～40		41～50		51～60		61岁以上	
	人数	百分比	人数	百分比	人数	百分比	人数	百分比	人数	百分比	人数	百分比
苏北	98	19.8	262	52.9	90	18.2	26	5.3	11	2.2	8	1.6
苏中	71	21	82	24	78	23	49	15	32	10	24	7
苏南	62	12.4	160	32	192	38	40	8	19	3.8	26	5.2
总计	231	17.4	504	37.9	360	27	115	8.6	62	4.7	58	4.4

表二统计结果显示：20岁以下的观众有231人，占总调查人数的17.4%；21～30岁观众有504人，占总调查人数的37.9%；31～40岁观众有360人，占总调查人数的27%；41～50岁观众有115人，占总调查人数的8.6%；51～60岁观众有62人，占总调查人数的4.7%；61岁以上的观众有58人，占总调查人数的4.4%。参观博物馆的群体中41岁以上观众人数较少，各个年龄段皆不足10%，其中51～60岁和61岁以上区间观众都不足5%，说明参观人群年龄以40岁以下为主。按地域划分来看，苏中地区观众群40岁以下的占68%，这个与南通博物苑建在公园内，有较好的群众基础有关。苏北地区观众群集中在21～30岁之间，占52.9%，苏南地区观众群集中在21～40岁之间，占70%。把观众年龄构成前后联系起来看，观众的年龄段覆盖面比较大，说明省内博物馆有着广泛的观众基础。

③文化程度（表三）

您的教育程度：A. 小学（含以下）；B. 初中；C. 高中及中专；D. 大专及本科；E. 研究生（含以上）

表三　观众文化程度统计表

	小学及以下		初中		高中及中专		大专及本科		研究生以上	
	人数	百分比	人数	百分比	人数	百分比	人数	百分比	人数	百分比
苏北	32	6.5	17	3.4	62	12.6	334	67.7	48	9.7
苏中	37	11	54	16	101	30	121	36	23	7
苏南	28	5.6	43	8.6	100	20	303	60.8	24	4.8
总计	97	7.3	114	8.6	263	19.8	758	57.1	95	7.2

从观众的文化程度来看，研究生学历有 95 人，占总调查人数的 7.2%；大专及本科学历的有 758 人，占总调查人数的 57.1%；高中及中专的有 263 人，占总调查人数的 19.8%；初中的有 114 人，占总调查人数的 8.6%；小学及以下有 97 人，占总调查人数的 7.3%。由此可见，观众的文化程度以大学（本科及大专）为主，占总调查观众的 57.1%。也就是说，文化程度与参观兴趣度成正比，高学历者参观博物馆的几率较大。从区域划分看，苏北地区表现得更加明显，大专以上参观人群占 77.4%，高于全省平均值（大专以上参观人群有 64.3%）13.1 个百分点，苏南地区只接近全省平均水平。苏中观众人群比较分散，呈现均衡化趋势，这一现象值得关注。

④职业（表四）

职业：A. 机关；B. 事业；C. 教育；D. 商业；E. 服务业；F. 农村；G. 学生；H. 军人；I. 离/退休；J. 其他

表四 观众职业统计表

	机关		事业		教育		商业		服务业	
	人数	百分比	人数	百分比	人数	百分比	人数	百分比	人数	百分比
苏北	35	7	44	8.9	50	10.1	39	7.9	15	2.5
苏中	19	6	31	10	39	12	38	12	49	15
苏南	22	4.4	64	12.9	36	7.2	79	15.9	33	6.6
总计	76	5.8	139	10.6	125	9.5	156	11.9	97	7.4

	农村		学生		军人		离/退休		其他	
	人数	百分比	人数	百分比	人数	百分比	人数	百分比	人数	百分比
苏北	7	1.4	250	50.5	6	1.2	8	1.6	41	8.3
苏中	15	5	71	22	12	4	27	8	20	6
苏南	6	1.2	123	24.7	1	0.2	29	5.8	105	21.1
总计	28	2.1	444	33.8	19	1.4	63	4.8	166	12.6

从观众职业构成来看，学生居多，有 444 人，占总调查人数的 33.8%；下面依次为商业事业单位、教育、服务业、机关公务人员、离/退休、农村、军人。充分说明前来博物馆参观的观众职业是多元化的，几乎囊括了社会各方面的职业类别。但总体来说，学生、商业、事业单位、教育等行业参观人数居多。说明我省博物馆存在着广泛的观众基础和社会基础。就区域划分来看，苏北地区以学生为主，250 人占总调查人数的 50.5%，这也与前面分析的观众年龄在 21～30 岁之间，文化在大专以上相一致，这与徐州市有较多高校，参观人群以大学生为主有关。苏中地区南通博物苑观众除学生 22% 以外，其他人群行业分布较散，说明南通博物苑在各个行业都有着广泛的群众基础。苏南地区常州博物馆参观人群所占比例超过 10% 的有学生、其他、商业、事业单位四大类，值得一提的是除了苏南地区常州博物馆外，其他两地区选其他职业的人数比例均不超过 10%，说明苏南地区观众人群分布更广。

⑤收入（表五）

您的月收入：A. 无；B. 少于 1000；C. 1001～2000；D. 2001～3000；E. 3001～5000；F. 5000 以上

表五　观众收入统计表

	无		少于 1000		1001～2000		2001～3000		3001～5000		5000 以上	
	人数	百分比	人数	百分比	人数	百分比	人数	百分比	人数	百分比	人数	百分比
苏北	255	52.6	12	2.5	56	11.5	84	17.3	47	9.7	31	6.4
苏中	76	23	30	9	82	25	76	23	51	15	16	5
苏南	123	24.7	18	3.6	79	15.9	124	24.9	90	18.1	46	9.2
总计	454	35.1	60	4.6	217	16.7	284	21.9	188	14.5	93	7.2

从观众收入构成来看，没有收入的有 454 人，占总调查人数的 35%；1000 元以下的有 60 人，占总调查人数的 4.6%；1001～2000 元的有 217 人，占总调查人数的 16.7%；2001～3000 元的有 284 人，占总调查人数的 21.9%；3001～5000 元的有 188 人，占总调查人数的 14.5%；5000 元以上的的有 93 人，占总调查人数的 7.2%。其中 2000 元以上收入的观众占 43.6%，说明我省博物馆参观群体与收入有很大关联。另一个不容忽视的就是无收入者占 35.1%，与职业、文化程度、年龄等联系，我们不难看出这一部分人大多数为大学生，这也是免费开放后受益的主要群体。收入在 2001～3000 元的观众仅占总调查人数的 21.9%，这充分说明虽然我省博物馆实行了免票制度，但是文化需求是建立在一定的物质需求之上的，这与马斯洛的需求层次理论是基本一致的。从区域划分来看，苏北没有收入人群（52.6%）明显高于苏中（23%）和苏南（24.7%），而收入高于 2000 元的人群仅仅为 33.4%，明显低于苏中（43%）和苏南（43.6%），这也充分反映了我省经济发展的不平衡情况。

⑥居住地（表六）

您的常住地：A. 本市；B. 非本市

表六　观众居住地统计表

	本市		非本市	
	人数	百分比	人数	百分比
苏北	236	47.5	261	52.5
苏中	198	68.5	91	31.5
苏南	402	80	101	20
总计	836	64.9	453	35.1

从观众居住地构成情况来看，此次调查中本地观众有 836 人，占总调查人数的 64.9%；非本地观众有 435 人，占总调查人数的 35.1%。需要说明的是我们把博物馆所在地的观众，

称为本地观众，其余的则统称为外地观众，从以上数据可以看出参观博物馆的本地观众明显多于外地观众，说明我省博物馆参观人群以本地为主。从区域划分来看，苏北地区外地观众稍高于本地观众，这与前面分析的观众群中大学生占较大比重相一致，苏南地区的常州博物馆本地观众远远高于外地观众，这也与常州不是旅游城市有关。

综上所述，无论是观众的年龄构成，还是职业构成，都能反映出观众分布的广泛性。前来博物馆参观的观众的职业是多样，但他们对博物馆的需求是共同的，博物馆存在着广泛的观众基础和社会基础。高学历、高收入的观众以20～40岁的中青年为主，性别上无明显差异。虽然调查时间正赶上旅游时期和暑假，被调查的三个博物馆又都是旅游景点，但是本地观众还是比外地观众多，说明我省旅游业还不够发达，参观博物馆已经成为当地居民的一种生活习惯，但在博物馆旅游方面还有很大的开发空间。

2. 博物馆观众的参观动机

动机是指引起和维持个体活动，并使活动朝向某一目标进行的内在动力。除无意识行为之外，个体行为是在动机的支配下进行的。观众参观博物馆的动机则为参观动机。参观动机是观众前往博物馆的内部原因，是引发参观行为的直接原因和动力，根据动机的来源划分，主要有外部动机和内部动机[4]。外部动机是由活动本身之外的因素所引发的，内部动机是由个体的内在需要引起的。就参观博物馆而言，外部动机源于外在刺激因素，也就是博物馆对公众的吸引力以及其他外部因素促成的参观行为。内部动机源于个人的内在需求，是人们参观博物馆行为产生的最深刻原因，有休闲放松、打发时间的动机，也有增长知识、提高修养的动机，但也不乏增进情感、互相沟通的动机。

（1）观众参观博物馆的外部动机

观众参观博物馆的外部动机包含参观次数、停留时间、陪同参观者、交通工具、免费信息渠道、所在城市对于博物馆的宣传力度、周围朋友影响等。

①参观次数（表七）

您的参观次数：A. 一次；B. 两次；C. 三次；D. 三次以上

表七 观众参观次数统计表

	一次		两次		三次		三次以上	
	人数	百分比	人数	百分比	人数	百分比	人数	百分比
苏北	339	68.2	94	18.9	20	4	44	8.9
苏中	106	32	78	23	51	15	99	30
苏南	189	37.5	154	30.6	56	11.1	105	20.8
总计	634	47.5	326	24.4	127	9.5	248	18.6

从观众参观博物馆的频率可以看出，我省博物馆观众以一次为主，占总观众的近一半。难能可贵的是有18.6%的观众参观三次以上，这说明博物馆在我省已经成为居民休闲的好去处。从地域上看，苏北地区观众一次所占比例较高，达到68.2%，而三次及以上仅仅为12.9%；苏中和苏南地区一次参观都约为1/3，三次以上参观的观众则分别达到30%和20.8%，说明苏中和苏南地区的博物馆在当地观众中的群众基础更好。

②停留时间（表八）

您的参观时间 A. 1小时以内；B. 1～2小时；C. 2～3小时；D. 3小时以上

表八　观众停留时间统计表

	1小时以内		1～2小时		2～3小时		3小时以上	
	人数	百分比	人数	百分比	人数	百分比	人数	百分比
苏北	140	28.2	294	59.2	51	10.3	12	2.4
苏中	81	24	168	50	60	18	24	8
苏南	39	7.8	301	60	135	26.9	28	5.6
总计	260	19.5	763	57.2	246	18.5	64	4.8

从观众参观博物馆的时间可以看出，我省博物馆观众参观时间以1～2小时为主，占总观众的一半之多。从地域上来看，苏北、苏中和苏南表现相当一致，说明我省博物馆要想留住观众，还需要在除了展览以外的其他配套服务上做文章。

③参观方式（表九）

您的参观方式：A. 独自参观；B. 家庭参观；C. 亲戚朋友；D. 随团参观；E. 其他

表九　观众参观方式统计表

	独自参观		家庭参观		亲戚朋友		随团参观		其他	
	人数	百分比	人数	百分比	人数	百分比	人数	百分比	人数	百分比
苏北	30	6	189	38	238	47.8	13	2.6	28	5.6
苏中	61	19	90	18	83	25	73	22	21	6
苏南	38	7.5	311	61.7	138	27.4	2	0.4	15	3
总计	129	9.7	590	44.4	459	34.5	88	6.6	64	4.8

从观众参观的出行方式可以看出，我省博物馆观众出行方式以与家庭成员、亲朋好友一同前往为主，比例高达78.9%。

④信息途径（表十）

您是从哪里了解到博物馆的信息并决定前往的？A. 报刊、媒体、网络的宣传；B. 亲朋同事；C. 预先并不知道；D. 单位组织或陪同他人前往

表十　观众获取信息途径统计表

	A		B		C		D	
	人数	百分比	人数	百分比	人数	百分比	人数	百分比
苏北	153	31	225	45.6	79	16	36	7.3
苏中	59	18	124	39	66	21	71	22
苏南	290	58.1	141	28.3	44	8.8	24	4.8
总计	502	38.3	490	37.3	189	14.4	131	10

从观众了解博物馆信息的途径来看，从报刊、媒体、网络的宣传了解博物馆及展览的有 502 人，占总调查人数的 38.3%；从亲朋同事处了解到的有 490 人，占总调查人数的 37.3%；预先并不知道偶然了解到的观众有 189 人，占总调查人数的 14.4%；单位组织或陪同他人前往的有 131 人，占总调查人数的 10%。

⑤媒体宣传（表十一）

您所在的城市对博物馆的媒体宣传力度大吗？A. 很大，经常可以看到；B. 一般，偶尔有重大活动时才会看到；C. 较少；D. 几乎没有

表十一 媒体宣传力度统计表

	很大		一般		较少		几乎没有	
	人数	百分比	人数	百分比	人数	百分比	人数	百分比
苏北	41	8.3	252	51	141	28.5	60	12.1
苏中	64	19	187	56	61	18	24	7
苏南	104	21.8	292	58.9	83	16.7	17	3.4
总计	209	15.8	731	55.1	285	21.5	101	7.6

结合上表可以看出，我省博物馆媒体宣传力度一般，偶尔有重大活动时才会看到，有高达 15.8% 的观众认为所在城市博物馆几乎没有媒体宣传，这在电视、网络等大众传媒高速运行的年代是令人难以理解的。通过以上调查的信息可以判断我省博物馆在运用传媒影响力方面做得还不够，还有很大的提升空间。

⑥周边环境（表十二）

您身边有特别喜欢参观博物馆或者对文物较为感兴趣的亲戚朋友吗？A. 有很多；B. 有，但是不多；C. 一个也没有

表十二 观众周边环境统计表

	很多		有但不多		一个没有	
	人数	百分比	人数	百分比	人数	百分比
苏北	70	14.2	386	78.5	36	7.3
苏中	54	16	160	47	125	37
苏南	80	15.9	404	80.4	18	3.7
总计	204	15.3	950	71.3	179	13.4

结合上表可以看出，我省参观博物馆的观众认为周边亲朋好友对于博物馆或者文物兴趣度一般，耐人寻味的是竟然有 13.4% 的观众认为自己身边特别喜欢参观博物馆或者对文物较为感兴趣的亲戚朋友一个也没有。

综上所述，我省博物馆的观众以一次参观居多，他们选择的参观方式以与家庭成员、

亲朋好友共同前往为主，在博物馆逗留时间为 1 ~2 小时。了解博物馆的信息主要经朋友介绍，辅以报刊、媒体、网络等宣传了解。对于所在城市对博物馆的媒体宣传力度反应一般，有对比意义的是，观众认为自己身边的亲朋好友对博物馆的信息也不够了解。从以上数据可以看出我省博物馆与广大观众之间信息的不对称性以及信息流通的不畅现象。大多数观众获取博物馆信息是经朋友的介绍，这种现象一方面说明我省博物馆观众对所在城市的博物馆应该是很满意的，但另一方面这种一传十、十传百的传统传播方式并不符合现代社会人们获取信息渠道的实际情况，且这种传播的辐射度会随其距离变远而越来越低，更加说明现代媒介在我省博物馆宣传上发挥的作用不大。要想使更多的观众光顾博物馆，就必须让观众了解博物馆，知道博物馆是一个什么样的场所，而要做到这一点，就必须充分利用各种宣传媒介，加强对外宣传，搞活博物馆的宣传工作。

(2) 观众参观博物馆的内部动机

内部动机是由个体的内在需要引起的，包括参观目的、博物馆的兴趣点、博物馆的印象、满意程度等。

①参观需要（表十三）

您参观博物馆的目的？A. 充实知识；B. 观赏展品；C. 休闲娱乐；D. 考察研究；E. 陪同家人朋友；F. 其他

表十三　观众参观需要统计表

	充实知识		观赏展品		休闲娱乐		考察研究		陪同家人		其他	
	人数	百分比	人数	百分比	人数	百分比	人数	百分比	人数	百分比	人数	百分比
苏北	207	41.7	171	34.5	78	15.7	7	1.4	25	5	8	1.3
苏中	67	24	74	27	71	26	34	12	17	6	13	5
苏南	273	54.3	133	26.4	57	11.3	6	1.2	30	6.0	4	0.8
总计	547	42.9	378	30.4	206	16.5	47	3.8	72	5.8	25	2.0

需要是个体和社会的客观需求在人脑中的反映，本文将博物馆观众参观博物馆的需要称为参观需要。参观博物馆的需要是一种高层次的需要，它反映了观众在认知、审美等高层次的需求。数据分析结果显示我省观众参观博物馆的求知需要占了绝大多数，特别是苏南地区竟然超过一半。专门到博物馆考察研究的观众不到 3.8%，接受家人（或者别人）的邀请参观博物馆，抱着从众心理的观众只有 5.8%。值得关注的是把博物馆当成旅游、休闲的场所，娱乐身心、陶冶情操的观众占 16.5%，这是博物馆的潜在人群，值得博物馆工作者关注。博物馆能否符合观众的求知、审美需要，能否激发观众的参观兴趣，是观众参观需要能否转化为参观动机的关键。

②参观兴趣（表十四）

您对本博物馆哪方面比较感兴趣？A. 整体建筑；B. 陈列展示；C. 展厅展品；D. 版面知识；E. 其他

表十四 观众参观兴趣统计表

	整体建筑		陈列展示		展厅展品		版面知识		其他	
	人数	百分比	人数	百分比	人数	百分比	人数	百分比	人数	百分比
苏北	19	10	37	7.5	348	70.9	36	7.3	21	4.3
苏中	42	15	62	22	127	44	27	9	28	10
苏南	107	21.5	78	15.7	257	51.6	49	9.8	10	2
总计	168	13.5	177	14.2	732	58.7	112	9.0	59	4.7

数据分析结果显示，我省观众绝大多数对于博物馆展厅文物感兴趣，特别是苏北地区的徐州博物馆这一比例竟然高达70.9%；对于展厅中的版面知识感兴趣的观众，三个馆都不足10%；对于博物馆整体建筑感兴趣人群也都不高，仅为13.5%，即便像位于苏中地区的南通博物苑，其建筑很有个性，但也没有能够引起参观者的强烈关注。这一结果说明参观者更注重博物馆内的文物、展览，而不太关注博物馆的外在建筑。

③参观动机（表十五）

您认为参观博物馆有哪些好处？A. 能打发时间，摆脱枯燥的日常生活；B. 能缓解生活和工作的压力；C. 能增加与他人沟通的话题；D. 能提高文化修养，发展专业技能；E. 追求时尚；F. 成为炫耀的资本；G. 其他

表十五 观众参观动机统计表

	打发时间		缓解压力		增加沟通		提高素养	
	人数	百分比	人数	百分比	人数	百分比	人数	百分比
苏北	55	11	112	22.5	37	7.4	285	57.2
苏中	28	11	54	22	23	9	84	34
苏南	60	11.9	171	34	48	9.5	213	42.3
总计	143	11.5	337	27.0	108	8.7	582	46.6

	追求时尚		炫耀资本		其他	
	人数	百分比	人数	百分比	人数	百分比
苏北	1	0.2	1	0.2	7	1.4
苏中	16	6	18	7	24	10
苏南	0	0	0	0	11	2.1
总计	17	1.4	19	1.5	42	3.4

数据分析结果显示，我省观众参观博物馆的动机以提高文化修养为主，占总调查人数的一半，追求时尚或成为与他人炫耀资本的皆不足 2%。值得关注的是，选择能缓解生活和工作压力的人数占总调查人数的 27.0%，超过 1/5，这在一定程度上颠覆了传统博物馆学者认为“博物馆就是一个收藏、教育科研基地，而非休闲娱乐场所”的思维定势。

参观需要、参观兴趣和参观动机是影响观众参观行为的重要因素，三者的联系十分紧密。参观动机是在参观需要和参观兴趣的基础上产生的，是引发观众参观行为的直接原因和动力。马斯洛的需要层次理论认为，当人们温饱的需要得到了满足，需求指向就渐渐地从物质对象转移到精神对象上，就会产生高等级水平的需要。博物馆正以其鲜明的特色而日益成为人们获取知识，陶冶情操，进行高雅娱乐和休闲的理想场所。从参观需要、参观兴趣和参观动机三个方面的调查结果显示，观众对于博物馆的需求已从一味的求知欲上升到了娱乐性、知识性兼顾的层次，这也与当代博物馆追求的“知识性与趣味性兼顾”的办馆宗旨是一致的。而且，随着社会的不断发展，人们在知识性、休闲性和娱乐性及服务性等方面对博物馆内在的要求将会更多。对于观众参观动机的研究，可以为研究观众参观行为的内在规律提供更可靠的依据，更可以为博物馆如何为群众提供更多更丰富的文化大餐给予指导。

四　观众问卷调查结论和建议

综上所述，我省博物馆有着广泛的观众基础，参观博物馆已经成为较普遍的群众性文化娱乐活动，这为博物馆事业的发展奠定了良好的社会基础。但是，观众了解博物馆的途径相对落后，说明我省博物馆的宣传力度还不够大，博物馆的认知度不高。参观需要、参观兴趣和参观动机三方面的调查结果显示，大部分观众参观博物馆的动机是充实知识和观赏展品，但是以休闲为目的的观众日趋增多，这也意味着观众对于博物馆的需求已从一味的求知上升到了娱乐性、知识性兼顾的层次，博物馆对此应该作出积极的应对。首先应从自身功能的拓展和理念的转变做起；其次博物馆应该从陈列展览、教育活动、服务意识等方面进行深入研究，进一步培养观众参观博物馆的兴趣和热情，培养更多的潜在观众；另外博物馆还要重视提升观众享受高品质文化的理念，加大宣传力度，这是解决博物馆与观众之间信息不对称的有效途径。只有这样，才能不断扩大我省博物馆的综合影响力，更好地服务观众，真正发挥博物馆为社会和社会发展服务的作用。

20 世纪后期，博物馆观众研究在西方国家已进入蓬勃发展的阶段，并据此来指导博物馆的实际工作。在当前十八大召开后文化大繁荣的今天，“以人为本”的理念已经日益深入人心，作为“人类终身受教课堂”的博物馆，其与社会的关系应该成为我省乃至我国博物馆探讨的新课题，博物馆对观众的关注也应该提到前所未有的高度。博物馆的工作重心不能够再停留在物上，而应该转移到人上，“以人为本”应成为博物馆工作的重心、主旨。博物馆不再是施教和布道者的代名词，建设为公众和社会服务的开放型现代化博物馆已经成为世界各地博物馆的共识[5]。

注释：

[1] 王宏钧:《中国博物馆学基础》,第 304 页,上海古籍出版社,2001 年。

[2] 徐湖平、《从南京博物院观众调查引发的思考》,《中国博物馆》2000 年第 2 期。

[3] 路亚北、李芸:《常州博物馆观众满意度调查论析》,《区域特色与中小型博物馆——江苏省博物馆学会 2010 学术年会论文集》,文物出版社,2011 年。

[4] 沈德立:《基础心理学》,第 201 页,华东师范大学出版社,2003 年。

[5] 杨玲、潘守永:《当代西方博物馆发展态势研究》,第 14 ~ 15 页,北京学苑出版社,2005 年。

浅析博物馆服务理念的转变

王　璟

（南京博物院　江苏南京　210016）

内容提要： 随着经济的发展，物质生活水平及教育水平的不断提高，人们对文化生活的要求也日益增长，这也对博物馆的服务方式提出了更高层次的要求。本文分析了我国博物馆服务的现状，以“让观众满意”为切入点，从员工的培训教育，市场调查以及建立完善的服务体系三个方面探讨了如何转变博物馆的服务理念。

关键词： 博物馆　服务理念

随着经济的发展，物质生活水平及教育水平的不断提高，人们对文化生活的要求也日益增长，博物馆在普通人日常生活中正扮演着越来越重要的角色。人们走进博物馆不仅仅是为了通过参观展品接受历史、文化、艺术的熏陶和教育，更是为了享受整个参观过程带来的美好体验和感觉，使心境得到升华，是一种更高层次的满足。在这样的大环境下，博物馆通过什么样的服务方式或手段使自己更吸引观众，更融合于观众，是值得每一个博物馆人深思的问题。

一　我国博物馆服务的现状

去过博物馆的观众或许有过这样的经历，当观众带着孩子或是外地友人走进当地一家著名的博物馆时，首先迎接他们的是一张严肃的面孔，保安对来访观众说：“请把包放在安检机上，人从安检门过去。”进入展厅，一流的展品、完美的陈列令人惊叹，但很可能说明牌上的某个字观众不认识，而请教穿制服的工作人员得到的答案却是“对不起，我只是负责看护展厅”或是“我只是负责打扫展厅”，观众只能再去请教专业人士或者放弃询问答案，带着疑惑继续参观。另外，博物馆里一般难觅咖啡屋或茶社的踪影，口渴的观众只能在展厅边的椅子上坐下来，喝自带的矿泉水。博物馆的厕所可能很大，设备很豪华，可是往往没有洗手液、厕纸。类似的情况还有很多，博物馆的服务现况较过去有了很大的改善，但尚未能全面细致地为观众提供舒适与便捷。

中国的博物馆在不断发展壮大，展厅的面积越来越大、展品越来越丰富、陈列手段方式越来越多样，可是博物馆与观众的距离并没有越来越近。因为我们的博物馆服务没有让观众满意。

中国博物馆学会和中国文物报社在2004年5月至9月期间对我国公民进行了一项关于博物馆认识的社会调查，尽管有95.7%的人坚定地认为青少年应该经常参观博物馆，尽管有超过一半的人认为博物馆与学校一样是教育机构，但只有约20%的人每年参观博物馆的时间能达到4至6小时，其余80%的人全年参观时间不足2小时甚至根本不进博物馆。许多人参观博物馆时，经常是走近一件展品，不经意地看一眼，读一读标签便离开了。参观之后除了“到此一游”，没有更多收获。观众说：“展览是越来越多了，但博物馆还是离我们十分遥远”，“感觉自己完全是一个无关的局外人”。

我国博物馆服务意识的淡薄，对观众需求的忽视是造成今天博物馆高高在上，观众寥寥无几的重要原因。

二 如何改变我们的服务理念

要改变博物馆服务的现况，就要先了解什么是服务。服务的英文是SERVICE，将这个单词拆开来看看，大家就一目了然了：S指的是Smile微笑，所有的工作人员面对观众要微笑服务；E指的是Excellence出色，每一个细小的地方都要做得出色；R指的是Ready准备好，随时准备好为观众服务；V指的是Viewing看待，把每一位观众都当贵宾看待；I指的是Invitation邀请，每一次参观结束，邀请观众下一次的光临；C指的是Creating创造，要为观众创造出能使其享受的服务氛围；E指的是Eye眼神，要用关注的眼神看待观众，预测他们的需求并提供服务。

笔者认为要改变现有的博物馆服务状况，需要从员工的培训教育、市场调查以及建立完善的服务体系三个方面入手。

1. 加强对员工的培训教育

对于博物馆来说，观众就是我们的客户，“客户至上”、“让客户满意”、“客人就是上帝”等服务理念无不反映了将客户放在第一位的重要性。对博物馆来说，观众满意就是我们追求的目标。

员工服务的优劣直接影响了观众参观的情绪，特别是在展厅内与观众直接接触的一线员工，他们的服务对观众的影响至关重要。在观众踏入展厅时，无论是端庄秀丽的讲解员、认真严肃的保安员或是忙忙碌碌的保洁员，他们一个真诚的微笑或是一句欢迎光临，他们对观众的细心帮助或是耐心解答，都会给观众带来如沐春风、宾至如归般的感受。

加强对所有员工特别是一线员工的培训，迫在眉睫。培训的内容有两大部分，即服务意识的培训和专业知识的培训。

服务意识的培训重点在于提高员工的服务主动性。观众一般都是通过观察博物馆里穿制服的人员来获得对该馆最基本的了解，看到友好、热情的博物馆工作人员会比看到一群靠在窗前或门前闲聊的员工更容易让人信任。博物馆的管理者需要清醒地认识到，不管你的藏品多有价值，不管你们展出的方式多别出心裁，也不管你的卫生间有多干净，培训不佳、没有帮助的、粗鲁的员工都会对参观体验造成不利影响，而友好的、博学的馆内助理会对观众体验带来更有利的提升[1]。要多为我们的工作人员组织一些关于服务的讲座或是交流活动，通过培训，服务理念可以改变，服务技能可以提高，观众满意度自然也会随之提高。

普及员工专业知识、提高员工专业素养也十分必要。博物馆工作人员、特别是直接接触观众的一线工作人员的形象和专业素养，直接影响到观众对于博物馆的整体印象。因此，对于员工的专业知识的培训或普及，尤其是对国内的博物馆中普遍知识水平较低的保安员与保洁员的专业知识的培训或普及就显得尤为重要了。我们的博物馆不需要一问三不知的工作人员，在观众的眼里无论你是什么岗位，你代表的都是博物馆的公众形象。我们的员工不能也不允许对观众说“不知道”。即使我们是真的不知道，也要通过其他的办法帮助观众解决问题，满足他们的需求。在每一个新展览开幕前，都要请陈列设计人员或是展览的承办人员给员工们普及一下相关知识，加深员工对展览的了解，从而帮助员工更好地为观众服务。

2. 开展市场调查，了解并满足观众需求

观众的需求是推进博物馆发展、提高展览品质的动力。博物馆要了解自己的客户，要知道我们的客户都是谁、他们来自哪里、为什么来博物馆、想从博物馆获得什么……要知道这些，就要通过市场调查。市场调查的方式有许多种，笔者认为最直截了当的方式就是问卷调查。博物馆可以请专业人士设计调查问卷，通过各种方式鼓励已经参观和没有参观过的观众都参与调查，从而了解现有观众的需求以及潜在观众的需求。

我们的市场调查，可以走进校园、走进社区、走进繁华的闹市区、走进忙碌的建筑工地……博物馆不是高高在上的，不是曲高和寡的，博物馆是所有人的博物馆，博物馆应当是融入人们生活的。

当我们比观众还了解观众时，我们才是真正的赢得了观众。美国观众服务协会于2001年列出了观众一般性需求的内容，谓之“观众权利的清单”[2]：

①舒适感：“满足我的基本需求”；

②方位感：“使我能够清晰地辨别参观路线”；

③接纳和归属感：“使我有一种被接纳、被认同的感受”；

④愉悦感：“我想获得一种轻愉悦的参观体验”；

⑤社会性：“我想与朋友家人度过一段有意义的时间”；

⑥尊重感：“接受我的身份和知识程度”；

⑦交流性：“帮助我去理解，同时让我也表达一下自己的观点”；

⑧学习性：“使我获得一些新的知识”；

⑨选择或驾驭感：“让我来选择、让我来驾驭”；

⑩挑战性与自信感：“给我一个我能应付的挑战”；

⑪振作感：“助我恢复理想的精神状态”。

当博物馆把观众的需求当做自己的追求时，服务境界就提高了一个层次。博物馆的服务不仅仅要满足观众最基本的生理需求和安全需求，还要满足观众的社交需求和尊重需求，更要把满足观众自我实现的需求作为目标。

3. 建立完善的服务体系

参观博物馆的过程并不是一个标准化的过程。我们的员工面对的是不同类型的观众，我们无法用统一的标准为他们提供服务，但是在一些细节上博物馆的管理者需要制定规范化的制度来完善我们的服务。例如接电话时，拿起电话的第一句话必须是：“您好，××博物馆，有什么需要帮助的吗？”观众走进展厅时，入口处的员工必须要说：“欢迎参观××

博物馆。”观众走出展厅时，出口处的员工必须要说：“谢谢参观，欢迎下次光临。”虽然不能在参观的过程中打扰观众，但是我们的员工要通过制服或是工作标牌来告诉观众：“有任何问题都可以找我。”在观众的整个参观过程中，有无数个类似的小细节，如果我们能够把这些细节都用制度来规范，观众的满意度自然就提高了。

我们不能要求员工完全按照一套标准化的模式对观众进行服务，但是我们可以参照酒店服务的管理模式，制定相关的规章制度来完善我们的服务体系。我们要对博物馆内的各岗位、各环节的服务过程进行如实的记录，分析研究，进行改进，使之更加合理规范，再以文字或图表的形式确定下来，形成服务制度，并配合制定相关的检查制度。

处理观众的投诉是博物馆服务体系中的一个重要环节。在目前国内的大多数博物馆中，针对观众投诉的处理过程主要是工作人员记录，汇报上级，再将处理意见转达给观众。这样的处理过程时效性较差，在我们汇报、处理、转达的过程中，观众的不满已经传达给了更多的人，当1个人表达不满时，可能已经有25 + 500 + 1300 = 1825人知道了你的服务不好这个坏消息[3]。因此，及时处理观众的投诉是十分必要的，这一点，博物馆也可以借鉴酒店服务的经验。酒店一般都会设置大堂经理岗，该岗位的一项主要的工作职责就是处理客户的投诉。酒店赋予了大堂经理一定的职责权限，客户的投诉在第一时间就会得到处理，即使是超出大堂经理权限或无法处理的，客户的不满情绪也会在第一时间得到相应的安抚。所谓“好事不出门，坏事传千里”，在这个资讯发达的时代里，一条微博就可以将一个人或一件事推向风口浪尖。笔者认为，在博物馆内设置一个类似酒店大堂经理这样的岗位是处理观众投诉的一个有效方法。

三　结语

随着科技的发展，人们获取知识的途径越来越多，人们可以通过各种不同的方式来满足自己不同层次的需求体验。转变博物馆人的服务理念，让博物馆从文化的高阁上走下来，走近观众；提高观众的满意度，让观众走进博物馆；留住观众，培养观众的忠诚度，这些是二十一世纪的博物馆面临的新任务与新挑战。

注释：

［1］（英）格拉汉姆・布莱克：《如何管理一家博物馆：博物馆吸引人的秘密》，第82页，中国轻工业出版社，2011年。

［2］（英）格拉汉姆・布莱克：《如何管理一家博物馆：博物馆吸引人的秘密》，第23页，中国轻工业出版社，2011年。

［3］《客户需求分析与销售环节应对》，百度文库。

博物馆社会服务职能新思考

刘　洪

（连云港市博物馆　江苏连云港　222006）

内容提要：博物馆承担着促进和谐社会，构建和弘扬优秀民族文化的重要任务。博物馆围绕藏品管理、展示教育、科学研究等开展工作，在经济建设和社会发展中发挥着重要作用。而博物馆的社会服务职能，对提高全民族文化素质、促进人的全面发展发挥着独特的作用。博物馆是和谐社会建设的重要角色。

关键词：博物馆　社会和谐　社会服务　职能

国际博协（ICOM）确定的2010年“5·18国际博物馆日”的主题为“博物馆致力于社会和谐”（Museums For Social Harmony），这也是2010年11月7日至12日在上海举行的国际博协第22届大会的主题。博物馆是和谐社会建设的一个重要组成部分。博物馆社会服务职能的提升是博物馆致力于社会和谐发展的重要体现，受到越来越多人的重视。本文着重对博物馆在致力于社会和谐中的社会服务职能进行探讨。

一　博物馆社会服务职能的界定

博物馆社会服务职能是个动态发展的概念，它的内涵是随着社会发展而不断丰富的。根据现实、普遍、动态的原则，博物馆的社会服务职能是指在正常的收藏与科研情况下，博物馆利用自身的优势与资源，主动参与社会经济、政治、文化、科技等活动，从而推动社会与博物馆的全面发展的职能。社会服务的基本类别包括收藏、科研、咨询、展示、教育、设施服务等。

博物馆的综合管理与基础设施、藏品管理与科学研究、展示教育与社会服务职能是相互联系、相互渗透、相互促进的。一味强调藏品管理职能，博物馆就永远无法走出象牙塔；一味强调科学研究职能，就可能弱化其他方面职能；而一味地为社会服务，博物馆则有可能丧失自由与独立，把自己混同于其他服务行业。因此，无论博物馆的职能发生怎样的变化，综合管理与基础设施、藏品管理与科学研究以及展示教育都应是其必须具备的职能，如果没有以上这些职能做基础，社会服务就无从谈起。可以说，展示教育与社会服务水平是博物馆职能的核心和根本价值体现，科学研究是培养高素质人才的有效措施，藏品管理是博物馆赖以存在和发展的基本保证，而综合管理与基础设施来源于展示教育与社会服务、藏品管理与科学研究，又反过来强有力地支撑着这些职能。

二 博物馆社会服务职能履行中的主要问题

1. 博物馆自身方面

(1) 博物馆社会服务意识存在偏差

有的博物馆还没有真正意识到社会服务对于和谐社会的建设、小康社会的发展及创新型国家的建立所具有的重大意义，把社会服务职能当做可有可无的事，关起门来一心抓收藏与科研，更多的时候是把社会服务当做应付和应急之事，也没有这方面的中长期规划和短期的计划、方案。部分博物馆过于追求经济效益和眼前利益，忽视了博物馆本身的公益性质和长远发展目标。不少非职能性的社会服务活动打着社会服务的旗号，博物馆员工“下海”、从事“第二产业”的个人行为被简单贴上社会服务的标签，被当成社会服务职能的主要内容。

(2) 博物馆社会服务能力有待提高

第一，对于社会服务活动的组织协调不力。不少博物馆缺乏专门的社会服务管理机构，缺少专人负责，使得有职能无落实，无法协调相应部门共同服务，社会服务仅停留在口号上。

第二，把握服务机遇的能力低。这表现为缺乏捕捉最新社会需求的灵敏嗅觉，从而错失不少与社会共同发展的良机。

第三，科研成果转化能力不高。长期以来，博物馆员工以业务工作为主，忽略了科学研究；一部分员工为职称、经费而搞科研，忽视了社会需要，创造的成果意义不大；即使一部分员工有了科研成果，却由于缺少后续研发资金，转化周期又长，最终导致科技成果转化难上加难。

(3) 博物馆社会服务方向缺乏准确定位

如今，在博物馆社会服务项目之中，经济方面的较多。不少博物馆将社会服务单纯地等同于经济服务，不顾博物馆类别、学科、专业，乱办博物馆“公司”，却由于不谙市场规律，最后落得“人财两空”。这不仅浪费了博物馆的财力、人力和物力，而且在一定程度上损害了博物馆的社会形象。不同的博物馆根据自身的资源优势及所处区域的发展方向，服务社会的切入点也不同。单纯地模仿其他博物馆的服务模式而不考虑自身的优缺点，博物馆在社会服务中将永远难以正确定位，难以利用自身优势使服务效益最大化。

2. 政府与社区方面

第一，从政府方面来说，有目的地培养博物馆社会服务意识方面还有待加强。政府对博物馆的协调与指导不够有力，不善于利用政策导向、行政手段等途径引导博物馆服务社会；利用博物馆资源为政府服务的理念不深入，连接博物馆与社会的纽带作用未完全发挥出来。

第二，从社区方面来说，各个社区对博物馆社会服务需求不尽相同。一些大型社区、现代化社区都拥有自己的社会服务机构和类似博物馆的社会服务项目，所以与博物馆的合作不多，而部分中小型社区接纳博物馆社会服务项目的热忱不高。一般来讲，博物馆社会服务项目进入社区往往需要相应的场所、设施等，而许多社区都希望“立竿见影”，不愿意进行或加大前期投入，这也影响了博物馆社会服务项目的实施。

3. 政策法规方面

第一，在法律保障方面，发达国家往往以法律的形式来保证博物馆更好地为社会发展服务。例如美国、英国、日本等国家的博物馆法都明确了社会服务的相关内容，而我国关于博物馆社会服务职能的法律法规还不健全，应该尽快制订相关条款并随着时代的发展、新问题的出现及时完善。

第二，在博物馆自主权方面，博物馆要想灵活开展社会服务，就需要拥有更多的自主权，而博物馆自主权的发挥又恰恰制约了其按照社会需求开展服务。

第三，在我国博物馆领导干部、员工水平评价体系中，博物馆对社会的影响与贡献这一指标所占的比例相对较小，个人评估导向上的制约也使一些博物馆在社会服务职能的履行上“少作为”。

第四，在激励机制方面，由于缺乏相关的制度配合，使得博物馆参与社会服务的积极性不是很高。

三 博物馆社会服务职能的实现

1. 博物馆自身的不断完善

（1）强化社会服务意识

要引导员工了解社会服务对于构建和谐社会的重要意义，弄清社会服务的主要内容与目的。树立主动融入社会的意识，进一步解放思想，克服畏难情绪。要敢于决策、敢于突破、敢于创新、敢于承担责任，开展多种形式的社会服务活动，始终将社会效益放在首位，走一条适合自身发展的道路。具体有以下几个方面：

第一，要转变服务观念和服务模式。观众是博物馆赖以存在和发展的基础，对观众充满人文关怀是博物馆与观众关系和谐的关键。

第二，要尊重观众权利，满足观众需求。观众在博物馆享有参观、咨询、休闲、监督、参与管理、购买文化产品等权力，除了特殊原因之外，各个展厅均应向观众开放。可成立观众代表大会、博物馆咨询委员会、观众俱乐部等，让观众参与咨询和决策，参与规章制度的制订、修改和执行及其他管理、经营活动。

第三，树立以观众为本的理念，强化博物馆服务特色。要了解观众需求差异及变化，提供个性服务；要重视为家庭提供服务，积极组织家庭参观博物馆；要注重为特殊群体服务，贴近弱势群体，开展各种有针对性的服务，体现博物馆的平等意识和对观众的关爱。

第四，提高员工素质，提供优质服务。信息时代的博物馆员工，不仅要具备良好的思想素质，开拓创新的精神，而且要具备计算机和网络技术应用能力、综合分析能力、语言表达能力和较高的外语水平，只有这样才能为观众提供优质服务。

因此，博物馆员工首先要在思想上对自己高标准、严要求，其次要从过去博物馆学的单一知识结构向复合知识结构转变，要有专长，能对观众进行深层次服务。基于此，博物馆要加强员工培训，积极为每个员工搭建学习和发展的平台。如制订员工再教育计划，建立专业技术培训体系，为员工进行职业生涯设计，使他们成为学习型、复合型人才，为观众提供更好的服务。

（2）提升博物馆社会服务能力

第一，坚持把提升社会服务水平放在博物馆工作的中心位置。要加大投入，强化管理，改革模式、方法和评价制度，更新观念，加强研究性学习，强化实践环节，激发博物馆可持续发展的活力；努力形成高素质管理队伍、专业技术队伍和工勤技能队伍，形成良好的博物馆软环境，以文化氛围促进发展。

第二，增强博物馆的组织协调能力。将社会服务纳入博物馆的总体规划，事先做好准备工作以及配合计划，保证博物馆后续活动的顺利进行。要发挥博物馆统筹领导与组织功能，以机构改革为契机，通过合作与合并、共建与调整，协调博物馆各部门以及部门内部的关系，实现博物馆各部门及部门内部的有效配合。如此一来，博物馆各部门中的信息充分流通，避免了多重领导，优化了资源配置和布局结构，节约了协作成本，提高了协作效率。

第三，提高博物馆把握服务机遇的水平。博物馆要善于利用国家相关政策，充分了解社会需求，及时搜集社会信息，保证博物馆信息资源的丰富与及时；要利用相关技术对获得的社会需求信息进行有效分析，把握机遇，参与社会服务；要明确博物馆自身优势，利用其独有的人力资源优势、专业技术资源优势、展示教育资源优势和藏品资源优势，做好对口支援服务；要引入社会资源参与博物馆建设，使博物馆的资金、人才、设施等发展要素拥有活水源头。

第四，丰富博物馆的馆藏资源。博物馆馆藏文物浩如烟海，其保存数量之大、种类之全、时间之久是任何社会机构都无法比拟的。各地博物馆都根据本地区的特色，有目的、有计划地收集文物，长期积累，大都形成了各自的馆藏特色或特定领域的藏品体系。这些知识和信息经过博物馆的加工处理，不仅以图书、图册、报纸、杂志、导览手册、视听资料等方式提供给观众，还可以通过网络服务的形式满足大众多领域、多层次的教育需求。

第五，拓宽博物馆的服务领域。博物馆应利用网站、宣传栏、广告等多种途径加强宣传，让公众了解博物馆的服务项目、服务能力。在教育手段上，可开设相关报告会、讲座，建设博物馆网站。

第六，加强信息素养教育。信息素养是运用信息工具获取、处理、生成、创造信息，以及发挥信息效益、信息协作和信息免疫的能力。这些能力是应信息化社会需要而提出的。博物馆必须注重员工信息素养的培育，利用网络、课堂、宣传栏等普及信息法规知识，开设信息素质教育讲座，在原来知识构成基础上，增加现代信息环境及发展趋势、计算机网络知识、知识产权与信息道德修养、网络安全等内容，在提高公众运用信息工具能力的同时，使他们在浩瀚的信息资源中能批判性地获取和利用信息，自觉地抵御和消除垃圾信息的干扰与侵蚀，吸取优秀的网络文化，发展传统的博物馆文化。

第七，加强博物馆宣传教育。博物馆知识在不断变化，新的博物馆信息资源层出不穷。

在学习型社会里，博物馆作为科学文化教育机构的作用越来越得到重视，人们利用博物馆不断更新知识、开发智力，不断提高自己的创造力。博物馆的教育功能主要表现在提供学习所需的知识信息服务以及问题解答等，如博物馆举办的各类陈列展览、科普知识讲座、报告会、观众研讨会等。尤其在当今网络环境下，各个博物馆均有必要设立电子咨询台，提供电子邮件咨询、实时问答咨询、常见问题 FAQ、在线参考工具、学术导航、馆内咨询指南等服务项目，并且与数据库相结合，形成信息共享。这种直接面对观众的准教育模式，为人的全面发展提供了有效的途径，对构建和谐社会起到很大的推动作用，具有极强的现实意义。

（3）明确博物馆的社会服务定位

第一，充分考虑博物馆的自身特色与学科专业特点，积极发展优势专业、前沿新兴专业和交叉专业，结合自身专业技术优势，有效地实现博物馆对口服务。

第二，发挥博物馆自身资源优势，利用博物馆既有资源，更好地提供社会服务。当前，博物馆提供的社会服务呈现出多样化的趋势，博物馆的智囊团、思想库的作用一定要充分发挥出来。

例如，博物馆可以发起成立文化遗产保护与利用高层论坛或博物馆发展高层论坛，长期坚持下去，必然会吸引众多的专家学者在这里贡献他们的智慧和研究成果，为各级党委和政府的科学决策提供超前的咨询服务，为文化遗产和博物馆发展提供战略性咨询和诊断服务。这样的论坛也势必会成为各级党委和政府政策咨询的高层平台，发挥智库和参谋部的作用。

3. 赢得政府和社会的大力支持

（1）协调博物馆与政府部门的关系

政府要从全局出发，站在博物馆与社会各自局部利益之上，大力宣传服务社会的理念，培养博物馆社会服务意识，大力扶植、支持博物馆的社会服务活动，为其提供优越的发展环境。政府部门要宏观调控，做好社会与博物馆间的沟通与协调工作，引导和激励三方合作的顺利实现。

（2）推进博物馆与社会的合作

博物馆需要进一步明确社会对博物馆服务的需求，重视与社会各方面的合作，通过有效的传播途径，向公众昭示博物馆的业务内容、工作质量和服务指标，从而树立品牌，塑造形象，提高社会关注和认知、接纳程度，增强博物馆的吸引力，促使更多的公众了解博物馆、走进博物馆、享受博物馆，充分发挥博物馆的社会功能。

4. 完善相关的政策法规

（1）我国应完善保障博物馆社会服务职能正常运转的法律条文

依法治馆不仅是博物馆致力于社会和谐的基础，也是其社会服务职能有效发挥的保障。只有相关法律完备，政府才能够真正转变职能，依法治理博物馆，博物馆的社会服务职能才能得到更好的发挥。

（2）建立相应的激励机制

通过激励机制，博物馆员工必将摆正工作态度，工作力度也会得到加强，博物馆与社会将联系得更加紧密。

博物馆的产生和发展是与社会经济的发展密切联系的，博物馆是建设学习型社会的重要教育形态，是与现代化建设相适应的终身教育体系的重要组成部分。可以肯定的是，博物馆有其不可替代的社会功能和作用，在致力于社会和谐的过程中，必将不断促进社会经济的进步和发展，其自身也会在深化改革中不断提高和完善。

论博物馆宣教部在公共文化服务中的职责

陶婷婷

（南京市博物馆　江苏南京　210004）

内容提要：在当前国家构建覆盖全社会的公共文化服务体系，保障和维护人民群众的基本文化权益的新形势下，博物馆宣教部应坚持公益性、基本性、均等性、便利性的原则，通过制定合理的服务计划、创建教育活动品牌、充分利用网络平台、加强与其他社会团体的合作、加强宣传等途径，为社会大众提供多元化的文化产品与服务。

关键词：博物馆　宣教部　公共文化服务

2012 年，国务院正式公布了《国家基本公共服务体系“十二五”规划》，明确提出国家要建立公共文化服务制度，保障人民群众看电视、听广播、读书看报、进行公共文化鉴赏、参加大众文化活动和体育健身等权益。标志着我国基本公共服务均等化已经从基本理念上升为国家实践，也意味着我国基本公共服务体系建设将进入一个新的历史阶段。

博物馆是一个非营利机构，它的职能是征集、收藏、研究、展示具有科学性、历史性或艺术价值的文物、标本，传播历史和科学文化知识，肩负着传承人类的文化遗产和历史文明的使命。博物馆的职能和非营利的性质说明它应该成为公共文化服务体系建设的中坚力量，利用文物、标本、史料、场馆、设施、人才等公共文化资源，通过陈列展览、教育活动等形式，向公众提供优质的文化产品和服务，保障人民群众的文化权益。因此，博物馆要提升公共文化服务能力和水平，积极构建实用高效、全民共享的服务体系，将理论付诸实践。

一　博物馆宣教部做好公共文化服务工作的原则

在我国，博物馆宣教部（或称社会教育部、社会服务部）是一个专门为公众服务的部门，博物馆的教育职能主要由这个部门来履行。如果说博物馆是公共文化服务体系建设的中坚力量的话，宣教部就是博物馆内具体承担公共文化服务的关键部门之一。

宣教工作者想要做好公共文化服务工作，首先要明确公共文化服务工作的原则。《国家基本公共服务体系“十二五”规划》指出，我们要围绕建设社会主义核心价值体系和满足城乡居民精神文化需求的要求，坚持公益性、基本性、均等性、便利性，扩大公共文化产品和服务的供给。博物馆宣教部的服务对象是全体人民群众，必须平等地面向所有社会大众，不分男女老少，不分富人穷人，不分城市农村；宣教部所提供的文化产品，是从人民群众的精神文化需求出发的，免费的或者是收取低于成本的少量费用的多元化文化产品；

宣教部向社会大众提供的文化产品和服务，必须是便于人们获取的。宣教部应以此原则为指导，结合本馆的实际，努力提升公共文化服务能力和水平，将公共服务效能发挥到最大。

二 南京市博物馆宣教部公共文化服务工作概述及体会

传统意义上的宣教部主要由讲解员组成，工作职责是为走进博物馆参观的观众讲解，在馆内外开展各项活动，吸引观众参与，并提供咨询、编写、发放辅助参观资料及其他便民服务，如存包、租借导览机、广播等。博物馆宣教部的公共文化服务可以归纳为讲解、教育、接待三个方面。以南京市博物馆宣教部为例，该馆以南京悠久的历史和深厚的文化底蕴，以丰富的文物、文献史料及研究成果为基础，展示古都南京历史文化发展轨迹，吸引着海内外众多的观众。宣教部提供了专职讲解员讲解、专家预约讲解、志愿者义务讲解以及语音导览设备等多种讲解方式，以满足不同层次的观众需要。除了日常观众以外，他们还特别关注老年人、青少年、残障人士、贫困家庭、外来民工等特殊人群，如重阳节时组织老年朋友来博物馆欢度节日，夏令营时为贫困家庭、外来民工子女组织专场，由专职手语讲解员为来自市聋人协会、聋人学校的朋友做讲解等。宣教部组织的教育活动包括讲座、馆内活动、户外活动等，其中讲座由本馆专家主讲，内容涉及文化遗产保护、南京城市历史文化、文物专题等。各类馆内外活动形式多样，寓教于乐，如小小讲解员、探访历史的遗迹、拓片制作、临摹艺术品、巡回展览等。讲解员定期带着流动展板与教育活动走进大中小学、社区、部队，为馆外群众送去精神食粮。同时，宣教部还建立起了一支具有一定规模的、管理完善的志愿者队伍，成为博物馆服务社会的重要力量。南京市博物馆宣教部以服务公众为核心，初步建立起了一个行之有效的服务体系，得到了广大市民的认可。

然而，在当前国家积极推进构建覆盖全社会的公共文化服务体系，保障和维护人民群众的基本文化权益的新形势下，我们的宣教服务工作能力和水平还有很大的提升空间。

1. 文化产品不够多元

博物馆观众多而杂，由于地域、风俗、传统、年龄、教育程度、职业等的差异，人们对于博物馆的需求是千差万别的，我们的讲解、教育活动必须既考虑到艺术性、学术性、教育性，又考虑到通俗性、娱乐性，做到雅俗共赏，才能让每个人都能从中找到自己感兴趣的东西，产生共鸣。但是，我们现有的教育活动策划更多地考虑的是学生、社区居民，而忽视了家庭观众、在职人士、旅游团队等群体的需求。活动的内容主要是讲座、小小讲解员、考古遗迹考察、拓片制作、巡回展览等，形式不够丰富，选题范围较窄，尚未形成鲜明的特色。

2. 覆盖面不够广

博物馆宣教部的服务对象可划分为走入馆内的观众和馆外的潜在观众两大类，目前接受我们上门服务的馆外观众主要有学生和社区居民，对于一个市级馆来说，我们的公共文化服务范围还应再向外扩大。理论上，博物馆的服务对象应是所有的社会大众，但是，所有的社会大众这个数量过于庞大、范围太广。因此，在实际工作中，宣教部应以本馆为中心，立足于所在社区，再合理地、有计划地逐步将服务推广到邻近的学校、社区、单位、团体、乡镇，争取让更多的人享受到博物馆提供的公共文化服务。

三 提升博物馆宣教部公共文化服务水平的途径

1. 制定合理的服务计划

博物馆要根据现有宣教部人员所能承受的工作量，制定出一个合理的服务计划，对在一段时期内提供的讲解服务方式，开展的教育活动主题、内容、地点、对象，以及可以提供的便民服务等做出规划。宣教部在做服务计划时，关键前提是要将服务对象细化。要分析讲解对象，考虑现有的几种讲解方式各自适用于哪些人群、几种方式如何合理调配才能满足各类观众对讲解的需求。要分析教育活动的对象，考虑馆内的教育活动针对的人群主要有哪些，他们会喜欢什么样的活动，安排在哪个时间段比较合适。宣教部可以将馆外的教育活动设计成若干个不同的主题，再以时间为序制定一个计划表，确定目标学校、社区、单位、团体及乡镇，根据实际情况，为每一个对象选择适合的主题活动，然后按照计划表去实施。要留意收集观众对日常服务的意见和建议，及时地调整、完善宣教部的接待服务。

2. 创建教育活动的品牌

一件好的展品、一个好的展览都会给博物馆带来品牌效应，吸引更多的人关注、参观这个博物馆，甚至成为博物馆的爱好者。同样，好的教育活动也会为博物馆带来更多的观众。如果观众愿意主动参与博物馆的活动，那么就能从我们的服务中受益。每个博物馆在做展览时，都会注重挖掘自身与众不同之处，充分地展示本馆独特的藏品内涵，推陈出新，夺人眼球，国家文物局每年都会举办十大精品展评选活动，鼓励各博物馆做好展览。其实，好的教育活动和好的展览具有同样的价值。因此，教育活动也要与本馆特色相结合，做到生动有趣、与众不同，以品牌活动为核心打造宣教服务体系。

3. 充分利用网络平台

网络是实现文博资源共享的最好平台，它可以打破时间和空间的限制，为观众呈现“没有围墙的博物馆”，为实现公共文化服务的便利性提供了条件。网上博物馆是延伸博物馆服务功能的重要方式，博物馆网站可以为人众提供免费查询的资料、为博物馆爱好者提供精美藏品的展示、为观众提供反馈和交流的空间、为休闲者提供有趣的游戏。美国克利夫兰艺术博物馆早在2001年就为俄亥俄州75个社区7000余名学生和教师提供了300课时的教学节目，同时还为纽约州、新泽西州、宾夕法尼亚州等地的39个社区提供服务，这就是通过互联网实现的博物馆远程教育。

4. 加强社会合作

加强博物馆与其他社会团体的共建、交流与合作，实现文化资源综合利用、共赢共享，要重视与学校的合作。博物馆拥有丰富的藏品和专业人才，是爱国主义教育和学科教育最好的资源，博物馆的教育部门应利用这一优势，与学校共建爱国主义教育基地，设立面向老师和学生的教学培训项目。博物馆为学校开设历史、科学或艺术课程，将与藏品相关的教学内容放在博物馆里教授，会收到特别的效果。博物馆还可以制作相关主题的教材、幻灯片、复制品、模型等提供给学校老师，让他们在授课时使用。如果博物馆的教育人员带着小型的便携式展览到各个学校巡回展出并讲解，就可以让博物馆在学校间流动起来。博物馆与学校的合作将会使更多的青少年从中受益。博物馆还要重视与社区的合作。与博物馆相邻的社区拥有博物馆最基础的观众群和支持者，在社区居民心目中，博物馆不仅仅是一个参观、学习的场所，更是一个休闲、社交的地方，博物馆就是社区的活动中心。博物馆要针对居民不同层次的要求，提供各种文化产品，如讲座、培训班、节庆活动等，吸引社区居民参与，丰富社区文化生活。要充分调动和发挥社区居民的积极性、主动性和创造性，让他们参与到博物馆的建设中来，为博物馆做志愿服务，对外宣传博物馆，共建和谐社区。

5. 加强公共文化服务的宣传

宣教人员要主动告知走进博物馆的观众这里有哪些服务和教育活动，很多时候，观众由于对宣教工作的不了解而错过讲解和便民服务，宣教人员应尽可能避免类似的情况发生。我们要主动地研究观众、了解观众的需求，通过本馆网站和官方微博发布信息、寄送宣传材料、张贴海报等方式，邀请他们来博物馆。设有收费的展览和活动，博物馆可以向农民、进城务工人员、低收入人群等赠送门票，避免他们因费用问题而被挡在门外。宣教人员应转变观念，不能坐等观众上门，而要想办法将博物馆的文化产品主动送到群众身边。只有通过宣传自己，提高知名度，让公众愿意走进博物馆，才能够发挥文化设施的作用，让人们享受到博物馆的服务。

现代博物馆的宣教部门应大力提升公共文化服务能力和水平，将满足人民群众精神文化需要，实现博物馆的教育职能作为自己义不容辞的责任。

浅谈语言表达技巧在讲解中的运用

张琳笛

（南京市博物馆　江苏南京　210004）

内容提要：讲解员是博物馆、纪念馆的名片，讲解工作发展到今天已不再是单纯地将稿件上的内容流畅地背诵出来，不再只注重讲解词内容的精准和史料的掌握，而是有声语言的再创作。这和播音学中的语言表达相似，研究语言表达技巧在讲解中的运用很有意义。

关键词：讲解　语言表达技巧

一　博物馆讲解工作的重要性与发展变化

我国的大部分博物馆中，讲解都是以陈列为基础，运用科学的语言和其他辅助表达方式，将知识传递给观众的一种社会活动。而讲解员是沟通博物馆、纪念馆与社会的桥梁和纽带，是博物馆、纪念馆的名片，讲解服务的质量和水平直接影响着观众受教育程度和参观质量，影响着博物馆、纪念馆的窗口形象，甚至影响到一个地区和国家的形象。

早在晚清时期的帝室博物馆就有解说员一职，其主要工作是通过口头介绍展品，向参观者说明展出珍宝的来历和价值，这是关于博物馆讲解员工作最早的界定。新中国成立以后，在党和政府的支持下，博物馆事业得到了更为广阔的发展，讲解工作也提升到了新的高度。1960 年出版的《怎样做说明员》一书中，就曾写道："在展出工作中，除了部分展品，观众可以直接观看以外，大部分的展品，都要通过说明员来说明讲解，群众才能接受。"[1]从中可以看出，那一时期讲解员在介绍展品背景的同时，就要开始注意语言传播的质量。而到 1979 年，则更为重视讲解的语言揭示展品之间的内在联系和陈列的意义，博物馆展示的实物或图片是观众视觉的主要信息源[2]。其中，国家文物局颁布的《省、市、自治区博物馆工作条例》中有写到："讲解员要热心为观众服务，热爱自己的专业，努力掌握专业知识和提高讲解水平，善于组织观众，结合当时当地和宣传对象的实际，进行观点鲜明、内容准确、史物结合、表达生动的讲解。"

随着时代的发展，单纯地将稿件上的内容流畅的背诵出来或只注重讲解词内容的精准和史料的掌握，已经不能再满足讲解工作的要求。如何能将讲解内容更为准确、生动、有效地传达，是现今博物馆讲解工作中需要思考和探讨的新问题。在这里可以选择性的参考播音学中有声语言创作活动的理论技巧，在传达内容之前先经过一系列的准备、酝酿，使自己的思想感情处于运动状态，这就是播音学范畴中所说的"语言表达的内部技巧"。而这种有声语言的创作技巧，对于博物馆讲解工作来说有着充分的指导意义。

二　何为语言表达技巧

在播音学认为，为了满足广播电视传播的需要和广大受众的需要，提高播音质量，播音员必须坚持正确的创作道路。播音创作的过程也被张颂老师总结为“理解稿件——具体感受——形之于声——及于受众”[3]。其中的“具体感受”是调动思想感情的方法，被归纳为语言表达中的“内部技巧”，它建立在理解稿件的基础之上，把干涩的理论文字行之于声，从而将有效信息传播给受众。用于调动情感的播音创作的内部技巧，主要包括“情景再现”、“内在语”、“对象感”等方法。

三　语言表达技巧与讲解的关系

提起讲解中调动观众的思想感情，很多人会说这是纪念馆的专利，因为纪念馆的主题大多是纪念有卓越贡献的人，或者是纪念产生重大影响的历史事件，为了让观众可以感同身受，所以调动观众的思想感情是正常现象，然而对于历史类综合型的博物馆来说，感情似乎就不那么重要了。大多数的博物馆，其展示的实物或者图文是观众参观的主要目标，讲解员只是通过讲述的方式辅助观众参观，最多再给观众讲讲图文上并未标注的内容或者展品背后的故事，因此，讲解的过程中似乎不需要存在感情，更不用去调动观众的思想感情。

实际上，历史类综合型的博物馆的讲解同样需要丰富的感情。正是因为所介绍的事物与人们的现实生活相对有些距离，才更需要讲解员用积极丰富的感情来调动观众的思想感情，拉近展品与观众的距离，便于观众了解所展示的事物。其次，博物馆讲解员的稿子理论性较强，如何用通俗的语言将其表达出来是讲解员要解决的问题。再次，只要是有声语言传播，只要是运用语言艺术，都需要感情，都需要调动自己和他人的思想感情，更何况讲解工作。

四　如何在讲解中运用技巧

情感是播音创作的核心。情感的调动可以运用“情景再现”、“内在语”、“对象感”等播音创作的内部技巧[4]。这三者既是播音员思想感情处于运动状态的三种重要的方法，也是讲解过程中从理解讲稿到讲解过程的思想感情的体现。

1. 情景再现在讲解中的运用

情景再现在播音中具有特定含义，在符合稿件需要的前提下，以稿件提供的材料为原型，使稿件中的人物、事件、情节、场面、景物、情绪等在播音员脑海里不断浮现，形成连续活动的画面，并不断引发相应的态度、感情，这个过程就是情景再现[5]。

首都博物馆北京通史展厅内陈列有一对鎏金马镫，讲解词中就有这样一段描述：“在没有马镫的时候，古人骑马是一桩苦差事，因为当马飞奔或腾越时，骑手必须依靠大腿的力量，用力夹住猛烈颠簸的马才能保持自身的稳定。而骑兵骑在马背上飞驰射箭时，也必须减慢速度或者下马才能拉弓射箭，而这样往往又会贻误战机。”[6]在讲述马镫作用的过程中，就需要讲解员先理清头绪，理解稿件内容。在脑海里连续活动的画面开头是什么？是马在草原上飞奔，骑手伏在马背上，接着马儿时而腾跃，这时的“特写镜头”是马背上没有马镫，所以骑手要用大腿使劲儿夹住马背才能保持自身的稳定。这些在讲解时要心中有数，不可以走过场，也不可以陷进想象中出不来。讲解员可以想象自己就是那个骑手，在没有马镫的情况下，在马背上颠簸，获得现场感，产生“我就在”的感觉。想象置身其中，并不是“忘乎所以”，而是处于情理之中。当这些景象浮现在脑海里时，讲解员一定要作出积极的反应，讲解稿是写情于景的，讲解员就要触景生情。骑兵骑在马背上飞驰射箭时，必须减慢速度或者下马才能拉弓射箭，融入场景的讲解员自身也会感觉到这样会误事，即触景生情。

2. 内在语在讲解中的运用

播音的内在语，是指那些在播音语言中不便表露、不能表露或没有完全表露出来和没有直接表露出来的语句关系和语句本质。所谓语句本质，就是语句的内在含义、感情态度。揭示语句本质，就可以使思想感情的运动导向深入。所谓语句关系，就是指语言之间的逻辑链条，逻辑关系[7]。之所以在讲解中运用内在语，是因为在讲解工作中要考虑观众的性别、性格、言语习惯，调动观众思想感情也需要委婉、含蓄。

武汉市博物馆讲解员在介绍元青花四爱图梅瓶时，是这样说的：“为什么叫它梅瓶？您看，这件瓷瓶瓶型瘦劲挺拔……”这位讲解员所运用的就是寓意性内在语。寓意性内在语就是所谓的“弦外之音”、“话外之意”，是隐含在语句深层的内在含义，是结合上下文语言环境挖掘出来的语句本质和语句目的。其实，她的潜台词就是“我来给您说说它为什么叫梅瓶”，虽然这样说也可以，但是就缺乏了与观众的交流，调动观众思想感情的效果就没那么好。

内在语的运用是比较灵活的，在讲解中比较常用的还有发语性内在语。所谓发语性内在语，就在讲解前借助内在语把观众的注意力集中起来。如成都博物馆的讲解员在介绍太阳神鸟金饰时，开头语说：“朋友们，下面这个美丽的图案您见过吗？”简单明了的将观众的注意力吸引在器物的纹饰上。还有四川博物院在介绍《劳度叉斗圣变》壁画中详述壁画故事时说：“故事的起因是这样的，印度舍卫国有位……”自然地将观众带入到故事中，将观众的思想感情调动起来集中于此。

在讲解的段落、层次和全文结尾处，变换讲解员的语气或回味、或思考、或想象，给人以语已尽、情尚存的印象，这就是回味性内在语。内蒙古博物院的讲解员在讲述蒙古族敬献哈达仪式时的结尾处曾说道：“蒙古族敬献哈达的习俗流传至今，有着悠久的历史，是蒙古族特有的生活习俗。如今，敬献哈达已成为蒙古族友好待客的至高礼节。”当讲解员以这样一段话作为结束语时，大多数的观众都会产生联想，想到敬献哈达现在的确是蒙古族的至高礼节，同时也会结合自身的经历和见闻，回味这样一个场景。

内在语的把握和逻辑关系极为密切，属于逻辑思维的范畴。因此想更加恰如其分的运用内在语，就需要在日常生活和工作中不断提高自身的文化水平。

3. 对象感在讲解中的运用

讲解不是自言自语，也不是自我欣赏，而是要有对象。博物馆的展示形式中之所以配备讲解员，就是因为人与人之间情感交流的需要而决定的。资深讲解员杨小东曾在《解说的职业艺术》一书中提到，“自然体现着解说的语言艺术，寻找解说中的真实感觉”。对象感在讲解中的把握是很重要的，不仅要从观众的心理、个性、修养和所处的环境等质的方面来衡量，还要从观众的性别、年龄、职业等方面来塑造。明确观众的具体特征，讲解时的亲切感就强。例如对于老人和小孩这样的特殊群体，讲解时的状态就有着明显的不同。由于老人和小孩的理解能力与成年人相比大体上会有些差距，所以在为他们讲解时语速一定要放慢，断句相比要多，比较忌讳语法复杂的表达方式，要做到语言通俗、言简意赅。同时，因为老人和小孩的年龄的不同，参观展览的速度和讲解的重点也不同，老人的行动较慢，于是参观展览的节奏也要放慢；而小孩则需要有源源不断的新鲜事物来吸引他们的注意力。不过，无论是老人还是小孩，讲解时的态度都要格外的亲切，要拉近与他们的距离，让他们有平等亲近的感觉。

在实际的讲解工作中，也会遇到抱有不同目的来参观展览的观众，并不是所有观众来博物馆都是看展品的，有的是来看展览陈列方式的，有的则是想了解一方面的文化知识。针对这些目的不同的观众，讲解员也要随机应变的调整讲解的方式。对于专门来看展览陈列的观众，讲解员在讲解时要增加些展览软件设施的介绍，如观众互动展示台、三维视频或动画等；对于到博物馆想了解文化知识的观众，在讲解时就要注意讲述展品与展览意义的结合，通过对展品的介绍，说明相关的背景和文化知识。

五　把握语言表达技巧运用分寸

有声语言表达的内部技巧属于播音学理论的范畴，讲解工作是运用有声语言来服务于观众的，所以在很多地方可以借用播音学的理论和方法来丰富讲解中的有声语言创作。但毕竟讲解和播音的工作有着本质性的区别，因此在播音学理论的实际运用中要注意分寸的把握。

运用内部技巧调动情感，关键是要展开想象和联想。越是具体的，越是可感的。设想的场景一定要十分具体、形象，这样才能生动可感。在把握感情的表达时，一定要注意整体性，注意体现出感情的内涵和实质[8]。如播音时，播音员往往是与自己想象中的对象进行“交流”，即“想象交流”[9]。而在讲解工作中，观众现实存在于讲解员眼前，所以内部技巧中很多想象观众存在的方法并不适用于讲解工作中。凡事都要有个“度”。在明确播音学理论和讲解工作性质后，选择性的将播音学理论借鉴或运用到讲解工作中，不仅可以丰富讲解员的语言魅力，还能调动观众参观博物馆的兴趣，为文博事业的发展敬献薄力。

注释：

[1] 王青:《怎样做好说明员》,河北人民出版社,1960 年。

[2] 杨小东:《解说的职业艺术》,文物出版社,2009 年。

[3] 张颂:《播音创作基础》,北京广播学院出版社,2003 年。

[4] 姚喜双:《播音学概论》,北京广播学院出版社,2004 年。

[5] 付程:《实用播音教程》,中国传媒大学出版社,2001 年。
[6] 全国文化遗产保护宣传讲解大赛组委会:《庆祝新中国成立 60 周年全国文化遗产保护宣传讲解大赛讲解词精选》,辽宁教育出版社,2010 年。
[7] [8] 同 [4]。
[9] 罗莉:《文艺作品演播》,中国传媒大学出版社,2005 年。

广纳百川　发展无限

——谈博物馆志愿者建设发展

陈宁欣

（江苏省文物局　江苏南京　210005）

内容提要：本文由博物馆事业发展引发思考，通过分析当前博物馆志愿者工作存在的志愿者人员数量少、来源比较单一、从事工作岗位较少、培训不足、人员流失严重等主要问题，提出了发展博物馆志愿者工作的建议，加强博物馆志愿者管理，扩大志愿者的社会参与面，增加博物馆志愿者工作岗位，加大志愿者的培训力度，宣传和奖励博物馆志愿者等，力求通过上述举措，进一步推进博物馆志愿者工作迈上新台阶。

关键词：博物馆　志愿者　建设　发展

“退休了，我会做一名博物馆志愿者。”在2010年上海举办的全球博物馆志愿者开放论坛上，国家文物局局长单霁翔此话一出就赢得了满场的掌声，也让更多人将目光投向了博物馆志愿者这一较少被关注的群体。

经过近年来的发展，“十一五”末，全国博物馆总量已有3000余个。自2008年公共博物馆向社会免费开放以来，至2009年底，全国免费开放的博物馆、纪念馆数量达到1743个，开放首年便接待观众8.2亿人次，平均观众量较前增长50%。江苏省博物馆有200余家，许多博物馆都已免费开放，2010年全省博物馆接待观众4500余万人次，2011年全省博物馆接待观众5200余万人次，观众接待量逐年大幅增长。博物馆事业快速发展，社会服务工作也越来越重，在此情况下，博物馆人力明显不足，难以满足目前博物馆开展工作的需要。聘用志愿者参与博物馆工作作为解决用工不足的一种尝试，取得了一定的成效。

目前，许多博物馆已开展志愿者工作并取得成效，但有些基层博物馆这项工作还是空白。在已开展志愿者工作的博物馆中，除了个别大馆或新馆的志愿者工作在规模、形式、管理等方面相对比较接近西方同类馆的水平外，绝大部分博物馆的志愿者工作还处于规模小、结构单一、管理粗放的初级阶段。如何建设好博物馆志愿者队伍，充分发挥他们的作用，开展好博物馆各项工作，已成为当代博物馆人思考的重要问题。

一　当前博物馆志愿者工作存在的主要问题

1. 志愿者人员数量不多

目前，在博物馆工作的志愿者人数并不太多。南京博物院是江苏博物馆群的龙头馆，是中央地方共建博物馆，国家一级博物馆，现有志愿者200多人，全部为院校学生，主要是参与讲解接待服务。苏州博物馆、南通博物院、南京市博物馆等单位也有数量不等、约百余人的志愿者队伍。而国外博物馆的志愿者人员数量较多，在博物馆各项工作中发挥了重要的作用。闻名遐迩的史密森学会，2006年掌管着美国19个大型博物馆，收藏着1.4亿件文物和艺术品，拥有6500名全职员工和5000多名志愿者。美国卡内基自然博物馆的教育部只有20位工作人员，但幕后支持的志愿者却多达200余人。与他们相比，我国博物馆志愿者人数明显较少，在实际工作中也无法满足博物馆工作需求。

2. 志愿者来源比较单一

江苏省内许多博物馆都是与高校团委或学生团体联系，接收学生志愿者。因此，全省各博物馆的志愿者主要以学生为主，来源较为单一。他们将参加博物馆工作作为社会实践的重要内容，提升自身文化修养和待人接物能力。南京博物院与大专院校学生团体共建，200余名志愿者全部是在校学生，他们利用课余时间参加博物馆讲解工作，既服务了社会，又获得了知识，还锻炼了自己。而国外博物馆的志愿者来源广泛，涉及社会各个阶层和工作门类，有大学教授、公务人员、科研人员、艺术家、计算机工程师等等，在博物馆开展志愿服务工作中，他们发挥着自己的业务专长，为博物馆业务性较强的工作提供了技术保障和人才支撑。

3. 志愿者的工作岗位较少

由于许多博物馆业务工作专业性强，博物馆志愿者又大多为学生，因此为志愿者设置的岗位较少，主要局限在讲解和社会服务方面，文物的保护、保管、修复、陈列展览等专业性较强的工作岗位，志愿者往往难以胜任。中国历史博物馆2002年3月公开征募志愿者，首批录用150人，主要从事讲解导览工作。目前南京博物院的200余名志愿者主要承担讲解、导览、观众调查工作，其他博物馆的志愿者工作也大都如此。可依托志愿者的其他工作，如对青少年的教育和培养、对公众的文博知识普及和博物馆的行政工作等还没有较好地开展起来。

4. 志愿者培训工作不足

许多博物馆缺少针对志愿者制定的培训计划，因此，志愿者在博物馆工作时，只能满足专业性不强的工作岗位要求，参加那些经过简单培训即可上岗的工作。而对于专业性较强的业务工作，因为没有专业培训，不具备专业技能，志愿者只能望而却步。同时，许多博物馆也未能针对志愿者对历史文化艺术方面的知识渴求开展相应的知识讲座，更不用说组织需要经费支持的外出学习考察了，志愿者的专业能力和工作水平提高缓慢。

5. 志愿者流失严重

许多博物馆都表示，博物馆志愿者的流失一直很严重。志愿者毕竟是松散型的组织，很难对他们施行如馆内员工般的严格管理。另外，大学生志愿者一旦毕业或者实习等，大部分也会流失掉。有一种看法认为，志愿者流失的部分原因是志愿者没有受到博物馆的重视，有时甚至被当成了廉价劳动力。目前许多博物馆最初招聘的志愿者都已离开岗位，甚至有个别博物馆的志愿者工作已经基本停止了，一直坚持下来的博物馆志愿者为数不多。

二 加强和改进志愿者工作的建议

1. 加强博物馆志愿者管理

志愿者多为个人行为，没有过多的约束，在管理上势必造成一定的困难。因此，博物馆应确定专人负责志愿者的管理，为每一位志愿者建立个人信息和工作档案（可以是纸质的也可以是数据库形式的），使之成为志愿者管理工作的基础。工作任务的通知安排和信息发布可以采取个别电话通知或远程网络网页登录查询来解决。与此同时，博物馆还要制定一套科学的人性化的管理制度。经过几年的摸索和实践，国家博物馆对志愿者建立了一套比较规范的管理体制和奖励机制，并把二者有机结合，不仅有效地进行了管理，还提高了志愿者的参与兴趣。《中国国家博物馆志愿工作章程》规定，每名志愿者每周至少要来博物馆工作一次，每次两小时，当个人服务满1000小时后，这名志愿者将被授予“国家博物馆荣誉馆员”称号，并由馆长亲自为其颁奖。各博物馆应该遵循“一切从实际出发，因馆制宜”的原则，结合本单位实际情况，制定一套完整的管理制度和奖惩制度，对志愿者进行科学化的管理和技术化的服务。

2. 扩大志愿者的社会参与面

世界博物馆之友联盟主席丹尼尔介绍，创建于1974年的以色列博物馆中，志愿者组织是其最主要的人力资源部分，360名志愿人员不仅在数量上远超该馆在编工作人员，而且每年所提供的7.2万小时专业工作量，覆盖从传统引导、信息咨询，到博物馆管理、协助以及藏品展品研究、修复等几乎所有环节。所以他说：“博物馆志愿者完全可以像专业人士那样参与到陈列布展等更为深入的领域。”聘用社会兼职人员和大学里的专家教授介入博物馆工作越来越得到推广，中国人民抗日战争纪念馆和中国科技馆在这方面作了尝试，前者聘用了社会兼职人员，其中不乏一些专家学者，他们参与讲解，也参与馆内的研究和文物征集工作；后者则聘请了大学的教授，来馆做讲解、咨询、培训等工作。两座博物馆都把着眼点放在了某一行业中的专家学者身上，让他们用所掌握的专业技能，为博物馆奉献知识和才华，取得了很好的成效。因此，博物馆应扩大志愿者的社会参与面，改变学生为主的现状，充分利用社会资源，更好地发挥社会人员的专业技能，推进博物馆事业的发展。苏州博物馆已开始扩大志愿者队伍，约200名志愿者来自社会各个阶层，有大学生、退休人员、公司职员、机关干部等，他们中年龄最小的18岁，最长的已经63岁，学历则从大专到博士不等，除了苏州本地的志愿者，还有来自加拿大等国家、地区的热心人士，社会参与面已逐步扩大。

3. 增加博物馆工作岗位

由于社会各方面专业人才的加入，为博物馆提供的志愿服务也将更加多样化，专业化，因此，博物馆应设置更多的岗位，发挥志愿者的专业特长，开展好博物馆的各项工作。新建的宁波博物馆现有志愿者500多名，其服务岗位多样，分为日常、辅助和特殊三大类，在日常岗位中细分为日常讲解和大厅服务两项；在辅助岗位中细分为摄影和文书处理两项；在特殊岗位中又细分为档案管理、办公室协助和大型活动协助三项，与国外大馆的做法相差无几。湖南省博物馆志愿者所担负的主要工作为讲解、接待、疏导、参与社会教育活动，在服务范围上进一步深化扩展，志愿者的服务范围已扩展到信息搜集、电脑操作、网站运行、平面设计、翻译等，志愿者已逐渐成为推进湖南省博物馆发展的一支极有特色的生力军。《黑龙江省博物馆志愿者服务章程》明确提出，志愿者的工作为参与黑龙江省博物馆组织的大型活动、讲解服务、导览服务、环保服务、展览设计、文物修复、软件制作等，增加了业务性较强的专业工作岗位。

4. 加大志愿者培训力度

博物馆应制定志愿者培训计划，定期地对志愿者进行培训，或是不定期的组织讲座，这些是志愿者管理工作必不可少的环节，有条件的博物馆还可以组织志愿者到其他博物馆进行学习考察。志愿者也是博物馆工作人员，同样代表博物馆的整体形象，观众需要优质服务，因此，志愿者要通过科学严谨的学习掌握专业知识，避免工作中出现失误和差错，影响博物馆的形象。中国国家博物馆对志愿者已建立了一套比较规范的培训体制，不仅有讲解技巧的培训，更多的是通过讲课、讲座、参观、座谈、交流和示范，提高志愿者的自身素质和业务能力，使他们能够胜任岗位要求，并且在工作中不断提高，逐渐达到专业水平。2007 年至 2009 年暑期，南通博物苑连续三年举办了“文博之星”小小讲解员培训活动，得到了学校和社会的热烈欢迎，一批优秀的小学生讲解员脱颖而出，成为南通博物苑一道灵动的风景。

5. 宣传和奖励博物馆志愿者

志愿者走进博物馆是基于爱心和责任，自愿为社会和他人提供服务和帮助，其行为实质是回馈社会，为社会提供服务，用实际行动践行“奉献、友爱、互助、进步”的志愿者精神。志愿者将自我价值和社会价值都融入了博物馆的志愿服务工作中，博物馆应对志愿者的辛勤工作与突出贡献予以表扬、展示和奖励，对他们的工作给予肯定和表彰，鼓励志愿者以更大的工作热情融入到博物馆工作中。博物馆可以根据每一名志愿者在一年内的服务时间、服务质量等综合因素的评定，对优秀者和有突出贡献者进行表彰并奖励，将他们的彩色照片张贴在观众入口处的“志愿者明星榜”上，这不仅是对优秀志愿者辛勤工作的肯定，也能让更多的观众了解他们。中国博物馆协会志愿者专委会这两年已举办了两届“牵手历史——中国博物馆十佳志愿者之星”评选活动，社会影响十分广泛。

综上所述，博物馆要吸纳更多的社会人士走进博物馆，参加志愿者服务工作，发挥他们各自的优势和专业技能，设置更多的志愿服务岗位，按岗位要求开展志愿服务工作，更好地发挥博物馆收藏、研究、宣教、休闲的社会服务功能，更好地为社会大众服务。博物馆志愿者工作明天将更加美好！退休了，我也会做一名博物馆志愿者！

探索博物馆志愿者国际化、专业化、社会化服务新模式

刘小云

（南京市博物馆　江苏南京　210004）

内容提要： 近年来，各个地区的博物馆发展迅猛，突出表现是博物馆志愿者队伍不断壮大，志愿者的服务理念、服务质量和服务水准开始向国际化、社会化和专业化方向发展。志愿者的服务素质在一定程度上反映了博物馆的服务水平。本文结合博物馆发展现状，探索博物馆志愿者国际化、社会化和专业化的新模式。

关键词： 博物馆　志愿者　国际化　社会化　专业化

提起博物馆，大部分人会想到世代流传的珍贵藏品，然而要保存好这些藏品就需要一定的馆舍和维持博物馆正常运转的管理人员，在管理人员中我们不得不提到一个发挥重要作用的人群——博物馆志愿者，他们的通力合作和密切配合对博物馆宣传工作的顺利进行发挥了巨大的作用。但是大部分博物馆都把志愿者当做博物馆的业余工作人员，在参观者多的时候安排他们讲解接待，人少的时候就没有什么活动了。我们有必要多方面探索建立博物馆志愿者国际化、社会化、专业化的新模式，使志愿者成为联系博物馆和观众的桥梁，成为博物馆走向社会、走向大众的宣传队，逐步将他们培养成为专业的博物馆管理员。

一　用国际化理念管理和培养志愿者

博物馆承载了一个城市乃至国家经济、政治和文化领域的历史成就，不仅肩负着传承历史文化的使命，还要积极创建历史与现代沟通融合的平台，带领公众领略人类文明的内涵。志愿者国际化的前提是博物馆国际化。

实现博物馆国际化的形式是多样的，举办各种主题的国际论坛是博物馆向世界介绍办馆理念和宣传博物馆的良好平台。如宁波博物馆积极与德国亚琛博格兰肯贝格堡博物馆、英国诺丁汉市城堡博物馆、韩国国立大邱博物馆等国外博物馆建立友好合作关系，并联合创设有效的合作模式，开展包括展览交流、资源共享、人员交流、学术研究等在内的各种活动，让世界更了解中华文明。这种博物馆国际化的尝试为志愿者的国际化创造了有利环境。

1. 树立志愿者国际化理念

志愿者国际化管理理念体现在管理的方方面面，其中国际化理念的树立尤为重要。如

志愿者口号往往能凸显博物馆的内涵，并展示志愿者的风采。2008 年宁波博物馆开馆典礼上，志愿者宣读了口号："尽心尽力，无私奉献，服务公众，回报社会。践行志愿精神，担当历史使命，传承多元文化，推动社会发展，积极支持博物馆公益事业，为弘扬与共享人类文明而不懈努力！"该口号诠释了博物馆的社会责任，体现了博物馆志愿者的风采。

2. 馆际交流提升志愿者水平

传统管理模式更多地关注博物馆的硬件设施和展品的质量，很少聚焦于人的管理以及馆与馆之间的交流。随着全球化的快速发展，全世界正在迈向经济、政治和文化一体化的新时代。我国博物馆也应抓住契机，转变工作模式和思维方式，做好宣传和服务工作，加大馆际交流合作，实施"走出去"战略，积极参与国内外有关博物馆建设方面的交流活动。而这些国际交流活动的开展都离不开博物馆志愿者的参与。

实现志愿队伍国际化，首先体现在语言的掌握和运用上。志愿者能够掌握至少一门国际通用语言，就能够自如地为博物馆提供翻译服务，避免沟通障碍。此外，志愿者了解多国的历史文化，就能准确的传达博物馆的内涵，有效的提升博物馆在国际上的影响力。其次，志愿者国际化模式的创建不能仅仅靠志愿者自身，还需要博物馆加强对志愿者的有针对性的培养，使其具有国际交流的眼光与能力。博物馆要积极创造机会，让志愿者可以领略国外博物馆志愿者的服务风采。

2012 年初，南京市博物馆与国际学生组织 AIESEC 合作展开"海外志愿者体验计划"活动，为外国大学生提供跨国实习机会。这些大学生通过网络报名、资质筛选、训导提升后，来到博物馆学习工作，切身感受中国的历史文化风情。由于这些大学生大都没有中文基础，博物馆方特意安排精通外语的本地志愿者帮助他们了解南京的历史文化和博物馆相关情况，同时他们也用手中的 DV 记录了自己眼中的中国文化，并制作成 PPT 在沙龙中宣讲。海外志愿者与博物馆的人交朋友，并服务于博物馆，回国后传播博物馆文化，既扩大博物馆知名度，也让更多外国友人了解中国文化。

二　志愿者专业化有助于文化传播

博物馆集中展示人类发展史，将一个城市的历史通过一件件展品呈现在人们面前，在这里人们能学到很多书本上学不到的知识，能收获在社会生活中无法获得的精神财富。而志愿者的专业程度在一定程度上决定了博物馆文化传播的效果，因此，培养与博物馆文化相对应的专业志愿者是传播文化的有效途径。

1. 高标准培养博物馆志愿者

各行各业都有志愿者，一般来说想做一名志愿者相对比较容易。但是博物馆作为专业性较强的文化机构，对志愿者综合素质的要求较高。博物馆要着重加强对志愿者的博物馆知识、历史知识和文物知识的教育，要求志愿者有较强的语言组织能力、表达能力和一定的艺术鉴赏力。因此，要成为博物馆志愿者必须经过严格选拔、培训、考核，达到基本要求者才能录用。录用后要经常进行相关培训与考核，不断提升博物馆志愿者的专业素质，最终达到为观众服务、传播博物馆文化的要求，架起博物馆与观众之间的文明传播桥梁。博物馆志愿者队伍的建设应当有一套管理体系，例如可以通过观看视频、聆听现场专家报告等从礼仪、安全、理念、能力等方面进行全方位培训，使志愿者具有与专业人员一样的服务水平，或是通过与专家面对面的交谈，开阔视野，创新服务理念。

2. 专业的志愿者体现高素质的奉献精神

要充分发挥志愿者服务大众的作用，必须创新服务理念和服务模式，树立其文明标杆的形象，体现其无私奉献的精神。要从推动地域文化发展、提高人民素质、促进社会和谐等角度积极开展志愿者工作。

专业的志愿者具有极高的无私奉献精神和业务能力。在博物馆进行了一段时间的专业培训后，很多志愿者会定期来馆服务，尤其是节假日和重要纪念日参观人数较多的时候。“五一”、“十一”博物馆参观人数剧增，很多家长都会带着孩子来博物馆参观，因此，每年这个时候博物馆工作人员都非常忙碌。很多志愿者放弃了与家人共度佳节的机会，自愿到博物馆维持参观秩序、讲解馆内藏品，使博物馆秩序井然。志愿者高素质的服务，得到广大观众的好评。很多参观者感叹：“听了志愿者的讲解，我对国家以及地方历史了解得更清楚了，志愿者的讲解很亲切，从志愿者身上我们看到了无私奉献精神与专业水平。”

三 志愿者服务提升博物馆的影响力

志愿者来自社会各个角落，他们把对博物馆的支持、把自己的知识、经验和能力带到博物馆，提高了博物馆的服务水平。

1. 招募有社会影响力的志愿者

以往的博物馆志愿者大多是在本市生活或工作，可以随时到博物馆参与维持秩序、讲解藏品等服务工作。但是随着社会的发展，人口流动越来越频繁，博物馆也不能再将眼光局限在本市范围内，应采取措施使博物馆走出本市、走向国际，这也是众多博物馆发展的方向。要做到这一点，仅仅依靠博物馆工作人员和本市的志愿者是远远不够的，外市、外省的志愿者，尤其是有一定社会影响力的志愿者发挥着不可替代的重要作用。他们可以通过自己独特的宣传作用，明显扩大博物馆的影响力，吸引更多的参观者前来参观。

从本地走出去的一些知名人士也可以成为志愿者队伍中的重要组成部分，他们一个人可以发展几位、几十位甚至更多的知名人士参与到志愿者队伍中来，他们的言论、行动一方面为博物馆起到了宣传作用，另一方面也可能为博物馆带来展览机会，甚至有些藏品收藏爱好者个人也会拿出自己的收藏品用于博物馆的展览。

2. 志愿者服务社会化，管理自主化

博物馆的志愿者不能局限于博物馆内的服务，要大胆地走出去，借助社会这个大平台，实现自我能力和素质的提升。志愿者是博物馆和社会联系的桥梁，通过志愿者可以让社会更加了解博物馆。志愿者的社会化需要加强志愿者管理，最有效的管理模式是志愿者的自我管理。首先可以按照地域将志愿者分成多个组，并选派管理能力较强的志愿者担任组长，由组长按照定时、定岗、定责的方式管理小组。志愿者小组内部也可开展形式多样的活动，增强彼此的了解，这样既有利于志愿者的团结，又为年终考核和表彰提供了依据。

志愿者们可以随时创建一个流动的博物馆，这种流动的博物馆形式简单，以展板、画卷的形式走进社区、广场以扩大博物馆的影响力，将博物馆推向社会，增强博物馆与社会之间的交流，实现资源的有效共享。此外，流动式的博物馆并不局限于现实，还应创设网络虚拟博物馆，充分利用社会资源。

为了进一步实现博物馆志愿者国际化、专业化和社会化，打造高素质的志愿者团队，我国博物馆界正在积极探索相应体制，比如创建中国博物馆志愿者学会或者中国博物馆志愿者团队，引进激励机制，大力推广和举办中国博物馆优秀志愿者评选活动，以及创建志愿者知识竞赛活动，为志愿者的交流创造平台，为志愿者自身素质和能力的提升提供环境和条件。相信这一系列的举措势必会提升我国博物馆的水平和国际影响力。

参考文献：

1. 刘德胜：《义工与博物馆行销》，《博物馆学季刊》1999 年第 13 卷 3 期。
2. 张敏：《论博物馆市场化行为的趋势及影响》，《中国博物馆》2003 年第 1 期。
3. 林冠南：《从我国博物馆中的志愿者谈起》，《中国博物馆》2003 年第 1 期。
4. 何吴佩：《博物馆志愿者服务与社区文化氛围之关系》，《中国文物报》2001 年 5 月 16 日。

县级博物馆发挥青少年教育功能浅析

沈 劼

（吴江博物馆 江苏吴江 215200）

内容提要： 免费开放后，吴江博物馆始终把青少年爱国主义教育放在突出位置，积极开展寓教于乐的宣传教育活动，充分发挥节庆的教育作用，建立健全未成年人思想道德建设的工作机制，不断开创未成年人思想道德建设工作新局面，充分发挥博物馆的社会教育功能。

关键词： 博物馆 社会教育 青少年

未成年人是祖国未来的建设者，是中国特色社会主义事业的接班人。未成年人的思想道德建设关系到中华民族的兴衰，关系到国家的前途和民族的命运。进一步加强和改进未成年人的思想道德建设是贯彻科学发展观，实现可持续发展的需要。加强和改进未成年人思想道德建设是全党全社会的共同任务，也是博物馆的重要职责。

十多年来，全国各级党政组织坚持“两手抓，两手都要硬”的方针，社会各界共同努力，在加强未成年人思想道德建设方面做了大量工作，取得了一定的成绩。但是，随着国内外形势的深刻变化，未成年人思想道德建设面临许多新问题。未成年人能否健康成长，涉及千家万户的幸福，关系到社会的安定团结，关系到我们事业的发展。关心未成年人的成长，为他们身心健康发展创造良好的条件和社会环境，是我们义不容辞的责任。我们必须从贯彻“三个代表”重要思想，树立和落实科学发展观，坚持立党为公、执政为民的高度，充分认识加强和改进未成年人思想道德建设的重要性和紧迫性，培育和弘扬民族精神，将其作为博物馆工作的重中之重，切实抓紧、抓好、抓出成效。

一 始终把爱国主义教育放在突出位置是博物馆建设和发展的需要

博物馆是弘扬民族精神、传承中华文明的重要阵地，是进行爱国主义教育的生动课堂。博物馆的历史文化为未成年人提供了丰富的精神食粮，引领未成年人健康成长是博物馆工作的创新拓展。

1. 举办文化、科普展览，充分发挥博物馆的教育功能

广大观众，尤其是中小学生，通过参观博物馆，了解过去，知道现在，回眸历史，展望未来。我馆在建馆之初就确立了以“知我吴江、爱我吴江”为办馆主旨，把热爱祖国、热爱家乡作为社会教育的重点。为此，我馆常设“吴江史前文化陈列”、“吴江古代杰出人物展”、“吴江近现代杰出人物展”、“吴江书画藏品展”、“吴根生钱币陈列”、“国际友好城

市礼品陈列”和“国防教育展”7个固定展览，比较全面地反映了吴江深厚的文化底蕴、悠久的历史风貌和丰富的人文资源。其中，“国防教育展”一方面展示了吴江籍将领的军旅风采和突出贡献，另一方面对参观者特别是青少年学生加强了国防教育，突出了爱国主义的主题。

在常设展览的基础上，我馆通过自办、联办、引进等形式，开展多种活动，每年积极举办20多个有特色、有个性、有品位和有影响的临时性展览，以丰富的展览内容来满足人们不断增长的精神文化需求，特别是大力举办丰富多彩的文化、科普展览，使青少年有一个正确的世界观、人生观、价值观，从多角度对未成年人进行思想道德教育。如我馆从常州博物馆引进“天高任鸟飞——世界珍奇鸟类展”，并专辟一互动区，安排“有奖猜谜”、“画出我心中最美的鸟”等系列活动（图一），开拓未成年人的视野，增加他们的自然知识，培养他们的人文情怀。

图一 “画出我心中最美的鸟”活动现场

为贯彻落实《中共中央国务院关于进一步加强和改进未成年人思想道德建设的若干意见》精神，我馆已于2008年率先实行免费开放。进馆参观的观众80%以上是中小学生，他们尚没有经济来源，有偿参观势必将一部分小观众拒之门外，影响基地教育功能的发挥。免费参观后，来馆参观和参加各种活动的中小学生明显增加，取得了良好的社会效益，受到社会、学校和中小学生的欢迎。

吴江博物馆作为全市重要的精神文明建设窗口和未成年人思想道德教育基地，不断探索、开阔展示展览内容，特别是宣传爱国主义、优秀的祖国文化和科普知识。吴江博物馆被中共吴江市委、市政府命名为吴江市爱国主义教育基地。同时，我馆还被确定为苏州市全民国防教育基地、苏州市科普教育基地。

2. 整合资源为学校教育提供特色服务

吴江博物馆作为吴江市重要的校外教育基地，先后与22所学校建立了德育教育基地。我馆采取“迎进来、送出去”双管齐下的办法，完善德育基地工作。“迎”体现在：通过媒体、网络、广告、宣传单等多种方式广泛宣传，迎来全市近30所学校的学生来我馆集体参观，极大满足了广大青少年学生的精神文化需要，充分发挥了博物馆在未成年人思想道德建设中的重要作用。“送”体现在：我馆深入贯彻实践科学发展观，用文化服务学校的具体举措，利用菜单式服务，将送展名称寄往市区、乡镇各学校，根据学校需要，送展进校，提供讲解服务。流动展览内容丰富，涉及面广，展览内容包括“张应春烈士生平事迹展”、“未成年人远离毒品、戒除网瘾、预防犯罪大型图片展”、“世界之谜科普展”、“百年南社历史回顾展”等等，我馆通过“送出去”的方式，运用图片、文字等比较直观的展示形式为青少年学生搭建了一个学习交流、拓宽视野的平台，探索了博物馆与学校合作交流、整合资源的教育新模式。

为充分发挥德育教育基地作用，我馆还大力推进“馆校结合”，与学校共同探讨课外综合活动实践基地课题，为在校学生提供一个学习知识、陶冶情操和社会实践的场所，激发他们对祖国悠久历史、地域文化的热爱之情。我馆越来越成为未成年人思想道德建设的“校外课堂”。

为了更好地引导未成年人参观、接受知识，我馆着力加强讲解员队伍建设，为广大未成年人提供义务讲解。根据未成年人的特点和接受能力，我们专门编写讲解词，在讲解中注意与他们进行交流，使孩子们能够理解和掌握相对浅显的知识，从而对博物馆留下深刻的印象。同时我们注重提高人性化的服务水平，让孩子们在这里真正体会到主人翁的感觉，使他们来了还想再来。

3. 建立德育实践基地，“知我吴江，爱我吴江”

吴江博物馆是我市精神文明建设的重要窗口，拥有丰富的德育教学资源。为深入贯彻落实科学发展观，发挥社会教育资源优势，我馆已成功签约22所学校，共建德育教育实践基地。借助我馆丰富的馆藏资源，更多优秀的青少年学子将在实践教育活动中增长见识，提高思想政治素质，增强爱国主义观念，成为社会有用之才。教育实践基地的落成，开阔了学生视野，激发了青少年热爱家乡的情怀，取得了良好的社会教育效果。

4. 抓住文博特色延伸办馆功能

每年的“5·18世界博物馆日”，我馆都举办丰富多彩的宣传、鉴宝活动，采用图版和海报形式进行文物保护法规的宣传和博物馆的自我推介，并特邀著名文物鉴定专家为广大市民免费鉴宝，让广大未成年人耳濡目染，更加关注文物保护和博物馆事业。每年的“世界文化遗产日”，我馆都会组织学生去探寻和发现古镇人文历史痕迹，感受身边优秀传统文化遗产，感悟岁月沧桑下古镇的历史变迁和文化传承，从而提高学生对文化遗产保护重要性的认识，激发青少年热爱祖国优秀传统文化的热情，营造全社会共同关注文化遗产的良好氛围。

二　积极开展宣传教育活动是博物馆必不可少的重要内容

开馆 12 年来，我们在搞好阵地管理的同时，积极探索学生寒暑假特色活动的新途径。寒假、暑假是广大青少年学生参与社会实践的重要时期，也是未成年人认知社会、了解社情、体验社会的重要时期。我馆充分利用寒暑假这一在广大未成年人中开展集中教育活动的重要时段，利用“七彩的假日”这一活动平台，针对未成年人的心理特点，广泛开展既有趣味性，又有教育性的特色系列活动，如：策划、组织吴江市经济开发区天和小学 20 名高年级学生赴黎里、震泽两镇寻访古镇风貌，参观名人故居、文化古迹，并在此基础上开展“文化遗产在我身边——古镇探幽”征文比赛；策划、组织吴江市松陵高级中学高一美术班的 20 名同学来到同里古镇采风，举办“共享文化遗产　同创美好生活”绘画创作大赛；策划、组织“龙年画信”活动（图二），通过画信这样一个综合的传统文化平台来表达学生们对新的一年的展望……以此引导广大未成年人，在积极参与中弘扬传统、学会感恩，争当品德高尚、富有理想、充满活力和创造力的新一代吴江人。

图二　“龙年画信”活动优胜者颁奖仪式

我们在积极开展特色活动的同时，还结合中小学生思想道德、政治、历史等课堂的教育，正确引导中小学生认识民族的历史和传统，了解近代以来中华民族的深重灾难以及党领导人民进行英勇斗争和改革开放的丰硕成果，增强学生的民族自尊心、自豪感，树立正确的世界观、人生观和价值观，树立共产主义远大理想和信念。

三　充分发挥节庆的教育作用是时代赋予的历史重任

就一般博物馆而言，除了搞好日常工作之外，每当重大节庆都是紧抓不放，开展系列活动。但是，每个博物馆、纪念馆都有自己的服务方式和活动特色。如何发挥自己的特色，这是我们吴江博物馆在实践工作中不断探索、寻求突破的重大课题。

对未成年人而言，参观博物馆的陈列展览固然重要，于此既可领略祖国灿烂的历史文化，又可了解祖国悠久的人文历史。但是，举行各种有针对性的寓教于乐的宣教活动，小朋友们更乐意参加，更容易接受教育。

每年春节，我馆都会专辟一互动区，举行“祝福新春寄语”活动，孩子们将祝福写在签字板上，送给自己或朋友，在声声祝福中振奋精神，走向更加美好的明天；每逢元宵节，我馆张挂各式图案精美的彩灯、张贴涉及各领域知识的灯谜，让孩子们既锻炼脑力又收获奖品，过上民俗味、文化味十足的元宵节；清明节，我们进校宣传吴江籍革命烈士张应春先进事迹，组织未成年人祭扫革命先烈；“六一”儿童节，我馆用文化去引导、教育孩子，带领外来工子弟小学的学生进行红色之旅；“七一”我们请老党员作报告、讲传统……

图三　“猜灯谜　闹元宵”活动现场

同时，我馆还重视青少年精神文化产品的制作，向他们提供集知识性、娱乐性、趣味性和教育性于一体的精神文化产品。吴江历史悠久，人文荟萃，名人辈出，在几千年的历史长河中，曾经孕育了一大批像顾野王、张翰、计成等历史文化名人，特别是近现代，像柳亚子、陈去病、费孝通、程开甲等，更是群星璀璨、英才辈出。这些鲈乡骄子用血和汗水甚至生命，描绘了振兴中华的壮美画卷，也为吴江的文明谱写了绚丽篇章。在工作实践中，我们将近百名吴江籍古代、近现代杰出人物编印成《吴江名人录》，作为小朋友的课外读物。一方面可以丰富他们的课外生活，另一方面也有助于广大青少年向这些家乡名人学习。相信孩子们在学习他们的事迹时，必将进一步了解吴江，热爱吴江，并激励自己勇于拼搏、开拓奋进、努力成才！

我馆通过形式多样的各种特色活动，既加强了对未成年人的思想道德建设的宣传教育，又锻炼了广大职工的业务技能，提高了职工素质，促进了队伍建设，同时又推动了博物馆事业的发展。

四　加强领导，明确职责，健全未成年人思想道德建设工作机制

加强和改进未成年人思想道德建设，是全社会的共同任务，作为爱国主义教育基地的博物馆，义不容辞地成为未成年人思想道德建设的前沿阵地。要做好这一事关国家长治久安的大事，就必须加强对未成年人思想道德建设的引导，要把加强和改进未成年人思想道德建设作为一项事关全局的战略任务，纳入社会经济发展的总体规划，列入重要议事日程，切实加强和完善领导。

此外，还应建立和健全工作机制。馆领导亲自挂帅，部门主管、党团骨干共同参与的工作领导小组，履行检查、督促和协调等日常工作职责，定期召开工作推进会，互通情报、交流情况、总结提高。

我馆将一如既往，立足办得到、易操作、受欢迎，重点发动广大中小学校、社区、校外活动阵地等就近就便组织活动，贴近未成年人生活实际，贴近家长和社会需求，以丰富多彩、充满活力的活动项目吸引更多的未成年人参与。我们将切实把未成年人思想道德建设的各项工作落到实处，不断开创我市未成年人思想道德建设工作的新局面，为博物馆社会教育功能得以充分发挥、为实现博物馆更大的社会效益努力。